« Le mode d'être artistique d'une œuvre peinte est celui qu'elle tient de l'artiste et de l'art auxquels elle doit d'exister.
Le mode d'être esthétique d'une peinture est celui qu'elle tient de l'expérience par laquelle et dans laquelle elle est appréhendée comme œuvre d'art ».

Étienne Gilson de l'Académie française
fondateur de la collection

fénelon et les arts du dessin

instruire par l'image

dans la même collection

Éric ALLIEZ, avec la collaboration de Jean-Clet MARTIN, *L'œil-cerveau. Nouvelles histoires de la peinture moderne*, 480 pages, 2007.

Jacques AUMONT, *Le montreur d'ombre*, 160 pages, 2012.

Laure BLANC-BENON, *La question du réalisme en peinture. Approches contemporaines*, 384 pages, 2009.

Alain BONFAND, *Histoire de l'art et phénoménologie. Recueil de textes 1984-2008*, 448 pages, 2009.

Alain BONFAND, *Le cinéma d'Akira Kurosawa*, 204 pages, 2011.

Alain BONFAND, *Le cinéma saturé. Essai sur les relations de la peinture et des images en mouvement*, 2e éd. revue et augmentée, Vrin, 300 pages, 2011.

Fabienne BRUGÈRE, *L'expérience de la beauté. Essai sur la banalisation du beau au* XVIIIe *siècle*, 208 pages, 2006.

Anne-Marie CHRISTIN, *Poétique du blanc. Vide et intervalle dans la civilisation de l'alphabet*, 208 pages, 2009.

Danielle COHEN-LEVINAS, *La voix au-delà du chant. Une fenêtre aux ombres*, 320 pages, 2006.

Danielle COHEN-LEVINAS, *L'opéra et son double. Chemins vers les nouvelles utopies*, 2012.

Thomas DOMMANGE, *Instruments de résurrection. Étude philosophique de* La Passion selon saint Matthieu *de J.-S. Bach*, 384 pages, 2010.

Roman INGARDEN, *Esthétique et ontologie de l'œuvre d'art*. Choix de textes (1937-1969), présentation, traduction et notes de P. Limido-Heulot, 288 pages, 2011.

G.E. LESSING, *Traités sur la fable*, précédés de la *Soixante-dixième lettre*, suivis des *Fables*, édition bilingue, avant-propos de N. Rialland, postface de J.-Fr. Groulier, 224 pages, 2008.

Jacques MORIZOT, *Goodman : modèles de la symbolisation. Avant la philosophie de l'art*, 240 pages, 2012.

Frédéric POUILLAUDE, *Le désœuvrement chorégraphique. Étude sur la notion d'œuvre en danse*, 432 pages, 2009.

Roger POUIVET, *L'ontologie de l'œuvre d'art*, 272 pages, 2010.

Patricia TOUBOUL, *Fénelon et les arts du dessin. Instruire par l'image*, 324 pages, 2012.

Eugène VÉRON, *L'esthétique*, 448 pages, 2007.

Clélia ZERNIK, *L'œil et l'objectif. Psychologie de la perception à l'épreuve du style cinématographique*, 336 pages, 2012.

essais d'art et de philosophie

Patricia Touboul

fénelon et les arts du dessin

instruire par l'image

conception graphique
malte martin, atelier graphique
avec laurent feneau

directrice de collection :
Jacqueline Lichtenstein

6, place de la Sorbonne, Paris V[e]
ISSN 0249-7913
ISBN 978-2-7116-2429-4

Le silence des rochers et des forêts les plus sauvages vous instruira bien mieux que l'éloquence des hommes les plus sages et les plus savants.

Fénelon, « De la prière », *OF*, I, p. 872.

avertissement

abréviations utilisées dans les notes

OF	*Œuvres de Fénelon*, éd. J. Le Brun, « Bibliothèque de la Pléiade », Paris, Gallimard, 1983-1997, 2 vol.
OC	*Œuvres complètes de Fénelon, précédées de son histoire littéraire*, éd. Gosselin-Caron, Paris-Lille-Besançon, 1850-1852, 10 vol.
DSÉ	*Dialogues sur l'éloquence en générale et sur celle de la chaire en particulier*, in *OF*, I.
RSPM	*Réfutation du système du Père Malebranche sur la nature et la grâce*, in *OF*, II.
ÉF	*De l'éducation des filles*, in *OF*, I.
FOP	*Fables et opuscules pédagogiques*, in *OF*, I.
DM	*Dialogues des morts composés pour l'éducation d'un prince*, in *OF*, I.
DA	*Discours prononcé dans l'Académie française le mardi trente-unième mars MDCLXXXXIII à la réception de Monsieur l'abbé Fénelon, précepteur de Monseigneur le duc de Bourgogne et de Monseigneur le duc d'Anjou*, in *OF*, I.
LOS	*Lettres et opuscules spirituels*, *Œuvres spirituelles*, in *OF*, I.
FS	*Fragments spirituels*, *Œuvres spirituelles*, in *OF*, I.
EES	*Exhortations, entretiens, sermons*, *Œuvres spirituelles*, in *OF*, I.
EMS	*Explications des maximes des saints sur la vie intérieure*, *OF*, I.
Av. T.	*Les Aventures de Télémaque*, éd. J. Le Brun, Paris, Folio-Gallimard, 1995.
DED	*Démonstration de l'existence de Dieu*, in *OF*, II.
LA	*Réflexions sur la grammaire, la rhétorique, la poétique et l'histoire [Lettre à l'Académie]*, in *OF*, II.
Corresp.	*Correspondance de Fénelon*, éd. J. Orcibal, J. Le Brun, I. Noye, Genève-Paris, Klincksieck-Droz-Honoré Champion, 1972-2007.

introduction

> Le dessin [...] élabore à partir d'éléments multiples un concept global. Celui-ci est comme la forme ou idée de tous les objets de la nature [...]. Qu'il s'agisse du corps humain ou de celui des animaux, de plantes ou d'édifices, de sculpture ou de peinture, on saisit la relation du tout aux parties, des parties entre elles et avec le tout[1].

Il est un lieu commun qui résiste, selon lequel l'intérêt que Fénelon aurait accordé à l'art, quoique réel et sans doute relativement inhabituel dans de telles proportions – le *Télémaque* en témoigne –, ne laisserait pourtant pas d'être celui d'un dilettante dont la mission pastorale et finalement la quête d'une union mystique à Dieu suffiraient à attester son caractère circonstanciel et finalement secondaire.

Certes, notre prélat a bien composé des fables, des contes, des dialogues, et même un roman, mais aucun de ces textes n'était destiné à la publication : c'est donc accidentellement qu'il serait devenu un auteur[2]. De même, s'il a formulé des remarques formant un petit bréviaire pour l'éloquence et l'écriture poétique, il serait toutefois difficile de prétendre y trouver la

1. G. Vasari, *Les Vies des meilleurs peintres, sculpteurs et architectes*, « Introduction aux trois arts du dessin. Architecture, sculpture et peinture », « La peinture », chap. 1, édition critique A. Chastel (dir.), Paris, Berger-Levrault, 1981, p. 149.

2. Voir A. Viala : « Fénelon n'est pas un écrivain de profession ... », Préface à A. Lanavère (dir.), *Je ne sais quoi de pur et de sublime ... Télémaque*, Orléans, Paradigme, 1994, p. 13.

matière d'une théorie complète et véritablement originale, car cet Ancien, au fond, suit ses aînés, Fleury et Rapin. Ses remarques sur la poétique et la rhétorique peuvent, il est vrai, être complétées par la lecture des *Dialogues sur l'éloquence*, mais cette œuvre de jeunesse – au demeurant impersonnelle parce que tributaire du point de vue formel et conceptuel des traités de Cicéron, Quintilien, et saint Augustin – ne devait être publiée qu'à titre posthume, ce qui confirme bien le peu de cas que Fénelon faisait de toutes ces questions. En outre, on aurait souhaité pouvoir mesurer, à l'aune de son œuvre oratoire, l'application de ses principes, mais là encore, on doit se contenter d'un ensemble lacunaire, qui interdit d'apprécier pleinement, à l'instar de l'œuvre de son aîné Bossuet, le génie du jeune abbé.

Il est vrai que le *Télémaque*, que l'on ne finit pas d'interpréter, compense largement cette première déception, et permet de découvrir l'incontestable richesse d'un univers poétique, avec des thèmes récurrents, des dispositifs textuels dont on montre aujourd'hui que les clichés auxquels ils ont longtemps été identifiés ne témoignent nullement d'un manque de talent mais se veulent avant tout l'expression d'un parti pris esthétique, moral, et religieux, qui accorde une valeur suprême à la simplicité et à la naïveté, symboles d'un âge d'or de l'humanité. Mais cela n'autoriserait pas encore à parler strictement – bien que Fénelon se soit indirectement justifié de ces choix dans ses différents projets pour l'Académie – d'une « esthétique ».

Cette notion même d'« esthétique » n'a-t-elle pas vu le jour sous la plume de Baumgarten, et n'est-ce pas Kant qui en a ensuite fixé les limites dans la *Critique* de la faculté de juger ?[1]. Si l'on considère que la notion d'esthétique ne saurait avoir d'autre signification que celle que Kant lui a donnée tout d'abord, comme connaissance des principes *a priori* de la sensibilité, préliminaire à l'analytique de la faculté de juger esthétique, autrement dit à l'examen critique du jugement de goût, on refusera d'accorder le qualificatif d'esthétique à l'interrogation qui entend pourtant articuler à une théorie du beau une pragmatique de la réception, sous le motif qu'elle ne repose pas sur une authentique théorie de la connaissance, elle-même déduite d'une métaphysique du vrai. N'étant pas philosophe, Fénelon n'aurait pu élaborer une « esthétique ». On pourrait trouver, tout au plus, dans ses remarques laconiques les traces d'une rhétorique ou d'une poétique,

1. Voir M. Sherringham, *Introduction à la philosophie esthétique*, Paris, Petite Bibliothèque Payot, 2003 [1992].

quoiqu'elles soient toutes deux établies sans fondement en dehors de celui, dogmatique, que fournit le cadre de l'éloquence sacrée définie par l'exemple des Pères et des apôtres, et que conforte l'idiosyncrasie d'une sensibilité, autrement dit d'un goût personnel – comme tel arbitraire. Enfin, parce que Fénelon ne s'est pas soucié de systématiser sa pensée, ne jugeant pas nécessaire de relier entre elles des œuvres à vocations diverses, et rarement rendues publiques, il est définitivement exclu de qualifier d'« esthétique » les remarques circonstancielles du *Discours* et de la *Lettre à l'Académie*.

Il est, certes, indiscutable que Fénelon était avant tout un homme d'Église et que, de ce fait, les exigences de son ministère ont pris le pas sur toute autre ambition – sa mission même d'éducateur des Enfants de France participant de cette vocation d'élever sur le trône un roi qui fût vraiment catholique. Dans ces conditions, les occupations artistiques, pratiques ou théoriques, en tant que telles, ne pouvaient pas ne pas tomber sous le rang des occupations vaines, les empêchant de se voir gratifiées d'une étude approfondie. Au regard des ouvrages consacrés à la controverse théologique ou au ministère pastoral, la « théorie » du beau dans la nature ou dans l'art fait, il est vrai, pâle figure, et plus encore si on la compare aux différents traités des beaux-arts qui verront le jour plus tardivement, et qui serviront de prélude à une entreprise proprement philosophique et critique – ceux de Dubos[1] ou de l'abbé Batteux[2] par exemple – dont le caractère systématique s'impose d'emblée.

Cependant, nous voudrions montrer que les écrits de Fénelon laissent apparaître, en dépit de leur caractère éclectique, les éléments d'une théorie de l'image visuelle – et pas seulement des métaphores marquant une préférence pour les sensations visuelles à l'intérieur d'une œuvre romanesque –, théorie qui, elle-même, se constitue progressivement à partir des concepts issus de l'art oratoire, de la métaphysique, de l'anthropologie philosophique, de la théologie, de la spiritualité, et de la réflexion critique sur les arts. Cette théorie, parce qu'elle repose en particulier sur une conceptualisation de l'idée de peinture, pense celle-ci non dans sa généralité mais à partir d'une catégorie, celle de dessin, qu'elle illustre par des modèles expressément désignés. Partant de la prémisse posée par l'ancien adage,

1. *Réflexions critique sur la poésie et sur la peinture*, préf. D. Désirat, Paris, École nationale supérieure des Beaux-Arts, 1993.

2. *Les Beaux-Arts réduits à un même principe*, éd. J.-R. Mantion, Paris, Aux amateurs de livres, 1989.

Ut pictura rhetorica, ou *Ut pictura poesis*, qui compare la peinture et les arts du langage, Fénelon en fait un principe raisonné, justifié par les valeurs à la fois spéculatives, pratiques et esthétiques reconnues au dessin. Naturellement, cette polyvalence n'est possible qu'en vertu de la polysémie du mot de « dessin », qui s'orthographie « dessein », et qui englobe jusqu'à la fin du XVIIIe siècle ce que notre langue actuelle départage[1]. Pour Furetière, le mot « dessein » qualifie un « projet », une « entreprise », une intention »; il se dit aussi de la « pensée qu'on a dans l'imagination de l'ordre, de la distribution et de la construction d'un tableau, d'un poème, d'un livre, d'un bâtiment »; enfin, il s'emploie « en peinture », « de ces images ou tableaux qui sont sans couleur »[2]. Et lors des querelles de la Renaissance et du XVIIe siècle[3] où se définit le statut de la peinture comme art libéral, à travers l'affirmation d'une primauté du dessin contre le coloris, c'est bien cette signification, évidente en français comme en italien, qui est sous-entendue. Nous tâcherons de mettre en évidence l'usage de cette catégorie, qui en accordant un rôle privilégié aux arts du dessin, prépare à l'élaboration d'un système des arts – défini ici par sa cohérence interne et non par sa taille. Cette tendance à la systématisation est au demeurant fréquente dans l'œuvre de Fénelon; Jacques Le Brun l'a soulignée à propos de la doctrine spirituelle que le prélat revendique comme un « système »[4].

Nous voudrions montrer, en outre, que la théorisation de la notion d'image visuelle, concentrée autour du concept de dessein, permet d'opérer une synthèse entre des pratiques ou des problématiques distinctes, en reliant par exemple l'éloquence à la pédagogie, la critique d'art à l'apologétique et à la spiritualité, l'anthropologie philosophique à la théorie des beaux-arts, ou

1. Concernant la scission dessein/dessin, nous renvoyons à l'éclairante note d'A. Becq : « F. Brunot a esquissé l'"histoire longue et compliquée" de cette hésitation entre les graphies *dessein* et *dessin*, jusqu'à l'enregistrement de dessin par le *Dictionnaire de l'Académie* en 1798, cette dernière graphie étant apparue autour de 1760, sans faire disparaître l'autre, qui devient rare après 1770 (*Histoire de la langue française*, t. VI, Ire partie, 2e fascicule, Paris, A. Colin, 1966, p. 729-731). Signalons que l'avertissement de l'édition de 1752 des *Réflexions sur quelques causes de l'état présent de la peinture en France et sur les beaux-arts* de Lafont de Saint-Yenne rend compte des modifications de cette édition corrigée et augmentée et, particulièrement, d'un "changement dans l'orthographe du mot dessein qui a deux significations fort différentes" », *Genèse de l'esthétique française moderne, 1680-1814. De la Raison classique à l'Imagination créatrice*, Paris, Albin Michel, 1994 [1984], p. 67, note 97.

2. *Dictionnaire universel*..., « Dessein », Genève, Slatkine reprints, 1970 [réimpr. éd. La Haye, Rotterdam, 1690], s. p., orth. modernisée.

3. Voir notre chapitre III sur F. Zuccaro.

4. Sur ce point, voir J. Le Brun, *Le Pur amour de Platon à Lacan*, Paris, Le Seuil, 2002, p. 122 *sq*.

encore la science politique à l'architecture, en leur servant ainsi d'interface. Selon la spécificité des fonctions auxquelles elle est appelée, elle jouera ainsi différents rôles :

1) comme schème[1], permettant d'articuler une théorie de la sensibilité et de l'affectivité – déduite d'une réflexion anthropologique, théologique et philosophique –, et une théorie du beau dans les ouvrages de la nature et de l'art, conduisant ainsi à poser l'existence d'une beauté absolue – qui devient objet de savoir –, comme objet d'une délectation légitime, parce que convenant à une nature humaine redressée ;

2) comme principe opérant une hiérarchisation des sensations, en fonction de leur pouvoir respectif de suggestion, ayant pour conséquence une codification de la pratique artistique ;

3) comme paradigme heuristique, dans l'éducation, précédant l'élaboration des savoirs, et se constituant ainsi en un « discours de la méthode » où les concepts de visibilité, de dessein, d'ordonnance et de convenance servent de principes directeurs ;

4) comme instrument pratique permettant de hiérarchiser et de sélectionner, dans le cadre d'une thérapeutique des passions, et à partir d'une définition des devoirs de l'homme, les dispositions affectives, sollicitant les unes et écartant les autres,

5) comme paradigme axiologique définissant l'action et la production, à partir notamment de la double signification qu'implique le concept de dessein, et dont l'ouvrage divin, visible dans la nature sensible, est le parfait exemple,

1. Il va de soi que nous n'utilisons pas cette notion de schème dans son acception kantienne, dont la signification propre n'a de sens que par rapport à l'analytique transcendantale, et plus précisément à la « doctrine transcendantale du jugement », où il s'agit d'énoncer les principes *a priori* par lesquels l'application des concepts purs de l'entendement aux intuitions sensibles peut être déduite – application néanmoins impossible en raison de l'hétérogénéité du concept pur et de l'intuition sensible, ce pourquoi Kant fait intervenir le « schème », comme « un troisième terme » « qui soit homogène, d'un côté à la catégorie, de l'autre, aux phénomènes, et qui rende possible l'application de la première au second », *Critique de la raison pure*, « Analytique des principes », trad. A. Trémesaygues et B. Pacaud, Paris, P.U.F., 10e éd. 1984, p. 151. Sans entrer dans le détail d'une telle analytique, ce qui serait hors de propos pour comprendre la démarche et la pensée de Fénelon, nous ne retiendrons ici que l'idée générale énoncée par Kant, en détachant celle-ci de son contexte d'origine, en ne la considérant plus, par conséquent, à la lettre, mais en conservant simplement l'intuition qui la sous-tend.

Dans ces conditions, la notion image visuelle n'a plus seulement une connotation poétique, révélatrice d'un style d'écriture ou, au mieux, d'un univers sensible et imaginaire.

Il est vrai, toutefois, que cette mise en théorie de la notion d'image n'est pas le fruit d'une méditation philosophique, mais avant tout celui d'une pratique; car c'est pour remplir tout d'abord sa mission pastorale que Fénelon devait prendre au sérieux le seul moyen par laquelle celle-ci pouvait effectivement se réaliser. Si l'une des conséquences du péché interdit à l'homme d'être instruit et édifié sans le secours de ses sens, il devient nécessaire de recourir à un support sensible. Or dans le contexte du tridentinisme, renforcé par la révocation de l'Édit de Nantes et la formation de missions destinées à évincer le protestantisme, il apparaît naturel que l'image, comprise au sens propre comme une entité capable d'exciter la vue, soit en premier lieu désignée pour assumer cette fonction d'adjuvant au discours de conversion, et vienne ainsi renforcer cette croyance en une efficace de l'imaginaire visuel, que l'art oratoire des anciens et des Pères avaient contribué à valoriser. Le milieu dans lequel l'abbé Fénelon exerce son ministère a donc nécessairement contribué à ce que soient considérés et comparés avec sérieux les moyens susceptibles de produire un effet de persuasion, prélude à une réforme morale.

Cependant, pourrait-on objecter, la soumission à ce décret dont Fénelon rappelle les termes dans la correspondance qui éclaire les premières années de sa carrière, quand il entreprend de convertir les protestants en Saintonge, ou bien quand il s'exerce à la prédication aux Carmélites du faubourg Saint-Jacques et aux Nouvelles catholiques, n'a en soi rien d'original; comme tous les missionnaires zélés, Fénelon a fait preuve d'un même respect à l'égard du canon formulé par l'Église, et c'est même un lieu commun que de voir, dans les traités d'éloquence sacrée, avancer l'argument du recours à l'image, tandis que la pratique oratoire, comme lui-même le déplore, est dominée, encore dans les dernières années du siècle, par un éblouissant déploiement d'effets verbaux destiné à mobiliser l'attention du public.

C'est pourtant dans ce contexte, qui sert de cadre à la composition des *Dialogues sur l'éloquence*, que se manifeste la première expression d'une position d'ores et déjà doctrinaire, en dépit de sa ressemblance à l'égard d'une tradition où dominent encore les voix de ses aînés, Bossuet ou Fleury, dans ce Petit Concile aux séances duquel Fénelon assiste autour des années

1680. C'est dans ce cercle, en effet, que Fénelon se familiarise avec un idéal d'éloquence plus ascétique qui entend concilier, par la mise en place d'une stratégie oratoire, la rétention verbale, facteur de suggestion visuelle – conforme en cela à la parole des apôtres qui se voulait un tableau fidèle et sans détour de la vie de Jésus –, en même temps que le style figuré de l'Écriture. Mais cet idéal dépouillé est aussi l'amorce d'une valorisation du dessin, compris comme idéal de transparence et de lisibilité, qui s'accorde à une définition de l'image mentale dont l'efficace s'associe à la présence de contours bien nets.

Fénelon élabore ainsi un premier modèle d'éloquence, s'articulant à une réflexion sur les figures rhétoriques, au terme de laquelle celles d'hypotypose et de diatypose prennent l'avantage ; et quoiqu'elle paraisse limiter son usage à l'un des champs d'application de la rhétorique – sous la tutelle des grands orateurs, et des traités de saint Augustin, le *De doctrina christiana* et le *De catechizandis rudibus* –, la notion d'image tend déjà à se constituer en un principe régulateur permettant de codifier la pratique oratoire, tout en posant les premiers jalons d'une poétique, elle-même dominée par la peinture qui lui sert de modèle en fournissant ainsi l'ébauche d'un système des beaux-arts. Décidément condamnée à sortir de son cadre initial en vertu de la fonction qu'y occupe d'emblée l'art de peindre, l'image verbale attire ainsi dans son orbite les catégories d'un autre champ disciplinaire. Mais aussi, et surtout, parce que cette pragmatique du discours a pour objet la vérité révélée, la notion d'image est appelée à se préciser selon des critères épistémologiques, et non simplement esthétiques au sens premier du terme. Elle se prête ainsi à une nouvelle détermination – en marge du cadre strict de la rhétorique –, que l'on qualifiera de métaphysique. La défense de la philosophie et de la méthode dialogique platoniciennes, qu'entreprend en particulier Fleury à l'Académie Lamoignon, trouve à s'insérer dans la réflexion fénelonienne qui hérite par là même d'une distinction conceptuelle, opposant l'icône au simulacre et conduisant à la valorisation d'un modèle artistique fidèle au vrai et au beau, attaché à la conceptualisation préalable, et donc encore au dessin. Déplacée du champ de la rhétorique à celui de la métaphysique, la notion d'image amorce ainsi le parcours par lequel elle s'enrichit de caractéristiques qui associent aux catégories du dessin des valeurs spéculatives et morales, contribuant non seulement à la théorisation de la notion, déjà beaucoup plus qu'une figure de rhétorique, mais également à la mise en place du champ opératoire multiple auquel elle trouvera à s'appliquer.

Mais c'est essentiellement à partir des tâches que lui impose sa charge de précepteur des Enfants de France que Fénelon est conduit à préciser le sens et les fonctions d'une notion dont la fécondité heuristique avait tout d'abord fait ses preuves dans la mnémonique des anciens rhéteurs et dans les pratiques oratoires des saints, à partir des catégories de délimitation, de cadre, de lieu – soit encore de dessin. Ce sont à présent les conclusions de la philosophie moderne qui l'y encouragent : d'un point de vue épistémologique, en faisant de la visibilité et de la clarté des indices du vrai; d'un point de vue anthropologique, en établissant une hiérarchie des sensations, en fonction des traces laissées dans les organes; d'un point de vue pratique, enfin, en rendant la confusion de la représentation responsable du désordre moral. L'ouvrage *De l'éducation des filles*, sans se prétendre l'imitation des traités philosophiques modernes – ceux de Descartes en particulier, consacrés à l'étude physiologique du corps humain, prélude à une philosophie naturelle des passions –, tâche pourtant de justifier l'intérêt d'une sollicitation de l'imaginaire visuel chez l'enfant, puis montre que la représentation mentale est tout d'abord conditionnée par la précision de l'objet observé. Pour ce faire, Fénelon s'appuie sur l'observation des réflexes et des processus corporels, observation elle-même guidée par le dogme théologique du péché, lequel lui sert de cadre théorique.

La notion d'image, qui appartient initialement au champ de la rhétorique, et qui désigne une métaphore évoquant la perception visuelle, se trouve à présent triplement déterminée, comme figure, à titre d'hypotypose; comme essence, à titre d'icône; comme phénomène, à titre de sensation – et toujours à l'aide de catégories rattachées à l'idée de dessin.

Dès lors cette notion, en réalité déjà un concept, acquiert un double statut : celui de principe, capable d'ordonner les sensations et les représentations, en éliminant, à partir du modèle fourni par l'icône, celles qui sont confuses et donc fausses, et celui de schème opératoire préparant à l'activité spéculative – l'image vraie, reconnaissable dans la beauté naturelle et artistique, servant de préalable à l'idée. Cette notion, enfin, ne peut qu'orienter la pédagogie, laquelle prend appui sur des modèles qui, de près ou de loin, ressortissent au dessin.

La rhétorique philosophique du P. Lamy, dont s'inspire Fénelon, va permettre de préciser encore le sens de cette notion, mais à partir de

catégories plus particulièrement liées à l'architecture, telles que l'ordre, la mesure, la régularité, l'économie. Or c'est ici que se situe, selon nous, le point de rupture entre ce qu'il est désormais possible d'appeler une théorie de l'image chez Fénelon, et ce qui n'est, dans les autres écrits poétiques ou rhétoriques au contenu apparemment proche, que la désignation d'une figure de style, sans contenu réellement déterminé.
À ce premier sédiment qui se forme autour de catégories directement empruntées aux arts du dessin, se greffent, par l'intermédiaire du contexte de la Cour – où la peinture occupe une position privilégiée, à la fois comme élément du décor et du discours –, de nouvelles caractéristiques issues du champ de la critique d'art. La notion d'image picturale complète dès lors celle d'image rhétorique et visuelle, et précise l'idéal du beau et du bien en imposant une hiérarchie dans les arts et la vie affective, à partir de l'indice fourni par le type de délectation qu'elle suscite.
Ce sont donc les fonctions en même temps que la genèse de cette notion que nous nous proposons d'étudier.

Mais il reste encore à préciser la méthode qui nous sert de guide dans cette étude. L'œuvre de Fénelon peut, en effet, être considérée selon deux points de vue : elle apparaît ample et éclectique si l'on s'en tient aux éditions complètes et à la correspondance où coexistent la fiction littéraire, la controverse théologique, les entretiens ou les lettres de direction spirituelle, la méditation philosophique, les écrits pédagogiques, les traités consacrés à l'art poétique et à la pratique oratoire, et où il est possible de trouver, ici ou là, comme un îlot sur la mer, une remarque d'importance formant un jalon dans l'élaboration de cette théorie de l'image visuelle ; mais elle peut, au contraire, paraître resserrée et brève si l'on ne retient que les pages consacrées à la caractérisation précise de cette notion qui en définit le contenu dans un contexte précis et selon une intention particulière : on pensera, par exemple, à la *Lettre à l'Académie*, et à la spécification qu'elle apporte à l'hypotypose, ou bien à *L'Éducation des filles*, et à l'argument des images cérébrales imprimées sur le tissu vivant. Naturellement, aucun des deux points de vue – macroscopique ou microscopique – n'étant satisfaisant, il faut continuellement les ajuster l'un à l'autre. Et si le résultat obtenu paraît parfois artificiel, il est inévitable.
De même, s'il fallait tout d'abord privilégier les écrits à vocation théorique pour cerner le sens d'un concept afin d'en mesurer les effets dans la pratique, les écrits de fiction devaient nécessairement être examinés, en

raison de leur enjeu didactique; car Fénelon, s'il n'est pas un écrivain de métier, n'est pas non plus un philosophe de métier, en ce qu'il inscrit toujours sa réflexion dans une pratique, et même davantage, l'articule à celle-ci. Dans ces conditions, il a fallu adopter un compromis en tâchant de ne pas déséquilibrer les lectures, en allant des écrits spéculatifs aux textes littéraires, tout en veillant, particulièrement à l'égard de ceux-ci, à maintenir le cap d'une lecture avant tout attentive à la matière des idées, puisque les fonctions que Fénelon attribue à l'image sont tributaires d'une caractérisation formelle de celle-ci. Sans doute ce parti pris a-t-il ses défauts, en particulier au regard de ce monument que sont *Les Aventures de Télémaque*, dans lequel nous avons opéré des coupes claires, et sans doute douloureuses à des yeux amoureux, pour y relever ce qui pouvait servir notre projet; cependant, nous avons tâché, pour compenser notre aveuglement volontaire, de renvoyer autant que possible aux études qui, mieux que nous n'aurions su le faire, ont mis en valeur l'imaginaire et la sensibilité stylistique du prélat.

Enfin, dans nos lectures, nous avons cherché à éviter deux écueils, la lecture « essentialiste », et son pendant opposé, la lecture « historiciste »[1]. Nous avouerons, cependant, que si ce dernier a pu être évité, c'est parce qu'il n'est pas un obstacle réel; on se plaindrait presque, en effet, de disposer de si peu d'éléments sur les contacts réels que Fénelon a pu entretenir avec le milieu de la peinture. En étant réduite à des conjectures parfois ténues, il était alors aisé de tomber dans le piège de l'« essentialisme », en cherchant refuge dans les écrits. Toutefois, en considérant que les propositions fénelonniennes ont le plus souvent une vocation polémique – les *Dialogues sur l'éloquence* dénoncent l'asianisme, *L'Éducation des filles*, la coquetterie et l'artifice, les *Dialogues des morts* le modernisme –, elles deviennent, pour

1. Nous renvoyons sur ce point à la présentation que donne Jean-Fabien Spitz – à qui nous empruntons ces termes – de la méthode d'analyse des textes préconisée par Q. Skinner, *in* « Comment lire les textes politiques du passé? Le programme méthodologique de Quentin Skinner », *Droits*, n° 10, 1989. De Q. Skinner, voir également *L'Artiste en philosophe politique. Ambrogio Lorenzetti et le Bon Gouvernement*, où il met à l'épreuve cette méthode, en prenant le contre-pied de l'attitude fétichiste – autre écueil après celui de l'essentialisme et de l'historicisme – consistant à croire fondamentaux pour un milieu ou une époque des textes, considérés, en revanche, fondamentaux par la postérité, et s'obstinant ainsi à vouloir lire une œuvre à la lumière d'un contexte imaginé, ou artificiellement reconstruit autour de problématiques anachroniques.

suivre encore la méthode de Skinner, des énoncés à valeur illocutoire[1], autrement dit des actes intentionnels prenant sens dans un contexte précis ; et dès lors il apparaissait nécessaire de revenir aux marges des textes, du côté des faits.

Sans prétendre avoir disposé d'assez d'adresse pour respecter la lettre de ce programme, nous avons, autant que possible, tâché d'en respecter l'esprit.

1. En suivant la définition donnée par J. L. Austin, *Quand dire, c'est faire*, en particulier la Septième conférence, intro., trad. et commentaire, G. Lane, postface Fr. Récanati, Paris, Le Seuil, 1970.

chapitre premier
la notion d'image dans les *Dialogues sur l'éloquence* élaboration d'un modèle rhétorique

le propos des *Dialogues sur l'éloquence*

Reprenant la tradition du dialogue, et s'inscrivant ainsi dans le droit fil de Platon et de Cicéron, Fénelon a montré dans le premier des trois dialogues par l'intermédiaire de A, que l'on peut considérer comme son porte-parole, que la persuasion de la vérité, définie comme amour de la vertu, devait être le principal but de l'orateur. Il entreprend de préciser ensuite, dans le deuxième dialogue, par quel moyen cette persuasion s'opère. Ce dialogue sera pour nous central. Il est en effet essentiel, concernant la désignation de l'image ou plus généralement du procédé qui s'inspire de l'effet produit par la peinture, lequel est le principal ressort de la persuasion. Si la véritable éloquence doit opérer une conversion, il importe de déterminer exactement les moyens qui la rendent possible. C'est précisément là que l'éloquence se distingue de l'exposé philosophique – même si elle doit en conserver le principe directeur : la quête de vérité –, et de la « manière exacte, sèche [et] nue », tout comme elle s'oppose au simple fait de parler « pour parler », où seule importe la recherche du plaisir.

Après avoir emprunté à Cicéron la définition du triple but de l'éloquence, comme ce qui doit « prouver », « peindre » et « toucher », Fénelon-A s'attache à préciser ce qu'il faut entendre par le deuxième terme. À la question : « Qu'appelez-vous peindre? », il répond : « Peindre, c'est non seulement décrire les choses, mais en représenter les circonstances d'une manière si vive et si sensible, que l'auditeur s'imagine presque les voir »[1]. L'éclaircissement de cette définition permettra, ensuite, de reconnaître à la vue une supériorité sur tous les autres sens.

Dans son article intitulé « Fénelon le peintre sourd »[2], A. Gabriel s'était déjà employé à souligner le décalage, dans le *Télémaque*, entre l'abondance des images visuelles et la pauvreté des descriptions et des comparaisons auditives. Là où d'autres auteurs contemporains privilégieraient les ressources de l'imaginaire sonore, Fénelon resterait, sauf exception, indifférent à cet univers. Il ne s'agirait donc pas, selon A. Gabriel, d'un trait commun à une tradition littéraire qui se serait ponctuellement incarnée dans le roman fénelonien, mais bien plutôt d'une caractéristique propre à Fénelon[3].

Or il est notable que cette tendance apparaît déjà dans les *Dialogues sur l'éloquence*..., comme le fait remarquer Gibert, ce professeur de rhétorique qui voyait dans cette notion de « peinture » rien de moins qu'une « erreur », une marque d'infidélité aux auteurs dont Fénelon se réclame pourtant, puisque « ni Aristote, ni Cicéron, ni saint Augustin n'y avaient songé »[4], et d'excentricité chez un auteur animé par la « passion de dire quelque chose de nouveau »[5]. Quant à P. Bastier, il remarque, dans l'essai qu'il consacre à Fénelon, que « nul n'employa plus fréquemment que lui le mot "peindre" »[6]. L'exigence selon laquelle le poète et l'orateur doivent

1. *DSÉ*, II, p. 31-34.

2. In *Papers on French Seventeenth Century Literature*, 1980, n° 13, 1.

3. Voir *ibid.*, p. 130.

4. Cité par A. Chérel, *Fénelon au XVIIIe siècle en France (1715-1820). Son prestige. Son influence*, Genève, Slatkine Reprints (réimpression de l'édition de Paris), 1970, p. 270. De Gibert, on lira les *Jugements des savants sur les auteurs qui ont traité de la rhétorique, avec un précis de la doctrine de ces auteurs*, Paris, Jacques Estienne, 3 tomes, 1713-1719, où l'on trouve une charge sévère sur Platon, Bernard Lamy – importantes sources fénelonniennes –, et naturellement, Fénelon.

5. *Ibid.*

6. P. Bastier, *Fénelon critique d'art*, Paris, Larose, 1903, p. 8.

« peindre », et non seulement « dire », est donc suffisamment soulignée pour qu'on y voie un signe, et pour qu'on s'étonne d'une telle répétition. De fait, un rapide regard sur le texte suffit, tout d'abord, à confirmer cette valorisation de la sensation visuelle, dont l'importance prend, dans l'économie du deuxième dialogue, l'aspect d'un leitmotiv, tandis que les remarques consacrées à l'imaginaire sonore s'enchâssent, à trois reprises, dans une analyse qui ne tente nullement de les approfondir.

C'est, tout d'abord, le passage sur la versification qui surprend par sa brièveté, tandis que le parallèle de la poésie et de la rhétorique est posé ici comme évident. Or ce parallèle mériterait pourtant d'être éclairci : les buts poursuivis par le poète et l'orateur, de même que les moyens qu'ils emploient pour cela sont-ils vraiment identiques ? On serait tenté de croire, au premier abord, que l'orateur doit instruire tandis que le poète cherche, avant tout, à divertir, mais ce serait oublier cette autre interprétation de la poésie – que donne notamment Fleury[1], en remontant à son origine –, qui l'assimile, en particulier dans sa forme lyrique, à la vérité. L'ambition de montrer le vrai qui, dans cette perspective, semble être le but même de toute expression verbale suffirait certes à les rapprocher l'une de l'autre, même si la poésie semble accorder plus d'importance au rythme et à la musicalité du mot. Les recherches stylistiques liées à l'aspect formel du poème que les poètes du siècle ont hérité de leurs prédécesseurs, et dont Boileau[2], entre autres, avait montré qu'elles constituaient un progrès en apportant un gain et une clarification du sens, donnent l'impression, ici, d'être ignorées – alors qu'elles ne le seront plus dans la *Lettre à l'Académie*. À moins que ce silence ne serve précisément à défendre la thèse selon laquelle la poésie demeurerait indépendante de la forme sonore qu'on affecte, la plupart du temps, de lui donner, laquelle ne serait qu'un déguisement, un signal extrinsèque censé susciter un réflexe de reconnaissance. Car la versification, définie non comme l'essence de la poésie mais comme son effet de surface ou pire sa caricature, lui est, au fond, étrangère, même si « le vulgaire ignorant s'imagine que c'est là poésie »[3], au lieu que « bien des gens font des vers sans poésie, et beaucoup d'autres sont pleins de poésie

1. Voir *Discours sur la poésie, et en particulier sur celle des anciens Hébreux*, éd. Dom Calmet, reproduite in *Opuscules de M. l'abbé Fleury*, t. II, éd. L.-É. Rondet, Nîmes, 1780-1783.
2. Voir *L'Art poétique*, chant I, v. 131-138, *Satires, Épîtres, Art poétique*, éd. J.-P. Collinet, Paris, Gallimard, 1985 [-1673], p. 230. *Cf.* S. Menant, *La Chute d'Icare. La crise de la poésie française. 1700-1750*, Genève, Droz, 1981.
3. *DSÉ*, II, p. 35.

sans faire de vers »[1]. En écartant la question de la versification, ce serait moins la sonorité en tant que telle qui serait écartée, que l'erreur consistant à voir en elle le but de la poésie, définie comme simple recherche de l'effet sonore. Fénelon serait donc moins « sourd » qu'il n'y paraîtrait; son ambition consistant, avant tout, à replacer la sensation sonore au rang d'un moyen dont la fonction serait d'engendrer des images visuelles.

Le propos se hâte donc de revenir à la peinture, aux images visuelles comme fin commune à la poésie et à l'éloquence, puisque la différence entre les deux n'est que de degré, les images dans le poème se voulant seulement plus « vives » que dans l'éloquence : « La poésie n'est autre chose qu'une fiction vive qui peint la nature »[2]. La parole ne peut donc faire l'économie de l'image. « Il faut des images »[3] : telle est la règle, en un sens paradoxale, à laquelle se résume l'art de parler. Mais s'il faut des images, pourquoi la préférence va-t-elle aux images visuelles[4] ?

Cette exigence se justifie en partie par le principe de l'*Ut pictura poesis* auquel Fénelon se veut fidèle. Écouter seulement ne suffirait donc pas à se représenter l'objet du discours, et surtout, la sensation auditive ne permettrait pas de produire l'affect désiré[5]. Le rappel de l'apparence visuelle de l'objet, par la description ou l'évocation, est nécessaire pour éveiller la curiosité en produisant un effet de réel, comme un trompe-l'œil. Et la peinture qui seule, pour Fénelon, peut faire croire à la présence réelle des choses devient ainsi supérieure à toute autre forme de représentation.

> Un peintre songe à vous mettre devant les yeux les forêts, les montagnes, les rivières, les lointains, les bâtiments, les hommes, leurs aventures, leurs actions, leurs passions différentes, sans que vous puissiez remarquer les coups de pinceaux[6].

1. *DSÉ*, II, p. 35-36.
2. *DSÉ*, II, p. 36
3. *DSÉ*, II, p. 36.
4. Point néanmoins discuté, mais sans réel approfondissement, par P. Poupon qui prenant appui sur le portrait que Saint-Simon fait du prélat – le corps maigre, mais le nez imposant –, souligne l'insistance, dans l'œuvre littéraire et, à certains égards, dans l'apologétique, sur les sensations olfactives : « Fénelon, écrit-il, fut à ce point un olfactif qu'il choisit de vivre en *sentant* plus qu'en *goûtant* et qu'il adopta, par tempérament, cette frugalité dont les œuvres de ses chers Anciens [...] sont délicieusement imprégnées », *Mes dégustations littéraires : l'odorat et le goût chez les écrivains*, Nuits Saint-Georges, Confrérie du taste vin, 1979, p. 34.
5. Voir *DSÉ*, II, p. 35.
6. *DSÉ*, II, p. 37.

En toute rigueur, l'argument pourrait être discuté. Il n'est pas moins vrai que le signifiant ou l'image sonore parvienne, aussi bien que l'image visuelle, à se faire oublier – comme le suppose, au demeurant, l'argumentation fénelonienne elle-même. Mais ce qui rend l'argument indiscutable, c'est l'autorité de la tradition sur laquelle il s'appuie[1] – que Fénelon cherchera plus tard à justifier au lieu de s'y soumettre passivement –, ce qui explique qu'il occupe, dans l'économie du texte, la place la plus grande lors même que l'un des protagonistes du dialogue estimera qu'on a « assez parlé de la peinture ». Toutefois en abordant la question des « mouvements » du corps, comme le souhaite ce dernier, on retrouve les considérations précédentes, car « l'action même est une peinture », autrement dit « une peinture des pensées de l'âme »[2]. La modulation du geste ne saurait toutefois se passer de celle de la voix et cela conduit, dans le dialogue, au deuxième des trois moments consacrés à l'aspect sonore du discours.

Ce deuxième développement présente davantage d'ampleur. Les considérations sur la voix se mêlent à celles consacrées à la musique, à la tonalité, au rythme. On y apprend que, pour être « familière », afin de s'« insinuer »[3] dans le cœur de l'auditeur, l'éloquence doit, conformément à l'idéal cicéronien, présenter de la variété[4] quant au rythme et à la modulation sonore, afin que « l'action de la voix accompagne toujours les paroles »[5]. Aussi la voix ne doit-elle pas ressembler à ces « belles cloches dont le son est clair, plein, doux et agréable » mais « qui ne signifient rien ». Néanmoins, si Fénelon accorde à la forme sonore du discours une importance et une légitimité, son analyse revient insensiblement à l'image visuelle dont le déploiement semble seul, en dernière instance, conditionner le progrès moral.

Les remarques sur les sons constituent néanmoins une sorte d'interlude : « N'espérez pas, avertit A, exprimer les passions par le seul effort de la

1. Tradition – à travers l'influence de Bossuet, de l'éloquence borroméenne, du principe horacien de l'*Ut pictura poesis*, pour ne citer que les principaux pôles de référence – dont nous examinerons par la suite de quelle manière elle imprègne le texte de Fénelon.

2. *DSÉ*, II, p. 37-39.

3. Fénelon énonce ici deux des principaux ressorts de l'éloquence. Il y insistera à plusieurs reprises dans le deuxième dialogue. *Cf.* II, p. 43.

4. Voir Cicéron, *De l'orateur* : « [...] si cette variété [...] étonne dans ces arts en quelque sorte muets [sculpture et peinture], combien n'est-elle pas plus étonnante dans l'éloquence et l'art de la parole ? », livre III, VII, 25, texte établi par H. Bornecque, trad. E. Courbaud et H. Bornecque, Paris, Les Belles Lettres, 2002, p. 12.

5. *DSÉ*, II, p. 42.

voix [...]. Pour réussir à peindre les passions, il faut étudier les mouvements qu'elles inspirent. Par exemple, remarquez ce que font les yeux, ce que font les mains, ce que fait tout le corps, et quelle est sa posture »[1]. L'éloquence est bien quelque chose de plus qu'un art de parler, elle est un art de mimer, un art du corps[2] qui, toutes proportions gardées, rejoint l'art du comédien ou celui du danseur. On relèvera, au passage, qu'en accordant une telle importance à l'*actio* oratoire, Fénelon ne semble pas craindre, contrairement à Quintilien[3], que le geste ne supplante la parole, et que le public ne s'émeuve davantage de ce qu'il voit que de ce qu'il entend[4].

Mais si la vue est ainsi constamment sollicitée, directement ou indirectement, en raison d'une capacité à susciter l'émotion supérieure à celle de l'ouïe, c'est parce qu'elle semble s'adresser à une forme primitive de sensibilité – ce qui sera davantage l'objet du traité *De l'éducation des filles*[5]. C'est par l'œil que l'on s'émeut, et non par l'ouïe qui se contente, pour l'essentiel, d'apporter l'intelligibilité. Et s'il faut, néanmoins et nécessairement, faire usage de sa raison – cette faculté qui distingue précisément l'homme des autres créatures –, afin de se représenter clairement le motif de son action ou de son opinion, cela ne permet pas de conclure que la raison peut tout à la fois instruire et émouvoir.

Quelques lignes encore font allusion, dans le deuxième dialogue, à l'aspect sonore du discours, à ce que Fénelon-A nomme les « bourdonnements de périodes languissantes et uniformes »[6] et qu'il compare aux fredons de la « mauvaise musique »[7], lesquels ne servent qu'à pallier la faiblesse d'une

1. *DSÉ*, II, p. 42-44.
2. Voir S. Chaouche, *L'Art du comédien. Déclamation et jeu scénique en France à l'âge classique (1629-1680)*, Paris, Honoré Champion, 2001.
3. Sur cette crainte de Quintilien, voir notre chapitre II.
4. Sur J.-P. Camus et Fénelon, voir J. Le Brun, « L'emblème de la Caritée », *Le Pur amour de Platon à Lacan*, éd. cit.
5. « Depuis le péché originel, souligne Fénelon, l'homme [...] ne peut être longtemps attentif à ce qui est abstrait. Il faut donner du corps à toutes les instructions qu'on veut insinuer dans son esprit. Il faut des images qui l'arrêtent. » *DSÉ*, II, p. 36. Dans le traité *De l'éducation des filles*, Fénelon montrera que ce sont les premières images de l'enfance qui déterminent les penchants de toute la vie : ce sont les images visuelles qui éveillent les passions de haine et d'amour. Cf. *ÉF*, V, p. 103.
6. *DSÉ*, II, p. 53.
7. *DSÉ*, II, p. 53. On retrouvera la même critique chez Rousseau, grand lecteur de Fénelon, dans sa défense de la musique italienne contre la musique française, voir *Lettre sur la musique française*, in *Essai sur l'origine des langues où il est parlé de la mélodie et de l'imitation musicale, suivi de Lettre sur la musique française et Examen de deux principes avancés par M. Rameau*, intro., notes, bibliographie et chronologie, par C. Kintzler, Flammarion, 1993, p. 145.

abhorre toutes les manifestations de l'informe, qui ne présentent ni structure ni limites mais qui, en produisant une sensation chaotique, invitent en retour à un avachissement, à une inertie du corps qui ne peut conduire qu'à un affaiblissement de l'âme[1] – avec la confusion des pensées et des sentiments qui s'en suit. La musique informe pourrait, dans cette mesure, être comparée au tableau dans lequel seules les couleurs seraient présentes sans le moindre dessin ; et il resterait, ici aussi, à demander ce que la mémoire retiendrait de cette confusion, quelle empreinte serait réellement produite sur ce que Fénelon appelle la couche molle du cerveau.

Mais cette réduction est encore applicable au vêtement puisque ce sont les coupes les plus simples, c'est-à-dire celles qui se définissent par les formes géométriques les plus élémentaires (idéalement le péplum et la tunique seulement nouée à la taille), qui sont préférées. Ainsi la valeur des arts, ou des savoir-faire qui s'y rattachent, tient-elle de la parenté que ceux-ci entretiennent avec le dessin[2], fût-il compris dans un premier temps comme dessin géométrique.

L'art culinaire, comme nous l'avons suggéré, n'échappe pas non plus à cette réduction, en dépit de l'apparente hétérogénéité entre sensations gustatives et sensations visuelles. Car c'est bien dans cet ordre d'idées que Fénelon, lorsqu'il demande quels types d'aliments doivent être privilégiés, délaisse d'emblée l'argument de la sapidité : ce qui fait qu'une chose est bonne ne tient pas à sa saveur mais bien aux effets qu'elle produit sur l'âme. La question de l'alimentation se rattache donc elle aussi, et immédiatement, à celle de la morale en apparaissant comme l'une des conditions de réalisation de celle-ci. La sensation gustative, en n'étant jamais à elle seule un critère discriminant, passe donc au second plan ou, plus radicalement encore, fait l'objet d'une dénonciation comme étant par elle-même un guide dangereux[3].

Cependant, même en admettant que la sensation gustative ne soit d'aucun secours pour déterminer les aliments à privilégier, parvient-on à rendre pertinente et opératoire la réduction de l'art culinaire au géométrique, étant donné que, *stricto sensu*, la valeur de l'aliment n'est pas tributaire de la forme géométrique de celui-ci ? C'est précisément cette dernière

1. Voir *Av. T.*, X, p. 219.
2. Concernant l'éducation des filles sur ce point, *ÉF*, XII, p. 164-165.
3. Sur les « vins frelatés », *ÉF*, V, p. 112.

conclusion qu'il faut réexaminer, car le ragoût, qui offre une certaine confusion à la vue, doit susciter, pour cette raison même, une forme de méfiance[1], au nom de la notion de naturel qui sert de fil conducteur pour rendre intelligible cette intuition.

La notion de naturel présente deux significations : elle implique tout d'abord la possibilité de déterminer une origine. Cette reconstitution établit une filiation permettant donc l'identification : une chose naturelle (un aliment par exemple) peut être connue comme telle parce qu'elle est tout d'abord facilement identifiée, n'ayant pas été transformée par l'arbitraire humain. C'est au nom de ce présupposé que les nourritures raffinées sont rejetées : en mêlant des ingrédients transformés dont l'origine, parce qu'elle est dissimulée, est pour ainsi dire perdue, elles accoutument au déguisement, c'est-à-dire au désordre et à l'ignorance. Ces nourritures[2], enfin, inciteraient à se tourner vers ce qui est confus, composé : les mets recherchés disposeraient au goût pour le gothique, les fredons, les vains ornements de la langue, c'est-à-dire pour tout ce qui ne présente ni ordre ni structure, mais qui au contraire laisse régner l'arbitraire et le caprice.

Mais la notion de naturel renvoie aussi à l'ordre voulu par Dieu : il importe, par conséquent, de connaître en quoi consiste cet ordre – qui implique la mesure et le nombre – pour s'en inspirer dans l'art. Ainsi, d'une façon ou d'une autre, tout tend dans l'esthétique fénelonienne à valoriser la limite et la forme qui s'associent à l'évidence et à la vérité, et qui permettent, par contrecoup, de se découvrir soi-même dans ses propres limites, et à sa propre place.

Tout cela n'interdit nullement d'affirmer que l'imaginaire esthétique fénelonien favorise aussi les thèmes de l'écoulement et de la fluidité[3] quand il s'agit de constater que le monde, parce qu'il est comme un miroir[4], ou encore un reflet, doit être considéré, eu égard aux fins dernières de Dieu, comme n'ayant par soi aucune valeur. La beauté du monde, réelle, lorsqu'elle se rapporte à Dieu, n'exclut pas sa vanité, lorsqu'elle se rapporte

1. Voir *ÉF*, V, p. 112 ; *Av. T.*, livre V.
2. Sur la nourriture, corruptrice du goût, voir *ÉF*, V.
3. Voir G. Poulet, *Études sur le temps humain*, IV, *Mesure de l'instant*, « Fénelon », Paris, Plon, 1964 ; pour une mise au point récente des travaux sur cette problématique, *cf.* Fr. Trémolières, « Littérature et éducation », *Nouvel état présent des travaux sur Fénelon*, études réunies par H. Hillenaar, Amsterdam-Atlanta, Crin, 36, 2000, p. 98 *sq*.
4. Déjà dans *RSPM*, chap. XII, p. 358.

à l'homme seul. Aussi l'apologétique n'empêche-t-elle pas – mais elle l'implique plutôt – la reprise des emblèmes de la littérature baroque qui soulignent la corruptibilité des choses. Dès lors, la beauté, désertant le monde, finit par se concentrer dans l'espace intérieur[1] où réside l'amour pour Dieu entièrement purifié de tout amour-propre. En toute rigueur cette beauté, purement contemplative, et le plaisir qui l'accompagne – lui-même dégagé de toute sensitivité –, sont irreprésentables : ils échappent donc, par principe, à toute traduction sensible[2], à ceci près que c'est encore la métaphore du lieu, l'espace clos, qui en transpose le plus fidèlement l'essence.

Force est donc d'accorder à l'image visuelle – comme ce qui correspond à l'image plastique –, une dynamique particulière, au motif qu'elle est, tout simplement, la matrice de toute émotion esthétique authentique. Et cette position se trouve justifiée non par la manie d'un esthète amoureux des arts visuels, mais, plus sérieusement, par une anthropologie religieuse et philosophique qui reconnaît aux sensations visuelles une efficacité pragmatique supérieure.

En outre, le privilège reconnu à l'image visuelle provient bien de la forme qui la délimite, et non du coloris qui l'accompagne[3], lequel est plus ou moins associé à la tache informe, qui aveugle sans instruire. Il n'est pas hasardeux, par conséquent, que les métaphores du cachet, de la cire, de l'impression, toutes réductibles à un tracé, soient convoquées pour décrire ce qui constitue l'essence même de la sensation esthétique efficace. On se souviendra qu'on trouve chez Lamy cette même approche de l'œuvre d'art et du modèle idéal d'éloquence, lorsque, à la suite d'Érasme, il revisite le mythe de Cadmus qui fonda Thèbes par un sillon tracé dans la terre, et fixa les lois de celles-ci en les « traçant » par écrit. Le geste d'inscrire, de délimiter, serait ainsi porteur d'une dimension civilisatrice en s'opposant

1. Voir B. Papàsogli, « Espace intérieur et vie spirituelle chez Fénelon », Actes de la journée Fénelon (11 décembre 1998-Sorbonne), *XVIIe siècle*, n° 206, janv.-mars 2000.

2. Sécheresse constamment décrite dans la correspondance avec Madame Guyon ; voir par exemple la lettre du 11 mai 1689 : « Je me sens si sec et languissant que je suis comme un bateau qui n'a ni rames et voiles », *in* J.-M. Guyon, *Correspondance*, t. I, *Directions spirituelles*, édition critique établie par D. Tronc, Paris, H. Champion, 2003, p. 310.

3. Sur la « palette » de Fénelon, voir A. Lanavère, « L'imagination de Fénelon dans ses premiers écrits de fiction », in *Actes de la journée Fénelon ..., loc. cit.*

tout d'abord au caractère informe de la parole non fixée[1], de la terre non labourée, d'une humanité non encore échappée de la barbarie[2].

de la mémoire comme catalogue d'images : sources et fondement du présupposé fénelonien

les sources premières

Il reste à savoir si cette argumentation fondée sur un présupposé psycho-physiologique, par laquelle la peinture et plus encore le dessin sont érigés en modèle d'un art authentique, est bien nouvelle dans l'œuvre théorique de Fénelon. Pareille analyse ne se trouve-t-elle pas déjà condensée dans les principes d'une vulgate qui, d'Aristote à Quintilien, diffuse les mêmes mises en garde ?

La méfiance à l'égard d'un goût trop prononcé pour le coloris, accusé de conduire à l'ivresse des sens et de la pensée[3], ainsi que la condamnation de ce goût, au motif qu'il s'apparente au fard, apparaissent comme des prises de position rien moins que modernes, proches en cela de la méfiance platonicienne et patristique en même temps que de la revendication des poussinistes contre leurs adversaires coloristes dans le débat qui s'élève autour des années 1670 à l'Académie royale de peinture et de sculpture[4] – débat qui peut lui-même être perçu comme l'un des avatars du conflit entre l'éloquence asianiste et l'atticisme[5].

1. Sur cette problématique abordée d'un point de vue historique et ethnologique, voir J. Goody, *La Raison graphique. La domestication de la pensée sauvage*, trad. et présentation J. Bazin et A. Bensa, Paris, Minuit, 1979 [-1977].

2. Nous suivrons ici les pistes très suggestives que propose l'article de Chr. Noille-Clauzade, « Le sillon et la liaison : rémanence d'un modèle scriptural en rhétorique », *Littératures classiques*, n° 50, printemps 2004.

3. Aristote souligne pour sa part, dans le traité *De la mémoire et de la réminiscence*, que « le mouvement [celui de la sensation] qui se produit imprime comme une empreinte de l'impression sensible, comme on dépose sa marque avec un sceau. C'est pourquoi la mémoire fait défaut à ceux qui sont agités par de multiples mouvements », 450 a, in *Petits traités d'histoire naturelle*, trad. P.-M. Morel, Paris, Flammarion, 2000, p. 108. Pour l'étymologie *color/celare*, voir M. Pastoureau, *Bleu. Histoire d'une couleur*, Paris, Le Seuil, 2002, p. 42.

4. Sur le débat couleur/dessin, voir la fin de ce chapitre, et surtout les chap. III et IV.

5. En retraçant les grandes lignes du conflit de valeurs qui dans l'Antiquité oppose asianisme et atticisme, J. Lichtenstein permet de saisir une part non négligeable de la dette que Fénelon doit aux anciens. Voir *La Couleur éloquente ...*, éd. cit., p. 116-118.

Mais c'est aussi à Aristote[1], Cicéron[2], ou de façon légèrement différente à l'adaptation qu'en donne Plutarque[3], que Fénelon emprunte le modèle psycho-physiologique de la mémoire conçue comme tablette de cire, lequel accorde à la sensation visuelle le pouvoir de susciter l'émotion la plus forte en raison d'une capacité à inscrire profondément et durablement, à l'instar du fer ou du stylet, une marque sur l'une des zones de l'organe de la mémoire, zone que cherchera à stimuler l'orateur.

Dans l'article que Ruth Webb[4] consacre à la notion d'*enargeia* dans la rhétorique grecque, elle expose avec précision les difficultés théoriques auxquelles s'est heurté l'idéal d'une visibilité du discours, ainsi que les solutions qu'y a apportées la psychologie aristotélicienne, avant de devenir un lieu commun de la rhétorique, comme on le voit dans la reprise qu'en proposent les écrits de Cicéron – lequel invente le terme *euidentia*, censé traduire *enargeia*[5] –, du Pseudo-Longin et de Quintilien, qui articulent toujours *enargeia* et *phantasia*[6]. C'est donc à Aristote qu'il faut revenir pour trouver l'origine de cette économie argumentative censée justifier l'énoncé d'une correspondance du dire et du voir, et qu'on trouve exposée dans la *Poétique* et la *Rhétorique*, aussi bien que dans les traités philosophiques *De l'âme*, et *De la mémoire et de la réminiscence*, lesquels, en apportant la justification épistémologique de ce principe esthétique, indiquent en creux que l'âme humaine étant ce qu'elle est, dans l'ordre de ses facultés et dans ses aptitudes à la connaissance et à la compréhension des choses, la hiérarchisation des manifestations de l'art, en fonction de leur efficacité, s'impose.

Au livre troisième du traité *De l'âme*, lorsqu'il en vient à décrire les différentes facultés que recoupe cette notion, Aristote distingue la sensation, l'imagination et la pensée. Il montre en particulier que sensation et imagination ne doivent pas être confondues, puisque la sensation implique la présence de l'objet, le « sensible », tandis que l'imagination – se définis-

1. Voir *De la mémoire et de la réminiscence*, in *Petits traités d'histoire naturelle*, éd.cit.
2. Voir *De l'orateur*, II, LXXXVIII, 360, éd. cit., p. 156.
3. Notamment le *Dialogue sur l'amour*, 16, 759 b, in *Œuvres morales*, t. X, texte établi et traduit par R. Flacelière, Paris, Les Belles Lettres, 1980, p. 75.
4. « Mémoire et imagination : les limites de l'*enargeia* dans la théorie rhétorique grecque », *in* C. Lévy et L. Pernot (dir.), *Dire l'évidence (philosophie et rhétorique antiques)*, *Cahiers de philosophie de l'université Paris-XII*, n° 2, Paris, L'Harmattan, 1997.
5. Voir C. Lévy et L. Pernot, « Phryné dévoilée », *Dire l'évidence*, éd. cit.
6. Voir R. Webb, art. cit., p. 232 *sq*.

sant elle aussi comme « une sorte de mouvement »[1], mais un mouvement secondaire par rapport à celui de la sensation – implique seulement, mais nécessairement, la présence de la sensation, ce pourquoi elle parvient à représenter un objet absent[2]. C'est aussi dans ce traité qu'on trouve l'idée selon laquelle ce mouvement de l'imagination est d'autant plus excité qu'il est provoqué par une sensation visuelle[3]. Le traité de philosophie naturelle, *De la mémoire et de la réminiscence*, complète ce schéma puisque Aristote y avance que la sensation visuelle laisse une empreinte dans la mémoire[4], empreinte que le récit imaginé par le rhéteur doit venir réactiver par un procédé comparable à celui qui est à l'œuvre dans la réminiscence, en excitant un premier mouvement auquel d'autres se trouvent liés par nécessité naturelle ou par un conditionnement préalable[5]. Mais l'essentiel ici est que ce recours à l'imagination est incontournable, comme le montre le traité *De l'âme* qui conclut à l'impossibilité de penser sans image, étant entendu que rien d'intelligible ne saurait exister indépendamment d'un support sensible dans lequel il doit s'incarner; aussi n'y a-t-il pas d'idée sans image[6], et pas de discours transmissible sans sollicitation de l'imagination. Ce qu'il importe de retenir ici, c'est donc la double affirmation selon laquelle il existe, d'une part, une solidarité de la sensation et de l'imagination *via* l'empreinte que la première a le pouvoir d'engendrer et, d'autre part, que la sensation visuelle a un pouvoir plus grand que celui des autres sensations sur l'imagination.

Mais l'intérêt de ce déploiement théorique, pour Aristote, et surtout pour l'usage qu'en fait Fénelon, résiderait en fait pour Claude Calame[7] dans l'exigence selon laquelle le récit doit imiter l'action. La théorie, vraie d'un point de vue empirique, d'après la considération des effets produits par le récit sur la sensibilité et l'intelligence, serait dès lors préférable d'un point de vue normatif puisque l'action représentée stimule en éduquant et en instruisant, d'où son avantage au regard des représentations

1. Aristote, *De l'âme*, III, 3, 428 b, trad. J. Tricot, Paris, Vrin, 1990, p. 171.
2. *De l'âme*, III, 3, 427 b 10-15, éd. cit., p. 165.
3. *De l'âme*, III, 3, 429 a, éd. cit., p. 172-173.
4. En 450 a, éd. cit., p. 108.
5. Notamment 451 b, éd. cit., p. 113.
6. *De l'âme*, III, 8, 432 a, éd. cit., p. 197.
7. « Quand dire c'est faire voir : l'évidence dans la rhétorique antique », *Études de Lettres*, *Revue de la faculté des Lettres*, Université de Lausanne, oct.-déc., 1991.

sans action – thèse défendue par la *Poétique* et par les *Dialogues sur l'éloquence*. La nécessité de présenter un récit qui s'impose avec évidence (*enargeia*) fonde ainsi un idéal esthétique, rhétorique et pédagogique, qui lui-même trouve son bien-fondé dans une anthropologie où la capacité de reconnaissance, autrement dit la stimulation de l'attention par l'impression de déjà-vu, joue un rôle central, et fait de l'imitation un canon pour l'art. Dans ces conditions, l'art peut avoir une fonction anthropogène, à condition qu'on l'articule à un processus naturel, compris non comme ce qui n'est pas provoqué par l'homme, mais comme ce qui est essentiel à son développement. On sait cependant que la notion de *mimèsis* ne se réduit pas pour Aristote à celle de copie, étant donné que « les bons portraitistes » « peignent en plus beau », et que « le poète, lorsqu'il imite des hommes » « doit les rendre remarquables »[1]; il n'empêche qu'une trace de réalisme doit demeurer afin de captiver l'attention.

C'est toutefois chez Cicéron que l'on observe une proximité encore plus grande de l'expérience de la vision et de celle de la représentation, laquelle justifie l'identité entre « bien dire » et « faire voir », au point qu'il défend, dans l'*actio*, le procédé qui désigne concrètement l'objet sur lequel porte la harangue et qu'on exhibe à cette occasion. Quintilien s'indigne de cet excès qui risque à terme de compromettre la raison d'être de la rhétorique : si tout devient monstration, peinture, l'orateur n'a plus qu'à se taire[2].

Sans aller plus avant dans l'évocation de ces analyses bien connues, il suffit de rappeler que l'univers des anciens est à ce point gagné par la primauté du visible que les limites de la rhétorique touchent à celles de la peinture; quant au concept d'image, il circule de l'un à l'autre de ces deux modes d'expression, sans qu'on parvienne à saisir qui, de l'image visuelle ou de l'image verbale, devrait à terme être désignée comme métaphore ou analogie.

C'est pourquoi, si l'on détecte bien dans l'écriture de Fénelon les signes d'un univers imaginaire où dominent le désenchantement et la mélancolie[3],

1. Aristote, *Poétique*, intro., trad. et notes M. Magnien, Paris, Le Livre de Poche, 1990, 1454 b, p. 128.

2. Sur ce point, J. Lichtenstein, *La Couleur éloquente*, p. 108-109.

3. *Cf.* P.-A. Fabre (sur l'échec de J. Nadal de mener à terme l'ouvrage inspiré de Loyola, les *Evangelicae historiae imagines* qui paraît treize ans après sa mort), *Ignace de Loyola. Le lieu de l'image. Le problème de la composition de lieu dans les pratiques spirituelles et artistiques jésuites de la seconde moitié du XVIe siècle*, Paris, Vrin-EHESS, 1992, p. 23.

ce que Paul Ricœur a nommé « la tristesse du fini »[1], il serait exagéré de confondre, comme nous avons tâché de le montrer plus haut, ce moment particulier où l'expérience esthétique s'abolit dans l'expérience mystique, et celui où, encore nécessaire, elle revêt une fonction positive ou pragmatique. Or, dans cette dernière perspective, ce sont les valeurs de pureté[2], de transparence, de clarté dans l'intention[3] – dont l'expression plastique ressortit naturellement au dessin, à la forme structurée –, qui s'avèrent opératoires. Néanmoins ces deux univers ne se font pas ombrage l'un l'autre parce qu'ils s'articulent à des dispositions affectives différentes selon l'âge, le degré d'instruction, et le progrès dans la foi : l'image, dans l'expressivité de son dessin, dans sa précision et sa délimitation, se justifiant d'une valeur suprême dans l'entreprise de découverte de l'ordre voulu par Dieu, lorsque l'enfant et l'incrédule doivent apprendre à regarder ce à quoi ils sont d'ordinaire aveugles afin de s'engager dans la quête de ces premières formes d'amour qui détournent de soi et conduisent à Dieu; tandis que la projection imaginaire du monde en songe et fumée renvoie à l'ultime étape dans la désappropriation de soi et l'abandon à Dieu. Mais c'est ici qu'il importe de rappeler les conclusions métaphysiques auxquelles aboutit Fénelon, et qui contribuent à l'émergence de ce parti pris esthétique qui fait du dessin l'origine et l'horizon de l'art.

le fondement métaphysique de la supériorité de l'image visuelle

Dans l'opuscule *La Nature de l'homme expliquée par les simples notions de l'être en général*, Fénelon procède à une définition de l'être qu'il réduit à deux catégories fondamentales : l'être qui est par lui-même, Dieu, et les êtres qui dépendent de celui-ci, à savoir les créatures. Ces dernières se prêtent encore à une subdivision puisqu'on distingue celles qui pensent, et celles qui, ne pensant pas, n'ont d'existence que matérielle, autrement dit ne sont que des corps. Or qu'est-ce que le corps ? Si celui-ci ne peut être connu en soi dans la mesure où, écrit Fénelon qui reprend Descartes, « je ne connais

1. « Les apories de l'expérience du temps. Le livre XI des *Confessions* de saint Augustin », *Temps et Récit*, Paris, Le Seuil, 1983, t. I, p. 61.

2. Sur l'« or » et la « blancheur » dans l'écriture romanesque de Fénelon, voir Fr.-X. Cuche, *Télémaque entre père et mer*, chap. VII, Paris, Champion, 1995, p. 227.

3. Voir la lettre à la sœur Charlotte de Saint-Cyprien du 15 décembre 1696 : « J'aime mieux une volonté toute sèche et toute nue dans l'obscurité la plus profonde, pourvu qu'elle soit droite, simple et constante, que les états les plus sublimes et les plus lumineux qui ravissent l'imagination », *Corresp.*, t. IV, p. 114.

pas le fonds des substances »[1], au moins peut-il être connu indirectement par les qualités – figure, mouvement – qu'il revêt[2], et à quoi se réduit sa matière. Suivant encore Descartes, il peut conclure que la matière du ciel et de la terre est bien la même[3], bien que la raréfaction de la première implique une composition plus subtile qui échappe à la grossièreté de nos organes sensoriels. Aussi tout ce qui est matériel est-il étendu, sans qu'il soit cependant toujours permis de le vérifier empiriquement. Le mouvement suppose lui aussi l'étendue, car ce qui n'a pas d'étendue est immatériel; de même la figure implique à son tour l'extension, n'étant même finalement que cela. Or cet ordre des choses matérielles, que la réflexion métaphysique découvre, c'est bien celui que Dieu a voulu, à savoir que la matière se réduise à l'étendue. Imiter la nature, afin de rendre sensible ce à quoi les infidèles ou les ignorants sont indifférents, c'est donc tâcher de restituer cet ordre – de là les descriptions, parfois redondantes, des phénomènes naturels du *Traité de l'existence de Dieu*.

Mais l'artiste ne se borne pas à imiter des corps, il imite surtout des actions. Actions des corps qui traduisent les mobiles de l'esprit, et qui, dans l'intention éducative qui est celle de l'artiste-pédagogue, doivent suivre la nature de l'homme : non celle de son caractère peccamineux mais celle de l'ordre voulu par Dieu. Et c'est ici que la dimension graphique revêt toute son importance, car ces actions, qui doivent susciter l'empathie, exigent d'être exactement visualisées à mesure que se déroule le récit, afin que la scène s'imprimant dans la mémoire soit le joug empêchant de mal agir – comme l'avaient déjà admis l'art ignatien et salésien de la composition de lieu, mais également cet art de la mémoire, utile aux rhéteurs et à l'homme du commun, que résume Cicéron à travers le récit de l'anecdote du banquet donné par Scopas, qui s'acheva dramatiquement par l'effondrement du toit et la mort des convives, excepté Simonide qui, alors appelé au dehors, put ensuite, comme seul témoin, aider à l'identification des cadavres grâce à sa méthode des « lieux » et des « images », dont nous allons voir le détail à présent.

1. Voir *La Nature* ..., II, p. 841.
2. Voir *La Nature* ..., II, p. 841.
3. « [...] nous saurons que la nature de la matière, ou du corps pris en général, ne consiste point en ce qu'il est une chose dure, ou pesante, ou colorée, ou qui touche nos sens de quelque autre façon, mais seulement en ce qu'il est une substance étendue en longueur, largeur et profondeur », *Principes de la philosophie*, II, § 4, AT, t. IX, p. 65.

l'« art de mémoire » François de Sales et Philostrate les sources secondaires

Sans rien ajouter à ce que Frances Yates a si remarquablement exposé dans *L'Art de la mémoire*[1], nous rappellerons seulement les quelques aspects de cet art que Fénelon, d'abord lecteur de Cicéron, ne pouvait méconnaître.

Cette méthode, pour la résumer, conseille de disposer les choses qu'il faut se rappeler en des lieux disposés selon un plan qui évoque celui d'une maison. La mémoire artificielle, que l'on distingue de la mémoire naturelle comme faculté en puissance, se construit bien comme un « palais »[2], selon le mot d'Augustin qui s'avère être beaucoup plus qu'une figure. C'est en établissant des distinctions précises entre des lieux et des places que l'on parvient à reconstituer de mémoire ce qu'on veut se rappeler, et ces distinctions se trouvent encore facilitées par les images[3] auxquelles ces différentes pièces sont associées : ici tel objet, tel ustensile, là un meuble, etc. Enfin, on se rappelle ces choses, y compris les plus ordinaires, en associant à celles-ci des images frappantes, avec lesquelles elles entretiennent un rapport métaphorique, métonymique, euphonique, etc. Quintilien, de même, désigne l'art de la mémoire[4] comme étant la condition de tout apprentissage[5]. C'est également ce procédé qui est mentionné à partir de la supposition de la méthode qu'aurait suivie, en toute logique, Simonide[6] pour reconnaître les convives selon la place qu'ils occupaient au banquet, et que doit suivre par conséquent l'orateur soucieux de ne rien omettre.

L'essentiel est toutefois que cet art de la mémoire – qui renseigne dans le même temps sur la disposition coutumière de l'habitat dans l'Antiquité latine –, érige l'architecture et la peinture en paradigmes du savoir

1. Trad. D. Arasse, Paris, Gallimard, 1975 [-1966].
2. On relira le célèbre passage des *Confessions*, où la définition de la mémoire, à la fois cabinet de peintures et édifice architectural, contient à elle seule le motif qui voudrait que l'art, dans le rôle qui légitimement lui revient, instruisît, édifiât et rendît meilleur par la fixation dans un lieu de la mémoire des images qui arrêtent une action ou qui l'encouragent. Livre X, chap. VIII, trad. J. Trabucco, Paris, Flammarion, 1964, p. 210-211. Au chapitre IX on apprendra que dans la mémoire « les images sont [...] étonnamment disposées comme dans des cases », p. 213.
3. Voir *De l'orateur*, II, LXXXVII, 358, éd. cit., p. 156.
4. Voir *Institution Oratoire*, livre XI, 2, trad. J. Cousin, Paris, Les Belles Lettres, 2003, p. 207.
5. Voir *Institution Oratoire*, livre XI, 2.
6. La mésaventure de Simonide fait l'objet d'une fable composée par Fénelon. Voir « Simonide », *OC*, VI, p. 662.

et de l'idéal esthétique : bien connaître et bien dire équivalant à voir attentivement[1], comme seuls le peuvent le peintre et l'architecte.

Soutenir que l'imaginaire fénelonien est avant tout visuel oblige à relier celui-ci à une tradition à la fois esthétique et éthique, sacrée et profane, où l'image et le lieu se justifient de leur vocation démonstrative et pathétique. En refusant à l'art le droit de n'être qu'un pur divertissement, Fénelon se fait nécessairement le continuateur de la tradition des rhéteurs, philosophes et moralistes, anciens ou modernes, celle de Cicéron et de Plutarque à laquelle se rattachent les Pères comme celle de certains humanistes italiens qui distinguent à la suite de Virgile *venustas* et *pulcher*[2] : le dernier renvoyant à la beauté forte, celle qui touche l'esprit autant que les sens. Sa position s'apparente aussi à celle d'un Vasari qui reconduit, ce qui depuis Pétrarque relève du *topos*, la conception mémoriale, et par là même morale, du portrait[3] – lequel maintiendrait dans la vraie vie, celle de l'esprit et du cœur, les défunts. Comme si la mémoire culturelle et affective se constituait et se soutenait par les images ou par le discours qui en est la copie. Refuser le recours de l'image reviendrait, dès lors, à affronter la barbarie. Cette certitude s'observe par l'intérêt que Fénelon témoigne aux exercices rhétoriques, issus de la seconde sophistique – dont les ecphraseis –, liés au genre de la description. Et s'il est vrai que cette conception mémoriale du portrait a pu être dénoncée par certains courants chrétiens rigoristes[4], elle ne s'est pas nécessairement généralisée à l'ensemble de la peinture, dans la mesure où celle-ci s'est trouvée associée aux exercices d'oraison auxquels les franciscains, avec les fresques exécutées par Giotto[5], et plus tard Ignace de Loyola[1] de façon plus

1. Ce dont ne doute pas Cicéron, en indiquant que Simonide « [...] vit fort bien que, de toutes nos impressions, celles qui se fixent le plus profondément dans l'esprit sont celles qui nous ont été transmises et communiquées par les sens [...] [dont] le plus subtil est la vue. Il en conclut que le souvenir de ce que perçoit l'oreille ou conçoit la pensée se conserverait de la façon la plus sûre, si les yeux concouraient à le transmettre au cerveau ; qu'alors l'invisible, l'insaisissable, prenant une forme, une apparence concrète, une figure, deviendrait perceptible, et que ce qui échappe plus ou moins à la pensée tomberait sous la prise de la vue », *De l'orateur*, II, LXXXVII, 357, éd. cit., p. 155-156.

2. Voir M. Baxandall, *Les Humanistes à la découverte de la composition en peinture. 1340-1450*, trad. M. Brock, Paris, Le Seuil, 1989 [Londres, Oxford University Press, 1971], p. 30-31.

3. Voir sur ce point É. Pommier, *Théories du portrait. De la Renaissance aux Lumières*, éd. cit., p. 116 *sq*.

4. Sur ce point nous renvoyons à la synthèse qu'en donne É. Pommier, dans ses *Théories du portrait. De la Renaissance aux Lumières*, éd. cit., I, chap. IV.

5. *Cf*. G. Veyssière, « Dieu, l'homme et le paysage », *in* S. Meitinger (dir.), *Espaces et Paysages. Représentations et inventions du paysage de l'Antiquité à nos jours*, Paris, L'Harmattan, 2006.

métaphorique, ont voulu donner un tour réaliste, proche de la vision naturelle.

Mais c'est surtout François de Sales – dont Fénelon recommandera la lecture à ses dirigées[2], et dans l'œuvre duquel il trouvera la matière de sa doctrine du pur amour –, qui paraît la référence essentielle ici, en ce que sa propre technique d'oraison, certes proche de la méthode ignatienne, accrédite encore le recours à la visualisation. Fénelon partage en effet avec l'évêque de Genève une même conception de la vie chrétienne qu'il refuse de cantonner loin du monde[3], mais qu'il cherche toujours à associer aux conditions de l'existence réelle, y compris sous les aspects qui lui sont en apparence les plus éloignés[4].

Mais François de Sales apparaît à son tour, comme nous allons le voir, l'héritier d'une double tradition fondée sur la méthode ignatienne et sur celle des rhéteurs antiques et des théoriciens de la seconde sophistique[5], notamment Philostrate. Avec la lecture de François de Sales, c'est tout cet univers qui pénètre la représentation fénelonienne de l'image visuelle, qui complète également les sources poétiques, patristiques et philosophiques dont sont nourris les *Dialogues sur l'éloquence*, et qui imprime sa marque

1. Saint Ignace de Loyola, *Exercices spirituels. Texte définitif (1548)* : « Le premier exercice est de méditer, selon les trois puissances de l'âme, à propos du triple péché. Il contient une prière préparatoire, deux préludes et trois points principaux avec un colloque. Le premier prélude est une certaine façon d'organiser l'espace. À ce propos, il faut noter que, dans toute contemplation ou méditation sur une réalité corporelle, par exemple le Christ, il nous faudra nous représenter, selon une certaine vision imaginaire, un lieu corporel représentant ce que nous contemplons, comme un temple ou une montagne, lieu dans lequel nous puissions trouver le Christ Jésus ou la Vierge Marie et tout ce qui concerne le thème de notre contemplation. Si au contraire est scrutée une réalité incorporelle comme est la considération des péchés maintenant proposée, la construction du lieu pourra être d'imaginer que nous voyions notre âme enfermée dans ce corps corruptible comme dans une prison, et l'homme lui-même exilé dans cette vallée de misère au milieu d'animaux sans raison », « Première semaine », 45-47, traduction et commentaire par J.-Cl. Guy, Paris, Le Seuil, 1982, p. 69.

2. On sait en effet que Fénelon se livre à une lecture assidue des ouvrages de François de Sales à partir des années 1685, comme ses lettres de direction spirituelle en témoignent. Pour les renvois à François de Sales, voir l'index des noms dans le 2e vol. des *OF*, p. 1779.

3. Voir sur ce point, Fr. de Sales, *Introduction à la vie dévote*, Ire partie, chap. III, éd. cit., p. 36-37.

4. Voir notamment Fénelon, « Sur les divertissements », *LOS*, II, p. 559, et dans la même lettre, p. 563.

5. Sur la seconde sophistique, voir l'introduction de Fr. Graziani à son édition de la traduction du texte de Philostrate par B. de Vigenère (*Philostrate, Les Images ou tableaux de platte-peinture*, traduction et commentaire de Blaise de Vigenère (1578), 2 tomes, présenté et annoté par Fr. Graziani, Paris, H. Champion, 1995, p. III).

sur les *Dialogues des morts* écrits autour des années 1692-1695[1]. Enfin, c'est surtout la méthode pédagogique et pastorale que propose l'*Introduction à la vie dévote* (publiée en 1609), qui s'avère proche de celle que suivra Fénelon dans ses écrits pédagogiques. Cette méthode découle du principe selon lequel la disposition affective est motivée par l'image représentée, ce que François de Sales explique par la référence à l'épisode vécu par le peintre Apelle tombé amoureux de Campaspé dont il devait faire le portrait[2] : c'est, en effet, par la représentation visuelle que l'amour peut survenir, comme le répéteront les recommandations adressées à Philothée. Inversement ce qui échappe à la vue, et demeure en quelque façon toujours abstrait, laisse indifférent. On trouve là également une transposition des décrets du concile de Trente relatifs à l'image, que François de Sales a à cœur de mettre en application afin de reconquérir Genève, et que Fénelon, à travers la mission qui sera la sienne en Saintonge et en Poitou, entend suivre à son tour, comme l'atteste sa correspondance[3]. Enfin, et surtout, c'est le procédé même de l'Écriture que l'on retrouve ici, qui consiste à adopter le langage figuré des paraboles faisant, par antonomase, de chacun des personnages un type moral, et accordant à chacun des lieux décrits la valeur d'une prosopopée. Or ce retour à l'Écriture marque aussi, pour la théologie, le début du XVIIe siècle, en réaction aux excès de la scolastique.

C'est précisément ce procédé de figuration et de réduction de l'abstraction – toujours comprise non en un sens mathématique, mais métaphorique, comme synonyme d'informe – que l'on retrouve en particulier dans les *Fables et Opuscules pédagogiques*, les *Dialogues des morts*, et le *Télémaque*. Sans qu'il soit utile de relever tous les passages – car ils abondent – faisant d'un personnage, d'un lieu, d'une chose, d'un métier, d'une couleur, d'une posture ou de l'expression d'un visage l'emblème d'un caractère moral, on songera simplement, pour ne retenir que quelques exemples, à l'opposition de l'« herbe » et du « palais »[4], comme prosopopées du bonheur et du malheur, aux « grands arbres d'où tomb[ent] des gaufres »[5], au loup ou au

1. Voir la notice de J. Le Brun, *OF*, I, p. 1335 *sq*.

2. Fr. de Sales, *Introduction à la vie dévote*, préface, in *Œuvres*, éd. cit., p. 27. L'anecdote est d'abord rapportée par Pline l'Ancien.

3. Notamment les lettres à Seignelay du 28 janvier et du 7 février 1686, in *Corresp.*, t. II, p. 23-27.

4. « Histoire d'une vieille reine et d'une jeune paysanne », *FOP*, I, p. 177.

5. *Ibid.*, VIII, « Voyage dans l'île des plaisirs », p. 201.

chat comme emblèmes traditionnels de la force ou de la ruse[1], à la « cabane » et aux « aliments grossiers »[2] que découvre le roi de Perse Cha-Abbas en quête d'une existence plus authentique, aux cheveux librement noués de la jeune Poéménis, fille de Mélésichton[3], symbole d'une attitude dégagée de tout narcissisme, ou encore à la maison de celui-ci aux « murailles blanches »[4], signe de modestie. Inversement les « liqueurs glacées » et l'écriture aux lignes « en demi-cercle » apparaîtront comme le type même d'une vie « molle »[5] – « mollesse » à son tour comprise comme symbole de l'aboulie morale, conséquence d'une absence de discipline. Le portrait que Fénelon donne du Nil personnifié appelle aussi quelques remarques. La vieillesse de celui-ci n'efface pas le « corps nerveux » et n'empêche pas que les yeux soient « vifs et étincelants » : tout semble être dit, et surtout montré, à travers ces quelques épithètes, et l'image du Nil en vieillard sage et vénérable est à coup sûr plus efficace qu'une définition morale de la grandeur[6], d'où le privilège accordée à l'antonomase.

Les *Images* de Philostrate[7] contiennent elles aussi une hypotypose du Nil en statue, lequel est accompagné des symboles qui évoquent son cours[1]. Même

1. Voir *FOP*, XV, « Le loup et le jeune mouton » ; XVI, « Le chat et les lapins ».
2. *Ibid.*, XXXIII, « Histoire d'Albée, Persan », p. 237.
3. *Ibid.*, XXXV, « Les aventures de Mélésichton », p. 244.
4. *Ibid.*, p. 246.
5. *Ibid.*, « Voyage de l'île inconnue », XXXIX, p. 264.
6. C'est toutefois le Gange, et non le Nil, que Fénelon place au Paradis terrestre. Sur ce point, voir la note de J. Le Brun, *OF*, I, p. 1317.
7. L'identité de Philostrate, longtemps sujette à l'incertitude, est le plus souvent précisée comme suit : Philosotrate l'Ancien serait l'auteur de la *Vie d'Apollonios de Tyane*, tandis que Philostrate le Jeune (dont on ne sait s'il est le fils, le petit-fils, le neveu ou le gendre du premier) serait, lui, celui des *Images*. Malgré tout la question ne peut être aussi aisément tranchée. Nous renvoyons pour plus de précision à Fr. Graziani : « Si Philostrate est bien situé dans son temps, son identité propre cependant demeure obscure, car on connaît sous ce nom plusieurs auteurs distincts [...]. Parmi les ouvrages qui nous ont été transmis sous ce nom figurent deux séries bien distinctes d'*Images* : nous savons [...] que l'auteur de la seconde série d'*Images*, communément appelé Philostrate le Jeune, est le petit-fils de l'auteur du premier recueil (le nôtre), quelquefois appelé Philostrate l'Ancien, mais que la tradition désigne aussi par son lieu d'origine, Lemnos. [...] Les chercheurs n'ont pu établir si notre Philostrate l'Ancien est bien l'auteur, également, comme il est vraisemblable [...] de la *Vie d'Apollonios de Tyane* (où l'on trouve une théorie proche de celle exposée dans la Préface des *Images*) [...]. Quoi qu'il en soit, il semble attesté que les *Images* sont l'œuvre d'un rhéteur venu des îles grecques orientales, qui enseigna à Athènes puis à Rome pendant le règne de Septime Sévère, entre les années 190 et 220 environ de notre ère, soit au temps de Tertullien et d'Athénée. Lucien et Pausanias, Ptolémée et Galien l'ont donc précédé à peu près d'une génération », *Philostrate, Les Images ou tableaux de platte-peinture ...*, éd. cit., Introduction, p. IV.

si le portrait qu'en donne Philostrate insiste plus précisément sur d'autres caractères moraux – la tendresse d'un père –, c'est toutefois, comme chez Fénelon, l'idée de magnanimité, de générosité qui prévaut. Sans qu'on puisse savoir – et cela importe peu en l'occurrence – si Fénelon a connu de source directe le texte de Philostrate dont Blaise de Vigenère donne une traduction en 1578, et qui connaîtra de nombreuses rééditions jusqu'en 1657, il est évident qu'il ne pouvait en ignorer la vogue, laquelle a entraîné – dans une intention certes différente quoique puisant à la source commune de l'ecphrasis – l'apparition de ces manuels d'oraison et d'exercices de piété, comme celui du P. Nadal par exemple. On sait par ailleurs qu'une sculpture antique représentant le Nil avait été retrouvée au début du XVIe siècle sous le pontificat de Léon X[2].

En désignant les nombreuses ramifications produites par le texte de Philostrate, Marc Fumaroli souligne que l'opposition parfois artificielle entre asianisme et atticisme finit par se résorber en une même volonté d'instruire et d'édifier, et renvoie au cas de Vigenère qui en serait la parfaite illustration. Aussi, comme le suggère Richard Crescenzo, n'est-ce pas d'« influence »[3] qu'il faut parler pour rendre compte de l'effet produit par la redécouverte de Philostrate, car celle-ci est d'emblée rattachée à des préoccupations nouvelles, comme l'atteste notamment la transposition de la « galerie » en « cabinet » de peinture, genre qu'illustre l'ouvrage de Scudéry[4]. De son côté, la « galerie » rappelle le cadre des exercices de dévotion[5] privilégiés par les jésuites du début du XVIe siècle, dans le prolongement des *Exercices spirituels* d'Ignace de Loyola, qui, en 1614, firent l'objet d'une édition illustrée, notamment par Antoine Caron, peintre

1. Voir Philostrate, *La Galerie de tableaux*, trad. A. Bougot, révisée et annotée par Fr. Lissarague, préface P. Hadot, Paris, Les Belles Lettres, 1991, Livre I, p. 16-17.

2. Voir F. Haskell et N. Penny, *Pour l'amour de l'Antique. La statuaire gréco-romaine et le goût européen. 1500-1900*, trad. Fr. Lissarague, Paris, Hachette-Littératures, 1999 [-1981]. Également, R. Rubinstein « Poussin et la sculpture antique. Le thème du dieu-fleuve », *in* A. Mérot (dir.), *Nicolas Poussin (1594-1665)*, Actes du colloque organisé au musée du Louvre par le service culturel du 19 au 21 octobre 1994, Paris, La documentation française, t. I, 1996.

3. R. Crescenzo, *Peintures d'instructions. La postérité littéraire des Images de Philostrate en France, de Blaise de Vigenère à l'époque classique*, Genève, Droz, 1999, p. 12.

4. Voir sur ce point l'introduction de Chr. Biet et D. Moncond'huy à G. de Scudéry, *Le Cabinet de Monsieur de Scudéry*, Paris, Klincksieck, 1991, p. 15. Également, A. Brunn, « La galerie de peinture, la curiosité et les *Maximes* », *Frontière des genres*, Journée d'étude d'Oxford, 2005, à paraître.

5. Voir ce qu'en dit R. Crescenzo, *Peintures d'instruction* ..., éd. cit., p. 13.

de la Cour d'Henri III[1] – édition peut-être encouragée par les *Tableaux sacrez...*[2] de Richeome qui y font explicitement référence. C'est donc à Philostrate, ou bien à l'interprétation et à l'usage qu'en font Vigenère et Richeome – particulièrement le premier, qui se montre sensible à la valeur épistémologique de la vérité de la peinture, définie comme signe et reconfiguration d'un sens du monde –, qu'il faut remonter pour éclairer la genèse de la méthode de conversion qu'établit François de Sales.

Il apparaît donc possible de dégager les lignes d'un réseau qui court de la seconde sophistique – Philostrate et Lucien –, à Vigenère, puis à Loyola, à Richeome, et enfin à François de Sales pour atteindre Fénelon[3]. Il serait, certes, possible de désigner d'autres réseaux de transmission, car il est tout aussi évident, comme le montre Louis van Delft[4], que ce dispositif rhétorique a fini par devenir une *doxa*. Quoi qu'il en soit, et sans affirmer que ces auteurs souscrivent à la même conception de l'éloquence, ils approuvent tous le verdict de Philostrate :

> Ne pas aimer la peinture, c'est mépriser la vérité même, c'est mépriser ce genre de mérite que nous rencontrons chez les poètes, car la peinture, comme la poésie, se complaît à nous représenter les traits et les actions des héros ; c'est aussi n'avoir point d'estime pour la science des proportions, par laquelle l'art se rattache à l'usage même de la raison. Si l'on voulait parler avec subtilité, on dirait que la peinture est une invention des dieux, en songeant aux différents aspects de la terre dont les prairies sont comme peintes par les saisons, et à tout ce que nous voyons dans le ciel[5].

À ces sources profanes, s'ajoutent enfin les sources spirituelles qui rendent compte, chez Fénelon, de cette conception d'un réel empirique conforme à celui qui se donne en peinture, en dessin et en volumes architecturaux : raison pour laquelle les arts du dessin, à condition qu'ils visent à des formes pures, se veulent les expressions artistiques les plus adéquates pour donner une idée juste de cette réalité sensible, voulue par Dieu.

1. Voir M. Fumaroli, *L'Âge de l'éloquence* ..., éd. cit., p. 260.
2. *Tableaux sacrez des figures mystiques du tres-auguste sacrement et sacrifice de l'Eucharistie*, Paris, Sonnius, 1601.
3. C'est dans le *Télémaque* que, pour sa part, J. Le Brun retrouve des réminiscences de l'ecphrasis pratiquée par Philostrate, in *Av. T.*, p. 16.
4. Voir L. van Delft, « *Caractères et lieux* : la représentation de l'homme dans l'anthropologie classique », *Revue de littérature comparée*, 2 / 1983, p. 155-158.
5. Philostrate, *La Galerie de tableaux*, Prologue, éd. cit., p. 10.

La notion d'image rapportée au style de François de Sales a souvent été associée à l'idée d'un style fleuri[1], mis au compte d'un héritage reçu de Richeome, Binet, mais, plus généralement, d'un style d'époque, pourtant dénoncé dans la *Lettre à Frémyot* mais tout de même présent dans l'écriture du prélat. Cependant, ce n'est pas cet aspect proprement poétique de l'écriture de François de Sales qui nous retiendra ici, mais davantage le motif architectural qui soutient l'emploi de ces métaphores visuelles.

Dans son étude, Philippe Legros indique que lorsque François de Sales conçoit son propre style d'écriture, il se réfère aux « règles strictes édictées par les théoriciens de la Contre-Réforme, dont Richeome et Possevin qu'il a lus »[2]. De Possevin, nous savons non seulement qu'il était le directeur spirituel de François de Sales et également le directeur de ses études de théologie[3], lorsque celui-ci étudia à l'université de Padoue, mais aussi et surtout qu'il écrivit non seulement un traité de peinture, le *Tractatio de poesi e pictura ethnica, humana et fabulosa collata cum vera, honesta et sacra*[4], mais qu'il fit figurer dans sa *Bibliotheca selecta de ratione studiorum* (Rome, 1593) le traité de deux de ses amis jésuites Ammannati et Valeriano, *An aedificandi ratio petit debeat at ex uno Vitruvio. Num item ex Salomonici Templi, quae olim extabat structura.* On s'attend, en effet, à ce que les jésuites se soient préoccupés d'architecture dans la mesure où de nombreux collèges s'établissent alors et où ils entendent dicter eux-mêmes les règles qui doivent présider à l'édification des bâtiments. En outre, comme on le voit dans le titre du traité d'Ammannati et Valeriano, c'est le Temple de Salomon qui sert principalement de modèle pour formuler les principes et les règles générales de l'architecture, tandis que le pape Nicolas V, qui veille à la construction de l'église Saint-Pierre, souhaite que celle-ci dépasse en

1. Dans cette perspective ont été établis des inventaires des métaphores et des allégories les plus fréquentes dans l'*Introduction à la vie dévote* et le *Traité de l'amour de Dieu*. Voir entre autres, F. Strowski, *Saint François de Sales. Introduction à l'histoire du sentiment religieux en France au XVIIe siècle*, Paris, Plon, 1928 ; H. Lemaire, *Études des images littéraires de François de Sales avec un florilège*, Paris, Nizet, 1969 ; Ph. Legros, *François de Sales. Une poétique de l'imaginaire. Études des représentations visuelles dans l'*Introduction à la vie dévote *et le* Traité de l'amour de Dieu, Tübingen, Gunter Narr Verlag, 2004.

2. Ph. Legros, *François de Sales* ..., éd.cit., p. 103.

3. Sur cette question, voir G. Sicard-Arpin, « François de Sales et Bourdaloue : deux spiritualités, une même visée apostolique », in *L'Unidivers salésien. Saint François de Sales hier et aujourd'hui*. Actes du colloque international de Metz, 17-19 septembre 1992, textes réunis et publiés par H. Bordes et J. Hennequin sous le patronage de la « Société d'Études du XVIIe siècle », Champion-Slatkine, 1994.

4. Une première édition voit le jour à Lyon en 1595.

perfection le Temple de Salomon. Ces questions sont en effet essentielles, dès lors que l'édifice architectural, délivré des excès du gothique, incarne dans son principe la sagesse de Dieu, l'ordre et la mesure qui ont présidé à la Création[1].

Or l'admiration de François de Sales pour son ancien directeur est telle qu'il paraît faire sienne sa conception de la mission architecturale. En suggérant, comme le fait Philippe Legros, que François de Sales aurait adopté pour l'*Introduction à la vie dévote* et le *Traité de l'amour de Dieu*, une disposition proche du plan architectural[2], il place celui-ci au croisement de deux traditions : celle des jésuites dont fait partie Possevino, celle des sophistes et de leur usage des procédés de la mémoire artificielle héritée des rhéteurs. On observe, notamment dans le livre premier du *Traité de l'amour de Dieu*, un approfondissement progressif de la notion de volonté qui laisse paraître une disposition argumentative construite en abîme, où de proche en proche, comme s'il s'agissait de parcourir les étages d'une demeure[3], on peut « descendre » de la volonté à l'appétit sensuel, ou « monter » de la volonté à ce qui doit être pour elle son principe directeur, à savoir l'amour de Dieu. Certes, le modèle architectural qui se prête à cette mise en scène reste abstrait ou théorique, puisque la demeure n'est qu'imaginée. Mais qu'est-ce qu'un édifice imaginé sinon le plan ou le dessin qui prélude à la réalisation matérielle de celui-ci ? N'est-ce pas en outre sur l'importance du dessin, dans sa fonction proprement génétique, comme ce qui conditionne la régularité et la cohérence de l'édifice, que Ammannati et Valeriano – dont Possevino juge la réflexion essentielle – attirent l'attention[4] ?

De l'architecture au dessin, le passage paraît donc naturel, et sans doute l'est-il également du dessin à la peinture. Si la référence à la peinture n'est pas expressément justifiée, c'est parce qu'elle ne le réclame pas, tant il paraît évident que le novice ne saurait se dispenser de recourir à l'image

1. Voir « Bartolomeo Ammannati et l'architecture des jésuites au XVIe siècle », in *Les jésuites à l'âge baroque. 1540-1640*, L. Giard et L. de Vaucelles (dir.), Paris, Jérôme Millon, 1996, p. 186.

2. Voir Ph. Legros, *François de Sales* ..., éd. cit., p. 145.

3. Dans l'*Introduction à la vie dévote*, la progression du fidèle est figurée par les échelons de l'échelle de Jacob, voir Ire partie, chap. II, éd. cit., p. 35.

4. M. Kiene indique sur ce point : « Comme toute architecture se base sur le dessin (*disegno*), la discussion préalable des dessins évite les erreurs de réalisation, d'où, au passage, leur éloge [celui de Ammannati et Valeriano] d'un dessinateur de talent, Juan Bautista de Toledo, et leur blâme de Daniele Barbaro (1514-1570), coupable d'avoir commis des erreurs dans sa *basilica* par fidélité excessive à Vitruve », « Bartolomeo Ammannati et l'architecture des jésuites au XVIe siècle », art. cit., p. 186.

picturale pour affermir sa méditation ou sa dévotion. Aussi, dans le droit fil de la méthode des *Exercices* héritée d'Ignace[1], les tableaux de l'enfer, du paradis, de la Passion du Christ, ou encore ceux des péchés que l'on confond avec l'image des plaies du corps, montrent-ils des lieux, des objets, des détails concrets semblables à ceux du monde matériel[2].

Mais « tableaux » doit être pris au sens propre, comme ce qui se montre à l'intérieur d'un cadre, ainsi que le précise le traité *De la peinture* d'Alberti. En ce sens, comme l'indique de son côté R. Barthes, le « tableau » ne se confond pas avec la « vision »[3]; la visibilité du premier étant davantage une visibilité de raison, objective et vraie, alors que la visibilité de la seconde, dans sa fulgurance, n'exclut pas la confusion des formes aperçues. C'est dans cette mesure que l'on peut rattacher la méthode ignatienne, du point de vue technique, aux leçons des rhéteurs et des sophistes, autrement dit à ceux qui furent des défenseurs de l'*Ut pictura poesis*, en même temps qu'à ceux qui inaugurèrent la tradition issue du concile de Trente de l'*Ut pictura rhetorica divina*. Fr. de Sales semble donc d'accord avec Ignace de Loyola et Richeome[4] pour défendre avec celui-ci la peinture et l'organe de la vue comme étant des conditions de la prière et de l'affermissement de la foi[5].

1. Voir Saint Ignace de Loyola, *Exercices spirituels. Texte définitif (1548)*, « Première semaine », 45-47, éd. cit., p. 69.

2. Voir l'*Introduction à la vie dévote*, Ire partie, chap. XV, *Méditation* 7, « De l'enfer », éd. cit., p. 59 *sq.*; chap. XVI, *Méditation* 8, « Du paradis », p. 61. *Cf.* Loyola, *Exercices spirituels*, éd. cit., p. 69.

3. « L'image ignatienne n'est pas une *vision*, elle est une *vue*, au sens que ce mot a dans l'art de la gravure ("Vue de Naples", "Vue du Pont-au-Change", etc.) », *Sade, Fourier, Loyola*, « Loyola », Paris, Le Seuil, 1971, p. 60.

4. Voir l'allusion élogieuse à Richeome dans la préface au *Traité de l'amour de Dieu*, éd. cit., p. 337. Et de Richeome, les *Trois discours pour la religion catholique : des Miracles : des Saints et des Images* : « Les images [...] nous sont utiles, premièrement pour la facile et prégnante instruction, qu'elles nous donnent. La facilité est, que par leurs couleurs & linéaments extérieurs, en un clin d'œil elles nous jettent dedans l'esprit la connaissance de mille choses, qui ne pourraient passer par l'oreille de long temps : car étant l'œil un sens fort capable, et approchant de la vivacité de l'esprit, il reçoit & comprend son objet vitement, et tout à la fois, au lieu que les autres sens le tirent à parcelle et par morceaux : et de tant plus tardivement, qu'ils sont plus bas et terrestres [...]. Au moyen de quoi ayant l'œil ce privilège sur tous les sens d'appréhender vitement, et de donner facilement nouvelle de son objet à l'âme, et à l'instant lui enseigner beaucoup de choses : de là vient que la peinture par ses couleurs et linéaments visibles, peut avec grande facilité instruire l'esprit : avec la vitesse elle engrave aussi profondément avec la vivacité du même sens. Et partant ce que nous voyons émeut plus que ce que nous oyons. Voir brûler une maison, mourir un homme, touche bien plus que de l'ouir dire », « Les Images. Troisiesme discours pour la religion catholique », Rouen, Jean Osmont, 1604, p. 483-484 (orth. mod.).

5. Sur ce point, voir R. Barthes, *Sade, Fourier, Loyola*, « Loyola », éd. cit., p. 70.

la spiritualité complétée par la peinture

Les années consacrées à l'instruction des Enfants de France vont aussi permettre à Fénelon d'apporter à l'élaboration de sa définition de l'image visuelle une dimension supplémentaire provenant des concepts forgés par les critiques d'art et les artistes chargés d'élaborer et de transmettre, *via* les conférences données à l'Académie royale de peinture et de sculpture, et par la promotion des œuvres de certains peintres, une certaine norme du goût. Car la reconnaissance du rôle tenu par la spiritualité salésienne ne permet pas d'occulter celui de la théorie picturale proprement dite qui s'attache non seulement à démontrer la supériorité de l'image picturale, et plus généralement des arts plastiques, sur toute autre forme d'expression, mais encore à fixer celle-ci dans une forme canonique. C'est pourquoi, sans entrer dans l'analyse du milieu des artistes et des collectionneurs – Roger de Gaignières, Sébastien Le Clerc, Pierre Mignard – que Fénelon côtoie dans l'exercice de ses fonctions de préceptorat, et par lequel il se familiarise avec les procédés de la critique d'art, il est toutefois indispensable de mentionner les quelques aspects ou notions issus de ce milieu qui permettent d'appuyer, en en saisissant les motifs, l'interprétation selon laquelle le texte des *Dialogues des morts*, envisagé au niveau macrostructural, reconduirait le dispositif de la présentation en galerie.

Par sa culture d'humaniste, Fénelon, s'il était naturellement porté à s'inspirer du procédé mnémonique élaboré par les anciens rhéteurs, pouvait *a fortiori* s'inspirer des exigences énoncées par Alberti dans son traité *De la peinture* dans la mesure où celui-ci se réclame également de Quintilien[1]. Empruntées à l'*Institution Oratoire*, les notions de circonscription[2] et de composition[3] liées à l'idée générale de l'arrangement des mots du discours, ou d'ordonnancement des parties d'un tableau, sont convoquées par Alberti dans l'intention d'énoncer les devoirs fondamentaux auxquels le

1. Sur le rapport entre Quintilien et Alberti, voir l'introduction de S. Deswarte-Rosa au *De Pictura*, Paris, Macula, 1992, et M. Baxandall, *Les Humanistes* ..., éd. cit.

2. La circonscription, en tant que telle, ne désigne pas, comme la composition, l'un des principes fondamentaux de l'une des cinq parties de l'art oratoire. C'est une notion secondaire, un cas particulier de l'imitation – laquelle est, en revanche, l'un des principes-clés de la composition. Quintilien emploie cette notion dans l'*Institution Oratoire*, X, 2, 7, éd. cit., p. 108.

3. Sur la composition, voir *Institution Oratoire*, IX, 4 (§ 6), texte établi et traduit par J. Cousin, Paris, Les Belles Lettres, 1978, p. 232.

peintre est obligé. La clarté des contours est tout d'abord essentielle[1] au peintre comme à celui qui doit tracer des lettres pour exprimer sa pensée : la peinture étant à sa façon une parole, il importe qu'elle ait son alphabet, où chaque signe soit distingué des autres[2]. Il est donc nécessaire de savoir délimiter les figures afin de produire un effet de contraste, lequel permet à son tour d'assigner une place à chaque chose : « lorsque nous regardons une chose, écrit Alberti, nous voyons que c'est une chose qui occupe un lieu »[3].
Or il apparaît, notamment à travers l'examen des figures macrostructurales (allégorie, prosopopée, qui produisent un effet de matérialisation) des *Dialogues des morts*, que ce principe sert également ici de fil directeur. Il est manifeste, en effet, compte tenu de l'intention morale de cet écrit pédagogique, que le contraste créé par cette circonscription, ou délimitation, entre des personnages rendus plus typés par leur caractère exemplaire, est précisément ce qui contribue à en fixer les traits dans la mémoire. Et ces caractères, à leur tour, ne sont identifiés et mémorisés que parce qu'ils s'associent, selon les recommandations des rhéteurs, à des lieux ou à des situations concrètes.

À ce précepte s'ajoute celui de la composition, définie par Alberti comme l'ajustement de « surfaces qui se combinent entre elles »[4], où l'articulation des éléments du tableau est pensée sur le mode de l'articulation syntaxique ou narrative[5] : « le plus grand travail du peintre n'[étant] pas de faire un colosse mais une histoire »[6], c'est-à-dire de produire un effet d'intelligibilité.

On se demandera, néanmoins, si la référence à Alberti trouve à se justifier dans la mesure où ces concepts apparaissent ailleurs, et précisément dans les traités de rhétorique plus familiers à Fénelon. Cependant, comme d'autres traces de l'idéal défini par Alberti se reconnaissent dans les

1. Voir Alberti : « Ni la composition ni la réception des lumières ne mériteront de louanges si la circonscription est fautive », *De la peinture*, II, § 31, éd. cit., p. 147.

2. Ce qui est une paraphrase de Quintilien, *Institution Oratoire*, I, 1, § 24-29, éd. cit., p. 62-63.

3. *De la peinture*, II, § 30, éd. cit, p. 145.

4. *Ibid.*

5. Sur le rapport entre articulation syntaxique et articulation picturale, voir M. Baxandall, *Les Humanistes ...*, éd. cit.

6. *De la peinture*, II, § 33, éd. cit., p. 153.

ecphraseis que donne Fénelon des tableaux de Poussin[1] – figurant dans les *Dialogues des morts* –, il n'est pas imprudent de considérer que cette référence est connue, au moins indirectement, grâce à l'usage qu'en font les théoriciens français proches de l'Académie, et qu'elle est, de fait, présente de façon oblique dans le texte fénelonien.
Bien des thèmes sont en effet communs aux deux écrits : une importance comparable est reconnue à la perspective ou encore à la géométrie dans la mise en scène de l'histoire révélée par le tableau; de même, sont présents les principes horacien de convenance, celui cicéronien, de *varietas*[2], qui tendent à faire de la peinture un art majeur, équivalent, voire supérieur à la poésie; doit être mentionnée à son tour la notion de « docte peintre »[3], appliquée dans les *Dialogues des morts* à Poussin – le peintre français dont Félibien nous dit qu'il avait, en l'occurrence, « beaucoup d'estime pour les livres d'Albert Dürer et pour le *Traité de la peinture* de Léon Baptiste Albert »[4]. Le thème de la nature-peintre[5], proche du *topos* du *deus pictor* que Fénelon reprend dans l'apologétique populaire, ainsi que le mythe d'un Narcisse, inventeur de la peinture – évoqué, lui, dans le « Voyage de l'île inconnue » des *Fables et opuscules pédagogiques* afin d'exposer, *mutatis mutandis*[6], le principe d'un idéal de la peinture à travers l'exemple du reflet emprisonné dans l'eau glacée[7] –, rapprochent eux aussi les deux textes. Enfin, Alberti reconnaît à l'art, et particulièrement à l'architecture et à l'urbanisme – nous le verrons dans l'analyse consacrée à la référence architecturale dans les écrits pédagogiques –, des vertus non seulement moralisatrices, mais civiques, ce qui s'accorde encore avec les vues de Fénelon. Et s'il est

1. Il se livre à un semblable exercice dans les jardins de Versailles, où les termes et les statues l'inspirent pour la composition de diverses fables et opuscules pédagogiques. Voir O. Dussud, « Les secrets du sourire d'un faune. Fénelon et la sculpture de Versailles à travers l'analyse de quelques opuscules pédagogiques », *Bulletin of the Graduate Division of Letters, Arts and sciences of Weseda University*, n° 51, 2006, t. II.
2. *De la peinture*, II, § 40, éd. cit., p. 171.
3. Cf. *De la peinture*, III, § 53, éd. cit., p. 211.
4. *Vie de Poussin*, *in* Bellori, Félibien, Passeri, Sandrart, *Vies de Poussin*, éd. présentée et annotée par S. Germer, trad. [Bellori et Passeri] N. Blamoutier, et O. Schefer [pour l'intro. de S. Germer], Paris, Macula, 1994, p. 162. Nous utiliserons cette édition pour la *Vie de Poussin* par Félibien, qui reprend le texte du huitième des *Entretiens sur les vies et sur les ouvrages des plus excellents peintres anciens et modernes* consacré au peintre français.
5. Voir *De la peinture*, II, § 28, éd. cit., p. 143.
6. Nous reviendrons sur cette question dans notre chap. IV pour nuancer le caractère idéal de ce modèle.
7. Voir *FOP*, p. 263.

possible de minimiser cette ressemblance, en soulignant qu'il s'agit avant tout de clichés, il n'en reste pas moins que ce ne sont pas les clichés qui seuls peuvent déterminer cette tradition qui domine en France, et qui regarde vers les écoles de Rome ou de Florence, où l'emporte le dessin, et non vers Venise, où règne la couleur.

Si la référence à Alberti s'impose en effet, c'est en raison de l'influence que celle-ci exerce sur la théorie artistique promue à l'Académie royale de peinture, influence qui, à son tour, par le contrôle exercé par Le Brun, se réfléchit dans la pratique des arts du dessin. Or Fénelon, sans pourtant se faire l'adepte inconditionnel de cette doctrine, en connaît les principes, soit de première main – par les comptes rendus des conférences rédigés par Félibien, ou encore par ses *Entretiens* –, soit de seconde main par Mignard, ainsi que par les contacts amicaux avec Gaignières, les rencontres avec Le Clerc, graveur ordinaire du roi après 1693, professeur de géométrie et de perspective à l'Académie, et professeur de dessin du duc de Bourgogne, ou simplement par Fleury, qui s'initia lui-même au dessin et qui connaissait Le Brun. Et ces principes sont suffisamment évidents, dans le cadre de la perspective classique que défend Fénelon, qu'ils orientent les ecphraseis[1] des *Dialogues des morts*, ainsi que les commentaires, pourtant succincts et informels, liés à la visite du cabinet de peintures de Chantilly.

Que le traité d'Alberti ait pu être entièrement ignoré du public lettré, eu égard à la vogue que connaît la peinture en général, et à l'intérêt porté aux images gravées[2], est, en outre, improbable. Cela l'est un peu plus encore pour le milieu de la Cour, et même pour Fénelon, étant donné ses fonctions d'éducateur; enfin, cela l'est tout à fait dans la mesure où sa parution est déjà ancienne – il complète en effet l'une des deux versions du traité de Léonard de Vinci qui paraît en France en 1651, tandis que l'autre est

1. Pour la définition de cette notion, nous nous inspirerons R. Barthes : « L'ekphrasis est [...] une description réglée de lieux, de personnages [...]. Ainsi apparaît une nouvelle unité syntagmatique, le morceau : moins étendu que les parties traditionnelles du discours, plus grand que la période; cette unité (paysage, portrait) quitte le discours oratoire (juridique, politique) et s'intègre facilement dans la narration, dans le continu romanesque », *in* « L'ancienne rhétorique. Aide-mémoire », *Communications*, n° 16, 1970, repris dans *L'Aventure sémiologique*, Paris, Le Seuil, 1985, p. 102. *Cf.* A.-É. Spica, *Savoir peindre en littérature. La description dans le roman au* XVII*e siècle : Georges et Madeleine de Scudéry*, Paris, Honoré Champion, 2002, p. 21-22. *Cf.* l'introduction de Fr. Graziani à son éd. de B. de Vigenère, *Philostrate, Les Images ou tableaux de platte-peinture*, t. I, éd. cit., p. VI-VII.

2. Nous traitons plus amplement de ces questions dans nos chap. III et IV.

en partie illustrée par les dessins de Poussin –, ce qui fait de lui, pour ainsi dire, une référence classique. Or ce sont ces traités, ceux de Vinci et d'Alberti, associés à ceux de Lomazzo[1] et de Vasari, qui contribuent de la façon la plus directe à la formation de la doctrine de l'Académie. Les traités de Vinci et d'Alberti, qui présentent de nombreuses similitudes, formeront ainsi, à quelques réserves près, une sorte de *doxa* commune à tout un milieu, dont la peinture de Poussin tenait lieu d'exemple – Poussin lui-même ayant partie liée à l'édition de ces traités. Il est vrai que le traité d'Alberti n'a été connu des milieux étrangers à la peinture que tardivement, puisque, rédigé en 1435, il ne fut publié à Bâle qu'en 1540 et traduit en italien en 1547, mais les nombreuses copies en circulation dans le milieu des peintres et des historiens de l'art[2] l'avaient rendu célèbre : c'est aussi pour cela qu'il fait figure, dès sa publication, d'ouvrage de référence, aux thèses déjà évidentes, sinon familières.

On se souviendra, pour finir, que Fénelon connaissait suffisamment, encore une fois de première ou de seconde main, le traité de Léonard, ainsi que la polémique qui suivit la publication de celui-ci, pour y faire allusion, voire en faire un enjeu de discussion dans son dialogue entre Poussin et le génie italien. C'est donc à cette tradition spirituelle, picturale, mais aussi philosophique – si l'on en croit l'éloge de la méthode platonicienne qui figure dans l'un des dialogues consacrés au philosophe –, qu'il convient de rapporter les *Dialogues des morts*.

Dans la notice qu'il consacre à ce texte, J. Le Brun rappelle les antécédents historiques de ce micro-genre que constituent les dialogues des morts, auquel Lucien[3], récemment traduit par Perrot d'Ablancourt, donna ses lettres de noblesse et que Fontenelle contribua à ressusciter en composant ses propres dialogues[4]. Cependant, à l'opposé du projet de Fontenelle, lequel s'adresse à un public d'adultes en quête de divertissement et de cette

1. Le premier livre du *Trattato dell'arte della pittura* de Lomazzo fut traduit en 1649 par le peintre et poète toulousain Hilaire Pader. Celui-ci composa également un poème (*La Peinture parlante, dédiée à Messieurs les peintres de l'Académie royale de Paris*, 1653) où Poussin y occupe une place centrale ; enfin, le même Pader était très lié à Abraham Bosse.

2. Voir sur ce point l'introduction de S. Deswarte-Rosa au traité *De pictura*, éd. cit.

3. Sur Lucien, on lira avec profit les analyses de J. Bompaire, *Lucien écrivain. Imitation et création*, Paris-Turin, Les Belles Lettres-Nino Aragno Editore, 2000 [1re éd. 1958].

4. *Nouveaux dialogues des morts*, première édition 1680. On consultera l'édition critique avec une introduction établie par J. Dagen, Paris, Librairie Marcel Didier, 1971.

morale supérieure[1] qui se moque des modèles et des croyances de la morale commune[2] en les montrant sous un jour parfois ridicule, les *Dialogues des morts* de Fénelon entendent justifier rationnellement la vertu – ce qui parfois s'avérera impossible – de ces mêmes personnages. Mais ce sont surtout les moyens stylistiques qu'il importe de souligner dans les dialogues du précepteur, en ce qu'ils témoignent d'une recherche constante de l'effet de réel. Si les apostrophes, les interjections, les périodes brèves, la parataxe, mais aussi l'éthopée, l'énallage marquée par le passage au présent de narration, sont également notables chez Fontenelle, ils s'intègrent ici à un exercice qui vise ouvertement à l'hypotypose, et même à une hypotypose redoublée, ou réfractée, en de nombreuses diatyposes, à la manière des « tableaux dans le tableau »[3]. Pour redresser les représentations et les interprétations erronées de la réalité empirique, il faut, en effet, tout d'abord, apprendre à regarder l'histoire, puis la mémoriser selon la méthode des figures et des lieux que reconduit la galerie de portraits, tout comme, par l'apologétique, on apprend à regarder la nature.

les arts du dessin dans l'apologétique

L'étude de l'apologétique chez Fénelon peut être abordée selon plusieurs perspectives, et notamment à partir des enjeux théologique et métaphysique que suppose une telle entreprise. Dans la mesure où elle entend apporter une démonstration de l'existence et de la sagesse de Dieu par la simple observation de la nature, puisque « le moindre coup d'œil suffit pour apercevoir la main qui fait tout »[4], elle ne laisse pas de poser certaines difficultés, tant du point de vue de la signification accordée à la notion de preuve que par le rôle reconnu à Jésus-Christ – dès lors que Dieu peut être découvert sans médiateur –, enfin par celle accordée à l'idée de Dieu, lequel

1. Voir l'épître dédicatoire des *Nouveaux dialogues des morts*, « À Lucien, aux Champs Élisiens », Ire partie, texte de la 3e éd., 1683, éd. cit., p. 98.
2. Voir Ire partie, « Dialogues des morts anciens », IV, p. 138-139.
3. Un relevé exhaustif de tous les lieux pittoresques serait ici déraisonnable ; nous indiquons toutefois quelques passages permettant d'apprécier le dispositif qui donne à ces *DM* le caractère d'une peinture, et même d'une peinture dans la peinture. Peintures de paysages, voir « Léger et Ébroïn », p. 437-438 ; « Charles-Quint et un jeune moine de Saint-Just », p. 466. Portraits physiques et moraux de personnages, voir « Denys l'Ancien et Diogène », p. 364 ; « Louis XI et Philippe de Commines », particulièrement riche en détails, p. 452-453 ; « Henri III et la duchesse de Montpensier », p. 472-473.
4. *DED*, *L'Art de la nature*, Ire partie, p. 509.

demeure, conformément à l'Écriture, distinct par essence de la nature, pour éviter l'écueil du spinozisme.

Ces questions[1], essentielles, ne seront cependant pas abordées telles quelles ici[2], même si certaines le seront indirectement à partir de l'horizon esthétique qui caractérise, dans sa forme, l'apologétique fénelonienne. Certaines thèses métaphysiques tendent en effet à valoriser la perspective esthétique qu'adopte Fénelon[3], en particulier celle d'un Dieu artiste qui agit non seulement de manière intentionnelle – contre Spinoza –, mais avec l'amour d'un père – contre Malebranche[4] –, et qui crée, parce qu'il est lui-même parfait, un monde nécessairement beau, où les défauts ne sont qu'apparents. Aussi cette thèse permet-elle d'écarter secondairement le danger que représente aux yeux de Fénelon l'athéisme[5], en même temps qu'elle accorde, contre Descartes[6] cette fois-ci, une préférence à l'interprétation finaliste de la nature.

Le projet d'une telle apologétique, visant à repérer une intention préalable dans l'enchaînement des phénomènes naturels, est toutefois déjà présent chez Cicéron qui la formule pour contrecarrer la thèse épicurienne[7]. Dans *L'Ordre* également, saint Augustin remonte de l'observation d'un phénomène naturel – l'écoulement de l'eau – à l'affirmation de l'existence d'un

1. Sur le refus d'une apologétique déduite de l'observation de la nature chez Pascal, voir H. Bouchilloux, *Apologétique et Raison dans les* Pensées *de Pascal*, Paris, Klincksieck, 1995, et de la même auteure, *Pascal. La force de la raison*, Paris, Vrin, 2004.

2. Nous renvoyons sur ce point à l'ouvrage d'H. Gouhier, *Fénelon philosophe*, Paris, Vrin, 1977, ainsi qu'à J. Le Brun, « L'apologétique de Fénelon. Unité ou contradiction », *in* M.-C. Pitassi (éd.), *Apologétique 1680-1740. Sauvetage ou naufrage de la théologie?* Actes du colloque tenu à Genève en juin 1990, Publications de la faculté de théologie de Genève, n° 15; « De la lettre au traité. Les correspondances philosophiques de Fénelon », *Fénelon*, *Revue philosophique*, Paris, P.U.F., n° 2, avril 2003.

3. L'analogie entre l'œuvre d'art et l'ouvrage divin apparaît dans la *RSPM*, puis dans la première partie de la *Démonstration de l'existence de Dieu* à laquelle J. Le Brun donne le titre *L'Art de la nature*, probablement rédigée après 1700. Pour les questions relatives à la datation et à l'édition de ce dernier texte, voir *OF*, II, p. 1529 *sq*.

4. Sur la question de l'ordre chez Malebranche, voir P. Riley, *The General Will before Rousseau. The Transformation of the Divine into the Civic*, en particulier le chap. II, « The General Will under Attack : The Criticism of Bossuet, Fénelon, and Bayle », Princeton, University Press, 1986.

5. Sur la menace d'athéisme que représente la théologie de Malebranche, voir A. C. Kors, *Atheism in France, 1650-1729*, vol. I : *The orthodox sources of disbelief*, chap. 11 « Malebranche; the firestorm; the toll », Princeton University Press, 1990, p. 357-379.

6. Voir *Principes de la philosophie*, I, 28.

7. Voir *De la nature des dieux*, II, XVII, in *Les Stoïciens*, trad. É. Bréhier, éd. P.-M. Schuhl, « Bibliothèque de la Pléiade », Paris, Gallimard, 1962. *Cf.* H. Gouhier, *Fénelon philosophe*, éd. cit., p. 163 *sq*.

ordre divin dans la nature[1]. Il se sert aussi de l'exemple de l'« ombre », qu'on retrouvera chez Fénelon, comme contribuant à augmenter la beauté d'un tableau, tandis que *Le Libre arbitre*, où apparaît l'argument du défaut apparent qui est en réalité une qualité, accentue la portée de l'exemple précédent[2]. Plus près de Fénelon, on peut penser à la dissertation des *Essais de morale* de Nicole, au traité de Bossuet, *La Connaissance de Dieu et de soi-même*, ou encore aux écrits du bénédictin François Lamy[3] avec lequel Fénelon a entretenu une correspondance[4]. Enfin la dimension esthétique que privilégie Fénelon évoque dans l'ensemble l'esprit salésien, que l'on repère également dans l'*Essai des merveilles*... du jésuite Binet – ancien condisciple et proche de François de Sales.

Pour n'être pas particulièrement original dans l'intention, le projet de Fénelon se distancie toutefois, comme nous le verrons, de la démarche plus métaphysique de ses aînés, Nicole ou Bossuet, bien que ses descriptions intègrent aussi certaines des plus récentes opinions philosophiques et scientifiques. En outre, ce qui le distingue d'un projet comme celui de Binet, qui favorise pourtant, lui aussi, la dimension esthétique[5], tient au rejet de l'asianisme, jugé frivole et mensonger, au profit d'un ensemble de catégories classiques mettant en évidence le caractère rationnel de l'œuvre divine – ce qui n'est pas sans évoquer la ligne défendue par l'Académie royale de peinture.

principes de lecture

Pour mettre au jour le caractère singulier de cette apologétique fénelonienne, il convient de saisir le dispositif de macro-lecture du monde sensible par lequel s'élabore son discours, en même temps que de repérer le

1. « Donc, comme je le disais, j'étais éveillé. C'est alors que le bruit de l'eau qui s'écoulait derrière les bains m'alerta et me rendit plus attentif qu'à l'ordinaire. Je trouvai très étonnant que la même eau rendît en se précipitant sur les cailloux un son tantôt clair, tantôt sourd. Je commençai à m'en demander la cause. La réponse, je dois l'avouer, ne me venait pas », Livre I, 7, trad. S. Dupuy-Trudelle, *in* saint Augustin, *Œuvres*, I, éd. L. Jerphagnon (dir.), « Bibliothèque de la Pléiade », Paris, Gallimard, 1998, p. 121.

2. Voir notamment le livre III, 70 ; mais tout le traité porte sur la question du mal, de sa réalité, de sa relativité, du rapport qu'il entretient avec Dieu.

3. Sur Fr. Lamy, voir J. Le Brun, « De la lettre au traité. Les correspondances philosophiques de Fénelon », art. cit., p. 192-201. De Fr. Lamy, voir *Le Nouvel Athéisme renversé ou réfutation du système de Spinoza tirée pour la plupart de la connaissance de la nature de l'homme*, Paris 1696.

4. Voir les lettres de 1708, *Corresp.*, t. XIV.

5. J. Le Brun l'avait déjà affirmé dans « L'apologétique de Fénelon. Unité ou contradiction », *loc. cit.*

type d'objets qui, de façon privilégiée, permettent d'étayer la démonstration. S'agissant du premier, on relève dans *L'Art de la nature* – qui se présente ici comme l'échantillon le plus complet de cette apologétique[1] –, l'intention d'établir en priorité un catalogue[2] des choses et des êtres. Le propos vise à l'exhaustivité afin d'anticiper toute objection susceptible de désigner ne serait-ce qu'un seul phénomène qui n'aurait pas sa raison d'être et qui attesterait par là l'absurdité du monde. Dans la nature de Fénelon, tout est, au contraire, pleinement justifié quant à sa fonction : la pluie même voit sa chute se proportionner aux besoins de la terre, au point que les inondations[3], ou les ouragans, paraissent ne plus exister. Mais le catalogue ne cherche pas seulement à éveiller l'admiration en inhibant tout questionnement : c'est la raison pour laquelle les éléments naturels, les paysages, les êtres vivants – animaux et homme –, tour à tour convoqués, se prêtent à des descriptions à la fois scientifiques, c'est-à-dire pour Fénelon finalistes, et artistiques, où c'est encore l'intention qui doit guider l'observation. Il s'agit en effet de valoriser le caractère rationnel et intentionnel[4] de chaque être, de souligner la diversité du réel, et de justifier ainsi l'idée d'unicité accordée au tout. Le propos tient donc le milieu entre la mise en avant de la diversité des choses, et celle de leur totalité, sans que les deux plans soient jamais disjoints[5].

Dans cette mesure, l'apologétique de Fénelon ne peut être confondue, du point de vue de la méthode adoptée, et du point de vue des objets sélectionnés pour l'examen, avec celle de Nicole, laquelle repose pourtant sur un motif semblable, à savoir proportionner les preuves de l'existence de Dieu aux lumières de chaque homme. Car pour Nicole, les lois de la matière et du mouvement portent de façon suffisamment évidente la marque de

1. À compléter par les *Lettres sur divers sujets* ..., en particulier le chap. II de la lettre I adressée au duc d'Orléans (qui n'apporte cependant rien de vraiment nouveau par rapport à *L'Art de la nature*), *OF*, II, p. 700 *sq*.
2. Voir le chap. II, p. 516-517, p. 520-522, p. 524, p. 537.
3. Voir *DED*, *L'Art de la nature*, chap. II, p. 519. *Cf.* Malebranche, *Traité de la nature et de la grâce* : « Dieu pouvoit, sans doute, faire un monde plus parfait que celui que nous habitons. Il pouvoit, par exemple, faire en sorte que la pluie, qui sert à rendre la terre féconde, tombât plus régulièrement sur les terres labourées que dans la mer où elle n'est pas nécessaire. », Premier discours, Ire partie, XIV, éd. cit., p. 186.
4. Déjà dans la *RSPM*, chap. VII, p. 358.
5. Voir *DED*, I, *L'Art de la nature*, chap. II, p. 515, et p. 527 pour un autre exemple de ce procédé (avec peut-être aussi une réminiscence de l'*Apologie de Socrate* où celui-ci se compare à un taon utile à cette grande bête d'Athènes en proie à l'endormissement).

Dieu pour que cela dispense de s'abaisser au divers sensible, et s'il le fait, ce n'est que formellement, par simple désignation. Tout prouve Dieu, certes ; mais ce « tout » auquel l'attention est appelée n'est pas en soi expérimentable, puisque c'est une idée, autrement dit une entité *in abstracto* comme le sont la matière et le mouvement considérés en général : dès lors l'apologétique demeure-t-elle, en son principe, encore absorbée dans une démonstration métaphysique où domine la quête de l'unité[1]. Chez Fénelon, on ne trouve rien de ce rationalisme, mais rien non plus de ce coup d'œil de surface, propre à l'esprit des salons qui donne à la conversation un tour mondain exempt de tout effort pénible. Si l'on s'émerveille, avec Bouhours, des spectacles de la nature, on ne s'aventure guère, comme le montrent les *Entretiens d'Ariste et d'Eugène*[2], à en sonder les secrets.

Dans l'apologétique du traité *De la connaissance de Dieu* de Bossuet, en revanche, ce n'est pas la démarche qui diffère – le propos mêlant, dans une perspective également finaliste, aux considérations sur l'unité et le dessein divin des observations relatives au détail des phénomènes naturels –, pas plus que le choix des thèmes requis pour l'examen – parfois les mêmes[3], interprétés à partir d'une même grille scientifique forgée par les concepts de la philosophie moderne[4], et servant la même intention critique –, ni, non plus, le cadre à l'intérieur duquel progressent les descriptions. Mais celles de Bossuet, pour précises qu'elles soient, n'en sont pas moins destinées à nourrir la curiosité scientifique : proches de la planche d'anatomie[5], elles ne témoignent que très rarement de cet enthousiasme caractéristique de l'admiration esthétique. Au contraire, Fénelon, tout en s'engageant parfois dans la voie de la physiologie, ou de la psycho-

1. Voir le « Discours contenant en abrégé les preuves naturelles de l'existence de Dieu, et de l'immortalité de l'âme », *Essais de morale, contenus en divers traités sur plusieurs devoirs importants*, 2e vol., Paris, 4e éd. revue et corrigée, 1682, p. 28-30.

2. Bouhours, *Entretiens d'Ariste et d'Eugène*, « La Mer », 1er Entretien, éd. B. Beugnot et G. Declercq, Paris, Champion, 2003, p. 55.

3. On observera, par exemple, des remarques équivalentes sur le dessein visible dans toute la nature et particulièrement dans l'ordonnance de l'être humain, abordée d'un point de vue ontologique, où les deux modes, spirituel et matériel, s'accordent : voir *De la connaissance de Dieu, et de soi-même*, texte revu par Chr. Frémont, Paris, Fayard, Corpus des œuvres philosophiques en langue française, 1990, chap. IV, p. 178. Cf. *L'Art de la nature*, chap. II, p. 537-538. De même sur la génération des espèces expliquée grâce à la théorie des moules, voir *De la connaissance de Dieu et de soi-même*, chap. IV, p. 187-188. Cf. *L'Art de la nature*, chap. II, p. 532-533.

4. Voir H. Gouhier, *Fénelon philosophe*, éd. cit., p. 169.

5. Voir sur ce point H. Busson, *La Religion des classiques (1660-1685)*, chap. XV, Paris, P.U.F., 1948, p. 388.

physiologie, n'entend pas s'y attarder : « Je n'entre point dans le détail de l'anatomie, car mon dessein n'est que de découvrir l'art qui est dans la nature par le simple coup d'œil sans aucune science »[1] – « coup d'œil » auquel toutefois un peu d'érudition ne nuit pas, comme en témoignent l'Apollon du Belvédère, la Vénus Médicis ou l'Hercule Farnèse[2], quand ils sont convoqués à titre de comparants.

Si l'observation de l'anatomie du corps humain est représentative chez Bossuet[3] d'un champ d'investigation épistémologique prioritairement tourné vers l'aspect morphologique et physiologique des êtres, l'examen de Fénelon souligne, quant à lui, « la délicatesse » de la peau qui donne « au visage un coloris vif, doux et gracieux », et cette « belle carnation que les peintres admirent, et n'imitent jamais qu'imparfaitement »[4]. Parlant de la jambe, il la nomme une « colonne », le pied devient un « pied d'estail », le buste un « édifice proportionné à la hauteur des colonnes »[5], tandis que les bras ont, eux, « une parfaite symétrie »[6]. Si les « parties internes [du corps] de l'homme [...] ne sont pas faites pour être vues »[7], les parties externes, en revanche, peuvent être observées grâce aux catégories conceptuelles empruntées aux disciplines artistiques, lesquelles sont censées faciliter la description anatomique du corps : de l'édifice architectural au corps humain la distance, pourtant réelle, s'abolit ainsi presque entièrement. Ce sont aussi les astres, attachés par un « architecte » au ciel comme à une « voûte »[8], leur déplacement comme celui d'un ballet qui montre « un dessein si étendu, si suivi, si beau »[9], le ciel lui-même où se voient « des nuances que la peinture ne peut imiter »[10] qui illustrent encore le mode opératoire, et original, qu'adopte Fénelon.

Cependant le thème du *deus pictor*, implicitement développé dans *L'Art de la nature*, ne présente pas, lui, de réelle originalité ; c'est même, comme

1. *DED*, *L'Art de la nature*, chap. II, p. 547. *Cf.* chap. I, 513.
2. *DED*, *L'Art de la nature*, chap. I, p. 512.
3. Bossuet, *De la connaissance de Dieu, et de soi-même*, chap. II, éd. cit., p. 66-67.
4. *DED*, I, *L'Art de la nature*, chap. II, p. 539.
5. *Ibid.*, p. 540.
6. *Ibid.*, p. 542.
7. *Ibid.*
8. *Ibid.*, p. 522.
9. *Ibid.*, p. 524.
10. *Ibid.*, p. 521.

l'affirme Anne-Marie Lecoq, un « *topos* »[1] comparable au *deus ex machina* du poème tragique. Mais ce *topos* se trouve toutefois revivifié par François de Sales qui le déplace vers l'apologétique, afin que, filant la métaphore du dieu-peintre, et plus encore celle du dieu-imprimeur, la concupiscence, et notamment celle des yeux ainsi canalisée, devienne le principal ressort de la vie dévote[2]. Et c'est ce même projet que poursuit à son tour le P. Binet[3] dans l'*Essay des merveilles de la nature*..., constamment réédité dans la deuxième moitié du XVIIe siècle. Mais Binet, s'il respecte à la lettre la recommandation de l'évêque d'Annecy, n'en suit guère l'esprit, et met sa verve au service d'une entreprise polygraphe où la nature, et par contamination le réel tout entier, sont observés tout à la fois comme l'œuvre d'un peintre, d'un architecte[4] et d'un sculpteur, lesquels auraient toutefois sacrifié à l'inspiration davantage qu'au dessein, et où la volonté de saturer l'ensemble du champ sensitif, censée déjouer le doute, favorise, par une constante amplification, l'effet d'abondance et de surcharge[5] auxquels contribue le procédé du catalogue en abîme[6].

1. Voir P. Georgel et A.-M. Lecoq, *La Peinture dans la peinture*, Paris, Adam Biro, 1987, p. 228-230; également J. Lichtenstein, « Le paradigme pictural : le monde comme tableau », in *La Couleur éloquente* ..., éd. cit. L'idée est également présente chez Philostrate, bien qu'il la réfute comme étant trop naïve dans la *Vie d'Apollonios de Tyane*, cité *in* A. Reinach, *Textes grecs et latins relatifs à l'histoire de la peinture ancienne. Recueil Milliet*, avant-propos A. Rouveret, Paris, Macula, 1985, p. 53.

2. Voir Fr. de Sales, *Traité de l'amour de Dieu*, livre II, chap. II, éd. cit., p. 414.
3. On retrouve l'allusion à la bouquetière Glycera de l'*Introduction à la vie dévote*, dans la préface au lecteur qui introduit le chapitre consacré aux fleurs. Dans Binet, voir l'*Essay des merveilles de la nature, et des plus nobles artifices*, chap. XLVII, Paris, M. Bobin, 13e éd., 1657, p. 244. Pour H. Bremond, Binet est, avec J.-P. Camus, l'un des « deux principaux interprètes » de Fr. de Sales : voir *Histoire littéraire du sentiment religieux en France*, t. I, Paris, Armand Colin, rééd., 1967 [-1923], p. 129. Étant donné le peu d'usage que nous avons fait de cette référence, nous n'indiquons pas les correspondances avec la dernière édition – que nous recommandons pourtant –, établie sous la direction de Fr. Trémolières, *Histoire littéraire du sentiment religieux en France, depuis la fin des guerres de religion jusqu'à nos jours*, 5 vol., Grenoble, J. Millon, 2006.
4. Voir l'*Essay* ..., p. 409.
5. Comparer les descriptions de l'eau dans Binet (*Essay* ..., chap. XIII, p. 115 *sq.*) et dans Fénelon, *L'Art de la nature*, chap. II, p. 517 *sq.*
6. Au sujet de la fleur, Binet note qu'elle « est en mille façons mince, charnue, molle, cotonnée, rude, replissée, applatie, relevée, voutée, torse; renversée à mode de tuile, recoquillée, pointue, fendue, en ovale, en rond, resserrée, à l'abandon, en cœur, en amande [...] », *Essay* ..., p. 246 (orth. mod.). Voir G. Genette, « Mots et merveilles », *Figures* I, Paris, Le Seuil, p. 174 *sq.* Également M. Fumaroli : « Les *Merveilles* du P. Binet, qui doivent aussi à Montaigne, tiennent plutôt à ces "grotesques" auquel [*sic*] l'auteur des *Essais* compare son œuvre », « Devises pour les tapisseries du Roi-Soleil », *L'École du silence. Le sentiment des images au XVIIe siècle*, Paris, Champs-Flammarion, 1998, p. 555-556. *Cf.* J.-L. Goré : « La nature de Fénelon est paisible, à la fois biblique et virgilienne comme les tableaux de Poussin; point de

Or cet *encomium* auquel se plaît Binet, et qui confine parfois pour H. Bremond à la « bouffonnerie »[1], ne trouve guère sa place dans la prose de Fénelon. Si celui-ci entend bien, comme Binet, produire une vision esthétique du monde sensible, à travers le thème du *deus pictor* qui exalte peinture et arts du dessin, il apparaît clairement que l'un et l'autre ne s'inspirent pas des mêmes modèles plastiques dans ce parcours contemplatif.

le dess(e)in du monde

En cherchant à transposer à la nature l'univers de certains modèles picturaux, Binet paraît s'attacher principalement à trois sources. Si la référence à Raphaël n'est guère significative, du fait de l'assentiment presque unanime que suscite le peintre, Michel-Ange, en revanche, le Parmesan et le Bassan[2], suffisent à désigner le style maniériste dont les valeurs sont précisément éloignées de celles de Fénelon. Pour mémoire, on mentionnera l'accusation d'immodestie, par excès de réalisme, dont Michel-Ange fit les frais à l'occasion de la querelle suscitée par le *Jugement dernier*[3], ou encore le rejet par Bellori[4] de cet arbitraire dans la peinture qu'il nomme la « *maniera* », pour renvoyer dos à dos le Parmesan et le Bassan dont les excès ne sauraient

réalisme moderne, rien ne rappelle non plus le travail d'une nature qui s'édifie avec force comme chez Lucrèce. Tout y est ordre, sérénité classique : la terre y semble heureuse et comme humanisée : champs, coteaux, déserts sont unis d'amitié avec l'homme qu'ils nourrissent et supportent ; rien en eux n'est hostile ou définitivement étranger », *L'Itinéraire de Fénelon* ..., Ire partie, chap. V, éd. cit., p. 166.

1. *Histoire littéraire* ..., éd. cit., p. 141.

2. Voir le chap. XXXIX de l'*Essay* ..., chap. XXXIX, éd. cit., p. 320.

3. Voir A. Blunt, *La Théorie des arts en Italie 1450-1600*, trad. J. Debouzy, Paris, Gérard Monfort, 1988 [-1940], p. 160-161. Également R. W. Lee, *Ut pictura poesis. Humanisme et théorie de la peinture. XVe-XVIIIe siècles*, trad. M. Brock, Paris, Macula, 1998 [-1967], p. 83 *sq*. Félibien est moins critique cependant ; voir les *Entretiens sur les vies et les ouvrages des peintres* ..., IIe partie, 5e entretien, Genève, Minkoff Reprint, 1972 [Réimpression des éditions de Paris 1666 et 1672] p. 288-289. Mais Fréart de Chambray est, en revanche, au sujet de Michel-Ange, d'une sévérité sans appel, *Idée de la perfection de la peinture*, Genève, Minkoff, Reprints 1973 [réimpression de l'édition du Mans, 1662], p. 14. Enfin, pour donner un aperçu du changement de goût qu'introduit R. de Piles, voir l'*Abrégé de la vie des peintres, avec des réflexions sur leurs ouvrages, et un traité du peintre parfait, de la connaissance des desseins, et de l'utilité des estampes*, Paris, 1699 p. 221.

4. Voir *L'Idée du peintre, du sculpteur et de l'architecte, tirée des beautés naturelles et supérieure à la nature*, *in* E. Panofsky, *Idea. Contribution à l'histoire du concept de l'ancienne théorie de l'art*, éd. cit. ; Panofsky résume ainsi la position de Bellori : « [Pour] Bellori [...] : les "Naturalistes" sont condamnables, car ils ne forment en eux-mêmes absolument aucune idée et [...] recopient [...] tous les défauts que présentent les objets de la nature ; sont condamnables également ceux qui [...] méprisant l'étude de la nature, cherchent à travailler dans un style "maniéré" », p. 130.

refléter l'idée de la beauté « simple et gracieuse » défendue par Fénelon[1]. Sur ces différents peintres, en outre, les premières conférences de l'Académie royale de peinture, correspondant à la période du règne de Le Brun, ne jugent pas utile de s'attarder. Du Bassan, il n'est question qu'à titre occasionnel pour critiquer le défaut d'ordonnance[2], et du Parmesan on parle encore moins avant 1699, c'est-à-dire avant que l'Académie ne soit dirigée par Charles de La Fosse, avec De Piles pour conseiller. Avec la défaite des poussinistes, défenseurs de la *ratio* et du dessin, au profit des coloristes, un changement d'horizon se fait jour dans l'institution, ce qui permet au peintre italien d'être dorénavant cité, sans faire toutefois l'objet d'un réel retour de flamme, car sa fantaisie continue de surprendre[3].

Quoi qu'il en soit, même si Fénelon rédige probablement certains de ses écrits d'apologétique au moment même où s'opère cette réforme esthétique du goût à l'Académie, il n'en remet pas pour autant en cause ses préférences picturales, pas plus que les concepts qui guident ses lectures iconologiques. Comme nous l'exposerons dans les prochains chapitres, son horizon demeure celui de l'Académie des années 1670, où dominent[4], pour la peinture, les modèles de Raphaël et de Poussin, ainsi que les principes albertiens – de par l'importance qu'ils accordent à l'histoire ou au sujet, ainsi qu'à l'idéal cicéronien et horacien de *varietas* –, tandis que pour la sculpture, ce sont les chefs-d'œuvre de l'Antiquité qui semblent les seuls vrais modèles. Aussi n'apprécie-t-il guère, à l'instar de Bellori, ces peintres de « manière » qui prolongent les bizarreries du gothique.

C'est pourquoi la doctrine défendue par Le Brun est essentielle pour saisir les conceptions féneloniennes concernant les arts plastiques : il serait même à peine exagéré – quoique cela le soit d'un autre point de vue, comme

1. *DA*, p. 535.

2. Voir Testelin, « Sur l'expression générale et particulière (6 juin 1675) », *in* A. Mérot (éd.), *Les Conférences de l'Académie royale de peinture et de sculpture au XVIIe siècle*, Paris, École nationale supérieure des beaux-arts, 1996, p. 315. Également S. Bourdon, « Sur la lumière (9 février 1669) », *Ibid.*, p. 172. Nous utilisons, pour des raisons de commodité, l'édition partielle des *Conférences*, éditée par A. Mérot. D'un point de vue strictement scientifique, nous recommandons l'édition intégrale, actuellement en cours d'élaboration, réalisée par J. Lichtenstein, Chr. Michel, *et alii* (*Conférences de l'Académie royale de peinture et de sculpture*, 4 tomes, Paris, ENSBA, 2006-2010).

3. Voir A. Coypel, « Discours sur la peinture (1708-1721) : Sur l'esthétique du peintre, Sur l'excellence de la peinture », *Les Conférences ...*, éd. cit., p. 445.

4. Sans exclusivité néanmoins, ainsi que l'ont mis en lumière J. Lichtenstein et Chr. Michel dans le premier tome de leur édition intégrale des *Conférences de l'Académie royale de peinture et de sculpture*, t. I, *Les conférences au temps d'Henry Testelin, 1648-1681*, Paris, ENSBA, 2006.

nous tâcherons de le montrer – de considérer que tout ce que Fénelon sait et soutient au sujet de ces arts provient de cette source, toujours vivace en dépit de la nouvelle esthétique qui se fait jour. Cette conception qui défend un idéal didactique de la peinture est, en effet, entièrement reprise par Fénelon. Et même si les éléments d'analyse dont il dispose proviennent probablement de ses entrevues avec Mignard, premier peintre du roi après la mort de son adversaire Le Brun, et directeur de l'Académie royale de peinture à partir de 1690, on ne doit pas conclure qu'il en admire la peinture – au sujet de laquelle il porte un jugement mitigé –; de même qu'on ne déduira pas de l'adhésion aux théories de Le Brun, probablement connues par l'intermédiaire de Le Clerc, un goût pour sa peinture. En revanche, la personnalité de Le Clerc, si l'on en croit certains témoignages, ne devait rien posséder qui pût décevoir Fénelon : attaché au travail, perfectionniste, plaçant à un niveau très élevé les exigences de son art, quant à sa pratique et à sa mission morale, il pouvait apparaître comme un épigone de Poussin[1] auquel, de leur côté, les *Dialogues des morts* rendent un hommage appuyé. Car la nature, telle que Fénelon la décrit, est bien comparable au tableau de Poussin représentant le passage de la mer Rouge, dont le duc de Chevreuse – qui l'a vu chez le marquis de Voghera[2] à l'occasion d'un voyage d'enfance –, a pu lui faire partager l'admiration, et qui se trouvait depuis 1684 chez le chevalier de Lorraine. Ce tableau montre, en effet, une « belle ordonnance » « sans confusion », comme dans la nature elle-même où le dessein s'observe par « l'ordre » et « l'arrangement »[3] qui le révèlent. Quant au choix du tableau, il ne saurait être purement circonstanciel, étant donné les critères qui pour Fénelon définissent la bonne peinture[4]. Si Poussin incarne l'excellence, c'est avant tout parce qu'il conçoit avant d'exécuter, à l'instar du Créateur dans le dessein duquel dominent la symétrie[5] et l'exacte proportion[6], au point que mêmes les

1. On trouvera des indications biographiques sur S. Leclerc [ou Le Clerc] dans M. Préaud, *Inventaire du fonds français, Graveurs du XVIIe siècle*, I, t. 8, Paris, Bibliothèque nationale, 1980.

2. « [Poussin] envoya deux [tableaux] à Turin au marquis de Voghera, parent du cavalier Del Pozzo, l'un représentant le passage de la mer Rouge et l'autre l'adoration du veau d'or [...]. Ils sont présentement dans le cabinet du chevalier de Lorraine », Félibien, *Vie de Poussin*, éd. cit., p. 167-168.

3. *DED*, *L'Art de la nature*, chap. I, p. 510.

4. Nous préciserons ces critères dans notre chap. III.

5. Voir *DED*, chap. II, p. 544 *sq*.

6. Voir *DED*, *L'Art de la nature*, chap. III, p. 591.

défauts deviennent des qualités, étant à la nature ce que les « ombres »[1] sont au tableau.

L'argument est certes classique[2]; Fénelon, comme on l'a vu, l'emprunte au traité de saint Augustin, *L'Ordre* – on le trouve également dans la *Cité de Dieu*[3]. Cependant, il n'en renvoie pas moins au débat esthétique sur la valeur plastique et sémantique des ombres dans le tableau. Le tableau serait-il plus beau sans les ombres ? À l'inverse, celles-ci ne contribuent-elles pas à mettre en valeur les figures qui, sans ce contraste, seraient comme absorbées par la lumière solaire ? Et dans cette mesure, les ombres ne participent-elles pas à l'ordonnance du tableau ? C'est bien ce que défend Alberti dans son traité *De la peinture*, en affirmant que les ombres œuvrent à l'exigence de *circonscriptio*[4] – ce qu'approuve Ph. de Champaigne :

> il n'y a rien de plus vrai de dire que si tous les objets étaient également éclairés, il y aurait une confusion terrible dans toutes les choses ; même sans les ombres, tout paraîtrait plat, jusqu'aux corps les plus ronds[5].

Que Fénelon ait connu le contenu de cette conférence, ou d'autres qui évoquent la même question[6], serait fort vraisemblable, ne serait-ce que par le biais de Le Clerc ou de Mignard. Aussi en déployant dans son apologétique des concepts empruntés à la critique d'art[7], et en se montrant, en outre, si attentif aux effets de contraste[8] dans les tableaux de Poussin commentés dans les *Dialogues des morts*, Fénelon ne pouvait-il ignorer la question des ombres comme l'un des aspects essentiels de la théorie

1. *Ibid.*, p. 591.
2. Par exemple Leibniz, *Essais de Théodicée. Sur la bonté de Dieu, la liberté de l'homme et l'origine du mal*, § 11-12, Paris, Garnier-Flammarion, 1969, p. 110.
3. En XI, 23.
4. *De la peinture*, II, § 46, éd. cit., p. 193.
5. « Sur les ombres (7 juin 1670) », *Les Conférences* ..., éd. cit., p. 189.
6. Dans *Les Conférences* ..., voir notamment N. Mignard, « Sur La Sainte Famille de Raphaël (3 septembre 1667) », p. 81 *sq.* ; S. Bourdon « Sur la lumière (9 février 1669) », p. 169 *sq.*
7. Alors que Félibien, inversement, utilise l'apologétique pour établir les fondements de la critique d'art, voir les *Entretiens sur les vies et les ouvrages des plus excellents peintres anciens et modernes*, premier entretien, éd. cit., p. 55.
8. Sur cette notion nous renvoyons à A.-M. Lecoq : « "Le mot de contraste n'est usité dans notre langue que parmi les peintres qui l'ont pris des Italiens" écrit Roger de Piles en 1708. Fénelon l'a-t-il emprunté à Mignard ou à quelque autre peintre ? », *La Leçon de peinture du duc de Bourgogne. Fénelon, Poussin et l'enfance perdue*, Paris, Le Passage, 2003, p. 79.

picturale. Affirmer, de plus, sur le plan strictement apologétique, que les ombres sont en elles-mêmes un défaut, même si elles suscitent le sentiment d'une « espèce de beauté »[1], reviendrait à admettre la présence de la contingence qui signerait la preuve de l'insuffisance du dessein divin. C'est pourquoi la proposition de Malebranche, qui soutient que Dieu a dû malgré lui consentir à laisser des défauts dans son œuvre[2], est jugée scandaleuse par Fénelon, puisqu'elle tend à faire du Créateur, directement ou indirectement, l'auteur du mal : aussi la combat-il par l'argument emprunté au traité augustinien, *Le Libre arbitre*, qu'une chose est bonne ou mauvaise parce que Dieu veut qu'elle soit telle ; or Dieu, dont la bonté et la puissance sont infinies, ne peut vouloir le mal[3] qui relève d'un défaut d'être.

Les règles de la statuaire et celles de l'architecture peuvent permettre à leur tour d'éclairer l'œuvre divine, à condition qu'elles découlent d'un principe d'ordre défini en termes de convenance naturelle, en l'occurrence que les proportions du corps soient conformes à ce qu'elles doivent être par nature, et que l'édifice soit ajusté au besoin naturel qu'il doit satisfaire. Si cette condition est remplie, l'œuvre d'art atteint une forme de perfection en s'offrant comme un modèle optique à partir duquel on considère l'œuvre de Dieu. Il est évident, cependant, que le dessein divin conçu dans ses dernières fins échappe en toute rigueur à la raison humaine. Aussi l'œuvre d'art ne se définit-elle pas comme un paradigme de l'œuvre divine, mais comme un échantillon valable d'un point de vue seulement analogique.

Cela étant admis, se pose le problème du choix des œuvres permettant de rendre l'analogie opératoire ; c'est là qu'interviennent l'Apollon du Belvédère, la Vénus Médicis, l'Hercule Farnèse, en référence peut-être à l'ouvrage de Gérard Audran, publié en 1683, *Les Proportions du corps humain*, où figurent les différentes proportions de ces statues, et que Fénelon connaissait pour y avoir puisé les informations relatives à la technique du raccourci dans la sculpture à laquelle il fait allusion dans le « Chromis et

1. Malebranche, *Traité de la nature et de la grâce*, Ire partie, XXII, éd. cit., p. 189.
2. Sur cette question, nous renvoyons à notre article « Les enjeux esthétiques de la *Réfutation du système du Père Malebranche sur la nature et la grâce* de Fénelon », *Archives de philosophie*, t. 67, printemps 2004. Sur la question du mal dans la métaphysique de Malebranche, voir D. Moreau « Malebranche. Le désordre et le mal physique *et noluit consolari* », *in* B. Pinchard (éd.), *La Légèreté de l'être. Études sur Malebranche*, Paris, Vrin, 1998. Plus généralement sur le rapport entre fénelonisme et malebranchisme, voir J.-Chr. Bardout, « Le malebranchisme de Fénelon. Occasionnalisme et vision en Dieu », *Revue philosophique*, Paris, P.U.F., n° 2, 2003.
3. Sur le mal, voir *DED*, IIe partie, chap. I, p. 605.

Mnasyle » des *Dialogues des morts*. Mais il peut s'agir, aussi bien, d'un procédé comparatif révélateur de la tendance antiquisante qui se distingue dans les conférences des années 1670 à l'Académie royale de peinture, et qui sera encore présente quand la direction de l'Académie passera entre d'autres mains. La raison de ce privilège accordé à l'Antiquité est énoncée par Antoine Coypel, durant la période qui correspond au règne des coloristes. Pour lui, les « peintres et les sculpteurs anciens étaient heureux », car ils vivaient dans « des temps où la nature se présentait toujours à eux dans sa vigueur et sa naïve simplicité »[1]. Rien n'est moins surprenant, par conséquent, que de retrouver ces exemples chez Fénelon. C'est pourquoi les proportions du corps humain doivent être considérées dans leur état primitif, autrement dit telles qu'elles étaient durant l'âge d'or, ce dont la statuaire et l'architecture antiques donnent un aperçu. Grâce à la grille de notions empruntées à l'architecture, sœur des deux précédentes, les jambes deviennent ainsi des « colonnes » et le buste « le corps de l'édifice »[2]. Et même si la comparaison du traité d'apologétique n'atteint pas le détail de celle que propose, à l'Académie royale de peinture, Michel Anguier dans la première de ses conférences sur l'anatomie[3], où le corps prend la forme d'une citadelle avec ses canaux, ses ruelles, ses appartements, ses habitants et ses ennemis, l'intention demeure la même : dans le corps humain, et dans la nature tout entière, il n'y a ni défaut, ni superflu.

Le projet fénelonien d'une instruction par l'image, essentiellement comprise et appréhendée à travers les schèmes du « lieu » et du « tableau », implique, comme on l'a vu, une insistance sur les éléments liés au dessin. Dans cette perspective, nous avons voulu identifier la présence de ces schèmes dans le tissu des textes pédagogiques, composés autour des

1. « Discours sur la peinture … », *loc. cit.*, p. 475. *Cf.* Alberti, « Dédicace à Filippo Brunelleschi », *De la peinture*, éd. cit., p. 69.

2. *DED*, *L'Art de la nature*, chap. II, p. 540.

3. « Je désire […] représenter cette divine œuvre du corps humain […] à (*sic*) une forte place dans laquelle nous verrons les principaux lieux, les rues, les habitations et logements des officiers […]. » « Sur le corps humain représenté comme une forte citadelle (2 juillet 1672) », *Les Conférences* …, p. 255. Voir aussi Poussin : « Les belles filles que vous aurez vues à Nîmes ne vous auront […] pas moins délecté l'esprit par la vue que les belles colonnes de la Maison Carrée, vu que celles ici (*sic*) ne sont que de vieilles copies de celles-là ». À Chantelou, 20 mars 1642, *in* Nicolas Poussin, *Lettres et propos sur l'art*, textes réunis et présentés par A. Blunt, avant-propos J. Thuillier, suivi de *Réflexion sur Poussin*, A. Arikha, Paris, Hermann, 1989, p. 63. *Cf.* le commentaire de Fr. Choay sur la métaphore du corps dans Alberti, *L'Art d'édifier*, trad., présentation et notes P. Caye et Fr. Choay, Paris, Le Seuil, 2004, p. 22.

années 1690, qui articulent entre elles les figures macro- et micro-structurales – l'hypotypose, la diatypose, l'allégorie, la prosopopée, l'antonomase[1] – afin de souligner la préférence qu'accorde Fénelon non seulement à la sensation visuelle en général mais à celle qui reproduit plus précisément l'expérience de la perception visuelle, guidée par les procédés de la mnémotechnique, en même temps que par les œuvres issues du dessin – à condition qu'il s'agisse de modèles conformes à la finalité édificatrice de l'art. Dès lors, bien percevoir et bien sentir n'est possible qu'à la condition que le monde sensible soit lui-même comme un dessin. En outre, parce que l'image plastique offre une congruence avec l'ordre sensible[2], elle doit se prévaloir d'une supériorité instrumentale capable de réactiver une perception défaillante, ce pourquoi la présentation du texte pédagogique entend imiter, avant tout, les linéaments de cette même image. Refuser le recours à l'image plastique serait donc s'interdire l'accès à une représentation véridique du réel sensible[3] ; outre que, comme Richeome l'avait suggéré dans sa défense de l'image, cela entraînerait le rejet de toutes les choses corporelles, y compris des sacrements « institués avec des choses corporelles et sensibles, d'eau, de pain, de vin et autres semblables créatures »[4].

C'est la raison pour laquelle la portée de l'apologétique populaire, qui semble recourir à première vue à un lieu commun, doit être réévaluée. S'il est vrai, tout d'abord, que ce détour par l'art, et notamment par la peinture paraît banal dans un discours d'apologétique qui en appelle à des preuves sensibles[5], nous avons vu que cette référence ne présente rien d'accidentel,

1. Nous nous appuyons, pour la signification de ces termes, sur les définitions que donne G. Molinié, dans son *Dictionnaire de rhétorique*, Paris, Le Livre de Poche, 1992.

2. Voir *DED*, I, *L'Art de la nature*, où l'on trouve énoncée l'hypothèse d'une préformation de la mémoire, dans laquelle les images accumulées par l'expérience rejoindraient les emplacements qui semblent les y attendre (p. 546).

3. À rapprocher de la position que défendra Merleau-Ponty que « le dessin et le tableau [...] sont le dedans du dehors et le dehors du dedans, que rend possible la duplicité du sentir, et sans lesquels on ne comprendra jamais la quasi-présence et la visibilité imminente qui font tout le problème de l'imaginaire », *L'Œil et l'Esprit*, Paris, Gallimard, 1964, p. 23.

4. *Les Images. Troisiesme discours pour la religion catholique*, in *Trois discours pour la religion catholique : des Miracles : des Saints et des Images*, éd. cit., p. 480 (orth. mod.)

5. Leibniz choisit, lui, la musique, pour illustrer sa thèse de l'harmonie préétablie et de la communication des substances, par exemple dans la « Lettre à Arnauld du 30 avril 1687 », *in* Leibniz, *Discours de métaphysique et correspondance avec Arnauld*, intro., texte et commentaires, G. Le Roy, Paris, Vrin, 5e éd., 1988.

car les arts plastiques sont avant tout appréhendés comme arts du dess(e)in, ou du *disegno*, selon le concept hérité de Vasari, Lomazzo et Zuccaro[1]. Aussi ce que Félibien disait de Poussin – en suivant le jugement porté par Le Brun sur *La Manne*[2] –, que celui-ci « savait » « toutes les parties qui doivent entrer nécessairement dans la composition et dans l'ordonnance d'un tableau »[3], Fénelon pouvait-il, à l'aide des mêmes notions, le dire de Dieu – raison pour laquelle l'apologétique populaire en même temps qu'elle est une défense de Dieu devient celle d'un mode d'expression artistique, qui accorde, à l'instar de Léonard de Vinci[4], à la peinture, et plus encore au dessin, la première place dans le *paragone* des arts.

1. Sur les écrits relatifs au *disegno*, voir P. Barrochi, *Scritti d'arte del Cinquecento*, Milano, Napoli, R. Ricciardi, 1971-1977, 3 volumes.

2. « Sur *Les Israélites recueillant la manne dans le désert* de Poussin (5 novembre 1667) », *Les Conférences* ..., éd. cit., p. 99 *sq*.

3. *Vie de Poussin*, *loc. cit.*, p. 215.

4. *Cf.* l'éloge de la peinture définie comme la reine des beaux-arts, et l'œil comme « la plus excellente de toutes les créations de Dieu », in *Traité de la peinture*, Ire partie, « le Paragone ou parallèle des arts », textes trad. et présentés par A. Chastel, Paris, Berger-Levrault, 1987, p. 89.

Nicolas Poussin, *Paysage avec un homme tué par un serpent*, vers 1648-1650, h/t 119 x 198,5
© The National Gallery, Londres, Dist. RMN / National Gallery Photographic Departement

chapitre 3
la référence à l'esthétique et aux arts du dessin dans l'éducation

de la physiologie à la spiritualité
les arguments en faveur d'une éducation esthétique
le naturel de l'enfant : orgueilleux et prisonnier de son corps

C'est dans le traité *De l'éducation des filles*, dont une édition avait vu le jour en 1687, que Fénelon expose pour la première fois les principes de sa pédagogie qui serviront de fondement à l'esthétique qu'il défend. Destiné tout d'abord au duc de Beauvillier, qui avait eu neuf filles, l'exposé s'étoffe dans l'édition de 1696 – l'expérience de précepteur et la proximité avec Fleury aidant. En consacrant de nombreuses réflexions à l'enfance en général, Fénelon défend l'idée que la différence sexuelle, bien que fondée en nature, demeure en fait essentiellement sociale et culturelle. Si cette différence implique un certain apprentissage, auquel le corps prédispose, elle n'implique pas, en revanche, qu'on l'asservisse à des habitudes nuisibles : c'est donc à affermir les facultés naturelles que s'emploiera tout d'abord le pédagogue. Cette première étape atteinte, on se préoccupera alors, plus spécifiquement, d'ajuster l'éducation à la mission morale et sociale qui échoit à chaque sexe, étant entendu qu'aucune des deux ne saurait primer l'autre.

Si l'ouvrage ne réserve pas, à proprement parler, de chapitre à la question du physique de l'enfant, ni à celle des conséquences sur la nature de l'homme du péché originel, il les mentionne[1] cependant, dans la mesure où elles influencent fondamentalement les choix pédagogiques.

L'instruction doit, en effet, être gouvernée par la prise en compte de l'orgueil de l'enfant, comme y invite l'Écriture. C'est à cause de l'orgueil que l'enfant est poussé à ne rechercher que ce qui est susceptible de le flatter, de lui procurer une jouissance passive, et d'entretenir ainsi l'amour qu'il se voue à lui-même en rejetant d'emblée[2] tout ce qui menacerait de perturber cet équilibre primitif. Il importe donc d'élaborer un dispositif qui permette, à l'insu de l'enfant, de le détourner de cette quête insatiable d'auto-satisfaction, tout en exploitant son goût pour le plaisir afin de tempérer, voire d'écarter, l'attirance pour la jouissance qui n'est qu'immédiate, sensuelle et égoïste, étant entendu qu'il ne s'agit pas de renoncer à ce puissant ressort affectif[3], mais de le rendre opératoire dans le sens d'une mutation morale.

En prolongeant d'une certaine manière la thèse cartésienne selon laquelle les passions de l'âme sont produites par des actions du corps[4], Fénelon

1. Pour la position de Fénelon sur le péché, voir *RSPM*, chap. XXIII, XXV.

2. Voir *ÉF.*, chap. III, p. 96-97.

3. « [...] il faut que le plaisir fasse tout », *ÉF*, VI, p. 123.

4. Voir *Les Passions de l'âme*, Ire partie, art. 2, éd. cit., p. 952-953 ; AT, t. XI, p. 328-329. Mais Descartes, quoiqu'il reprenne à nouveaux frais les termes de la question de l'origine des passions, prolonge, d'une certaine manière, à la fois la thèse métaphysique de Platon sur les effets pernicieux du corps sur l'âme (avec l'image du corps comme « tombeau », ou encore celle de l'âme attachée à son corps « comme l'huître à sa coquille », *Phèdre*, 250 c, éd. cit., p. 124), et celle, plus empirique, du traité de Galien : voir *Les Facultés de l'âme suivent les tempéraments du corps*, in *L'Âme et ses passions*, intro., trad., et notes par V. Barras, T. Birchler, A.-Fr. Morand, préface J. Strarobinski, Paris, Les Belles Lettres, 1995, p. 77. Sans qu'on sache si Fénelon connaissait les textes de Galien de première main, il faut rappeler que ceux-ci étaient largement diffusés, et constituaient en matière de médecine un poncif, sur lequel s'appuyaient des autorités aussi célèbres que Vésale et Harvey : voir sur ce point l'introduction de l'ouvrage précité. Sur le rôle du corps, *cf.* Fleury, *Traité du choix et de la méthode des études*, « Division des études », in

envisage la possibilité de disposer à certaines inclinations en agissant sur les rouages de cette mécanique. C'est ici qu'interviennent les remarques sur la mollesse du cerveau de l'enfant[1] propice à l'impression sensible qu'y laissent les choses[2], qui forment, au fur et à mesure, comme une carte, ou mieux un catalogue d'images[3] qui définit à proprement parler l'organe. Si cette explication à vocation scientifique ne présente pas d'intérêt sur le plan épistémologique, elle n'en révèle pas moins, à travers la notion de « gravure », l'intention d'insister sur l'efficace du dessin comme prototype du tableau qui définit l'image cérébrale. Dans le tableau que composent les souvenirs-images, comme dans le tableau qu'exécute le peintre, le dessin paraît bien l'essentiel, les couleurs ajoutées devant suivre les lignes préformées. S'il est vrai que cette représentation de l'art de peindre reste discutable – comme l'attestent les repentirs, le statut des ombres où couleur et dessin se confondent, ainsi que la méthode des peintres vénitiens, Giorgione ou Titien, qui relèguent le dessin à une fonction subalterne –, cela importe peu au regard de ce qu'elle révèle du goût pictural de Fénelon. En effet, cette importance matricielle accordée au dessin ne se départ pas de la ligne officielle de l'Académie royale de peinture : que ce soit Le Brun, avec l'anecdote reprise de Pline de la bergère Corinthia, ou Champaigne qui soutient que le dessin forme l'essence et le fond du tableau quand les couleurs n'en forment que l'accident et l'apparence[4], il y a là comme une règle qui paraît intangible. On remarquera, en outre, que ce développement, autour de l'idée de gravure qui amplifie l'importance du dessin, ne figure

Opuscules, t. II, éd. cit.; Pascal, *Pensées*, Lafuma 5, 7, 11, 12, 418; Coustel, *Les Règles de l'éducation des enfants*, livre II, chap. V [1re éd. 1687], in *Traité d'éducation chrétienne et littéraire*, t. I, Paris, 1749.

1. Voir *ÉF*, III, p. 98 et V, p. 104. *Cf.* Descartes, *Traité de l'homme*, *Œuvres philosophiques*, t. I, éd. cit., p. 445 ; AT, t. XI, p. 172-173; également p. 450 ; AT, p. 176, sur les « figures [...] qui se tracent dans les esprits sur la superficie de la glande [...] siège de l'imagination et du sens commun » – figures qui ne sont pourtant pas une copie de la forme des objets extérieurs, comme on l'a vu dans la *Dioptrique*.

2. *ÉF*, V, p. 103.

3. Cf. *DED*, I, *L'Art de la nature*, II : « Mon cerveau, est comme un cabinet de peintures [...]. Les peintres, par leur art, n'atteignent jamais qu'à une ressemblance imparfaite. Pour les portraits que j'ai dans la tête ils sont si fidèles, que c'est en les consultant que j'aperçois tous les défauts de ceux des peintres, et que je les corrige en moi-même. Ces images, plus ressemblantes que les chefs-d'œuvre de l'art des peintres, se gravent-elles dans ma tête sans aucun art ? S'il y a de l'art, il ne vient pas de moi, car je trouve au-dedans de moi ce recueil d'images, sans avoir jamais pensé ni à les graver ni à les mettre en ordre », p. 553.

4. Voir *Les Conférences* ..., éd. cit., p. 220 et 205.

pas dans l'édition de 1687 : est-ce à dire que les nouvelles fonctions de Fénelon lui ouvrent d'autres horizons par la fréquentation des peintres et par une plus grande familiarité avec la peinture ?
La question se posait déjà pour *L'Art de la nature* – cependant probablement postérieur au traité de 1696. Mais c'est l'examen des procédés pédagogiques et du choix des objets d'étude qui permettra de vérifier si les développements de 1696 impliquent une référence conceptuellement élaborée aux arts du dessin. On remarquera, toutefois, qu'aucun des deux textes n'accorde de valeur proprement scientifique à l'observation anatomique ou physiologique – qui reste toujours articulée au dogme théologique du péché –. Dans l'apologétique, elle ne sert qu'à renforcer l'analogie de la nature créée par Dieu et de l'œuvre d'art plastique tandis que dans *L'Éducation des filles*[1] elle encourage à l'élaboration d'un modèle éducatif où les arts du dessin, directement ou indirectement, jouent un rôle majeur. C'est parce que le corps est affecté, depuis le péché, d'une totale indétermination[2] qu'il est, paradoxalement[3], possible d'agir sur le cerveau, lequel est comparable à une glaise malléable[4] ; et c'est ce parti pris théologique, qui soutient que la créature n'est ni absolument bonne, car cela ferait d'elle l'égale de Dieu, ni absolument mauvaise, puisque le néant ne présente aucun degré de perfection, qui rend par conséquent l'éducation possible. En dehors de la grâce qui donne la bonté du cœur, l'éducation fait presque tout dans l'homme : elle forge le « naturel » de l'enfant – naturel que Fénelon distingue de la première nature, telle qu'elle se montre dans la petite enfance, et qui est identique pour tous.
Cependant, comme cette indétermination s'associe à une tendance à l'amour-propre, la stratégie du maître devient essentielle, car il s'agit de construire, à la fois avec cette tendance, à tout désirer pour soi, et contre elle, un réseau de préférences.

1. À l'instar du rôle qu'elle joue dans les analyses cartésiennes, celles du *Traité de l'homme*, de la *Dioptrique*, ou des *Passions de l'âme*, la physiologie n'est pas définie comme une science autonome. Le corps humain n'est jamais étudié pour lui-même, ni à des fins strictement hygiénistes ou hédonistes. La santé n'est, pour Fénelon, comme pour Descartes, qu'un moyen permettant d'atteindre plus facilement la vertu, et non une fin en soi, comme promesse de jouissance égoïste. Voir la VIe partie du *Discours de la méthode*.

2. Les enfants demeurent « naturellement simples et ouverts », *ÉF*, V, p. 116.

3. Voir notamment, *ÉF*, III, p. 98.

4. Thèse déjà présente dans la *RSPM*, chap. XXI, p. 429.

L'exemple de l'amitié[1], ici privilégié, illustre cette démarche. Même si la forme d'amitié dont est capable la créature ne peut se départir d'une délectation égoïste, il convient de rendre l'enfant sensible à ce qui mérite d'être aimé, en introduisant en lui une première détermination articulée à la perception d'une valeur. L'amitié sert donc ici d'appât pour rendre sensible à l'enfant la forme authentique de l'amour[2]. Négliger cette occasion reviendrait à sacrifier ce moment fugitif où le mouvement de la nature cherche encore à imiter celui de la grâce; l'occasion passée, en revanche, « il se fait en eux [les enfants] une espèce de second péché originel, qui est la source de mille désordres »[3].

Par conséquent, loin que l'éducation soit vaine, elle empêche la nature de devenir réellement mauvaise. D'où l'importance des modèles : « le fil d'histoire »[4], l'ordre des épisodes, ou l'ordonnance d'un tableau étant autant d'exigences qui se rapportent, comme nous allons le montrer, au dess(e)in.

Qu'en est-il, cependant, des considérations sur les filles ? Ne conduiront-elles pas à une révision, sinon à un réajustement, des conclusions de Fénelon sur le naturel ouvert de l'enfant ?

Commençons par rappeler que l'examen du statut des filles, tant du point de vue de leurs dispositions physiques et intellectuelles que du rôle qui leur revient, n'est introduit, d'une façon plus systématique et continue, que tardivement dans le traité de 1696, à partir du chapitre VII consacré à l'instruction religieuse. Auparavant Fénelon parle de l'enfant en général, comme si la différence naturelle des sexes n'existait pas. Il est significatif, en revanche, que celle-ci prenne une dimension axiologique dès qu'elle n'est plus considérée du seul point de vue de la nature mais de celui de cette petite société qu'est la famille, à l'intérieur de laquelle les rôles et les actions de chacun, égaux en valeur, doivent être strictement codifiés et distribués. Aussi les remarques de Fénelon, qui semblent témoigner de prime abord d'un anti-féminisme primaire, appellent-elles une autre interprétation.

Il est vrai que les premières pages du traité de 1696 font état d'une « faiblesse naturelle des femmes »[5]. Cette faiblesse demeure toutefois

1. Prélude, on le verra, à une attirance pour la beauté esthétique.
2. *ÉF*, V, p. 116.
3. *ÉF*, III, p. 98.
4. *Corresp.*, t. II, « Lettre au duc de Beauvillier [1690-1695] », p. 320.
5. Voir *ÉF*, I, p. 92.

factuelle, et au demeurant relative parce que les hommes ont la leur. Comme elle n'a pas de valeur en soi, elle ne présuppose aucune hiérarchie qui inciterait à conclure à une infériorité morale des femmes en introduisant un clivage au sein de l'humanité. Au contraire, « [les femmes], rappelle Fénelon, sont la moitié du genre humain, racheté du sang de Jésus-Christ et destiné à la vie éternelle »[1].

Plus ambiguës sont, en revanche, les réflexions sur les défauts des femmes, qui « sont nées artificieuses », ce qui pousse à la coquetterie, « ruine les familles » et « entraîne la corruption des mœurs »[2]. Une lecture plus attentive montre que, à l'instar des défauts de l'enfant que l'on pensait innés et qui s'avèrent être la conséquence de l'exemple donné par les adultes, il faut ici interpréter différemment l'idée de « naissance ». Celle-ci n'englobe pas seulement, comme on l'admet d'ordinaire, le moment effectif de la naissance qui révèle l'hérédité naturelle et les marques du péché d'Adam, mais elle contient aussi, en un sens certes inattendu, les années qui précèdent la maîtrise du langage articulé, et qui désignent la fin de la période de gestation. L'enfant n'en finit donc pas de naître pendant le temps que dure cette métamorphose qui le fait accéder non à l'humanité, qu'en un sens il possède déjà, mais à une humanité plus achevée, c'est-à-dire consciente d'elle-même. C'est pourquoi la coquetterie des filles, leur goût des ornements, de la mode et des colifichets, qu'elles possèdent bien de « naissance », sont toutefois imputables aux nourrices ignorantes. Ce n'est donc pas à cause de leur futilité que les filles sont ignorantes, mais c'est au contraire parce qu'elles sont ignorantes qu'elles deviennent futiles.

sensibilité et ordre des facultés de l'anthropologie à la mystique

L'enfant étant gouverné par la sensibilité, puisqu'il juge par ce qu'il voit[3], il ne peut être question de l'instruire par des leçons abstraites[4]. Cela justifie naturellement le recours aux modèles artistiques en général, et plus précisément aux images, aux contes, aux histoires sacrées et profanes. Ce

1. *ÉF*, I, p. 93.
2. *Ibid.*.
3. Nous paraphrasons ici la formule de l'*ÉF*, VII, p. 132.
4. Voir *ÉF*, V, p. 109.

choix des objets sensibles, et essentiellement réductibles à des catégories liées à l'expérience visuelle, se justifie d'autant plus que la sensibilité n'est pas uniquement un moyen provisoire d'instruction; au contraire. La sensibilité n'est pas une forme embryonnaire d'humanité, une ouverture provisoire et imparfaite à soi, à l'autre et au monde, qu'il s'agirait à terme de remplacer par un meilleur dispositif, en l'occurrence par la raison. Dans la mesure où seule la sensibilité peut être le véhicule de l'amour authentique, synonyme de vertu, elle doit être non seulement le moyen mais le terme de l'éducation, quoiqu'elle apparaisse à la fin transformée, tournée vers de nouveaux objets, amorçant ce processus de purification que seul Dieu, par le don de grâce, accomplira. À vrai dire, cette sensibilité, devenue insensible puisqu'elle exclut la participation des sens, ressemble davantage à une forme affective, à une « vue simple et amoureuse » des objets « rendus par la pure foi »[1] ; aussi le terme de sensibilité, que Fénelon emploie par ailleurs, en particulier dans les écrits de direction spirituelle, doit-il être compris en ce sens-là[2]. Par ailleurs, il est difficile de dissocier[3] dans un premier temps la sensibilité, l'affectivité (ou le sentiment), et la tendance en général, car désir et volonté commencent par être confondus dans l'intérêt propre[4]. C'est pourquoi, il est délicat de retrancher, dans cet écheveau de dispositions, ce qui paraît nuisible, sans risquer de produire un dégoût ou une apathie générale susceptible d'éloigner de Dieu. C'est donc avec l'appétit sensible qu'il faut composer, car il ne s'agit pas de former un homme seulement raisonnable, mais un homme capable d'amour. Sans qu'il soit question de mépriser la raison – ce qui reviendrait à favoriser les croyances les plus fantaisistes –, il convient de se garder des risques que son usage comporte. La découverte de sa propre aptitude à raisonner procure en effet une jubilation narcissique qui engage encore plus profondément dans l'amour de soi. C'est pourquoi l'affermissement de la raison ne doit jamais être autonome mais, au contraire, suivre fidèlement celui du sentiment porté au Créateur[5]. En définitive, la raison apparaît déjà dans le traité comme une faculté sinon équivoque du moins neutre, et qui, privée du secours de l'amour ou du sentiment, est condamnée à l'errance.

1. *EMS*, XXVII, « vrai », p. 1068.
2. Voir *LOS*, XI, p. 607.
3. Nous abordons ces questions de façon plus détaillée dans notre prochaine section.
4. Voir *EMS*, XXX, « vrai », p. 1074.
5. Voir *ÉF*, III, p. 99.

En revanche, l'importance accordée aux dispositions affectives a pour conséquence de confier à l'expérience esthétique, conjointement à celle de l'amitié, la tâche de former l'affectivité. Car dans ces deux expériences, il s'agit pour l'enfant d'apprendre à se détacher de lui-même, à dépasser les limites que lui assignent ses besoins immédiats, à accorder de l'intérêt à un autre objet ou à un autre être que lui-même. Mais plus encore, les expériences auxquelles confrontent l'amitié et le beau esthétique s'accordent en ce qu'elles mettent en présence d'objets et de situations où beau et bien s'articulent conjointement[1].

Par conséquent, le recours au beau visible, et partant la croyance en une vertu herméneutique des arts du dessin, loin d'être circonstanciels, forment le prélude nécessaire à cette ascension qui, d'amour en amour, et de délectation en délectation, conduit à Dieu[2]. Il est vrai que le contexte de la Cour dans lequel Fénelon se trouve immergé, où le roi fait l'objet d'une célébration continuelle par les arts muets que sont peinture, architecture, sculpture, art du jardin, emblèmes, a dû contribuer à renforcer cette détermination tout d'abord dominée par l'exigence oratoire. Mais c'est en réalité dans la mystique fénelonienne que l'on découvre les véritables motifs de cette préférence pour la *muta eloquentia*, en suivant les étapes qui

1. « Une chose peut-elle être belle sans être bonne ? » : la question que pose le Socrate des *DM* n'a d'autre réponse – pour Platon, et pour Fénelon – que celle que donne Alcibiade : « Non », LXXX, « Socrate et Alcibiade », p. 509. Néanmoins, Fr.-X. Cuche a suggéré que l'identité axiologique beau/bien n'était pas infaillible. Il y a, en effet, selon lui, une « beauté du diable » : « Fénelon reconnaît qu'il existe une beauté du diable. Peut-être la beauté fardée et vulgaire des femmes chypriotes n'est-elle qu'une beauté inférieure, qui signifie leur dégradation morale, mais Calypso, Eucharis, Astarbé surtout, sont véritablement belles [...]. La beauté devient-elle un critère étranger au jugement moral ? », « La morale dans les ouvrages pédagogiques de Fénelon », *Nouvel état présent des travaux sur Fénelon*, éd. cit., p. 81. *Cf.* une analyse semblable dans *Télémaque entre père et mer*, chap. III, p. 85. Nous ne suivons pas, quant à nous, cette interprétation, car il apparaît que ces exemples de beauté féminine sont précisément imparfaits, parce qu'ils incarnent une beauté inachevée à laquelle manque ce voile de pudeur, de retenue, mais aussi cette force, quelque peu athlétique, qui définissent pour Fénelon la véritable beauté, et qu'il accorde au personnage d'Antiope, cavalière, lutteuse, et brodeuse. Si le beau et le bien se confondent, alors le premier doit, dans la mesure du possible, être une transposition du second : la beauté ne peut donc être strictement plastique. *Cf.* A. Blanc, « Le corps dans le Télémaque » *in* Fr.-X. Cuche et J. Le Brun (dir.), *Fénelon. Mystique et politique (1699-1999)*, Paris, Honoré Champion, 2004. Également O. Dussud, pour qui « la beauté féminine n'est pas dangereuse », « Les secrets du sourire d'un faune. Fénelon et la sculpture de Versailles à travers l'analyse de quelques opuscules pédagogiques », *loc. cit.*, p. 77.

2. *Cf.* C. Cavillac : « [...] l'art est un *analogon* de la grâce », « Fénelon et le mythe de l'origine des arts », *Poétique*, n° 85, fév. 1991.

progressivement conduisent à la désappropriation de soi et au pur amour[1], et où il est possible de reconnaître, transposée, l'expérience esthétique du sublime où le sentiment douloureux d'une perte de soi est suivi d'un état de paix, de soulagement et de plénitude – on pensera naturellement à la figure d'Idoménée qui rassemble dans l'itinéraire de sa vie ces deux moments, lesquels servent également d'illustration à cette conception d'un sublime à la fois terrible et doux chez Fénelon[2].

Cependant, il semble tout d'abord que les objets esthétiques sélectionnés par le pédagogue soient peu dignes de représenter, même métaphoriquement, l'Être divin à qui s'adresse le pur amour, de même qu'ils rendent dans un premier temps hasardeuse la tentative d'établir une correspondance entre les tendances pathétiques qu'ils sollicitent, et celles qui sont suscitées par les aspects que revêt la vie morale ou par ce qui en est l'aboutissement suprême, la vie mystique. Comment concilier par exemple, sur le plan de l'appréciation esthétique, la défense de l'usage des « livres dorés »[3] avec la mention laudative selon laquelle la grotte de Calypso n'a « ni or, ni argent, ni marbre, ni colonnes, ni tableaux, ni statues »[4]? Faut-il alors conclure à l'absence d'une juridiction du goût, et partant d'une pensée rigoureuse et systématique[5] chez Fénelon qui se ferait tour à tour l'apologiste du dessin et de la couleur, des arts du dessin et de l'expression poétique, ou tout simplement le défenseur et le détracteur de l'art?

En réalité, Fénelon ajuste l'éducation esthétique aux étapes de la progression morale et mystique, en établissant une correspondance entre les divers sentiments pour Dieu et les expressions artistiques qui s'y ordonnent selon une hiérarchie comparable à celle des degrés d'amour. Aussi les modèles esthétiques auxquels il est fait référence dans *L'Éducation des filles* entendent-ils suivre les progrès de la créature, laquelle est d'abord enfoncée dans l'amour-propre. On notera toutefois qu'aucun de ces

1. Voir l'« Exposition des divers amours dont on peut aimer Dieu », *EMS*, p. 1008 *sq*.

2. Voir *LA*, chap. IV, V; *Cf.* Fr. Trémolières, « Le sublime dans le *Télémaque* », in *Fénelon. Mystique et politique* ..., éd. cit., et surtout du même auteur, *Fénelon et le sublime. Littérature, anthropologie, spiritualité*, Paris, Honoré Champion, 2009. Sur le sublime fougueux, voir Th. Litman, *Le Sublime en France (1660-1714)*, Paris, Nizet, 1971, chap. IX.

3. *ÉF*, V, p. 118.

4. *Av. T.*, I, p. 33.

5. Comme le pense É. Lavezzi, « Des amours contre-nature : les arts du dessin dans les *Aventures de Télémaque* », in *Fénelon, Mystique et politique* ..., éd. cit.

modèles esthétiques, fût-il rudimentaire, ne cherche à exciter un plaisir sensible immédiat : le livre, même doré, est déjà un livre, et les couleurs vives de l'image sollicitent déjà une délectation distanciée parce qu'elle détourne en partie des besoins immédiats. Ainsi procède l'amour de Dieu qui peut se servir du goût qu'a l'âme pour les plaisirs « des sens ou de l'imagination » afin de la « détourner de quelque autre plaisir dangereux »[1].

le statut privilégié des arts du dessin dans les écrits pédagogiques

Il convient de préciser tout d'abord que les « écrits pédagogiques » définissent un ensemble composite de documents : traités, lettres, avis divers, fables morales, roman – même si le *Télémaque* réunit à son tour des genres d'écriture pluriels, étant à la fois un roman de formation et un manuel pédagogique où les descriptions de lieux, d'actions, de personnes, comme le vêtement d'Antiope ou la coiffure des nymphes, revêtent une fonction didactique. Dans cet ensemble, certains écrits sont également spécifiquement consacrés aux filles, comme l'édition de 1696 de *L'éducation des filles*, ou encore l'*Avis [...] à une dame de qualité...*[2]. En revanche, les lettres de direction, les entretiens spirituels ou les conférences destinés aux dames de Saint-Cyr, à Madame de Maintenon ou à la comtesse de Gramont relèvent d'un autre genre, pour la simple raison qu'ils s'adressent à des adultes, même si, du fait du sexe des destinataires, nombre de points abordés se retrouvent aussi dans les écrits pédagogiques consacrés aux filles. Il convient en outre de réserver une sous-rubrique à ce qui a trait à l'éducation exclusive des Enfants de France, et spécialement à celle du duc de Bourgogne : les lettres à Fleury, le mémoire rédigé par Louville, la lettre à Beauvillier sur l'histoire de Charlemagne, la correspondance avec le jeune duc[3] – qui tient toutefois davantage de l'entretien spirituel que de la leçon pédagogique –, auxquels s'ajoute, à condition qu'on la considère cette fois-ci sous l'angle du « geste politique »[4], l'œuvre de fiction officiellement

1. Fénelon, *RSPM*, XXXIII, p. 489.
2. Sur *L'Éducation des filles* ; voir aussi l'appréciation de Madame de Lambert, *Corresp.*, t. XIV, p. 194 *sq.* ; p. 203 [jan.-fév. 1710].
3. Voir en particulier pour l'année 1708, *Corresp.*, t. XIV.
4. Selon la formule qu'emploie J. Le Brun, dans son article « Du privé au public : l'éducation du prince selon Fénelon », *in* R. Halévi (dir.), *Le Savoir du prince. Du Moyen Âge aux Lumières*, Paris, Fayard, 2002.

destinée au futur monarque, le *Télémaque*, qui peut être définie comme un bréviaire des devoirs de la royauté, même si cette qualification n'a rien d'exclusif, dans la mesure où le roi de France reste un homme[1].

Nous écarterons en revanche du corpus pédagogique le *Sentiment sur différents tableaux*, que J. Le Brun a certes classé parmi les *Fables et opuscules pédagogiques* en hésitant toutefois sur la destination à lui accorder, mais en supposant, entre autres hypothèses, que cela pût être un commentaire pictural à l'intention du duc après une visite à Chantilly. Ce texte, au ton personnel, s'écarte, en effet, par sa forme et par son contenu, conceptuellement moins rigoureux, des deux dialogues des morts consacrés à la peinture. Pour éclairer cet ensemble de textes et compléter les informations que l'on y trouve, on peut renvoyer également au *Discours sur Mgr le duc de Bourgogne*, écrit par Saint-Simon à la demande de Beauvillier, ainsi qu'aux allusions qui ponctuent les lettres de la princesse Palatine. Si ces textes ne sont certes pas de Fénelon, ils nous renseignent sur l'évolution de son ancien élève, sur son mode de vie et ses occupations une fois atteint l'âge adulte.

Dans ce corpus, certes disparate, on relève cependant un nombre assez important de références, de développements, ou même seulement d'allusions, aux arts du dessin, comme beaux-arts ou arts appliqués. On y trouve même des analyses – comme le sont les deux dialogues des morts sur la peinture –, plus proches par certains aspects de l'iconologie que de l'ecphrasis proprement dite. Et certains commentateurs, comme A. Chérel[2] ou P. Bastier[3], ont souligné l'originalité, sinon du contenu des remarques elles-mêmes – F. Brun note encore la sensibilité de Fénelon à la peinture de Teniers, assez peu courante dans ce milieu[4] –, à tout le moins du procédé qui, dans des proportions peu communes, recourt aux arts visuels comme support des leçons[5].

Cf. la notice des *Aventures de Télémaque*, in *OF*, p. 1241 *sq.* Voir également V. Kapp, *Télémaque de Fénelon. La signification d'une œuvre littéraire à la fin du siècle classique*, III, « Le scandale politique d'une œuvre littéraire destinée à l'éducation d'un prince », Tübingen, G. Narr, Paris, Jean-Michel Place, 1982.

1. Voir *Av. T.*, X, « [...] les hommes sont fort à plaindre d'avoir à être gouvernés par un roi, qui n'est qu'homme », p. 213. Cf. *Lettre à Louis XIV*, *OF*, I, p. 549.

2. Fénelon, *De l'éducation des filles*, intro. et notes par A. Chérel, Paris, Hachette, 1920.

3. P. Bastier, *Fénelon critique d'art*, éd. cit., p. 11.

4. F. Brun, *Fénelon critique d'art*, éd. cit.

5. Voir Bausset, *Histoire de Fénelon*, t. I, Paris, 1844, p. 164-165.

Sans doute Fénelon tire-t-il profit des innombrables ressources plastiques qu'offrent les résidences royales – particulièrement Versailles –, où la célébration du roi devient perpétuelle à travers les tableaux, devises, emblèmes et inscriptions, qui exposent à la vue la grandeur du monarque[1]. Sans doute s'inspire-t-il aussi, de près ou de loin, du *Traité de morale pour l'éducation des princes, tiré des peintures de la galerie de Saint-Cloud*, que l'abbé Morelet fait publier en 1684, et qui souligne l'intention avant tout pédagogique de cette galerie de la demeure de Monsieur – nous y reviendrons. Le caractère du jeune duc de Bourgogne pourrait aussi rendre compte de certains choix pédagogiques. Saint-Simon témoigne en l'occurrence de « la nécessité de le laisser dessiner en étudiant, à quoi il avait beaucoup de goût et d'adresse, et sans quoi son étude était infructueuse »[2]. Si l'on doit conserver à ces informations le statut d'anecdote, pour les distinguer des raisons et des causes proprement dites qui ont orienté la méthode de Fénelon, il est juste de ne pas les négliger. Enfin la place occupée par des personnalités comme Le Brun – mort en 1690 mais toujours présent à travers le legs de ses œuvres et de son goût, au point qu'il est permis de faire de Versailles son œuvre –, ou Mignard, le peintre de Saint-Cloud et dès 1690 le premier peintre du roi avec lequel Fénelon s'entretient, explique peut-être aussi l'importance que prennent les arts du dessin, directement ou indirectement à travers leur fonction symbolique, dans l'éducation. Il faut encore ajouter à ces personnalités Denis Moreau[3], premier valet de chambre du duc et grand amateur de peinture, qui possède, au témoignage de la princesse Palatine, les deux *Phocion* en 1702 – peut-être les possède-t-il déjà dans les années 1690 –, le *Paysage avec un homme tué par un serpent*[4],

1. Voir Cl.-F. Ménestrier, *Histoire du Roy Louis-Le-Grand, par les médailles, emblèmes, devises, jetons, inscriptions, armoiries, et autres monuments publics, recueillis et expliqués par le Père* ..., Paris, chez J.-B. Nolin, 1689. Pour les études contemporaines, et pour ne citer que celles-ci, voir A. Blunt, *Art et architecture en France. 1500-1700*, trad. M. Chatenet revue par l'auteur, Paris, Macula, 1983; M. Haillant, *Les Aventures de Télémaque*, « Fénelon à Versailles », Paris, Nizet, 1983, p. 40 *sq.*; J.-P. Néraudau, *L'Olympe du Roi-Soleil. Mythologie et idéologie royale au Grand Siècle*, Paris, Les Belles Lettres, 1986; également M. Fumaroli sur l'art des devises in *L'École du silence. Le sentiment des images au XVIIe siècle*, ed. cit., p. 537 *sq*.

2. « Mort et éloge du duc de Bourgogne », *Mémoires*, I, édition Y. Coirault, Paris, Gallimard, 1990, p. 244.

3. Moreau possédait aussi des Teniers. Voir la présentation du personnage, *in* A. Schnapper, *Curieux du Grand Siècle. Collections et collectionneurs dans la France du XVIIe siècle*, II, Œuvres, Paris Flammarion, 1994, p. 393-394.

4. Voir Félibien, *Vie de Poussin*, éd. cit., p. 194.

ainsi que d'autres « magnifiques toiles de Poussin »[1]; Pierre Beauchamps, chorégraphe, compositeur, chef d'orchestre de cour, qui possède les *Funérailles de Phocion* en 1687[2], ou encore le duc de Chevreuse, admirateur de Poussin qu'il voulait absolument rencontrer pendant son voyage en Italie[3], puis Seignelay[4] et Condé[5]. Dans ces conditions, il est certain que, par la place qu'elle occupe à la Cour, de même que par son institutionnalisation à travers l'Académie qui en fait une « affaire d'État »[6], on doit admettre que la peinture devait faire partie des conversations courantes dans un certain milieu. En outre, la référence aux œuvres de Poussin, et à Poussin lui-même comme peintre savant, est devenue un lieu commun – les débats de l'Académie en témoignent –, il est donc naturel que les leçons de peinture en fassent état.

Aussi se forme-t-il incontestablement autour du discours du précepteur un faisceau de coïncidences qui agit moins comme cause déterminante que comme l'occasion de donner corps à des intuitions déjà présentes, en encourageant une vocation affermie pour ces « choses muettes » dont parle Poussin[7], et dont les missions de conversion en Saintonge et Aunis, de 1686 et 1687, avaient montré l'efficace[1].

1. L'appartement de Moreau est ainsi décrit par la princesse Palatine : « ...Hier j'ai eu la curiosité d'aller voir l'appartement de M. Moreau, premier valet de chambre du duc de Bourgogne. Il l'a arrangé lui-même, et j'en avais beaucoup entendu parler. [...] Il y quatre petites chambres ornées de portraits et de tableaux. D'abord de magnifiques toiles de Poussin; le roi n'en a pas de plus belles. Il y en a trois grandes. L'une représente la mort de Phocion; dans l'autre, on recueille ses cendres, et la troisième nous montre Moïse sauvé des eaux par la fille du roi d'Égypte. Il y a aussi un Carrache, un Mignard, un Van Dyck, un Bassan et d'autres tableaux de deux peintres dont j'ai oublié les noms. [...] Moreau a encore de belles porcelaines de prix et des figures de bronze, les portraits de M. Le Brun, de Mignard, de M. Le Nostre, très ressemblant, de Racine, de Corneille, de La Fontaine, très ressemblant aussi, enfin tous les jansénistes et Mme Guion. Je lui conseillai de placer cette dame entre M. de Cambray et M de Meaux. Il me dit qu'il y avait bien songé, mais qu'il n'avait pas osé le faire », *Lettres de Madame la duchesse d'Orléans, née princesse Palatine. 1672-1722*, éd. et notes par O. Amiel, préface de P. Gascar, Paris, Mercure de France, 1985, p. 315-316.

2. A. Schnapper en fait le portrait dans *Curieux du Grand Siècle* ..., éd. cit., p. 395-396.

3. R. Pintard, « Rencontres avec Poussin », *in* A. Chastel (dir.), *Nicolas Poussin*, I, éd. cit.

4. Sur la riche collection de Seignelay – qui possède des Carrache, Titien, Poussin, Guido Reni, L'Albane, Tintoret, Palma le Vieux, Raphaël ... –, voir A. Schnapper, *Curieux* ..., éd. cit., p. 367 *sq*.

5. Condé aussi avait des tableaux nordiques, Teniers en particulier. En 1709 sa collection comptait plus de 200 tableaux, voir A. Schnapper, *Curieux* ..., éd. cit., p. 362 *sq*.

6. Consulter A. Reinold, « Peinture et pouvoir au XVIIe siècle », *in* H. Méchoulan (dir.), *L'État baroque. 1610-1652*, Paris, Vrin, 1985.

7. En apprenant la nomination de Fénelon au poste de précepteur, Tronson est cependant moins optimiste. Non seulement il craint sur son ancien protégé l'influence pernicieuse de la Cour et des

les arts du dessin dans le traité *De l'éducation des filles* innovation pédagogique ou reprise d'un lieu commun ?

Afin d'identifier l'apparition de la référence aux arts graphiques dans le corpus pédagogique, nous suivrons l'ordre chronologique en commençant par examiner le traité *De l'éducation des filles*. L'édition de 1696, par rapport à celle de 1687, ne présente pas de changement notable quant aux grandes lignes de l'anthropologie, aux règles et au but général de l'éducation – sinon qu'elle rend plus explicites, en les complétant, les indications sur l'utilité des arts liés au dessin présentes dans la première édition.

Comme dans le texte de 1687, la double analyse, anthropologique et théologique, sert de point de départ à l'énoncé des maximes éducatives. Elle insiste en particulier sur la tendance à l'observation nettement marquée chez l'enfant, et sur le caractère pernicieux de l'abondance des paroles qui encourage à la vanité, au babil impudent, quand l'invitation à la retenue, et même au silence, favorise *a contrario* le recours à l'exemple visible[2]. Mais Fénelon ne mentionne pas alors expressément l'usage des images peintes ou dessinées, seules les paraboles bibliques et les épisodes les plus susceptibles de mobiliser l'imagination visuelle, Tobie, Judith, Esther, Daniel, la conversion de Madeleine, de saint Paul, la résurrection de Lazare…, sont cités à l'appui de cette affirmation. S'il ne fait pas preuve de nouveauté en désignant les passages indiqués[3], la méthode qu'il

modèles artistiques qui y pullulent, mais il soupçonne la chute de s'être déjà produite, ce dont la nomination serait l'indice. Voir M. Tronson à Fénelon [Août 1689], *Corresp.*, II, p. 128-130.

1. Voir J. Le Brun : « Il est évident que les relations entre le gouverneur [Beauvillier] et le précepteur ont été à l'origine de la nomination de Fénelon, mais le fait que ce dernier ait été l'auteur d'un traité d'éducation qui avait eu au moins trois éditions l'année de sa publication plaçait le nouveau précepteur dans une position particulière vis-à-vis du public. Ce public d'ailleurs n'était pas seulement français : l'une des éditions du traité fut publiée à Amsterdam et retint l'attention des milieux du Refuge protestant, qui crurent pouvoir rapprocher les conseils de l'auteur de l'*Éducation des filles* des pratiques du missionnaire qu'il était à cette époque en Saintonge pour convertir les protestants après la révocation de l'Édit de Nantes. » « Du privé au public : l'éducation du prince selon Fénelon », art. cit., p. 236-237.

2. *ÉF [première version]*, *OF*, I, p. 1210.

3. *Cf.* la rubrique « Religion » de la Lettre au Pape Innocent XI, « De l'instruction de Monseigneur le Dauphin », 8 mars 1679, *in* Bossuet, *Correspondance*, II (1677-1683), éd. Ch. Urbain et E. Levesque, Paris, Hachette, 1909, p. 138 *sq*.

recommande pour les rendre familiers s'avère, elle, tout entière guidée par le paradigme de la visualisation, comme elle l'était pour l'éloquence. L'édition de 1696 précisera avec insistance la méthode : « représentez », « peignez au naturel », « montrez », « faites parler », « faites une peinture riante », « faites un portrait » « racontez [...] la conversion de la pécheresse qui oignit les pieds du Sauveur d'un parfum, les lava de ses larmes, et les essuya avec ses cheveux », « représentez encore », « faites voir ». Au discours s'ajoutent enfin les « tableaux » et les « estampes », sans qu'ils soient réduits au rôle d'auxiliaire. C'est même la parole qui devenant facultative s'efface devant l'exemple moral : « Souvent sans leur parler on n'aurait qu'à leur faire voir en autrui ce que l'on voudrait qu'ils fissent », car « les actions [...] sont bien plus sensibles que les paroles »[1]. Il est aisé de reconnaître ici l'esprit de la Contre-Réforme, auquel on s'attend de la part d'un prélat. Mais le recours aux images à des fins de conversion, et afin d'entretenir un climat de piété, est aussi une pratique habituelle, déjà ancienne à la fin du XVIIe siècle, et que facilite la très grande diffusion des images de dévotion et des estampes en France, et dans la capitale[2] en particulier. On sait aussi que cette habitude, favorisée par les échanges avec Rome[3], auxquels contribuent particulièrement les jésuites, et que renforcent la culture et les goûts importés par les peintres qui y ont séjournés[4], se généralise à toutes les tendances de l'Église catholique[5]. En effet, malgré l'écart entre les tendances des ultramontains et des gallicans, qu'il est possible d'interpréter sur le plan de l'esthétique comme une reconduction de l'opposition entre asianisme et atticisme, il y a toujours le terrain commun du tridentinisme, autour duquel se concentre l'idéal d'une Contre-Réforme perçue comme un élan de régénérescence du catholicisme. B. Chédozeau a bien mis en relief cet accord qui persiste en dépit des écarts d'interprétations auxquels n'échappe pas la question de la qualification du statut de l'image, laquelle, d'un côté, vise à remplacer le texte écrit et,

1. *ÉF*, V, p. 102-132.
2. Voir M. Grivel, *Le Commerce de l'estampe à Paris au XVIIe siècle*, Genève, Droz, 1986.
3. Voir Fr. Waquet, *Le Modèle français et l'Italie savante. Conscience de soi et perception de l'autre dans la république des lettres (1660-1750)*, École française de Rome, Palais Farnèse, 1989.
4. *Cf.* M. Fumaroli : « Colbert, en 1668, rendra obligatoire le voyage et le séjour à Rome pour les peintres, graveurs et sculpteurs du roi en créant une Académie de France. » « Des leurres qui persuadent les yeux », *L'École du silence. Le sentiment des images au XVIIe siècle*, éd. cit., p. 512.
5. Voir É. Mâle, *L'Art religieux de la fin du XVIe siècle, du XVIIe et du XVIIIe siècle* ..., éd. cit., préface.

de l'autre, contribue seulement à l'éclairer[1]. Quant aux jansénistes, ils admettent – malgré leur net engagement en faveur de la lettre, de la vérité du Verbe et de l'Esprit – comme une évidence de recourir à la peinture et aux images en général dans les pratiques de dévotion, tout en en condamnant les excès ou les dérives de la mythologie ou de la mignardise[2]. Autrement dit, la référence à la peinture, pour reprendre les mots de M. Fumaroli, « n'est pas *seulement* une métaphore »[3]; elle prend plutôt l'aspect d'un *habitus* culturel, mais que Fénelon tâche de justifier par le biais d'une réflexion anthropologique, théologique et philosophique.

Cependant, à l'intérieur de cette tendance historique, des poches de résistance se forment, parfois liées à l'impuissance de tirer convenablement parti de l'image, mais le plus souvent commandées par la prévention à l'égard des protestants qui ne mériteraient pas tant d'attentions. Or c'est dans ce contexte que Fénelon se réclame du concile de Trente, en insistant dans sa correspondance des années 1686-1687 sur le recours aux images[4]. La référence au concile n'est donc pas de pure forme, mais elle s'énonce comme la revendication d'un point d'honneur destiné à faire pièce à des méthodes plus expéditives, et prend, de ce fait, une dimension également politique. S'inscrivant dans le prolongement de l'*Exposition de la foi catholique* de Bossuet – qui entend revivifier le sentiment de fidélité vis-à-vis de la vérité de l'Église et encourager le retour à une pratique dépouillée des usages mondains –, et dans celui de François de Sales, qui dut aussi reconquérir un territoire perdu pour les catholiques, l'allusion au concile de Trente connote l'idée d'une appartenance à la tradition la plus pure de l'Église, contre le protestantisme, bien sûr, mais aussi contre toutes les formes de tyrannies, dont la conversion forcée est souvent l'occasion.

Dans le cadre du traité *De l'éducation des filles*, la référence au concile de Trente se charge toutefois, en plus des précédentes, d'une nouvelle signification. Rapportée au choix d'un catéchisme adapté aux enfants, elle désigne le *Catéchisme historique* de l'abbé Fleury, plus simple encore et plus vivant

1. Voir « Le langage par l'image et le refus de l'imprimé : une tendance de l'âge baroque catholique », art. cit, p. 90-91.

2. Voir A. Fontaine, « L'esthétique janséniste », *La Revue de l'art ancien et moderne*, Paris, août 1908, n° 137, t. XXIV.

3. « Vision et prière », *L'École du silence* ..., éd. cit., p. 276.

4. Certains passages de l'*ÉF* s'inspirent manifestement de l'entreprise de conversion, notamment VII, p. 131.

que le *Catéchisme du concile*[1]. Or Fleury est celui qui, dans son *Traité du choix et de méthode des études*, publié en 1686, mais composé en 1675 et connu grâce à la circulation de nombreuses copies, avait précisément sollicité le recours à l'image, aux illustrations, comme moyen d'instruire efficacement des mœurs et de la morale[2]. En outre, quoique seulement sous-précepteur des Enfants de France, c'est lui qui organise leur programme d'étude[3], étant chargé de l'instruction – tandis qu'à Fénelon reviennent l'éducation générale et la formation du caractère –, ce que lui permettaient non seulement son exceptionnelle culture, mais également ses expériences antérieures de pédagogue auprès des princes de Conti (de 1672 à 1680) et du comte de Vermandois (de 1680 à 1683). Enfin, à partir de la nomination de Fénelon à l'évêché de Cambrai en 1695, c'est lui qui héritera officieusement de la tâche de celui-ci. Ce sont donc les vues éducatives de Fleury qui se trouvent implicitement visées sous le couvert de la référence au catéchisme et au concile de Trente. Qu'il s'agisse de la reconnaissance du plaisir érigé en moyen d'apprentissage, en particulier du plaisir esthétique contre celui trop immédiat du corps, ou encore de l'avis qui recommande d'exciter les sensations visuelles, plus fortes que les autres, y compris par l'aspect physique du maître qui pour cela doit soigner son apparence, ces idées maîtresses de Fleury se retrouvent dans les traités de 1687 et 1696.

Mais beaucoup de ces thèmes, souvent abordés dans d'autres écrits de la même période, ou ancrés dans la tradition humaniste et chrétienne, sont aussi devenus des lieux communs[4] : l'aspect physique du précepteur, le plaisir qu'il faut joindre à l'étude, sont préconisés par l'enseignement des jésuites[5], tandis que la comparaison de l'esprit de l'enfant et du goulot d'un

1. Voir *ÉF*, VI, p. 121.

2. Voir Fleury, *Traité du choix et de la méthode des études*, in *Opuscules*, t. IV, supplément, éd. cit., p. 101. Sur l'ascendant exercé par Fleury sur la pédagogie de Fénelon, voir en particulier A. Chérel, « La pédagogie fénelonienne, son originalité, son influence au XVIIIe siècle », *RHLF*, XXV, 1918 ; E. Bury, « Fénelon pédagogue », *XVIIe siècle, Actes de la journée Fénelon ...*, éd. cit. ; R. A. Wanner, *Claude Fleury (1640-1723) as an educational historiographer and thinker*, chap. VII, The Hague, Nijhoff, 1975. Sur l'importance des sensations visuelles, voir *Traité du choix et de la méthode des études*, *loc. cit.*, p. 48.

3. Voir les lettres à Cl. Fleury de juillet 1695 et mars 1696, in *Corresp.*, t. IV, p. 29 *sq.*, et p. 76 *sq.*

4. *Cf.* D. Bertrand, « L'Éducation selon Fénelon, ou l'enfant et le pédagogue à l'épreuve du rire et de la gaieté », *Littératures classiques*, « Enfance et littérature au XVIIe siècle », n° 14, janvier 1991.

5. Sur l'importance du jeu dans cette éducation, voir Fr. de Dainville, *L'Éducation des jésuites (XVIe-XVIIIe siècles)*, V^e partie, « l'éducation par le jeu », textes réunis par M.-M. Compère, Paris, Minuit, 1978.

récipient se rencontre dans Érasme[1] ou Montaigne[2]. De la même façon, dans ses essais sur l'éducation, où figurent l'argument du plaisir qui doit accompagner l'étude, ainsi que des remarques sur l'excitation des sens et de la vue pour attirer l'attention et favoriser la mémorisation[3], Nicole suggère, pour apprendre l'histoire, de montrer les portraits des grands hommes, ou encore les images variées des choses utiles, comme les ruines des antiquités romaines, ou celles d'« une infinité d'autres choses agréables et curieuses » comme les « pagodes » de la Chine[4] – ce qui rappelle encore la tradition issue de l'humanisme telle qu'on l'observe déjà chez Pétrarque.

La lettre de 1679 de Bossuet au pape Innocent XI, sur l'instruction du dauphin, mentionne elle aussi le plaisir comme un ressort indispensable, afin de ne pas « faire paraître l'étude sous un visage hideux et triste »[5], d'où le recours aux images poétiques[6]. La référence à la pratique du dessin y apparaît également pour la première fois, même si elle est mentionnée dans la section consacrée aux mathématiques, ce qui l'associe à la figure géométrique plus qu'à la pratique des beaux-arts[7], ce pourquoi on ne saurait confondre l'enjeu de cette mention avec les observations concernant le dessin ou la peinture formulées par Fénelon.

Le traité de Coustel, l'un des maîtres des Petites Écoles, également publié en 1687, reprend aussi les thèmes du plaisir nécessaire à l'étude et de la sollicitation des sensations visuelles. En revanche, l'appréciation portée sur la peinture relève d'un préjugé qui témoigne de l'ignorance des débats d'exégèse picturale qui tendent à faire de celle-ci le modèle de la pratique théâtrale[8].

1. Dans l'essai « Il faut donner très tôt aux enfants une éducation libérale [*De pueris statim ac liberaliter instituendis*] », trad. J.-Cl. Margolin, in *Érasme*, éd. Cl. Blum, A. Godin, J.-Cl. Margolin et D. Ménager, Paris, Robert Laffont, 1992.

2. *Les Essais*, Livre I, chap. XXVI, « De l'institution des enfants », éd. P. Villey, Paris, P.U.F., 2e éd., 1992.

3. Voir *De la manière d'étudier chrétiennement* [1670], et le *Traité de l'éducation d'un prince* [1670], in *Essais de morale*, choix d'essais introduits, édités et annotés par L. Thirouin, Paris, P.U.F., 1999.

4. *Traité de l'éducation d'un prince*, éd. cit., p. 285.

5. *Correspondance*, II, éd. cit., p. 137.

6. « Combien [le dauphin] s'est diverti agréablement et utilement dans Térence, et combien de vives images de la vie humaine lui ont passé devant les yeux en le lisant », *Ibid.*, p. 146.

7. *Ibid.*, p. 157.

8. Voir le *Traité d'éducation chrétienne et littéraire* ..., livre III : « [...] ce qui entre dans l'esprit par les yeux y fait d'ordinaire de plus vives impressions et y demeure bien plus longtemps » ; livre IV : « [...] il s'en faut de beaucoup que la peinture aille si loin que la poésie. Car la peinture ne saurait nous représenter à la fois qu'une seule action et une seule attitude d'une même personne », respectivement

Enfin le *Traité de morale pour l'éducation des princes...* de l'abbé Morelet, ne peut être confondu, lui non plus, quant à l'intention et à la méthode, avec les deux dialogues de Fénelon. Si les tableaux font tout d'abord l'objet d'une description dans le traité de l'abbé, et donnent lieu à quelques considérations d'exégèse picturale à partir de certaines catégories fournies par les peintres de la Renaissance et reprises par l'Académie royale de peinture et de sculpture, on perçoit toutefois qu'il ne s'agit là que d'une concession, car c'est une lecture allégorique[1] que pratique Morelet qui entend célébrer la gloire du roi, et par le roi la gloire de Dieu[2].

S'il est vrai que Fénelon s'accorde avec Morelet sur le but ultime de la peinture qui, à l'instar de toutes les occupations humaines, doit servir à la gloire de Dieu, les deux démarches sont toutefois distinctes. Pour Morelet, la peinture n'est rien de plus qu'un instrument dont il paraît inutile d'examiner les effets spéculatifs, alors que Fénelon cherche avant tout à dégager le caractère intrinsèque de ce mode de représentation, dans son fondement et ses conséquences; dans cette mesure, il occupe bien une place à part dans cet aréopage d'éducateurs.

On pourrait toutefois renvoyer à son expérience de missionnaire pour diminuer l'originalité de cette position. Mais précisément, il ne s'agit pas seulement d'une reconduction des méthodes de conversion par le recours à l'image comprise au sens large, comme tableau, estampe, vignette ou médaille. Dans cette abondante imagerie qui caractérise le siècle, Fénelon souligne ici le primat de la peinture et, en amont, celui du dessin, lequel reste la pierre de touche de l'ensemble des productions propres aux arts graphiques. Alors même que la gravure a changé de statut sous Louis XIV, en accédant au rang des arts libéraux, et qu'elle donne lieu à des œuvres d'une éminente valeur artistique – puisque certains des artistes graveurs, comme Le Clerc, sont peintres eux-mêmes ou dessinateurs –, sa qualité

p. 62 et 95 (orth. mod.). Contre ce préjugé, voir Félibien, *Vie de Poussin*, éd. cit., p. 251; R. W. Lee, *Ut Pictura Poesis. Humanisme et théorie de la peinture. XVIe-XVIIIe siècles*, chap. IX, trad. M. Brock, Paris, Macula, 1998 [1967]. Pour d'Aubignac, cette limitation de la peinture à une seule action est non un défaut mais une qualité qui doit inspirer le poète à ordonner la composition de ses scènes, voir *La Pratique du théâtre*, livre Ier, éd. H. Baby, Paris, Honoré Champion, 2001. Également, E. Hénin, *Ut pictura theatrum : théâtre et peinture de la Renaissance italienne au classicisme français*, Genève, Droz, 2003.

1. Morelet, *Traité de morale pour l'Éducation des Princes, tiré des Peintures de la gallerie de Saint Clou. À son Altesse Royale Monsieur*, sommaire, Paris, chez Jean B. Nego, 1686.

2. Dans le *Traité de morale pour l'Éducation des Princes* ..., éd. cit., avant-propos, p. 5-6.

reste toujours tributaire du dessin original[1]. Et comme en désignant la peinture, pour établir les règles du goût vestimentaire, il est peu probable que Fénelon veuille faire l'éloge de la couleur, puisque l'on sait d'après le *Télémaque* et les *Fables* que la blancheur lui est supérieure[2], la raison de ce choix réside ailleurs. Dans cette perspective, on ne doit pas oublier que le traité *De l'éducation des filles* s'adresse à des membres de l'élite sociale, et qui plus est à ceux du clan Colbert, dont Seignelay qui possédait un cabinet de peintures des plus riches. Cela justifie le caractère élitiste de la démarche, selon laquelle il s'agit moins de « consulter » la peinture que d'en connaître les « règles », ce qui renvoie à la question du primat du dessin. Cette seule considération devrait permettre de nuancer l'appréciation qui porte sur le caractère indigent des programmes d'étude attribué aux filles dans les deux traités et dans l'*Avis à une dame de qualité*..., et sur la misogynie de Fénelon qui en serait la cause[3], car l'exigence d'une connaissance des règles de la peinture fournit en l'occurrence un argument de poids pour contrer ce préjugé courant; et de fait, il n'est pas si habituel dans les années 1680 de voir figurer dans un programme d'études destiné aux filles la présence d'un objet qui relève proprement de la critique d'art.

des remèdes à la coquetterie : peinture, broderie, tapisserie

La peinture est tout d'abord mentionnée dans le traité de 1687 comme le principal moyen de remédier aux dangers de la coquetterie et des conséquences qui en résultent, comme la négligence dans les soins dus aux enfants et la dilapidation des biens du foyer, lesquelles sont en partie, sinon essentiellement, responsables des maux dont souffre l'humanité – alors qu'un auteur comme La Chétardie[4] en estime les inconvénients mineurs. À se préoccuper de sa propre apparence, à laquelle la mode, versatile, ne

1. Sur ce point, M. Fumaroli, *L'École du silence* ..., éd. cit., p. 567, 568, 573, 574.

2. *Cf.* Fleury, *Mœurs des chrétiens*, IIe partie, sur le rejet des vêtements de couleurs dans les premiers temps de l'Église.

3. Voir I. Mac Lean, *Women triumphant. Feminism in French literature. 1610-1652*, Oxford, 1977. Également notre article « Le statut des femmes : nature et condition sociale dans le traité *De l'éducation des filles* de Fénelon », *RHLF*, n° 102, avril-juin 2004.

4. « Après tout, ce n'est pas un ruban, une boucle, ou une mouche de plus ou de moins, qui causent le désordre », *Instruction pour une jeune princesse, ou l'idée d'une honneste femme*, Paris, Théodore Girard, 1684, p. 9-10.

cesse de ramener, le goût se perd : ne sachant plus ce qui est beau, les femmes ne savent plus ce qui est bien. À cela Fénelon propose un remède original : ce sont les tableaux qui ont en effet le pouvoir de suspendre cette tendance au mauvais goût en montrant « aux jeunes filles la noble simplicité des habits des femmes grecques et romaines », ou leurs « cheveux noués avec négligence »[1].

La remarque, pour anodine qu'elle paraisse, n'en témoigne pas moins du parti pour lequel se prononce Fénelon dans le débat qui porte sur les compétences morales et épistémologiques de la peinture. En détenant la mission de redresser une tendance catastrophique dans ses effets, et de réaliser ce que le discours seul ne saurait faire, la peinture accèderait au rang des disciplines vraiment libérales, et échapperait au reproche de n'être qu'un divertissement. Il est vrai que l'ambiguïté demeure, car ces « tableaux » pourraient renvoyer aux descriptions des *Mœurs des Israélites*, l'ouvrage de Fleury que cite également Lamy dans ses *Entretiens sur les sciences* au titre des livres qui, donnant des mœurs une image vivante, ôtent les préjugés attachés à l'idée des anciens peuples[2]. Cependant, il serait réducteur de ne voir ici qu'une métaphore quand les tableaux de Poussin, que Fénelon et son élève ont sous les yeux, ou encore ceux de Champaigne, montrent les mêmes modèles. En outre, la notion des « règles » de la peinture qu'il est utile de connaître paraît viser explicitement la peinture. Dans l'édition de 1696, Fénelon accuse encore son propos en renvoyant non plus aux règles de la peinture mais au principe de celle-ci, autrement dit au « dessin »[3], lui-même toujours compris, selon l'usage de l'époque, comme « dessein », construction ordonnée et raisonnée.

La peinture est encore désignée, dans les traités de 1687 et 1696, pour servir de modèle aux travaux d'aiguille. Traditionnellement assimilés à l'image de la femme ignorante et confinée au foyer, les ouvrages de couture, dépendant des règles de la peinture, changent radicalement de statut en se rattachant aux arts libéraux[4]. Mais c'est aussi à la poésie, en plus de la peinture, que la broderie est associée par la référence à Homère[5], en quoi

1. *ÉF* [1re version], p. 1218. Cf. *ÉF* [1re version], p 1219 ; *FOP*, p 244.
2. Voir les *Entretiens sur les sciences*, III, éd. cit., p. 125.
3. *ÉF*, XII, p. 165.
4. *ÉF* [1re version], p. 1228.
5. *Ibid.*.

Fénelon reprend l'argument de ceux qui voulant défendre la peinture, au cours des querelles de la Renaissance sur le statut de celle-ci, en mesuraient les qualités à l'aune de celles de la poésie. Cette question du *paragone*, qui se trouve abordée pour ainsi dire par chacun de ceux qui composèrent des traités d'art, est si banale depuis la Renaissance qu'il n'est guère étonnant de la trouver de nouveau ici.

Cependant, cette association nouvelle de la poésie et de la broderie invite à quelques remarques.

Rappelons, tout d'abord, que la tapisserie jouit dans la France du XVIIe siècle du prestige associé à l'artisanat d'art, du fait des commandes royales et seigneuriales. Fouquet fait notamment installer un atelier de liciers, dans le village de Maincy proche de Vaux-le-Vicomte, destiné à fournir les ouvrages nécessaires à la décoration de son château. Dans cet atelier, qui obtient du roi en 1660 les lettres patentes l'élevant au rang de manufacture, les réalisations étaient exécutées d'après les dessins de Le Brun. Fermé après l'arrestation de Fouquet, Colbert en déplace les métiers à l'hôtel des Gobelins, met les liciers au service du roi, et fait nommer Le Brun comme directeur de cette nouvelle manufacture en 1663, fonction que ce dernier occupe jusqu'à sa mort en 1690. Si les Gobelins sont au service exclusif du roi, la manufacture de Beauvais, créée en 1664, exécute les commandes d'une clientèle privée, et évite ainsi l'importation des tapisseries des Flandres[1].

Aux Gobelins, non seulement tous les ouvrages sont exécutés d'après des dessins tirés des œuvres des grands peintres mais, comme à l'Académie de peinture, chaque genre y est représenté par des artistes différents, ce qui assure à la qualité des dessins une facture exceptionnelle[2]. Sans aller jusqu'à faire de la tapisserie un art libéral, sa proximité avec le dessin et la peinture ne permet plus de la ranger aussi facilement parmi les arts mécaniques[3].

1. Voir F. Joubert, A. Lefébure, P.-Fr. Bertrand, *Histoire de la tapisserie. En Europe, du Moyen Âge à nos jours*, Paris, Flammarion, 1995, p. 185-186. *Cf.* B. Teyssèdre, *L'Art français au siècle de Louis XIV*, chap. III, Paris, Le Livre de Poche, 1967.

2. Voir F. Joubert, A. Lefébure, P.-Fr. Bertrand, *Histoire de la tapisserie. En Europe, du Moyen Âge à nos jours*, éd. cit., p. 186-187. Également A. Blunt, *Art et architecture en France 1500-1700*, éd. cit., p. 272 *sq*.

3. M. Fumaroli n'hésite pas, quant à lui, à affirmer que : « Si la fresque est une technique qui a son domicile d'élection en Italie, nation de *muratori*, et a gouverné toute sa tradition picturale, en France la tapisserie et la miniature ont joui d'une telle faveur que, pendant des siècles entiers, c'est de ce côté qu'il faut chercher le génie pictural français, en conjonction avec les Flandres. Tout grand peintre qu'il était, et malgré son voyage d'Italie, Le Brun tint à l'honneur de diriger une manufacture de tapisseries,

Certes, on ne saurait confondre la pratique domestique de la tapisserie et de la broderie telle que Fénelon la présente avec le type d'activité observé dans les manufactures d'État, et par là même les projets liés à l'organisation de la vie domestique avec l'ambition d'un Le Brun. Cependant, Fénelon, en reliant les différents travaux d'aiguille à la pratique et à la connaissance du dessin, ou à celle des règles de la peinture, révèle que l'idée qui préside au projet institutionnel de hisser la tapisserie au rang des arts libéraux ne lui est pas tout à fait étrangère, et qu'en rédigeant ces quelques conseils, il est possible que l'exemple de certains chefs-d'œuvre de tapisserie lui vienne à l'esprit.

Enfin ce que les historiens d'art nomment « la crise de 1690 » qui bouleversa l'organisation et la production aux Gobelins après la mort de Colbert et surtout après celle de Le Brun, rappelle à son tour combien fut grande la proximité des arts de la tapisserie et du dessin. La thèse de la supériorité du dessin défendue par Le Brun à l'Académie royale de peinture, et qui trouva naturellement à se traduire dans l'exécution des tapisseries, fut partiellement remise en question lorsque Mignard prit la succession de ce dernier aux Gobelins et à l'Académie. En privilégiant le coloris contre la rigueur du tracé, l'art de la tapisserie, dans son exécution technique mais aussi du point de vue de ses répercussions politiques, s'en trouva profondément modifié[1]. Que la tapisserie entretienne, en outre, sur le plan symbolique, un rapport avec la politique – en particulier avec la métaphore de l'art de gouverner, comme élaboration du lien social –, et avec la morale de fraternité que ce lien implique nécessairement, c'est ce que suggère aussi le second rapprochement qu'établit Fénelon entre la broderie, ou la tapisserie, et la poésie. Car c'est avant tout une illustration du principe de l'*Ut pictura poesis* que l'on découvre à travers le raisonnement syllogistique qui associe, *via* la peinture, la broderie à la poésie. En évoquant sa parenté avec ces arts jumeaux, la broderie se trouve rattachée au récit et donc à l'histoire comme miroir des actions humaines. En effet, quel que soit le genre auquel appartient le récit poétique – épique, lyrique ou tragique –, il doit avoir partie liée avec la vérité : en cela, il est toujours, d'une manière ou

spécialité du nord de l'Europe, genre noble en France », « Devises pour les tapisseries du Roi-Soleil », *L'École du silence*, éd. cit., p. 549.

1. Voir P. Verlet, M. Florisoone, A. Hoffmeister, Fr. Tabard, préface de J. Lurçat, *La Tapisserie. Histoire et technique du* XIVe *au* XXe *siècle*, Paris, Hachette, 1977, p. 81.

d'une autre, un témoin, même indirect. Mais il est toujours aussi *dispositio*, arrangement des événements selon un fil discursif. Dans cette mesure, c'est le caractère spéculatif de cette pratique qui serait ainsi mis en évidence. Par leur capacité à délivrer un message concernant tous les hommes, la broderie ou la tapisserie, relèveraient d'une pratique humaniste, indépendamment de l'usage domestique auquel elles se destinent. Proches de la poésie, les travaux d'aiguille ne relèveraient plus d'un jeu gratuit, avec lequel se confondent les festons informes et les brocarts qui servent de parure aux vêtements à la mode, mais contribueraient à renforcer les liens humains. De son côté, en servant de truchement à la vérité, la poésie, considérée du point de vue de son idéal, renouerait avec l'éclat du Verbe[1], et se verrait conférer une dimension sacrée en évoquant l'idée d'un *Fiat* par lequel la déréliction de l'homme serait tempérée. Plus modestement, sans aller jusqu'à considérer sa fin ultime – que Fénelon considère néanmoins toujours –, la poésie peut se targuer, comme déjà pour le Platon des *Lois*[2], d'une fonction didactique en ce qu'elle habitue aux pensées élevées, qu'elle donne l'amour de la vérité, et que par elle « le goût se perfectionne »[3]. Par conséquent, l'acte de broder, en se rattachant à la poésie, hériterait de tous ces atouts. Enfin, à ces

titres de noblesse accordés à la broderie, s'ajoute inévitablement l'image de Pénélope comme antonomase de la vertu féminine. Par son art, Pénélope parvient à conjurer le malheur, à tenir à distance les dangers qui menacent le foyer, en tissant les fils qui raffermissent symboliquement les fondations du microcosme familial. Ainsi l'art des femmes, à l'instar de celui des rois[4], consisterait-il à confectionner cette étoffe sociale, à inscrire dans l'intimité d'un lieu cet ordre et cette concorde que les rois inscrivent dans la cité. L'ordonnance, la convenance, l'art des contrastes, et surtout le « dessein », ces règles propres à la peinture, s'avèrent donc communes aux économies politique et domestique[5] – ce que vient confirmer le parallèle entrepris par

1. Voir Fleury, *Discours sur la poésie, et en particulier sur celle des anciens Hébreux; Discours sur l'Écriture sainte*, in *Opuscules*, II, éd. cit.

2. Voir livre II.

3. *DM*, IV, « Achille et Homère », p. 287.

4. *Cf.* Platon, *Le Politique*, 309 b-c, in *Œuvres complètes*, t. II, éd. cit., p. 425.

5. On trouve dans *Les Aventures de Télémaque* une illustration de ce rapprochement entre l'art des contrastes dans la peinture et celui qui, dans Salente par exemple, s'exprime par les différents coloris des vêtements liés aux castes sociales : le tissu du vêtement serait ici une métonymie de l'ordre social (VII, p. 155). *Cf.* Fleury, *Les Mœurs des Israélites*, *Opuscules*, t. I, éd. cit., p. 45-46.

Mentor, dans cette leçon de science politique où les conditions du sauvetage de Salente sont rapportées au principe qui préside conjointement aux beaux-arts et à l'art politique. Or ce principe, qu'on l'appelle « harmonie » dans la musique, ou « justes proportions »[1] dans le langage de l'architecture, renvoie toujours à l'idée d'unité, c'est-à-dire au dessein. Aussi le parallèle s'achève-t-il par un portrait du peintre qui, avant de songer au détail des couleurs, doit, s'il ne veut risquer de voir son ouvrage transformé en un amas de fioritures, élaborer en pensée le dess(e)in de son tableau. À l'instar du portrait destiné à Chantelou, où Poussin s'est lui-même représenté, c'est sans palette ni couleurs que Fénelon décrit le peintre idéal, celui qui fait du « prospect », de la construction mentale de l'objet, l'essentiel de sa tâche[2].

L'image de la brodeuse, à laquelle s'associent les vertus politique et économique, s'oppose donc à celle de la coquette qui s'éparpille en occupations futiles et disparates, causant ainsi la ruine économique et morale du foyer[3]. Enfin, la fonction de broder et de tisser, par essence dialectique, en même temps qu'elle sert à décrire l'art politique, s'approche aussi de l'activité philosophique telle que la définit Platon – les deux activités finissant par n'en former qu'une pour Platon comme pour Fénelon[4]. Or ces activités supposent des qualités humaines exceptionnelles, à la mesure de la mission sacrée qui leur échoit – ce qu'atteste encore l'image de Minerve à laquelle Antiope, figure de l'idéal féminin, est associée. Rien d'étonnant, dès lors, à ce qu'Antiope excelle dans cet art de la broderie, et provoque par ses ouvrages l'admiration de Télémaque[5].

Ces remarques pourraient toutefois n'être que circonstancielles si elles ne figuraient également dans les *Avis à une dame de qualité…*[6]. Si l'on ignore la date à laquelle le texte fut composé – J. Le Brun suggère une période postérieure à 1700[7], en raison d'une insistance sur le thème de l'oraison –,

1. *Av. T.*, XVII, p. 373.

2. *Av. T.*, XVII, p. 373-374.

3. Voir *ÉF*, XI, p. 155.

4. On trouve l'expression « roi philosophe » dans *Av. T.*, XVII, p. 370.

5. *Av. T.*, XVII, p. 376-377. Pour une analyse plus complète de la métaphore du tissage et de la figure de Pénélope tissant, nous renvoyons à l'ouvrage d'I. Papadopoulou-Belmehdi, *Le Chant de Pénélope. Poétique du tissage féminin dans l'Odyssée*, Paris, Belin, 1994, p. 42 et 83.

6. *OF*, II, p. 1311.

7. Voir la notice du texte dans *OF*, II, p. 1721 *sq*.

le rappel de l'utilité d'une connaissance des règles de la peinture n'en est que plus remarquable dans le contexte d'une lettre où Fénelon semble avoir resserré son propos. Mais il est plus significatif encore qu'il accompagne la séquence argumentative par laquelle Fénelon entend justifier la vanité de la raison et des sciences théoriques. En rattachant la broderie aux règles de la peinture, il réintroduit un horizon spéculatif qui aurait pu manquer à cette éducation tout entière absorbée par l'exigence spirituelle, et fait de la peinture l'heureuse exception.

Il n'empêche que les vêtements des Crétois, pourtant semblables à ceux que l'on porte à Salente, n'ont pas de broderie, comme tient à le préciser Fénelon[1]. Est-ce à dire que la broderie resterait malgré tout un art superflu, et peut-être pernicieux? La solution à cette difficulté est apportée par une philosophie de l'histoire, ou du moins par une chronologie axiologique – qu'elle soit inspirée d'Hésiode, et de son récit de la succession des cinq races[2], de Platon et de sa description des premières sociétés où les « hommes étaient bons »[3], ou encore de Fleury qui, dans les *Mœurs des chrétiens*[4], décrit le processus de relative corruption dont l'Église a été la victime et qui explique la différence des mœurs des chrétiens d'aujourd'hui et de ceux des premiers temps. Fénelon souscrit en effet à de telles vues, à travers l'éloge de Platon par exemple, qui était proche de la pureté du goût des Égyptiens, et de façon plus générale en présupposant un âge d'or de l'humanité que les anciens ont incarné. Or la Crète, à qui Minos, grand-père d'Idoménée, a donné des lois, est une cité déjà ancienne; et dans cet âge d'or de l'humanité – duquel Idoménée s'est en revanche éloigné – la corruption est encore inconnue des hommes. Ce caractère archaïque de la Crète est naturellement renforcé par la présence et la fonction totémique du mont Ida, admiré par Télémaque depuis le bateau, et d'où venait la chèvre Amalthée[5] qui nourrit de son lait Jupiter enfant. C'est la raison pour laquelle les développements consacrés aux divertissements et à l'éducation ne mentionnent ni la musique, ni les chants, ni la poésie censés donner aux hommes le goût du beau et du bien, comme si en Crète ce goût eût été inné et qu'il eût seulement fallu en éviter la perte – à preuve encore les sanctions

1. Voir *Av. T.*, V, p. 97.
2. *Les Travaux et les Jours*, trad. Cl. Terreaux, Paris, Arléa, 1995, p. 91 *sq*.
3. Platon, *Les Lois*, III, 674 a *sq.*, *loc. cit.*
4. IVe partie « Relâchement des chrétiens », in *Opuscules*, t. I, éd. cit.
5. *FOP*, XL, « Chromis et Mnasyle », p. 267.

qui témoignent du but particulièrement élevé que les Crétois veulent atteindre sur l'échelle de la vertu. En outre, les indications concernant le mode de vie et les occupations des Crétois s'accordent toutes à souligner le caractère extrêmement mesuré, sinon presque austère, de cette existence vouée au travail[1]. On notera que des remarques dévalorisant l'ensemble des beaux-arts se retrouvent encore dans la bouche du Caton des *Dialogues des morts*[2], ce qui tend à accorder au temps de l'histoire une dimension eschatologique et non pas seulement chronologique.

En définitive, la Crète constitue un cas limite, et joue le rôle d'un contre-modèle, presque un antidote, destiné à aplanir, sinon à contrecarrer de façon radicale, les débordements voluptueux des habitants de Chypre. Dans l'économie même du texte, l'escale en Crète succède au séjour à Chypre[3] – les deux cités formant ainsi comme le diptyque des extrémités où peuvent aller les mœurs, et dont Salente sera le juste milieu. C'est pourquoi nous ne suivrons pas ici la conclusion d'É. Lavezzi selon laquelle « les divers énoncés sur les beaux-arts constituent un ensemble hétéroclite et retors »[4]. Mais ces remarques sur la peinture ou la broderie, qui insistent sur la maîtrise du dessin, ne se bornent pas à établir un programme idéal, que l'image fictive d'Antiope, adepte de la broderie, achèverait de rendre utopique. Car le dessin et la peinture ont donné lieu, dans le cadre de l'enseignement général qui est prodigué aux jeunes princes, à de véritables leçons, théoriques ou pratiques, comme le mentionne le mémoire de Louville[5]. Leçons qui, on l'a vu avec les deux principaux témoignages qu'a laissés Saint-Simon[6] sur le duc de Bourgogne, ont peut-être encouragé chez ce dernier une manie que déplore le même Saint-Simon en se plaignant à Beauvillier de l'immaturité du futur monarque qui passe trop de temps à son cabinet ou avec la duchesse de Bourgogne, ou qui se laisse distraire par la conversation des « jeunes dames », et par le dessin[7].

1. *Ibid.*, p. 96.
2. Voir *DM*, XXXVII, « Rhadamanthe, Caton et Scipion », p. 393.
3. *Av. T.*, V, p. 95.
4. « Des amours contre-nature : les arts du dessin dans *Les Aventures de Télémaque* », *loc. cit*, p. 278.
5. « Mémoire sur l'éducation des ducs de Bourgogne, d'Anjou et de Berri », rédigé en 1696 par le marquis de Louville, gentilhomme de la manche du duc d'Anjou, *OC*, VII, p. 522 et 523.
6. Dans « Mort et éloge du duc de Bourgogne », *Mémoires*, I, éd. cit., p. 244.
7. « Discours sur Mgr le duc de Bourgogne, 25 mai 1710, adressé à M. le duc de Beauvillier, qui me l'avait demandé », *Mémoires (1707-1710). Additions au Journal de Dangeau*, III, éd. Y. Coirault, « Bibliothèque de la Pléiade », Paris, Gallimard, 1984, p. 805-806.

la peinture et la sculpture dans les *Fables* et les *Dialogues des morts*

Dans les écrits pédagogiques, la sculpture jouit d'un moindre avantage que la peinture. Son importance est, en revanche, comme nous l'avons vu, plus décisive dans *L'Art de la nature* en vertu de son rôle de paradigme dans la description du corps humain; mais ici, il n'y a guère que la fable dialoguée « Chromis et Mnasyle » qui permet de se forger une idée du contenu pédagogique que Fénelon entend transmettre à son élève, à travers l'analyse sémantique de la sculpture, et plus spécialement de la statuaire. Il faut donc compléter les éléments didactiques de cette fable par les brèves descriptions des statues exécutées par Philoclès dans le *Télémaque*. L'allusion à la sculpture du livre X a, en revanche, une portée politique, et en l'occurrence essentiellement polémique. En insistant sur le devoir d'édification des beaux-arts et en condamnant l'amour-propre qui détourne à son profit les productions de l'art, elle nous permettra d'achever la présentation de la fonction de cet art dans les écrits pédagogiques.

D'un point de vue quantitatif, eu égard aux mentions qui en sont faites, la sculpture est dominée par sa rivale, la peinture : il est donc légitime d'accorder à la seconde la place qui lui revient. Néanmoins, nous ne pensons pas qu'il faille, à l'instar de l'architecture, la réserver à une étude indépendante. En vertu de sa fonction principalement ornementale, et non immédiatement utilitaire, ainsi que par la figuration des sujets humains, elle se rattache, comme modèle ou comme rivale, à la peinture – en témoigne Poussin, copiant, selon l'usage, les bas-reliefs antiques. Enfin, le découpage qu'opèrent les institutions académiques, qui reprennent la répartition formulée par Vasari[1], contribue à délimiter le cadre épistémologique dans lequel évolue en partie la pensée de Fénelon.

les leçons de la peinture

Didactique, la peinture expose le vrai plus sûrement et plus immédiatement que les mots : c'est bien à cette conclusion que tendent les deux dialogues des morts consacrés aux peintres. Quoique démonstratifs, ils permettent en même temps de composer de véritables ecphraseis – si l'on réserve un statut

1. « [...] la sculpture et la peinture sont [...] sœurs, nées en même temps d'un même père, le dessin », G. Vasari, *Les Vies des meilleurs peintres, sculpteurs et architectes*, I, éd. cit., p. 62.

particulier aux hypotyposes du *Télémaque*, et si l'on met à part, comme le suggère M. Haillant, celles des *Fables et Opuscules pédagogiques* –, en décrivant des tableaux réels, *Les Funérailles de Phocion* et *Le Paysage avec un homme tué par un serpent*[1].

Il est vrai que l'occasion des leçons était toute trouvée, comme l'ont montré Marguerite Haillant[2], Jeanne-Lydie Goré[3], et plus récemment Anne-Marie Lecoq[4], en ce que le cadre des demeures royales, avec les tableaux que possédaient certains des gentilshommes du roi, y prédisposait. En outre, les peintres auxquels Fénelon fait référence – Parrhasius, Poussin, Léonard de Vinci[5] – représentent les références les plus canoniques en matière d'art pictural, puisqu'ils sont promus au premier rang par les représentants officiels du goût qui figurent à l'Académie royale de peinture et de sculpture, et par ceux qui gravitent autour de ce cercle[6]. Ce

1. Le premier pouvait appartenir à cette date, autour des années 1695, soit à D. Moreau soit au collectionneur P. Beauchamps; le second appartenait déjà à D. Moreau. Voir A.-M. Lecoq, *La Leçon de peinture* ..., « Devant les tableaux ».

2. *Culture et Imagination dans les œuvres de Fénelon* "ad usum delphini", Paris, Les Belles Lettres, 1982-1983, p. 45-46.

3. Pour le détail des œuvres de Poussin présentes dans le cabinet de peinture du roi que Fénelon a pu avoir l'occasion d'observer, voir *L'Itinéraire de Fénelon : humanisme et spiritualité*, éd. cit., p. 601-602.

4. *La Leçon de peinture du duc de Bourgogne* ..., est un commentaire attentif et détaillé de ces deux dialogues des morts consacrés aux peintres. Nous reviendrons sur certaines des pistes suggestives qu'A.-M. Lecoq propose dans son analyse.

5. Sur Léonard de Vinci et Parrhasius, voir Fréart de Chambray, *Idée de la perfection de la peinture*. Celui-ci, ardent défenseur du dessin, est également le traducteur du *Traité* de Léonard. Sur l'anecdote rapportée par Fénelon – in *DM*, LII, « Parrhasius et Poussin », p. 427 – selon laquelle Parrhasius aurait surpassé Zeuxis en peignant un rideau en trompe-l'œil destiné à abuser non pas les oiseaux, comme l'ont fait les raisins de Zeuxis, mais le peintre Zeuxis lui-même, voir Pline, *Histoire naturelle*, XXXV, trad. J.-M. Croisille, intro. et notes P.-E. Dauzat, Paris, Les Belles Lettres, 1997, p. 61. Dans le même ouvrage on trouve des observations sur le style de Parrhasius qui permettent de mieux comprendre les raisons de sa canonisation par les peintres de l'Académie royale de peinture, ainsi que par Fénelon (voir la p. 63). Sur Parrhasius, voir également A.-M. Lecoq, *La Leçon de peinture* ..., « Parrhasius et la querelle des Anciens et des Modernes », éd. cit. Également notre chap. IV. Sur la supériorité de Poussin, voir Félibien, *Vie de Poussin*, in *Vies de Poussin*. Enfin, les *Conférences de l'Académie royale de peinture et de sculpture* abondent en éloges de Poussin; nous nous contentons pour l'instant d'indiquer en particulier celles de Sébastien Bourdon, « Sur *Les Aveugles de Jéricho* (3 décembre 1667) », et « Sur la lumière (9 février 1669) »; celle de J. Nocret (6 décembre 1670) ou encore Ch. Le Brun (10 janvier 1671), « Sur *Le Ravissement de saint Paul* », *in* A. Mérot, éd. cit, respectivement p. 114 *sq.*, p. 170 *sq.*, et p. 193 *sq.*

6. Sur l'intérêt de Fénelon pour la peinture, et les connaissances qu'il a acquises en matière de critique picturale, voir l'abbé de Monville, *La Vie de Pierre Mignard premier peintre du roy, avec le poëme de Moliere sur les Peintures du Val-de-Grace et deux dialogues de M. de Fénelon Archevêque de Cambray, sur la Peinture*, Amsterdam, 1731, p. 135. *Cf.* L.-Fr. de Bausset, *Histoire de Fénelon*, (éd. de 1844), p. 164-166.

qui pourrait autoriser à conclure à l'inanité du discours de Fénelon qui serait dépourvu d'originalité, parce que déterminé par le contexte social. Mais, comme l'a montré A.-M. Lecoq, les débats qui se déroulent à l'Académie de peinture autour des années 1690 marquent la victoire des coloristes, dont les voix s'étaient déjà fait entendre au préalable, et auxquelles Fénelon ne s'est jamais vraiment rallié[1], préférant rester attaché à certaines des conclusions plus anciennes, et dorénavant partiellement dépassées[2]. Néanmoins, la fidélité de Fénelon au goût qui demeure encore majoritaire[3], puisqu'on observe rarement une adhésion immédiate aux idées nouvelles, ne prouve pas qu'il se soit soumis à l'avis des plus éminents représentants de l'Académie qui canonisent précisément ces peintres. S'il y a bien une congruence de certaines des analyses de Fénelon avec celles des discours que tiennent les « Anciens » durant les années 1670, tant du point de vue des références picturales que des valeurs plastiques, il serait toutefois exagéré d'y voir l'expression d'un lien direct de cause à effet : au contraire, c'est plutôt à une reformulation de ce discours qu'on assiste, afin de l'adapter à un nouvel objectif. En outre, bien d'autres aspects de cette doctrine, au-delà de l'intérêt qu'en présente la critique picturale, pouvaient interpeller Fénelon : les coïncidences entre la méthode et l'imaginaire cartésiens et poussiniens, la parenté des vues défendues par Fréart de Chambray et par le philosophe français[4], enfin le propre cartésianisme de Le Brun s'inspirant du traité des *Passions de l'âme* pour sa conférence sur l'expression.

Une autre hypothèse reviendrait à désigner le cadre de la Querelle des Anciens et des Modernes comme lieu à partir duquel émergerait la prise

1. Dans le chapitre VI (« La poesia e le arti ») de son ouvrage, *La Poetica di Fénelon*, A. Pizzorusso rapproche au contraire Fénelon des coloristes : « La posizione di Fénelon è molto vicina a quelle di R. de Piles », Milan, Feltrinelli, 1959, p. 101. L'affirmation est étayée par une comparaison entre les critères, par lesquels se définit la qualité d'un tableau, énoncés par de Piles et ceux qu'énonce Fénelon (l'ordonnance, le dessin, etc.). Cependant, ces critères, s'ils sont reconduits d'une certaine manière par de Piles, ne reflètent pas sa conception propre de la peinture. L'originalité de De Piles est ailleurs ; c'est pourquoi ce rapprochement ne semble pas véritablement se justifier. Voir J. Lichtenstein, *La Tache aveugle*, éd. cit.

2. *Cf.* A.-M. Lecoq, *La Leçon de peinture ...*, éd. cit., p. 17-18.

3. Cette interrogation légitime, compte tenu du rôle joué par Fénelon à la Cour, ne mérite cependant pas d'être écartée aussi promptement : nous lui réserverons la place qui lui revient dans notre chap. IV.

4. Voir l'article très suggestif de G. Rodis-Lewis, « Descartes et Poussin », *Regards sur l'art*, Paris, Beauchesne, préface J.-R. Armogathe, 1993. Également A. Blunt, « The heroic and the ideal landscape in the work of Nicolas Poussin », *Journal of the Warburg and Courtauld Institutes*, vol. VII, 1944, p. 163.

de position fénelonienne sur la peinture : il est vrai que le *Discours à l'Académie*, la *Lettre à l'Académie* et la correspondance avec Houdar de La Motte mentionnent implicitement ou explicitement la peinture ; cependant à tout rapporter à ces textes, on oublierait qu'ils ne donnent à lire qu'un ensemble de remarques cursives, tandis que les analyses majeures et de quelque ampleur concernant la peinture figurent dans les écrits pédagogiques, et s'adressent donc à un enfant. Quant à l'aspect encomiastique du propos, il est chez Fénelon absent : ni les tableaux que possède le roi, ni les peintres de celui-ci ne sont vantés, et Poussin, qui à certains égards peut être vu comme un artiste institutionnel, est à bien d'autres égards le symbole de l'insoumission au pouvoir royal en persistant à préférer Rome à Paris, et en privilégiant les commandes des particuliers. Pour tous ces motifs, seuls les principes qui gouvernent la pensée de Fénelon peuvent être invoqués pour rendre raison du choix de certains tableaux, dans la *Lettre à l'Académie* par exemple, ou du jugement qu'il porte sur ceux qu'il lui est permis de voir.

Sans entrer dès à présent dans le détail des raisons qui, pour Fénelon, font de Poussin le peintre par excellence – convoqué par deux fois dans les dialogues, et mis en valeur par l'interlocuteur dont la fonction s'avère, elle, toujours subalterne –, nous mettrons tout d'abord en avant les critères qui, aux yeux de Fénelon, définissent la bonne peinture. Il est vrai qu'au prime abord ceux-ci paraissent convenus, et l'exégèse picturale conforme à celle qui est pratiquée à l'Académie royale de peinture[1] ; nous verrons s'il est permis de les y réduire.

Le premier dialogue aborde les questions[2] du « coloris », de la « perspective », de la « dégradation de la lumière », de la supériorité entre anciens et modernes, du procédé qui permet de vérifier la maîtrise du *costume* (convenance des vêtements, de l'aspect extérieur à l'âge, au rôle dans le tableau, à la fonction sociale...), du « contraste » dans les « couleurs », de l'expression des « passions de l'âme », de l'ordonnance générale du tableau avec la distribution des thèmes (la nature, la ville), ainsi que leur composition interne (l'agencement des éléments naturels ; l'aspect des

1. *Cf.* Le Brun sur *Les Israélites recueillant la manne dans le désert* de Poussin (5 novembre 1667), *Les Conférences* ..., éd. cit., p. 99 *sq.*, conférence dont Fénelon paraît suivre le plan.

2. *Cf.* Félibien, « Préface aux Conférences de l'Académie royale de peinture et de sculpture pendant l'année 1667 (1668) », *Les Conférences* ..., éd. cit., p. 51.

bâtiments, les ordres architecturaux...)[1]. Dans le deuxième dialogue, l'intention paraît plus dogmatique encore puisqu'il s'agit, comme le dit le personnage de Léonard de Vinci à celui de Poussin, d'« examiner un peu quelqu'un de vos tableaux sur les règles de peinture que j'ai expliquées dans mes livres » – le *Traité de la peinture* dont Fréart de Chambray a donné une traduction en français. L'« ordonnance », le « plaisir » éprouvé face à la toile, l'expression des passions avec les « divers degrés de crainte et de surprise », la fidélité à la « nature » qui illustre le principe de convenance, l'aspect du « ciel », la « lumière », l'atmosphère ou la « fumée », « les bons modèles du siècle passé », l'étude des « bas-reliefs antiques »[2], toutes ces conditions constituent des jalons qui guident l'analyse du tableau de Poussin. On relèvera, au passage, l'expression de fidélité au principe de l'*Ut pictura poesis* – peinture, poésie et éloquence devant produire cet élan catastématique, prélude à la réception du message moral. Cela justifie que Fénelon insiste – en faisant, semble-t-il, allégeance à Aristote, bien que la conférence de Le Brun, *L'expression des passions*[3], le traité des *Passions de l'âme* de Descartes, ou encore le *De Pictura* d'Alberti traitent du même sujet – sur les émotions produites par les tableaux : « la pitié et la douleur », le « plaisir [...] [des] peintures champêtres », celui « semblable à ceux que goûtaient les spectateurs de ces anciennes tragédies », et enfin « ces divers degrés de crainte et de surprise [qui] font une espèce de jeu qui touche et qui plaît »[4].

En y regardant de plus près, on découvre toutefois que la leçon, si elle est bien récitée, est un trompe-l'œil, car en réalité – en dépit de l'apparente banalité du propos–, Fénelon n'est rien moins qu'impersonnel ici en dévoilant son intérêt pour le caractère allégorique de l'architecture et du paysage – même s'il est vrai que l'on retrouve des préoccupations semblables dans la conférence de S. Bourdon que reproduit Félibien[5].

1. LII, « Parrhasius et Poussin », p. 426-432. Sur l'ensemble de ces points, nous renvoyons à Félibien, *Vie de Poussin*, éd. cit., en particulier, p. 214-220 ; p. 229-235 ; p. 244-249 ; également aux *Conférences* ..., éd. cit., p. 98 *sq.* ; p. 113 *sq.* ; p. 130 *sq.* ; p. 145 *sq.* ; p. 169 *sq.* ; p. 188 *sq.*

2. LIII, « Léonard de Vinci et Poussin », p. 433-437.

3. *Les Conférences* ..., éd. cit., p. 148 *sq.*

4. LIII, « Léonard de Vinci et Poussin », p. 427-434.

5. « Il dit que c'est de M. Poussin que ceux qui entreprennent de traiter un sujet peuvent apprendre de quelle sorte il faut étudier d'abord la nature du lieu et les autres circonstances nécessaires à l'histoire

Dans les deux approches, l'architecture, le vêtement ou la physionomie des personnages apportent la preuve du respect de la convenance ou, dans le langage des peintres, du *costume*. Il est vrai que l'obligation de s'attacher à la vérité historique[1], à laquelle se soumet une esthétique qui se veut didactique, implique de tenir compte de cette signification accordée au rôle de l'architecture dans le tableau; c'est la raison pour laquelle, selon Fénelon, les fondements de l'architecture, à savoir tout d'abord les lignes et les volumes[2], doivent être parfaitement maîtrisés, à titre de figures d'une pensée ordonnée, et comme condition par laquelle le message moral peut être transmis. On précisera toutefois que, contrairement à Philippe de Champaigne, ce n'est pas au respect du *costume*, compris en un sens étroitement historique, que Fénelon est le plus attaché. La question de savoir si Poussin a strictement reproduit le décor de la cité de Phocion importe moins que la restitution d'une atmosphère morale; c'est à cette vérité-là que le peintre doit se soumettre, vérité idéale, qui exige davantage que la simple fidélité. De même, si les conférences de l'Académie témoignent d'un intérêt pour ce genre mineur qu'est le paysage – également très prisé des collectionneurs et du public[3] –, celui-ci est le plus souvent abordé, comme on le voit dans le discours de Bourdon, sous l'angle du *costume* compris comme respect – parfois jusqu'à la caricature – d'une vérité historique, autrement dit selon un point de vue qui ne recoupe pas systématiquement l'interprétation fénelonienne du paysage dans la peinture.

qu'on veut représenter. Qu'on voit ici qu'il a été soigneux de s'instruire du pays et de la situation de Jéricho, à cause que ce fut au sortir de cette ville que Jésus-Christ donna la vue aux deux aveugles dont il figure le miracle. Qu'il s'est heureusement servi de ce que Josèphe en écrit [...]. Que c'est pour cela qu'on voit ces palais et ces maisons de plaisance au bord de ce large ruisseau, parce que c'est ordinairement dans de pareils endroits que les grands seigneurs prennent plaisir à bâtir », « Sur *Les Aveugles de Jéricho* de Poussin (3 décembre 1667) », *Les Conférences* ..., éd. cit., p. 118.

1. Pour A. Pizzorusso, *La Poetica di Fénelon* (éd. cit., chap. VI), ce critère est essentiel aux yeux de Fénelon, en raison du principe selon lequel la peinture doit être une imitation des actions. Il reste néanmoins à définir ce que cette notion d'imitation recouvre : imitation des faits ? Ou imitation d'un idéal moral ?

2. *Cf.* K. Clark, *L'Art du paysage*, « Poussin a inventé cette conception curieusement pythagoricienne du paysage » chap. IV, trad. A. Ferrier et Fr. Falcou, Paris, Gérard Monfort, 1994 [1re éd. 1949], p. 92.

3. *Cf.* J. Thuillier, « Le paysage dans la peinture française du XVIIe siècle : de l'imitation de la nature à la rhétorique des "belles idées" », *Paysages baroques et paysages romantiques*, Association internationale des études françaises, Paris, Les Belles Lettres, n° 29, mai 1977, p. 46.

les édifices et le paysage didactique de la peinture

L'intérêt accordé par Fénelon à ces aspects se révèle tout d'abord à travers l'argumentation épidictique destinée à promouvoir Poussin au premier rang des peintres[1]. Afin de défendre Poussin sur le chapitre des devoirs imputables au peintre, Fénelon en appelle au motif de la manière et de l'intention dans l'exécution des villes et des paysages, décliné en brèves notations, et chargé de composer l'*encomium* – manière et intention par la suite elles-mêmes analysées, laissant paraître le détail des micro-éléments (variété de la végétation, accidents du terrain, diversité des édifices...) qui en forment la richesse.

> Derrière ces longues tiges d'arbres, on voit la ville d'Athènes. [...]
> Au bout de ce terrain couvert de gazon, on voit un bâtiment carré, orné de bas-reliefs et de festons, d'un bon goût d'architecture simple et noble. C'est sans doute un tombeau. [...]
> J'ai peint cette grande ville d'Athènes sous la pente d'un long coteau, pour la mieux faire voir. Les bâtiments y sont par degrés dans un amphithéâtre naturel [...].
> Une chose rend cette ville agréable, c'est que tout y est mêlé de grands édifices et de bocages. [...]
> Vous remarquerez que la ville [...] s'éloigne insensiblement, et se perd entre un bocage fort sombre [...] et un petit bouquet d'autres arbres [...].
> Qu'y a-t-il dans le milieu de ce tableau? [...] Une ville dont j'ai déjà parlé. Elle est dans un enfoncement où elle se perd; un coteau plein de verdure en dérobe une partie[2].

Curieusement, on ne trouve pas d'observation sur le dessin proprement dit – dont l'architecture dépend. Fénelon, dans ces dialogues, semble en effet plus attentif à la qualité du coloris dans le tableau qu'à celle de l'exécution graphique.

Cependant, le traitement qu'il réserve au coloris ne peut se confondre avec le parti défendu par un rubéniste comme Roger de Piles qui voit en lui l'essence de la peinture, cela même qui permet de distinguer celle-ci, parce

1. Sur la réception de Poussin en France, voir M. Fumaroli : « Il faut ranger ensemble Nicolas de Poilly et Fénelon au premier rang de la "réception" de Poussin au XVIIe siècle en France. » « Graveurs et portraitistes du Roi-Soleil », *L'École du silence* ..., éd. cit., p. 593.

2. LII, « Parrhasius et Poussin », p. 428 *sq.* ; LIII, « Léonard de Vinci et de Poussin », p. 436.

que le coloris s'adresse à la vue, de la sculpture fondée sur la ligne, laquelle est avant tout tactile[1] ; c'est ce partage entre vue et toucher qui, accordant à ce dernier une plus grande véracité, invite à concevoir la peinture comme « érotique »[2], ayant pour visée « le fard, le plaisir, l'indicible »[3], contre la conception à la fois rationnelle, démonstrative et sèche, associée au dessin. Mais Fénelon est loin de se rallier à cette tendance, parce qu'il voit dans le coloris comme un prolongement du dessin contribuant à la dimension sémantique du tableau. Le coloris reste ainsi au service de la convenance, en soulignant la véracité du tableau qui s'ajuste à une situation, à une histoire. C'est également là le point de vue que défendent Bourdon[4] ou Poussin, notamment dans la lettre que celui-ci adresse à Chantelou[5]. Lisons Fénelon :

> [...]c'est une carnation qui marque un corps endurci au travail.
> On y peut remarquer [...] la couleur flétrie de la chair morte[6].
> Cet homme est déjà mort. [...] Sa chair est déjà livide.
> [...] le sombre azur d'un ciel serein[7].

Pour autant, il paraît difficile de nier que le coloris soit susceptible d'éveiller aussi l'émotion, de procurer à l'œil un plaisir, ce que semblent indiquer certaines notations plus gratuites, où l'art du coloris est apprécié pour lui-même :

> Le ciel serein qui est peint dans cette eau, sert à la rendre encore plus belle[8].
> Il est [le ciel de *L'Homme au serpent*] d'un bel azur, mêlé de nuages clairs qui semblent être d'or et d'argent[9].

Mais cela n'autorise pas à conclure que Fénelon adopte la position « coloriste » d'un Blanchard, novatrice à cette époque puisqu'elle fait courir à la peinture le risque d'être déboutée de sa mission d'instruction, en la rattachant à l'émotion pure, au *movere* détaché du *docere* – même s'il reste

1. Voir sur ce point la brillante synthèse que propose J. Lichtenstein, dans *La Tache aveugle* ..., éd. cit., chapitre I, p. 62 *sq.*
2. J. Lichtenstein, *La Couleur éloquente* ..., éd. cit., p. 168.
3. *Ibid.*
4. « Sur *Les Aveugles de Jéricho* de Poussin (3 décembre 1667) », *loc. cit.*, p. 119-120.
5. « [...] lisez l'histoire et le tableau [*La Manne*], afin de connaître si chaque chose est appropriée au sujet. » À Chantelou, 28 avril 1639, *in* Nicolas Poussin, *Lettres et propos sur l'art*, éd. cit., p. 45.
6. LII, « Parrhasius et Poussin », p. 427 *sq.*
7. LIII, « Léonard de Vinci et Poussin », p. 434 *sq.*
8. LII, « Parrhasius et Poussin », p. 429.
9. LIII, « Léonard de Vinci et Poussin », p. 436.

vrai, pour Blanchard, que la peinture, comme la rhétorique, doit au fond persuader. On demandera néanmoins de quel type serait cette persuasion susceptible d'être dissociée du contenu formé par le *docere*. Si Blanchard ne dit pas que l'émotion doit, dans la contemplation picturale, primer la compréhension de l'argument représenté, l'éventualité d'une telle conclusion, au vu de l'argumentation déployée, ne peut pas ne pas s'imposer[1]. La position de Fénelon sur ce point rejoint donc plutôt celle de Le Brun qui admet que la valeur du coloris, pour réelle qu'elle soit, doit demeurer assujettie à la qualité du dessin, comme il le démontre à partir du *Ravissement de saint Paul* de Poussin[2]. Le choix de Poussin, en outre, est par soi assez éloquent, le peintre ayant lui-même accordé sa préférence au dessin, sans que cela impose de traiter négligemment l'une quelconque des parties essentielles du tableau[3]. Enfin, et surtout, les observations sur le coloris mettent en avant les contrastes qu'il produit, soulignent sa capacité à prolonger le dessin et donc à faciliter l'identification des objets sur la toile. Autrement dit, loin que le coloris dilue les contours des choses, noyant la pensée dans l'émotion, il ne les met que davantage en évidence[4]. En définitive, le coloris est traité comme une partie du dessin, ce qui revient à

admettre que tout en ne nommant jamais le dessin par son nom, Fénelon ne cesse pourtant de faire allusion à lui.

Mais cette position n'est pas en soi-même originale, car c'est aussi ce que défend Bourdon[5], même si les principes métaphysiques qu'il adopte, quant

1. Voir Blanchard, « Sur le mérite de la couleur (7 novembre 1671) », *Les Conférences* ..., éd. cit., p. 210.

2. Le Brun (10 janvier 1671), *Les Conférences* ..., éd. cit., p. 200.

3. Voir Félibien, *Vie de Poussin* : « Il considérait aussi ceux qui ont un beau pinceau, et l'on ne peut nier que dans ses commencement il n'ait beaucoup observé le coloris du Titien. Mais on peut remarquer qu'à mesure qu'il se perfectionnait il s'est toujours de plus en plus attaché à ce qui regarde la forme et la correction du dessin, qu'il a bien connu être la principale partie de la peinture, et pour laquelle les plus grands peintres ont comme abandonné les autres aussitôt qu'ils ont compris en quoi consistait l'excellence de leur art », éd. cit., p. 163.

4. « Il y a [...] un chemin qui mène à un bocage sombre et épais : un ciel extrêmement clair donne encore plus de force à cette verdure sombre » ; « [...] la ville [...] s'éloigne insensiblement, et se perd entre un bocage fort sombre [...] et un petit bouquet d'autres arbres d'un vert brun » LII, « Parrhasius et Poussin », p. 428 et 432.

5. « Lorsque l'extrémité d'une draperie claire vient à se terminer sur une autre, c'est d'ordinaire sur l'endroit où il y a une demi-teinte. [...] Et c'est ce qui sert à faire détacher les corps, et qui empêche que deux couleurs claires et proches l'une de l'autre ne viennent tout ensemble frapper la vue, et ne confondent les espèces qu'elles envoient. » « Sur *Les Aveugles de Jéricho* de Poussin (3 décembre 1667) », *loc. cit.*, p. 129.

à l'optique, ont été probablement abandonnés par Fénelon – si tant est qu'il suive encore B. Lamy sur ce point. Et de même Le Brun affirme que :

> [...] la couleur dépend du dessin, parce qu'il lui est impossible de représenter ni figurer quoi que soit, si ce n'est par l'ordonnance du dessin[1].

On voit donc que du point de vue de l'exégèse picturale, Fénelon témoigne d'un savoir-faire certain quant à l'utilisation des règles de la critique d'art; mais il n'en invente pas de nouvelles. L'intérêt de ces dialogues réside donc dans l'usage, et même le détournement d'un discours, comme si Fénelon trouvait là une confirmation de l'esthétique « pragmatique » et « performative »[2], qu'il revendique et qu'il déduit des principes éducatifs et des aspirations métaphysiques et spirituelles qui sont les siens. D'où la défense de la mesure et des contrastes compris, dans le cadre ou la « fenêtre »[3] du tableau, comme composition et repères[4], délimitation de l'espace[5], indices mnémoniques: ce qui justifie, *in fine*, que le dessin soit bien l'élément fondateur de la peinture[6].

1. « Sentiment sur le discours du mérite de la couleur par M. Blanchard (9 janvier 1672) », *Conférences* ..., éd. cit., p. 220. *Cf.* J.-B. de Champaigne : « [...] elle [la couleur] sert au dessin sur une toile de la même manière que fait le crayon sur le papier, et du moment qu'elle ne sert plus à ce premier mobile de notre art, elle ne sert qu'à égarer », « Contre le discours fait par M. Blanchard sur le mérite de la couleur (9 janvier 1672) », *Ibid.*, p. 217.

2. Ce sont les termes qu'emploie J. Lichtenstein pour qualifier l'esthétique picturale défendue par les poussinistes à l'Académie, voir *La Couleur éloquente* ..., éd. cit., respectivement p. 238 et 236. Voir également O. Bätschmann, qui recourt à la même problématique, in *Poussin, dialectiques de la peinture*, trad. Cl. Brunet, Paris, Flammarion, 1994 [1990], p. 127 *sq.*

3. Alberti, *De la peinture*, I, § 19.

4. Voir H. Wölfflin, *L'Art classique*, « L'art classique revient aux directions élémentaires de la verticale et de l'horizontale, ainsi qu'aux visions primordiales de profil et de la pleine face », trad. C. De Mandach, Brionne, Gérard Monfort Éditeur, 1989, p. 143.

5. *Cf.* Descartes, *Règles pour la direction de l'esprit*, IX : « Celui qui veut regarder d'un seul coup beaucoup d'objets à la fois, n'en voit aucun distinctement », *Œuvres philosophiques*, t. I, éd. cit., p. 123 ; AT, t. X, p. 400.

6. *Cf.* Le Brun : « Et si nous nous en rapportons à ce que les anciens nous ont dit de l'origine de la peinture, nous verrons que ce ne fut pas avec de la couleur qu'elle fut trouvée; car l'on dit que la bergère qui fit le portrait de son amant n'avait pour couleur et pour pinceau qu'un poinçon, ou tout au plus un crayon, avec lequel elle traça l'image de celui qu'elle aimait, et néanmoins toute l'antiquité n'a pas laissé de nommer ce premier portrait l'origine de la peinture, quoique l'ouvrière n'eût employé aucune couleur pour le faire. » « Sentiment sur le discours du mérite de la couleur par M. Blanchard (9 janvier 1672) », *loc. cit.*, p. 220. *Cf.* Pline, *Hist. nat.*, XXXV, XLIII, éd. cit., p. 133. *Cf.* A. Gonzalès-Palacios, « L'œil captivé. Dessin, lumière, coloris », *in* J. Cornette et A. Mérot (dir.), *Le XVIIe siècle*, Paris, Le Seuil, 1999, p. 321-322.

l'emblème de l'architecture

L'analyse des éléments architecturaux du *Phocion* révèle tout d'abord une volonté d'orienter la perception : les lignes, que tracent les édifices et que suit l'œil, conditionnent l'élaboration du cadre syntaxique de l'histoire mise en scène par le tableau[1]. Ce n'est que dans un second temps, quand Fénelon considérera les édifices pour eux-mêmes, et non comme des artifices destinés à construire l'espace, qu'il les fera plus directement participer à l'élaboration de la dimension sémantique du tableau, où les styles, c'est-à-dire les ordres, seront traités comme des symboles, révélant eux-mêmes le sens et les modalités de l'action. C'est à ce moment-là que Fénelon fera valoir l'argument du *costume* dans le choix du style des édifices représentés, ainsi que les questions qui rattachent le style au message moral du tableau – par le choix de l'ordre corinthien, par exemple, ou par le caractère irrégulier ou régulier, simple ou majestueux des bâtiments[2].

Cependant, pour qu'une signification émerge il faut d'abord que les édifices soient bien visibles, et c'est pour cela que le traitement des volumes architecturaux est rapporté au dessin, étant admis que c'est le dessin qui confère au tableau sa visibilité, puis son intelligibilité. Et cette perspective est, encore une fois, proche de celle de Le Brun. Celui-ci affirme, en effet, que « c'est par lui [le dessin] que l'architecture met au jour toutes ses plus belles idées [...] [,] qui lui fait tracer le plan de tous ces grands édifices, de ces ponts, ces chaussées, ces fortifications, ces places publiques et toutes ces magnifiques structures qu'elle met au jour » car « le dessin [...] relève [...] de l'esprit », c'est pourquoi il doit être « le pôle et la boussole qui nous règle [...] afin de ne pas nous laisser submerger dans l'océan de la couleur, où beaucoup de gens se noient en voulant s'y sauver »[3]. De même chez Fénelon, c'est bien comme une espèce du genre « dessin » que l'architecture est pensée, comme ce qui confère, par les délimitations qu'elle produit, un ordre au tableau[4].

1. *Cf.* K. Clark, *L'Art du paysage*, éd. cit., p. 93.

2. Nous réservons l'étude de cette question à la prochaine section.

3. « Sentiment sur le discours du mérite de la couleur par M. Blanchard (9 janvier 1672) », *loc. cit.*, p. 221.

4. Voir LII, « Parrhasius et Poussin », p. 430. *Cf.* Félibien, *Vie de Poussin* : « [...] ses figures se détachent de telle sorte les unes des autres qu'il n'y a ni confusion ni embarras ; [...] les couleurs même les plus vives demeurent dans leur place », éd. cit., p. 230.

Les *Dialogues sur l'éloquence*... avaient déjà souligné l'argument de la « juste place »[1], argument qui peut être interprété en termes de *costume*, de convenance, d'adéquation au vrai, mais qui peut aussi bien, dans une perspective plus logique, relative à la question de l'art de penser et de parler intelligiblement, être compris comme ce qui favorise une représentation ordonnée, claire et distincte des choses[2]. Par conséquent, à l'encontre des principes de l'architecture gothique ou chinoise[3], synonymes de surcharge et de confusion[4], et qui servent de repoussoir à l'idée d'une architecture simple et lisible, ce sont ceux qu'incarnent la « beauté solide »[5] et la proportion[6] qu'il faut défendre. L'absence de proportions produit, en effet, un désordre dans l'économie du tableau : l'œil se perd, et l'histoire racontée, dans ces conditions, ne peut plus être suivie, d'où la nécessité de veiller aux lignes[7], lesquelles contribuent à produire le fil de l'histoire. Mais pour lisibles qu'elles soient, ces lignes n'imposent pas nécessairement de « symétrie » au sens strict, c'est-à-dire au sens géométrique : « J'ai évité, fait dire Fénelon à Poussin, la confusion et la symétrie. J'ai fait beaucoup de bâtiments irréguliers »[8]. Une trop grande symétrie risquerait en effet de provoquer l'ennui à l'instar d'un discours monotone, et l'exigence de « variété » propre à maintenir l'attention serait bafouée. Or, il n'y a rien de surprenant à ce que l'on retrouve dans l'exégèse picturale[9] cette

1. « L'architecture grecque est bien plus simple, elle n'admet que des ornements majestueux et naturels, on n'y voit rien que de grand, de proportionné, de mis en sa place », *DSÉ*, II, p. 55.
2. *Cf.* les parallèles entre art de penser et architecture dans le *Discours de la méthode*, IIe partie.
3. Sur l'architecture gothique et chinoise, voir notre prochaine section.
4. Voir *DM*, VII, « Confucius et Socrate », p. 302.
5. *DSÉ*, II, p. 55.
6. *Cf. FOP*, XXXVI, « Les Aventures d'Aristonoüs », p. 253; *Av. T.*, XVII, p. 373.
7. *Cf. LA* : « Tout le discours est un [...] Cette unité de dessein fait qu'on voit d'un seul coup d'œil l'ouvrage entier, comme on voit de la place publique d'une ville toutes les rues et toutes les portes, quand toutes les rues sont droites, égales et en symétrie », IV, p. 1151.
8. LII, « Parrhasius et Poussin », p. 430. *Cf.* du Fresnoy : « Fuyez encore les lignes et les contours égaux, qui font des parallèles, et d'autres figures aiguës et géométrales, comme des carrés, des triangles, et toutes celles qui pour être trop comptées, vous font une certaine symétrie ingrate, qui ne produit aucun bon effet; mais comme nous l'avons dit les principales lignes se doivent contraster l'une l'autre : c'est pourquoi dans ces contours vous aurez principalement égard au tout-ensemble; car c'est de lui que vient la beauté et la force des parties », *L'Art de peinture de C. A. du Fresnoy*, traduit en français, enrichi de *Remarques*, et augmenté d'un *Dialogue sur le coloris* [par R. de Piles], Genève, Minkoff, Reprint, 1973, [réimpression de l'éd. de Paris, 1673], p. 28 (orth. mod.).
9. Sur la « variété », voir Alberti, *De la peinture*, II, § 40, éd. cit., p. 171 *sq*.

notion issue de la rhétorique cicéronienne, attendu que le tableau raconte lui aussi une histoire, et tient par conséquent du discours. En outre, le dessin artistique n'est pas à confondre avec la figure construite par le géomètre[1], laquelle est entièrement soumise à la finalité d'instruction, indépendamment de l'agrément qu'elle ne cherche pas à produire. Si le dessin tient donc nécessairement de la figure géométrique, il ne s'y réduit pas, de même que ne se réduit pas au discours scientifique, ou philosophique, le morceau d'éloquence qui doit plaire en même temps qu'il instruit.

Il importe donc de distinguer deux sens à cette notion de symétrie, qui font de celle-ci soit une catégorie esthétique, soit une catégorie géométrique. Car la proportion, si elle est nécessaire à la construction de l'image, afin d'éviter l'écueil de l'anamorphose, n'est pas une fin en soi. Une trop grande symétrie risque même de décevoir la vue, comme on le verra en abordant la technique du raccourci dans la sculpture. Par conséquent, même si le terme est employé par Fréart de Chambray[2], qui insiste par là sur la dimension géométrique et savante de la peinture, il apparaît que cet impératif ne saurait être pris strictement à la lettre, et que les autres devoirs auxquels le peintre doit se soumettre obligent à le tempérer. La notion de proportion, de même que celle d'architecture, demeurent, pour Fénelon, des métaphores, ou encore les indices d'une fidélité au principe de convenance qui permet de reconnaître les artistes qui poursuivent des buts moraux; elles ne sont donc pas des valeurs absolues. C'est aussi de cette manière qu'il nous faut lire la règle du *Discours prononcé dans l'Académie*[3], que « les beautés du discours ressemblent à celles de l'architecture ».

Dans ces conditions, le jugement de Fénelon n'a pas à s'embarrasser de conceptions trop savantes : de la perspective, comme art des proportions que prennent les objets les uns par rapport aux autres selon leurs dispositions respectives dans l'espace, on ne saura rien, alors même qu'il y est fait allusion dans l'énoncé des principales règles qu'évoque le personnage de Poussin. Dans le *Paysage avec les Funérailles de Phocion*, on se contentera d'apprécier l'ordonnance générale du tableau : « [d]errière ces longues

1. *Cf.* Alberti, « [...] je ne parle pas de ces choses en mathématicien mais bien en peintre », *De la peinture*, I, § 1, éd. cit., p. 73.

2. Voir l'*Idée de la perfection de la peinture* : « Pour ce qui est de la proportion, c'est-à-dire la symétrie ou correspondance du tout avec ses parties, c'est une chose facile ... », éd. cit., p. 11-12 (orth. mod.).

3. Page 536.

tiges d'arbres, on voit la ville », « [i]l y a un peu au-dessus un chemin », « [a]u-delà de ce terrain rude se présente un gazon frais », « [p]lus avant on trouve un gazon », « [a]u bout de ce terrain couvert de gazon, on voit un bâtiment carré », « [j]'ai peint cette grande ville [...] sous la pente d'un long coteau », « cette ville ne paraît point grande [...] mais le derrière qui s'enfuit découvre une grande étendue d'édifices », « [d]errière ce temple paraît une grosse tour », « l'Acropolis [...] est derrière toute la ville », « la ville [...] s'éloigne insensiblement », « [c]'est un lointain où l'on voit des montagnes escarpées »[1].

Il suffit donc que les éléments se montrent sans incongruité, autrement dit non comme l'œil est habitué à les voir de façon irréfléchie, mais comme les artistes savants sont habitués à les représenter, dans le respect, certes, des proportions mathématiques[2], mais aussi selon les règles du récit, où les valeurs éthiques priment les valeurs géométriques. La représentation picturale se partage ainsi entre les exigences de la raison théorique et celles de la raison pratique, comme le confirmera le traitement des ordres architecturaux. Et quand Fénelon considère l'ordonnance du tableau, à laquelle contribue la régularité des édifices, il est attentif à tout autre chose qu'à la distribution des sujets telle qu'elle se déduit des règles mathématiques de la construction perspective[3]. Poussin lui-même n'a guère traité la perspective *more geometrico* à la manière d'un Bosse. Pour ce dernier, au contraire, c'était là la pierre de touche de la peinture, que les autres parties, même bien exécutées, ne parviennent jamais à compenser, ce pourquoi en devenant « fausse »[4], la peinture perdra-t-elle une grande part d'un attrait, défini avant tout comme agrément intellectuel. Et sans aller jusqu'à soutenir que le respect de la géométrie doit être la fin de la peinture, Bosse semble parfois très près de le vouloir[5]. S'il est vrai que Poussin s'écarte de cette vue excessive, il semble toutefois s'être attaché à cette rigueur géométrique à

1. LII, « Parrhasius et Poussin », p. 428-432.
2. Voir Félibien, *Vie de Poussin*, *loc. cit.*, p. 162.
3. *Cf.* Félibien, *Vie de Poussin*, *loc. cit.*, p. 247.
4. Voir Fr. Siguret, *L'œil surpris. Perception et représentation dans la première moitié du XVIIe siècle*, « Bosse et l'Académie royale », Paris, Klincksieck, 1993. *Cf.* M. Le Blanc, « Abraham Bosse et Léonard de Vinci. Les débats sur les fondements de la peinture dans les premiers temps de l'Académie », *La Naissance de la théorie de l'art en France. 1640-1720*, *Revue d'esthétique*, 31/32, 1997.
5. « Pour bien faire, il faut en venir [...] à entendre le géométral et à se servir de règle, fils et compas pour prendre la mesure des corps ou objets que l'on veut représenter », A. Bosse, *Le Peintre converty aux précises et universelles règles de son art*, textes réunis par R.-A. Weigert, Paris, Hermann, 1964, p. 54.

mesure que son art gagnait en maturité, comme l'explique A. Arikha[1], et comme le montre également la *Lettre du sieur Le Blond de La Tour...*[2], qui rapporte l'invention de la fameuse boîte de Poussin permettant de compléter *in concreto* les déductions du raisonnement abstrait. Celui-ci y disposait les figurines de cire représentant les personnages qu'il allait peindre, et observait les lignes produites par les rayons lumineux à partir des ouvertures pratiquées dans les parois, par lesquelles il voyait aussi de quelle façon les différents protagonistes du tableau captaient la lumière en fonction de leurs positions respectives, ce qui lui permettait dans le même temps de respecter l'autre perspective, celle que Vinci nomme « aérienne », et qui consiste en une « juste dégradation des couleurs ». Mais ce procédé, on le voit, alors même qu'il témoigne d'un souci constant de la construction, du *prospect*[3], révèle une intention autre que celle de procéder à une simple vérification expérimentale : il permet, en effet, de juger de l'impression esthétique que produit la disposition géométrique. L'essentiel étant de parvenir à un équilibre, en évitant à la fois le chaos qu'induisent les formes fantaisistes, et la rigidité que conférerait à la peinture un excès de géométrisation, comme le montre Félibien dans sa préface aux *Entretiens...*[4].

Par conséquent, les mesures qui établissent les justes proportions auxquelles les sujets doivent se soumettre dans la statuaire, ainsi que celles qui règlent l'aspect des bâtiments, doivent être modifiées en fonction de l'effet esthétique qu'elles visent. Car la ligne, si elle est bien l'un des éléments premiers de la peinture, ce qui la rattache à la géométrie, doit aussi composer avec la règle du goût, c'est-à-dire avec un idéal de beauté[5] non seulement intelligible mais sensible et affectif parce qu'il participe d'une

1. Dans *Réflexion sur Poussin*, *in* Nicolas Poussin, *Lettres et propos sur l'art*, éd. cit., p. 215.

2. Voir l'Appendice I des *Vies de Poussin* où figure cette *Lettre du sieur Le Blond de La Tour à un de ses amis, contenant quelques instructions touchant la peinture* (Bordeaux, 1669).

3. Voir la lettre de Poussin à Sublet de Noyers (sans date) : « [...] on peut dire que le simple aspect est une opération naturelle, et que ce que je nomme le prospect est un office de raison qui dépend de trois choses, savoir de l'œil, du rayon visuel, et de la distance de l'œil à l'objet », *in* Nicolas Poussin, *Lettres et propos sur l'art*, éd. cit., p. 73.

4. « [...] la perspective [...] nécessaire à cet art [...] n'entre pas en comparaison avec tant d'autres qu'un peintre doit savoir », *Entretiens sur les vies et sur les ouvrages* ..., Préface, éd. cit., sans pagination pour la préface.

5. *Cf.* E. Panofsky, « L'histoire de la théorie des proportions humaines conçue comme un miroir de l'histoire des styles », in *L'œuvre d'art et ses significations. Essais sur les « arts visuels »*, éd. cit.

valeur morale. Dans l'esthétique, comme dans la philosophie pratique, la raison théorique, autrement dit le calcul, n'a pas toujours le dernier mot.

du paysage comme allégorie

Quoiqu'on sache que le paysage figure, selon la classification académique des genres picturaux, au degré le plus bas[1], il apparaît que Poussin, dans le prolongement de l'école de Bologne – représentée notamment par Annibal Carrache[2] –, lui a donné une signification particulière qui n'est pas sans évoquer la notion idéale et poétique de *locus amoenus*, empruntée à Homère, et qui trouve son expression la plus accomplie dans l'églogue virgilienne, où la nature devient le sujet central du poème[3], comme le rappelle le personnage de Parrhasius que Fénelon met en scène[4].

On observera[5], cependant, que le *locus amoenus* ne recouvre pas toujours la même signification selon les traditions. Si l'on y voit bien, d'une part, le symbole d'un lieu propice au plaisir, au relâche du corps où tout dispose à l'agrément des sens[6] – ombre que donnent les arbres, rivière, tendre gazon, parfums des fleurs, abondance des fruits, etc. –, et à la contemplation de l'âme qui y goûte la beauté du monde, on constate, d'autre part, que le *locus amoenus* annonce l'action morale[7] qui s'y déroule : par la beauté, pour ainsi dire éternelle et sacrée, de ses éléments (arbres centenaires, végétation en perpétuel renouvellement), il semble anticiper la grandeur d'un geste qui

1. *Cf.* Félibien, « Préface aux Conférences de l'Académie royale de peinture et de sculpture pendant l'année 1667 (1668) », *loc. cit.*, p. 50-51.

2. Les références à Carrache abondent également dans les *Conférences de l'Académie* .... Voir notamment S. Bourdon, « Sur la lumière (9 février 1669) », éd. cit., p. 172 ; H. Testelin, « Sur l'usage du trait et du dessin (16 février 1675) », p. 309 ; celle plus tardive de N. Coypel, « Sur le rang que le dessin et le coloris doivent tenir entre les parties de la peinture (26 avril 1697) », p. 385. Cette dernière est probablement postérieure à la date de composition des *Dialogues des morts* ... mais elle n'apporte cependant rien de neuf sur le plan de l'idée – l'Académie étant depuis longtemps admirative du peintre –.

3. Ces deux modèles représentant pour Fénelon ce que la poésie produit à la fois de plus grand et de plus touchant : voir *DM*, LI, « Horace et Virgile », p. 425 ; sur Virgile, voir *LA*, chap. V, p. 1166. *Cf.* J.-L. Goré, *L'itinéraire de Fénelon* ..., éd. cit., p. 561 *sq.*

4. Voir *DM*, LII, « Parrhasius et Poussin », p. 429.

5. En partant de pistes suggérées par E. R. Curtius, *La Littérature européenne et le Moyen Âge latin*, trad. J. Bréjoux, préface A. Michel, Paris, Presses Pocket, 1991.

6. Les *Bucoliques* sont naturellement riches en notations susceptibles d'évoquer ce *locus amoenus*, voir notamment la « Septième bucolique », *Bucoliques* (trad. P. Valéry), *Géorgiques* (trad. J. Delille), éd. bilingue présentée et annotée par Fl. Dupont, Paris, Gallimard, 1997, p. 105.

7. Sur la dualité du paysage, à la fois lieu propice à l'action (au duel en l'occurrence), et à la contemplation, *cf.* Fr. Ponge, *La Fabrique du pré*, in *Œuvres complètes*, II, éd. B. Beugnot (dir.), « Bibliothèque de la Pléiade », Paris, Gallimard, 2002.

s'y trouve naturellement appelé. Par conséquent, de la même manière qu'on ne saurait s'exercer à la pensée en un lieu indifférent – le prologue du *Phèdre* de Platon le rappelle –, on ne saurait accomplir de grande action dans un lieu anodin. Le paysage comme prosopopée fait corps avec l'épisode héroïque, ou bien le reflèchit, comme si la représentation imagée des choses, disposées comme les pièces d'un jeu sémiotique, suffisait à suppléer l'idée morale concrétisée par l'action. Le *locus amoenus* peut donc, dans cette mesure, faire figure de « lieu » mnémonique : les paysages, selon leur lumière et leur végétation – les arbres en particulier qui forment comme un code, un alphabet plastique et moral – indiqueraient à l'œil, de façon immédiate, le mode ou le genre moral auquel appartient le tableau. Cela expliquerait l'écart dans le style, les valeurs, les lignes et les volumes de ces paysages que sont ceux de *L'homme tué par un serpent* et de *La Manne*[1]. Le traitement du paysage dans la peinture de Poussin prolongerait ainsi, tout en l'adaptant, le procédé rhétorique ou poétique des lieux, lesquels établissent une correspondance des idées aux choses qui les symbolisent. Il s'inscrit donc dans cette tradition poétique qui, en établissant une continuité du paysage à l'action, apparente le premier à un « lieu »

mnémonique. L'*Iliade* d'Homère en donne une illustration fameuse[2]. Florence Dupont insiste, elle, dans sa préface aux *Bucoliques*, sur l'usage du *locus amoenus* comme dispositif épidictique destiné à faire valoir non seulement la beauté d'une nature prodigue, mais plus subtilement, la supériorité de la vie pastorale et des travaux agricoles[3]. À travers le paysage se découvrirait non seulement une histoire, mais une vérité morale, politique, philosophique ou religieuse. Or Fénelon, comme l'a montré Fr.-X. Cuche[4], produit avec Fleury l'une des plus ardentes défenses de la politique et de l'économie agraires contre le mercantilisme de Colbert.

1. Sur le premier, voir Fénelon, LIII, « Léonard de Vinci et Poussin », p. 435. Sur *La Manne*, voir Le Brun, « Sur *Les Israélites recueillant la manne dans le désert* de Poussin (5 novembre 1667), *Les Conférences* ..., éd. cit., p. 102.

2. Voir E. R. Curtius, *La Littérature européenne et le Moyen Âge latin*, éd. cit., t. I, p. 306. Cette analyse nous intéressera tout particulièrement dans la perspective que nous nous proposons de suivre, où l'idée du dessin et les prolongements qu'elle suggère (le cadre, la délimitation, et donc le lieu) paraissent, parmi les « ingrédients » des arts, les plus féconds dans l'élaboration d'une esthétique pédagogique et pragmatique telle que l'entend Fénelon.

3. Voir notamment, dans l'éd. cit., p. 10 et 12.

4. *Une pensée sociale catholique* ..., éd. cit., en particulier p. 306 *sq.*; du même auteur, « Le "Petit Concile" et la ville. Essai sur la politique de la ville chez Bossuet et son entourage », *loc.cit.*

Prélude à la thèse soutenue au siècle suivant par les physiocrates, elle a toutefois chez les auteurs du Petit Concile une portée essentiellement biblique où la nature, parce qu'elle est marquée du sceau divin, doit par principe être préférée à l'œuvre humaine et vicieuse que représente la ville. Aussi les tableaux de la vie agricole du *Télémaque*[1] seraient-ils à interpréter comme des illustrations du programme politique et économique que le roi n'a précisément pas voulu choisir. « Regardez les images, et vous découvrirez le programme », tel pourrait être, en paraphrasant les paroles de Poussin[2], le procédé que Fénelon choisirait naturellement pour la lecture morale et politique, en même temps que poétique – lyrique[3] et épique – que lui suggèrent les tableaux du maître[4]. Enfin, il s'agit surtout, sur le plan de l'idéal esthétique, d'articuler la beauté et la vérité théologique, autrement dit de valoriser l'idée d'une nature non pas transfigurée – comme l'ont voulu les maniéristes –, mais dépouillée des scories du mauvais goût et redéfinie à l'intérieur des formes originelles voulues par l'ordre divin[5]. Il n'est toutefois pas certain que cette dernière intention ait été celle de Poussin, dont l'inspiration – comme nous aurons l'occasion d'y revenir – est probablement avant tout guidée par des traditions picturales, sculpturales, et architecturales. Mais Fénelon, s'il montre qu'il sait à l'occasion juger « en peintre » la peinture de Poussin, à l'aide de concepts déduits de la pratique et de la critique picturale, accentue ici, dans le contexte d'une leçon qui veut

1. En particulier la Bétique, livre VII, et Salente, livre X.

2. Sur les aspects narratifs de la peinture de Poussin, voir L. Marin, *Sublime Poussin*, « Lire un tableau en 1639 d'après une lettre de Poussin », Paris, Le Seuil, 1995. La lettre en question (à Chantelou) se trouve dans *Lettres et Propos sur l'art*, éd. cit., p. 44 *sq*.

3. LIII, « Léonard de Vinci et Poussin », éd. cit., p. 435.

4. LII, « Parrhasius et Poussin », éd. cit., p. 428-429.

5. Sur l'idée d'un ordre idéal, on peut se reporter à Bellori, ami et biographe de Poussin, et auteur d'un traité (initialement un discours académique) sur la peinture qui rompt avec l'inspiration maniériste en renouant avec l'idée d'une nature – telle que les Anciens l'avaient appréhendée – objet d'une expérience sensible, toutefois guidée par le jugement raisonné. De Bellori, on retiendra dans l'immédiat qu'il fut l'un des premiers, après Vasari, à défendre l'idée d'une décadence de la peinture, qui a succédé à l'âge d'or de la peinture italienne (avec Giotto) – idée que l'on retrouvera chez Félibien, et chez Fénelon naturellement. Bellori est également l'auteur d'une *Vie d'Annibal Carrache* – peintre que l'on retrouve dans l'aréopage fénelonien –. De *L'Idée du peintre, du sculpteur et de l'architecte, tirée des beautés naturelles et supérieures de la nature*, on lira en particulier (parce qu'il correspond bien à ce que Fénelon est susceptible de voir dans la peinture de Poussin – et dans celle d'A. Carrache dont il souligne le caractère exemplaire dans le *Discours à* l'Académie), le passage que donne E. Panofsky dans *Idea. Contribution à l'histoire du concept de l'ancienne théorie de l'art*, Appendice II, éd. cit., p. 168.

édifier, la dimension morale de l'expérience picturale. Et c'est précisément parce que le tableau est employé à une telle fin que l'attention se porte finalement aux détails qui, dans le paysage, témoignent d'une bonne connaissance de l'histoire et des mœurs des anciens peuples[1]. D'où, également, l'intérêt porté à la maîtrise du *costume*, comme marque d'une instruction solide, et moyen du dévoilement de l'intention narrative et morale, laquelle ne peut se montrer qu'à la condition que les choses soient exposées comme elles doivent l'être : une simple erreur dans la représentation, et l'intention en même temps que le récit demeureraient enclos dans le secret d'un tableau à jamais illisible.

En définitive, il n'est sans doute pas anodin que Fénelon – même si l'argument de la facilité domestique peut toujours être invoqué – ait retenu ces deux œuvres pour en faire l'objet d'une instruction morale[2]. Et en ce sens, s'il est permis de trouver dans ces dialogues l'expression de « l'intimité d'un goût », « d'une préférence, sans justification théorique »[3], il reste possible d'y voir surtout l'expression de la quête d'un modèle de vertu, communicable, comme dans la conversion, par l'image.

le langage des statues

Dans la fable « Chromis et Mnasyle », la plus riche du point de vue de l'analyse artistique en dépit de sa brièveté, deux points méritent d'être retenus. Premièrement, les remarques sur l'expression des visages qui sont articulées à celles qui portent sur l'exécution du drapé – la forme du vêtement reflétant le caractère moral du sujet représenté –, et deuxièmement, l'allusion à la technique du raccourci. Or ces deux points, qui par ailleurs s'associent à des révolutions artistiques dans l'histoire de la statuaire grecque, sont précisément abordés dans le cadre des conférences données à l'Académie, ce pourquoi ils dénotent un discours savant et codifié

1. LII, « Parrhasius et Poussin », p. 431-432.

2. *Cf.* A. Mérot : « Les *Funérailles de Phocion* ou *Diogène jetant son écuelle* [...] montrent dans de vastes paysages des événements presque insignifiants. Au lieu de s'affirmer par quelque trait héroïque, l'homme tend à s'effacer, à s'abandonner aux lois de la nature, qui prend désormais une place considérable. [...] Compositions idéales, ces paysages composés, ou historiques, prétendent délivrer une leçon ». Plus loin : « La rigueur de la construction, la conception d'un espace "fermé" (Blunt), rythmé par les horizontales des murs et des blocs de pierre, où chaque personnage, chaque objet a sa place mesurée, l'austérité du coloris vert et brun : tout cela est encore mieux sensible dans les *Cendres* », *Poussin*, Paris, Hazan, 1990, p. 150 et 153.

3. Comme l'affirme Fr. Trémolières, dans son article « Fénelon et les beaux-arts », *loc. cit.*, p. 38.

– comme l'atteste ironiquement le compliment formulé par Chromis : « Ho! Ho! te voilà bien savant! »[1]. Cela se vérifie, en particulier, à l'occasion des observations sur l'expression des sentiments, qui constituent un motif récurrent des *Fables*… et du *Télémaque*, auxquelles s'ajoute, dans ce dernier, une réflexion plus politique liée à l'effet d'émulation sociale que produisent les œuvres d'art issues du dessin – en l'occurrence peinture et sculpture. C'est ensemble qu'elles sont aussi pensées ou présentées dans le cadre esthétique qui domine à l'Académie, ou encore dans l'ouvrage de Gérard Audran[2] publié en 1683, dont Fénelon a pu s'inspirer[3] pour les descriptions du corps humain de *L'Art de la nature*. Enfin, c'est à partir du modèle que représente la peinture pour les autres arts, et en particulier la peinture de Poussin, qu'un sculpteur comme Girardon[4] réalise ses propres œuvres, tandis que Poussin, lors de son troisième et décisif voyage à Rome, quand il se lie avec Cassiano dal Pozzo, s'étudie à copier les médailles et autres bas-reliefs[5] antiques dans le cabinet de celui-ci, en même temps qu'il loge avec le sculpteur Duquesnoy[6] – tous deux exerçant leur art d'après les modèles antiques. Bellori, plus que Félibien, insiste davantage dans sa *Vie de Poussin*, sur l'intérêt que le peintre prenait à la sculpture; durant ses premières années, à Rome, il mesurait, et reproduisait dans des figures de terre cuite, les proportions des statues antiques; plus tard, il réalisa pour Fouquet une série de modèles grandeur nature, confiés ensuite à des ateliers – c'est cette série qui fut transférée à Versailles. Or cette influence de la sculpture, que Poussin est loin d'avoir repoussée, donne lieu au principal reproche que Philippe de Champaigne adresse au peintre accusé de s'être fait du modèle des antiques « une étude servile et particulière »[7], quand

1. *FOP*, XL, « Chromis et Mnasyle », p. 267.
2. Voir G. Audran, *Les Proportions du corps humain, mesurées sur les plus belles figures de l'Antiquité*, Discours préliminaire, Paris, Joubert, 1801, s. p.
3. Comme le suggère J. Le Brun; voir note in *OF*, II, p. 1544.
4. *Cf.* A. Blunt, *Art et Architecture en France 1500-1700*, éd. cit., p. 299.
5. Comme le rappelle Fénelon dans *DM*, « Parrhasius et Poussin », p. 427; « Léonard de Vinci et Poussin », p. 437.
6. Voir Bellori : « Il disait que peinture et sculpture étaient un seul art d'imitation dépendant du dessin, ne différant que dans la pratique », *Vie de Poussin*, in *Vies de Poussin*, éd. cit., p. 79. *Cf.* Félibien, *Vie de Poussin*, éd. cit., p. 159. Également cette conférence où Le Brun fait correspondre un à un les personnages de *La Manne* à de célèbres statues antiques, « Sur *Les Israélites recueillant la manne dans le désert* de Poussin (5 novembre 1667) », *Les Conférences* …, éd. cit., p. 105.
7. « Sur *Éliézer et Rebecca* de Poussin (7 janvier 1668) », *Les Conférences* …, éd. cit., p. 134.

R. de Piles accusera ses nus de tenir « de la pierre peinte »[1]. Ces points de vue demeurent toutefois marginaux – jusqu'à ce que les partisans de De Piles l'emportent après 1699 –, eu égard à la *doxa* défendue dans les conférences des années 1670 et particulièrement dans l'une des conférences de Le Brun qui en est emblématique[2], où les considérations liées au rapport qu'entretiennent peinture et sculpture, grâce au moyen terme que représente le dessin, forment pour ainsi dire l'ossature de cette idéologie. Ce pourquoi la sculpture n'invite pas à une expérience esthétique singulière, mais s'inscrit, au contraire, dans la continuité de l'expérience picturale[3] – ce qui est, encore une fois, une évidence pour le courant classique, où les deux arts sont perçus comme jumeaux : « nous attendons, écrit Alberti, qu'une peinture semble en relief et qu'elle ressemble le plus possible aux corps réels »[4]. L'enjeu de cette représentation dialectique des rapports entre peinture et sculpture consiste à revendiquer le « trait [comme] père de tous les arts »[5], du moins des arts libéraux qui entendent se départir des arts mécaniques, ceux des « barbouilleurs [...], marbriers et polisseurs de marbres » dont le savoir-faire ne sollicite aucune connaissance « spéculative »[6]. Reconnaître au dessin, et à lui seul, le pouvoir de conférer une noblesse aux arts, c'est faire de la clarté de la vérité, comprise comme libératrice à l'égard de l'erreur, du préjugé, et de la contrainte, une valeur suprême, contre l'émotion et la fantaisie licencieuses, et contraire à la servitude qu'impliquent les tâches subalternes. Et c'est bien à ce schéma idéologique – porté à sa formulation la plus radicale par le discours de Le Brun et de ses émules – que Fénelon, pour l'essentiel et pour les besoins de sa cause, fait ici allégeance. En effet, même si l'on découvre dans son propos les marques d'une attention au plaisir de la contemplation, au charme de la

1. R. de Piles, *Abrégé de la vie des peintres, avec des réflexions sur leurs ouvrages, et un traité du peintre parfait, de la connaissance des desseins, et de l'utilité des estampes*, éd. cit., p. 477.
2. « [...] nous voyons que le dessin fait que les architectes, les peintres et les sculpteurs ne sont qu'une même chose », « Sentiments sur le discours du mérite de la couleur par M. Blanchard (9 janvier 1672) », *Les Conférences* ..., éd. cit., p. 222. *Cf.* S. Bourdon, « Sur les proportions de la figure humaine expliquées sur l'antique (5 janvier 1670) », p. 248 *sq*.
3. Voir l'éloge de la peinture formulé par Alberti, qui fait de celle-ci la maîtresse des arts : *De la peinture*, II, 26, éd. cit., p. 133 *sq*. Sur les relations « passionnelles » de la peinture et de la sculpture durant la période moderne, voir l'ouvrage de J. Lichtenstein, *La Tache aveugle*.
4. *De la peinture*, II, 38, éd. cit., p. 151.
5. H. Testelin, « Sur l'usage du trait et du dessin (16 février 1675) », *Les Conférences* ..., éd. cit., p. 306.
6. H. Testelin, « Sur les *Sentiments des plus habiles peintres* ... (1675-1679) », *Les Conférences* ..., p. 299.

posture des corps, à la sensualité de l'allure, celles-ci ne sont justifiées qu'une fois obtenue l'assurance que l'œuvre, dont on tire une délectation, est d'abord exécutée selon des règles qui la fixent dans son idéal de perfection. La jouissance, si elle est réelle, dépend donc de la considération de la prouesse technique, laquelle sert de prélude, on le verra, à la connaissance de la vérité qu'elle a mission de représenter. C'est donc à cet objectif que se rapportent les remarques sur l'expression des passions ou le drapé des vêtements[1], comme indices de la dignité morale du sujet, et que révèle très clairement la question par laquelle s'achève le dialogue[2]. Quant à la défense du raccourci, pourtant présenté comme une ruse de l'artiste, elle ne contredit pas l'exigence de vérité, puisqu'il s'agit non pas de trahir l'ordre des choses mais bien de restituer l'apparence idéale, autrement dit l'image construite à la fois par l'œil et par l'esprit, que Poussin nomme le *prospect*. Aussi tout l'argument du dialogue tourne-t-il autour de l'idée que la fin de la contemplation artistique est non seulement l'agrément des sens – la quête de l'agréable –, mais aussi et principalement celui de la beauté associée à la vérité[3]. Le faune auquel il est fait allusion doit donc avoir cet « air grossier » qui rebute les sens, car c'est ainsi qu'il est vrai. Et sous les traits de la jeune femme[4] qui n'a « point cet air rustique des deux autres », c'est bien une « divinité » ou « une nymphe »[5] que l'on reconnaît. L'air, mais également la coiffure et le drapé du vêtement, ne relèvent donc pas de l'arbitraire de l'artiste, mais sont choisis en fonction de leur pouvoir d'évoquer le caractère du sujet. Les plis, qui donnent de l'ampleur au vêtement, indiquent les incessants déplacements de la nymphe, et lui conviennent mieux que « des habits étroits et façonnés »[6], de même sa

1. Même si, d'un point de vue strictement descriptif, Fénelon a pu s'inspirer des *Entretiens* ... de Félibien, comme en témoigne le nom initialement donné à Chromis, Pymandre – qui n'est autre que celui de l'interlocuteur des *Entretiens* ... Voir la note de J. Le Brun, in *OF*, I, p. 1331. *Cf.* Félibien, *Des principes de l'architecture, de la sculpture et de la peinture, et des autres arts qui en dépendent. Avec un dictionnaire des termes propres à chacun de ces arts*, Paris, Vve et J.-B. Coignard, 3ᵉ éd. 1697 [1ʳᵉ éd. 1676].

2. « [...] dis-moi : cette corne d'abondance, est-ce celle du fleuve Achéloüs arrachée par Hercule, ou bien celle de la chèvre Amalthée nourrice de Jupiter sur le mont Ida ? », p. 267.

3. *FOP*, p. 266.

4. Odile Dussud croit reconnaître dans cette nymphe la Pomone du Bosquet du Dauphin à Versailles. Au demeurant, c'est tout le dialogue qui a pour cadre, selon elle, ce Bosquet. Voir son article, « Les secrets du sourire d'un faune. Fénelon et la sculpture de Versailles à travers l'analyse de quelques opuscules pédagogiques », *loc. cit.*, p. 72-74.

5. *FOP*, p. 266.

6. *Ibid.*, p. 267.

« coiffure » et la ceinture qui retient sa tunique, ont cet « air de négligence »[1] qui s'accordent à sa jeunesse et à sa modestie. Pour être exposées au détour d'une conversation légère, ces considérations, qui découvrent l'existence de règles jusque dans les détails en apparence les plus anodins, n'en convergent pas moins avec les impératifs formulés par Testelin lorsqu'il récapitule, en des « tables » communes à la peinture et à la sculpture, le *credo* des « Anciens » de l'Académie. Or la règle de convenance, qui naturellement en fait partie, et qui se découvre tout d'abord dans les expressions du visage[2], se lit également dans le vêtement[3].
Enfin, en désignant le procédé du raccourci[4], destiné à modifier certaines proportions de la figure représentée afin de tenir compte des conditions dans lesquelles elle sera observée, Fénelon aborde indirectement la question plus délicate de l'imitation de la représentation artistique, et donc celle de la vérité de l'art. Pour cette génération de théoriciens, le respect des proportions du corps idéal s'impose comme une évidence en même temps qu'il paraît tout aussi évident d'y contrevenir pour l'adapter aux conditions réelles de la vision. Or là où Platon[5] pensait trouver une contradiction dans la tentative de concilier ces deux exigences, les théoriciens de l'Académie, qui suivent Poussin, tiennent à distinguer la copie de l'imitation, et associent de ce fait le procédé du raccourci à l'idée de l'imitation noble – celle de l'idée, non de la chose –, que défend le philosophe. L'artiste, en effet, n'est ni un copiste, ni un affabulateur, ni même encore un géomètre ; autrement dit sans être entièrement soumis à ce qu'exige le plaisir de l'œil, il ne saurait ignorer que celui-ci trouve sa satisfaction dans la reconnaissance d'une forme qui lui est familière. Dès lors s'instaure un rapport dialectique entre l'œil qui, tout en ayant ses prérogatives propres, le cède à

1. *FOP*, p. 266.
2. Sur l'expression des statues sculptées par Philoclès, voir *Av. T.*, XI, p. 248. *Cf. Les Conférences* ..., notamment Le Brun, « Sur *L'Expression des passions* », éd. cit., p. 148 *sq.* ; « Sur *Les Israélites recueillant la manne* ... », p. 105 *sq*.
3. H. Testelin, « Sur les Sentiments des plus habiles peintres ... (1675-1679) », *Les Conférences* ..., éd. cit., p. 302.
4. « [...] toutes les figures faites pour être posées en des lieux élevées, et pour être vues d'en bas, sont mieux au point de vue quand elles sont un peu penchées vers les spectateurs », *FOP*, p. 266.
5. Voir *Le Sophiste* pour la distinction entre « l'art de la simulation » (l'imitation brute) et « l'art de l'apparence illusoire » (à quoi renvoie le raccourci), in *Œuvres complètes*, II, 235 d-e – 236 a-c, éd. cit., p. 286-287. Sur l'usage de cette distinction dans les théories italiennes de la peinture à la Renaissance, voir les indications et les renvois que suggère A. Arikha dans sa *Réflexion sur Poussin*, *in* Nicolas Poussin, *Lettres et propos sur l'art*, éd. cit., p. 232.

l'esprit et à la forme intelligible que celui-ci conçoit par le biais d'un canon fixant les mesures des proportions ; tandis que de son côté, l'esprit, malgré l'impératif du canon, doit adapter celui-ci aux conditions sensibles de la vision. Aussi, entre la copie et le caprice, l'imitation trouve-t-elle sa place en superposant au réel empirique non l'idée arbitraire du merveilleux, qui engendre le maniérisme, mais l'idéal du vrai. Ce que montre bien la conférence prononcée par Champaigne qui, en dénonçant les « copistes des manières », distingue la copie de l'imitation. Car copier, pour Champaigne[1], n'est rien de moins que de mettre fin au progrès dans les arts, au profit d'une répétition stérile qui finit par étouffer en son sein à la fois le modèle et la copie du modèle. Or si l'art est à la fois représentation sensible et construction intelligible, et si la peinture et la sculpture sont bien des arts libéraux, il est nécessaire que l'artiste parvienne à se libérer d'une représentation toute prête. Aussi, comme Poussin l'estimera du Caravage, copier la vision première, est-ce en un sens « détruire la peinture »[2]. Inversement, asservir l'œuvre à la forme inventée, qu'elle soit purement intelligible ou tributaire de l'arbitraire de l'imagination, c'est verser dans l'excès de l'asianisme ou, selon une terminologie plus moderne, du maniérisme ou du baroque, en faisant de la forme la fin ultime de l'art quand elle n'en doit être qu'un moyen au service du vrai[3]. C'est cette prise de distance, vis-à-vis de l'apparence sensible et de la forme intelligible issue du calcul, qui permet précisément de produire non une copie, ni un monstre abstrait, mais une imitation, comme l'explique Gérard Audran[4] – ce qui lui permet de défendre le raccourci.

On se demandera toutefois ce que cherche à retenir Fénelon à l'intention de son élève en faisant sienne la substance de ces savants débats, sinon que les considérations techniques attestent la qualité des œuvres et servent de prélude à leur lecture sémantique. Si la sculpture, comme la peinture, est censée délivrer un message intelligible, en exhibant à la vue une histoire ou un principe moral – ce qui est suggéré à la fin du dialogue entre Chromis et Mnasyle par la référence à l'histoire, à l'épisode, à l'anecdote ou à l'agent qui en est la cause –, elle doit tout d'abord se soumettre au dessin. Dans la

1. « Contre les copistes des manières (11 juin 1672) », *Les Conférences* ..., éd. cit., p. 227. Également, H. Testelin, « Sur les proportions (2 octobre 1678) », *Ibid.*, p. 331 *sq.*

2. Félibien, *Entretiens* ..., IIIe partie, 5e entretien, éd. cit., p. 205.

3. *Cf.* Félibien, *Vie de Poussin*, *loc. cit.*, p. 206-207.

4. G. Audran, *Les Proportions du corps humain, mesurées sur les plus belles figures de l'Antiquité*, éd. cit., s. p.

mesure où celui-ci permet la représentation d'une forme, il peut se prévaloir de délivrer un contenu, ce que la perception immédiate de la réalité empirique, souvent confuse à cause du péché et des mauvaises habitudes, ne donne jamais d'emblée, les choses paraissant enchevêtrées les unes dans les autres et les accidents se mêlant à l'essentiel.

Par conséquent, c'est l'image, en l'occurrence celle qu'incarnent les statues, qui apprend à regarder droitement, comme Aristote[1], de son côté, l'avait montré à propos du poème tragique. Cela se trouve encore confirmé par le *Télémaque*[2] qui souligne la fonction civilisatrice de la sculpture : c'est, en effet, pour « exercer son corps, fuir l'oisiveté et gagner sa vie »[3] que Philoclès pratique cet art. Mais ce caractère anthropogène serait insuffisant s'il ne portait qu'individuellement ses fruits, c'est pourquoi Fénelon reconnaît à la sculpture une fonction politique. L'artiste doit se mettre au service des hommes pour les instruire, pour leur montrer, par le rappel des actions méritantes, la voie du salut moral et social. On s'interrogera cependant sur les motifs qui conduisent à faire de Philoclès un sculpteur et non un peintre : la sculpture, plus tellurienne, convient-elle davantage au cadre sauvage où vit Philoclès, à la grotte rustique dans laquelle la présence des

instruments du peintre ferait offense à l'exigence poétique de convenance ? À moins que le respect du *costume* n'oblige à tenir compte du fait que la peinture, au développement plus tardif, n'ayant pas encore fait son entrée dans l'histoire, il ne conviendrait pas que Philoclès fût un peintre. L'hypothèse n'effacera malheureusement pas l'énigme de la fable.

Si la statue doit aider le regard à traverser les apparences, à se défaire des illusions de la perception, c'est parce qu'elle est elle-même implicitement définie comme une sorte d'icône, destinée en tant qu'entité matérielle à faire l'objet d'une néantisation[4]. Car le regard, s'il doit commencer par considérer son apparence, doit ensuite la traverser pour viser à

1. « On se plaît en effet à regarder les images car leur contemplation apporte un enseignement et permet de se rendre compte de ce qu'est chaque chose, par exemple que ce portrait-là, c'est un tel », trad. M. Magnien, IV, éd. cit., 1448 b (14-19), p. 106.

2. Voir le livre X, p. 220-221. *Cf. FOP*, XXXVI, « Les aventures d'Aristonoüs », p. 256.

3. *Av. T.*, XI, p. 248. *Cf.* Vasari, *Les Vies des meilleurs peintres, sculpteurs et architectes*, I, Introduction générale : « Les sculpteurs, peut-être doués par la nature et par l'exercice de leur art d'une meilleure constitution, de plus de sang et de force, et par là plus intrépides et fougueux que les peintres revendiquent le plus haut degré d'honneur pour leur art [...]. [C]hez eux l'âme travaille avec le corps tout entier », éd. cit., p. 54-55.

4. Nous empruntons ce vocabulaire à Sartre, *L'Imaginaire*, conclusion, II.

l'immatérialité du message qu'elle indique. C'est la raison pour laquelle l'insistance sur le caractère utilitaire de la statuaire est portée à un degré aussi élevé – sans être pour cela absurde[1]. Répétée à l'envi, l'idée d'une utilité de l'art a pour fin de garantir du détournement idolâtre qui menace dans toute contemplation esthétique. Et c'est précisément ce danger qu'évoque l'épisode du livre III où Narbal suggère que Télémaque, qui en sera offusqué, se prétende « chyprien de la ville d'Amathonte, fils d'un statuaire de Vénus »[2], pour éviter les représailles dont le menace Pygmalion. Aussi au mensonge, insupportable en soi, faudrait-il ajouter le sacrifice de son identité et consentir à partager, par le sang, les mœurs probablement douteuses d'un obscur statuaire. Car il n'est pas innocent de sculpter Vénus. Et l'avertissement, pour chiffré qu'il soit, ne laisse pas d'être entendu grâce à ce réseau de signes présent dans le texte, et que le simple nom de Pygmalion suffit à activer.

Dès lors, l'insistance sur le caractère utilitaire de la sculpture, loin d'être exagéré, semble vouloir prévenir le danger particulier que recèle la pratique, ou même la contemplation, de cette forme d'art. Car la statue, si elle suscite, comme la peinture, une contemplation idolâtre, excite également le sens tactile où le contact entre ce qui touche et ce qui est touché risque de susciter une perte d'identité. Retenir la sculpture dans les frontières des arts du dessin, renforcer sa dépendance à l'égard de la mesure et en même temps la rappeler à sa mission essentiellement didactique, paraît une stratégie destinée à conjurer la tentation d'un autre univers où l'émotion confuse l'emporte sur l'idée claire.

La figure de la statue fournirait donc, plus fermement peut-être que la peinture, la matière d'une leçon de morale sur les dangers de l'illusion. Après s'être arrêté à considérer l'allure gracieuse, et même sensuelle, de cette statue représentant une nymphe[3] – en des termes qui, de la part d'un abbé s'adressant à un enfant, détonneraient quelque peu si le danger

1. *Cf.* É. Lavezzi qui souligne le caractère exagérément utilitariste, et finalement absurde, de la définition fénelonienne des beaux-arts, en l'occurrence de la sculpture, « Des amours contre-nature : les arts du dessin dans *Les Aventures de Télémaque* », *loc. cit.*, p. 281. Rappelons que les bustes ont avant tout, c'est Pline l'Ancien qui le souligne, une fonction identificatoire et mémorielle : en reconnaissant les grands hommes, on se souvient en même temps d'eux : d'où *in fine* l'affirmation de la vertu civique et civilisatrice de la sculpture. Voir É. Pommier, *Théories du portrait* ..., éd. cit., p. 24.

2. III, p. 75.

3. *Cf. FOP*, XL, « Chromis et Mnasyle », p. 267.

n'était pas si grand –, Fénelon, par la bouche de Chromis dont les progrès en matière de contemplation esthétique ont été fulgurants, demande à quel épisode se rapportent les accessoires qui accompagnent la statue, car la concupiscence des sens visuel et tactile ne doit pas s'opérer au détriment de l'intelligibilité du message : d'où la responsabilité qui pèse sur le dessin, lequel doit chercher à rappeler que la statue s'adresse d'abord à la pensée, en éveillant non un désir concupiscent mais une représentation capable de mouvoir la volonté.

Les considérations purement techniques, par l'intermédiaire des concepts de dessin et d'imitation, n'ont donc pas pour but de dispenser les rudiments d'un savoir destiné à nourrir la conversation des salons, mais elles ont, à l'instar de tout savoir, une fonction d'abord édifiante[1] par la représentation d'un modèle qui détourne de l'écueil de la corruption, de l'amour excessif de soi et des choses. La peinture et la sculpture apprennent le renoncement, le refus de l'inutile et du caprice, par le message qu'elles véhiculent, grâce aux héros qu'elles incarnent, mais aussi par le style qu'elles adoptent dans leurs réalisations, et enfin par leur mode d'expression lui-même qui enchérit cette leçon d'économie en montrant les choses, comme la parole aimerait pouvoir le faire, immédiatement.

le rôle du modèle architectural dans le discours pédagogique

L'examen des arguments et de l'intertexte des *Dialogues sur l'éloquence* a permis de mettre au jour l'idéal d'une parole qui vise à l'économie, et a révélé, de ce fait, la portée du modèle que représente l'architecture pour l'art de parler. Si l'architecture se constitue en modèle privilégié, c'est parce qu'elle vise, selon son principe même, à ajuster l'édifice au besoin. À ce titre, et plus encore que la peinture ou la sculpture, l'architecture mérite d'être définie comme l'art du dess(e)in par excellence – comme le veut aussi Vasari qui, pour cette même raison, lui réserve une place à part, en la décrivant comme « l'art le plus universel, le plus nécessaire et le plus utile

1. « L'homme digne d'être écouté est celui qui ne se sert de la parole que pour la pensée, et de la pensée que pour la vérité et la vertu [...]. La peinture, la sculpture, et les autres beaux-arts doivent avoir le même but », *LA*, IV, p. 1149.

aux hommes, [...] que les deux autres sont faits pour servir et orner »[1] : elle sert ainsi de modèle à l'art de penser et d'agir. En outre, en rendant sensible le précepte selon lequel c'est l'usage et non le caprice qui règle le recours aux choses, sa présence s'avère particulièrement justifiée dans un cadre pédagogique où elle contribue aux leçons de rhétorique, de morale, de spiritualité, d'économie politique, qui, toutes, visent à retrancher l'inutile, comme l'une des manifestations de l'amour-propre.

Mais la notion d'architecture, telle qu'elle est comprise par Fénelon, outre qu'elle exhibe la valeur du retranchement et du renoncement d'une façon plus radicale que ne le font les autres arts du dessin, joue aussi un rôle plus complexe. Par son fonctionnalisme et son expressivité – que suggèrent les observations sur les ordres architecturaux –, elle est certes une métaphore de l'économie de la pensée et du discours, et détient ainsi une fonction heuristique. Mais elle est aussi considérée en elle-même, examinée du point de vue de ses productions effectives, et devient alors un objet sur lequel il faut particulièrement attirer l'attention du futur monarque, en lui représentant les conséquences que font peser sur les mœurs les partis pris architecturaux et urbanistiques qui incitent à certains comportements, usages ou métiers. Car les édifices, considérés à l'instar de la sculpture ou de la peinture, comme des objets de contemplation, puis des métaphores morales, exercent de par leurs formes un effet sur l'affectivité et sur la pensée – effets permanents du fait de leur omniprésence, ne serait-ce que par les lieux d'habitation. Par son pouvoir de conditionner l'existence de l'homme en modifiant sa perception des choses, en lui suggérant des désirs ou au contraire en aidant à limiter ceux-ci, l'architecture ne peut être appréhendée comme une pratique indifférente.

la signification morale et politique des édifices et de l'habitat

La notion d'architecture apparaît tout d'abord dans les *Fables*, et c'est au sens propre qu'elle est considérée, dans son principe et son but, ce qui va de soi puisqu'elle ne saurait jouer ce rôle de comparant, qui lui reviendra plus tard, si l'on ne sait premièrement ce qu'elle est.

Aux deux catégories, issues de la division traditionnelle de l'architecture, qui recoupent d'une part les bâtiments utilitaires, et d'autre part les monu-

1. *Les Vies des meilleurs peintres, sculpteurs et architectes*, I, Introduction générale, éd. cit., p. 63.

ments destinés à la commémoration des grands hommes et des hauts faits, ainsi qu'à l'adoration des dieux, Fénelon ajoute celle qui désigne les bâtiments inutiles, construits par caprice ou amour-propre. C'est donc à cela que s'attache en priorité la référence à l'architecture qui apparaît tout d'abord dans les *Fables* à travers le diptyque du « Voyage de l'île inconnue », lequel oppose la fin légitime de l'habitat, premièrement articulée aux besoins du corps avant de l'être à ceux de l'âme, à celle, illégitime, fondée sur le caprice[1].

La même appréciation figure encore dans le *Télémaque*, où domine l'idée que l'art doit avoir pour vocation de suivre la nature, et par conséquent les besoins. Il n'est pas une description de cité, dans le roman, qui ne donne l'occasion de faire mention des principes légitimes de l'architecture[2], comme si à travers ceux-ci se révélait le profil de la politique mise en place, sa fidélité ou son mépris à l'égard des exigences de la nature, ainsi que les choix qu'elle opère en matière d'économie. Car la bonne politique doit toujours suivre les besoins et non les caprices des hommes : c'est la raison pour laquelle la Bétique, grâce au climat, ne connaît pas d'habitation, tandis qu'en Crète et à Salente, après la réforme qu'opère Mentor, les bâtiments dans leur volume et leur aspect, sont strictement mesurés à l'usage. En revanche, les figures de la tyrannie, comme celle de Pygmalion, s'incarnent dans des palais aux proportions monstrueuses, ou bien font voir des édifices inutiles, surchargés d'ornements tapageurs[3]. L'architecture comme art de bâtir, comme art d'établir les cités, et partant, quoique indirectement, comme art de susciter les liens qui doivent rapprocher les hommes, paraît bien la synecdoque de cet autre art qu'est la politique – toutes deux, dans un rapport d'analogie, servant enfin à définir l'essence de l'art, compris avant tout comme artifice, c'est-à-dire comme simple prolongement de la nature. En revanche, si les mœurs suffisent à gouverner les hommes, la politique devient inutile ou presque – ce cas-limite étant en fait impossible à cause du péché originel –, comme est inutile l'architecture quand la nature est

1. *FOP*, XXXIX, « Voyage de l'île inconnue », p. 263.

2. Voir l'article d'O. Leplâtre, « L'édification du lieu. Salente et l'inscription de l'architecture dans *Les Aventures de Télémaque* de Fénelon », *in* L. Richer (dir.), *Littérature et Architecture*, Lyon, université Jean Moulin, C.E.D.I.C., 2004.

3. *Cf.* Ph. Bonolas, « Fénelon et le luxe dans le *Télémaque* », *Studies on Voltaire and eighteenth century*, 249, The Voltaire Foundation, Oxford, 1987.

clémente[1]. Ainsi l'architecture n'existe pas en Bétique ; et de même, Calypso et Philoclès vivent dans des grottes aménagées, ce que permet certes le climat, mais surtout la pureté de leurs mœurs. Enfin, à Salente, elle ne semble plus un artifice inutilement surajouté à la nature et comme tel pernicieux. D'où la métaphore de la ville-fleur :

> Télémaque regardait avec admiration cette ville naissante, semblable à une jeune plante [...] ; elle croît, elle ouvre ces tendres boutons, elle étend ses feuilles vertes, elle épanouit ses fleurs odoriférantes avec mille couleurs nouvelles [...]. Ainsi fleurissait la nouvelle ville d'Idoménée sur le rivage de la mer[2].

Mais la notion de nature ne renvoie pas seulement à l'ordre physique ; elle renvoie également à l'ordre moral d'où est banni l'amour-propre : il est juste, en effet, que la créature, en connaissant sa valeur propre et sa place par rapport à Dieu et aux autres hommes, ne veuille s'en faire accroire par de constantes marques d'autocélébration. Or la demeure privée, comme telle, est ambiguë, en ce qu'elle manifeste déjà la présence d'un désordre parmi les hommes. La volonté de l'isolement peut certes être légitime, afin de fuir le spectacle d'un monde corrompu ; mais elle est aussi bien une tentation, un mouvement d'orgueil destiné à en imposer aux autres, et qu'accentuent les dimensions de l'habitation, le choix de l'équipement, des objets décoratifs ou des ornements divers, en accroissant davantage l'image illusoire que l'homme se fait de lui-même.

C'est contre cet ordre faux que Fénelon élabore une gradation entre les différents types de demeures. En partant du principe que l'habitation privée est tout de même nécessaire, étant donné la corruption et la faiblesse de l'homme que rappellent les besoins du corps, il s'agit néanmoins de voir en ceux-ci les principes d'un ordre, d'une limite qui doit servir de garde-fou à la vanité. L'habitat doit donc y être ajusté ; mais il reflète aussi le caractère moral, défini selon son degré de vertu. Le premier degré sera donc figuré par la grotte. Naturellement simple, selon le principe même qui la guide, celle de Calypso ne comporte « ni or, ni argent, ni marbre, ni tableaux, ni statues »[3], et paraît « plus propre à cacher les bêtes sauvages qu'à être

1. Voir *Av. T.*, V, p. 96 et 155.
2. *Av. T.*, VIII, p. 168-169.
3. *Av. T.*, I, p. 33.

habitée par des hommes »[1] – la déesse n'ayant besoin ni de se persuader de sa grandeur, ni d'apprendre à modérer son orgueil. Elle reflète bien, dans cette mesure, ce besoin d'humble retraite que satisfait également Philoclès en prenant un congé relatif du genre humain. Ces cas constituent cependant des exceptions : la déesse n'appartient pas à l'humanité, et le sage Philoclès représente l'idéal d'une vertu presque surnaturelle. En outre, ces figures d'exception sont aussi des figures solitaires, dont l'auto-suffisance peut être interprétée comme une marque de sainteté. Le commun des hommes a, lui, besoin de ses semblables pour donner le change à sa finitude : ainsi se forment des familles, lesquelles réclament des habitations offrant davantage de commodités. Cela conduit au second degré que définit l'habitat privé. Comme celui-ci, à l'instar du premier, est strictement déduit de l'ordre de la nature – des besoins élémentaires du corps et de la norme morale –, on se trouve en présence d'un modèle-type d'habitat qui, d'un contexte à l'autre, ne variera pas. Il apparaît dans *Les Aventures d'Aristonoüs*[2], se retrouve en Crète[3], puis à Salente[4]. Dans *L'Art de la nature*, l'habitat privé est, là encore, réduit à la stricte commodité conformément à l'art divin qui, dans la Création, montre partout cet ajustement parfait des parties au tout; et

réciproquement, la maison privée, pourvu qu'elle se révèle fonctionnelle, montre une perfection qui autorise à faire de celle-ci un emblème de l'art divin[5].

On notera qu'aucun indice renvoyant à l'aspect ornemental ne figure dans ces descriptions où seule l'ordonnance, toute entière rapportée à l'exigence vitale, permet d'accorder une valeur au bâtiment. Ce retranchement de tout ce qui se destine à l'agrément des sens se traduit en un modèle d'habitat austère mais commode, qui n'est pas sans évoquer certains tableaux des *Mœurs des Israélites* où Fleury donne de semblables descriptions de la vie quotidienne des Hébreux, en particulier de ce qui correspond à la deuxième période de leur histoire, marquée par un nouveau mode d'existence sédentaire tourné vers l'agriculture. Ce mode d'existence « innocent » – quoique la « vie pastorale » soit plus « parfaite »[6] encore –

1. *Ibid.*, XI, p. 249.
2. *FOP*, XXXVI, « Les Aventures d'Aristonoüs », p. 253-254.
3. *Av. T.*, V, p. 97.
4. *Ibid.*, X, p. 220.
5. *DED*, *L'Art de la nature*, p. 575-576.
6. Fleury, *Mœurs des Israélites*, *loc. cit.*, p. 10.

a valeur de paradigme économique, car les produits de la terre sont privilégiés au détriment du commerce des articles de luxe. Il a aussi valeur de paradigme esthétique en désignant leur art poétique, non comme une activité ludique mais comme « quelque chose de très grand et de très solide »[1]. Il incarne enfin le principe même de la morale, où la simplicité et la frugalité sont synonymes de vertu chez un peuple qui connaissait ses devoirs, et qui ne cherchait pas à détourner à son profit les honneurs seulement réservés à Dieu[2].

Cette thèse partagée par les membres du Petit Concile[3] prend un relief particulier dans le projet d'instruction du futur monarque, où les réflexions sur l'architecture s'articulent aux principes d'une économie politique qui fait de l'urbanisme une question cruciale, puisque de la conception même de la ville dépend la prospérité morale et économique d'un État[4]. Tout cela paraît clairement dans la critique de la politique fastueuse du roi – politique que la richesse et l'immodestie des bâtiments destinés à sa propre jouissance mettent en avant. Il est vrai que la *Lettre à Louis XIV* ne mentionne pas expressément les grands projets architecturaux, mais l'allusion aux « dépenses à l'infini » et au « luxe monstrueux »[5] peut s'entendre à la fois des guerres et des travaux engagés à Versailles, les uns et les autres interminables[6], tandis que L'*Examen de conscience sur les devoirs de la royauté*, probablement rédigé plus tardivement à l'adresse du duc de Bourgogne[7], y fait ouvertement référence[8]. De même les *Plans de gouvernement dits Tables de Chaulnes* de 1711, adressés au duc de Chevreuse – et particulièrement le « Plan de réforme après la paix » –, réclament un

1. Fleury, *Discours sur la poésie des Hébreux*, in *Opuscules* ..., éd. cit., t. II.

2. Voir Fleury, *Mœurs des Israélites*, *loc. cit.*, p. 63 (orth. mod.).

3. *Cf.* Fr.-X. Cuche, « Le "Petit Concile" et la Ville. Essai sur la politique de la ville chez Bossuet et son entourage », *loc. cit.*

4. *Cf.* Fleury, *Mœurs des Israélites*, où les premières villes sont décrites comme l'œuvre des méchants, Caïn et Nemrod, qui se sont enfermés, tandis que « les gens de bien vivaient à découvert sans rien craindre », *loc. cit.*, p. 9-10. *Cf.* du même auteur, les *Pensées politiques*, où les villes sont associées aux crimes, du fait de l'absence de liaison entre les habitants, et à l'épuisement des provinces ; les villes en ce sens attirent les « richesses » et les « scélérats » ; enfin les *Avis à Louis duc de Bourgogne puis dauphin* sur les mesures à prendre pour favoriser l'économie agricole in *Opuscules* ..., éd. cit., t. III.

5. *Lettre à Louis XIV*, *OF*, I, p. 544.

6. *Cf.* Fr. Bluche, *Louis XIV*, chap. XVIII, éd. cit., p. 533-535 ; Fr. Tiberghien, *Versailles. Le chantier de Louis XIV. 1662-1715*, Paris, Perrin, 2002.

7. Voir la notice de J. Le Brun pour ce texte in *OF*, II, p. 1664 *sq.*

8. *Examen de conscience* ..., 12, *OF*, II, p. 980-981.

« renoncement aux bâtiments et jardins », et une « modération » pour les « meubles » et les « équipages »[1], ce qui, à peu de chose près, se trouve déjà dans les avertissements que Mentor adresse à Idoménée au moment de la réforme de Salente[2].

Cependant, le principe selon lequel le prince doit donner l'exemple à son peuple ne revient pas à lui dénier le droit de disposer d'une habitation différente de celle des particuliers. Mais différente ne veut pas dire plus luxueuse; pour lui, comme pour les autres – et *a fortiori* davantage pour lui que pour les autres – les biens doivent être proportionnés aux besoins, comme le montre l'exemple de la Crète que gouverne Minos[3].

Le roi, différent des autres hommes par sa condition, ne l'est pas par sa nature : chargé d'une mission divine, il n'est pas lui-même divin : « Un roi, dit Mentor, [...] n'est qu'homme semblable à eux »[4]. Aussi la particularité de son équipage ne relève-t-elle pas du privilège, seulement lié à l'agrément, mais du droit. Sans entrer ici dans le détail de la philosophie politique de Fénelon[5], qu'il nous suffise de rappeler que l'égalité de nature entre les hommes ne l'emporte pas sur la différence des conditions et des charges, lesquelles doivent primer dans un État conçu lui-même comme un produit de l'artifice humain. Et si la Bétique montre *a contrario* une parfaite égalité des conditions, on ne doit pas oublier qu'elle se donne comme une figure édénique; en référant à ce temps de clémence et d'opulence de la nature, elle rappelle le premier âge de l'humanité. Mais ces habitants d'une terre si féconde sont-ils bien entrés dans le cours de l'histoire? Appartiennent-ils déjà au temps des hommes, ou bien n'ont-ils qu'une existence mythique? La Bétique, en effet, « est un pays dont on raconte tant de merveilles qu'à peine peut-on les croire »[6]. L'exception que constitue la Bétique ne saurait

1. *OF*, II, p. 1088.
2. *Av. T.*, X, p. 205 et 217. *Cf.* Fleury, *Avis à Louis duc de Bourgogne puis dauphin* : « Luxe en table, habits, meubles, carrosses, logements, jardins, cause de la ruine de la plupart des familles » ; « Logements : éviter les bâtiments nouveaux, les ornements excessifs : peintures, dorures, glaces. Les grands jardins : un beau coup d'œil coûte cher au peuple : rien de plus laid que l'injustice : belle maison, trop petit objet pour un Roi, faire un beau Royaume. Luxe se couvre du prétexte de la magnificence, erreur : vraie magnificence; ne rien devoir, demander peu, et donner beaucoup : orgueil de tout rapporter à soi : j'ai fait ce Palais, cette Ville. *Dan.* IV. 27 », in *Opuscules* ..., t. III, éd. cit., p. 281 et 282.
3. *Av. T.*, V, p. 97-98.
4. *Ibid.*, X, p. 213.
5. Pour un bilan des dernières recherches sur cette question, voir J. Le Brun, « Fénelon et la politique », *Nouvel État présent des travaux sur Fénelon*, éd. cit., p. 45 *sq*.
6. *Av. T.*, VII, p. 153.

donc faire oublier les défauts ordinaires des hommes, sur le fond desquels, précisément, le mérite se distingue. C'est pourquoi confondre les conditions, au lieu d'en rappeler la différence par l'intermédiaire d'un signe matériel, serait pour Fénelon le comble de l'injustice. Il est juste, inversement, que l'écart des fonctions et des charges, soulignant le mérite personnel, soit indiqué jusque dans le vêtement lui-même, comme c'est le cas à Salente[1].

Du point de vue de l'architecture, la grandeur de la fonction du prince sera donc signalée – sans qu'on sache exactement de quelle façon, et même s'il semble peu probable que le palais du roi de Thèbes constitue un modèle en la matière, en dépit de la place qu'il occupe dans le morceau encomiastique réservé à l'Égypte[2]. Car le luxe est d'ordinaire un signe de faiblesse, comme en témoigne le palais de Pygmalion[3]. Par conséquent, il est probable qu'avec la peinture de Thèbes Fénelon ne fasse qu'une concession à l'histoire – qu'il adapte néanmoins –, en s'inspirant, comme le montre J. Le Brun, de Bossuet, qui lui-même suivait Hérodote et Diodore[4]. En revanche, du point de vue du droit, il est juste que l'habitation du prince n'excède pas dans l'aspect, à l'instar de la Crète de Minos qui sert de modèle à Salente, la magnificence de celle réservée aux « temples des dieux », car les hommes ne sauraient posséder « des maisons semblables à celles des immortels », ce pourquoi Mentor « ne permit [...] que pour les temples les grands ornements d'architecture, tels que les colonnes, les frontons, les portiques »[5].

On reconnaît naturellement ici le principe de convenance ou de bienséance qui, de Platon à Horace, de Vitruve à Alberti, de Léonard de Vinci à Fréart de Chambray, et de Félibien à Poussin[6], traduit un enjeu à la fois moral – il faut suivre en tout la nature car elle est toujours bonne –, et esthétique – ce qui est beau, c'est ce qui est bon, et ce qui nous vient des anciens. Principe que nous avons aussi retrouvé, à travers la référence à Vitruve, dans l'esprit d'un

1. « Les différentes couleurs serviront à distinguer les différentes conditions, sans avoir besoin ni d'or, ni d'argent, ni de pierreries », *Av. T.*, X, p. 217. *Cf.* Fr-X. Cuche, *Une pensée sociale catholique ...*, éd. cit., p. 340 *sq.*

2. *Av. T.*, II, p. 48.

3. Sur le palais de Pygmalion : *Av. T.*, III, p. 66.

4. Voir la note p. 434, in *Av. T.*

5. *Ibid.*, X, p. 219-220.

6. Voir notre chap. IV.

architecte et d'un théoricien tel que Blondel qui, à son tour, a pu servir de caution scientifique à des penseurs comme Lamy, tout en apportant sa contribution à la diffusion des règles issues de l'architecture antique, et dont Fréart de Chambray, ou encore Félibien[1] se font aussi les relais, jusqu'à Fénelon qui, sans entrer dans le détail de la théorie des modes, n'en témoigne pas moins de certaines connaissances qui lui permettent d'achever la démonstration qu'a servie la référence à l'architecture.

L'architecture, rappelons-le, permet de rendre intelligible la notion de dessein défini comme intention rationnelle et raisonnable. Cette notion sert donc de pierre de touche en départageant, afin de légitimer les premières, les actions qui témoignent de la poursuite d'une telle intention de celles, gratuites ou arbitraires, qui relèvent du caprice ou de circonstances aléatoires. Or les ouvrages d'architecture, conformément à l'essence de celle-ci – et non à cette identité usurpée que certains veulent lui attribuer en la rendant purement ornementale –, donnent au projet d'ensemble, par l'ajustement des volumes, l'image la plus aboutie de cette adéquation d'un dessein rationnel et raisonnable avec la chose réalisée. Mais en cela leur qualité spécifique n'est pas encore pleinement révélée, car

ces ouvrages paraissent, dans cette argumentation, concurrencer la peinture et la sculpture – même si, en vertu de leur fonctionnalité, ils occupent déjà une place à part. En revanche, plus que les autres arts du dessin, l'art de construire se prête naturellement à une métaphorisation de l'art de gouverner. Les constructions luxueuses sont, en effet, toujours d'un tyran, et suggèrent l'échec, à plus ou moins long terme, d'une politique capable de n'engendrer qu'un désordre social, par le spectacle constant d'une gloire injustifiée. Les analyses d'Alberti sont encore une fois proches celles de Fénelon. Le livre III du traité *De la peinture* fait, en effet, allusion à « la faveur des concitoyens »[2] à laquelle le peintre doit être attentif, ce qui permet de définir la paix civile comme le but ultime de l'artiste, tandis que *L'Art d'édifier* montre que les missions du prince et de l'architecte se rejoignent[3], ce pourquoi A. Blunt conclut que « l'architecture est, à tous

1. *Cf.* notamment ce manuel très détaillé, que Fénelon a pu consulter – particulièrement le glossaire minutieux, formant la deuxième partie de l'ouvrage, fournissant une grille commode permettant d'évaluer les différentes productions propres aux arts plastiques, *Principes de l'architecture, de la sculpture et de la peinture et des autres arts qui en dépendent*.

2. *De la peinture*, III, § 52, éd. cit., p. 211.

3. Voir *L'Art d'édifier*, prologue, trad., présentation et notes P. Caye et Fr. Choay, Paris, Le Seuil, 2004, p. 51.

points de vue, une activité civique »[1]. Idée que réactive Fénelon, lorsqu'il envisage l'impact moral et social de l'édifice. C'est ainsi que les habitations des particuliers et du prince, évaluées à l'aune du concept d'usage, permettent de révéler les choix en matière d'action publique. La référence aux édifices sacrés, qui se donne comme une réflexion sur la signification morale des styles, va, quant à elle, achever cette démonstration en dénonçant le droit à l'arbitraire.

Avec les édifices sacrés, la question des ornements, absente jusqu'ici, fait son apparition. Mais le terme d'ornement ne convient pas exactement, précisément parce qu'il ne s'agit pas d'apporter une touche décorative mais, encore une fois, d'édifier. Par conséquent la nomenclature des styles d'architecture – gothique, arabe ou chinoise –, ainsi que celle des ordres, relève prioritairement de la sémiotique.

Cette approche n'a cependant rien de particulièrement original puisque, pour ne citer que ces exemples, on la trouve dans la *République*[2] et les *Lois*[3], où Platon établit une semblable hiérarchie des rythmes et des harmonies dans la musique en départageant ceux-ci selon les critères de la virilité et de la féminité. Vitruve, de même, rapporte les ordres architecturaux aux proportions du corps humain : masculin, féminin, juvénile[4]; quant à Poussin, dans la lettre à Chantelou du 24 mars 1647, il se décrit comme « n'étant point de ceux qui en chantant prennent toujours le même ton »[5]; tandis que dans la lettre du 24 novembre il expose, à la suite de plusieurs autres théoriciens – notamment Zarlino[6] –, la théorie des modes[7] qu'il articule à des règles de composition, lesquelles déterminent un style pictural, caractérisé par une dominante affective et illustré par les exemples

1. *La Théorie des arts en Italie* ..., éd. cit., p. 20. Sur l'importance de la préservation de l'intérêt public dans la conception de l'idéal artistique chez Alberti, voir les p. 16 *sq*.
2. *La République*, livre III, 398 d - 401 e.
3. *Les Lois*, II, 655 a-d.
4. Voir en particulier les chap. I, II, III du livre IV des *Dix livres d'architecture*, consacrés à l'origine et à la signification des modes.
5. *In* Nicolas Poussin, *Lettres et propos sur l'art*, éd. cit., p. 128.
6. Sur les différentes théories des modes, de Vitruve à Zarlino, puis à Mersenne, nous renvoyons à l'essai d'A. Arikha, *Réflexion sur Poussin*, *in* Nicolas Poussin, *Lettres et propos sur l'art*, éd. cit., p. 226-228. De son côté, P. Alfassa remarque que Poussin traduit littéralement Zarlino, ce qui expliquerait le style maladroit de ses phrases, et il n'est guère convaincu, en outre, du réel attachement de Poussin à l'application de cette théorie des modes (« L'origine de la lettre de Poussin sur les modes d'après un travail récent », *Bulletin de la Société de l'histoire de l'art français*, Paris, A. Colin, 1933, p. 134-135 et p. 137).
7. *Ibid.*, p. 135-137.

d'édifices architecturaux qui figurent dans ses tableaux. Félibien évoque cette lettre dans sa *Vie de Poussin* et, paraphrasant les propos du peintre, cherche à montrer que celui-ci, dans les « différents sujets qu'il traite, [...] tâche non seulement de représenter sur les visages de ses figures des passions différentes et conformes à leurs actions, mais encore d'exciter et faire naître ces mêmes passions »[1]. Or Fénelon semble ne pas ignorer cette volonté de rendre les sentiments et les intentions par le recours aux modes qui en constituent le langage secret, même s'il ne respecte pas strictement l'orthodoxie fixée par les anciens, comme le montre sa description du temple de Vénus dans la Chypre du *Télémaque*[2]. Si l'on se réfère, en effet, aux définitions des modes que donne Vitruve, la description de Fénelon pourrait renvoyer au mode ionien, où la délicatesse s'associe à la sévérité. Ce mode, précise Vitruve, convient donc particulièrement aux temples destinés à célébrer Diane ou Junon, déesses austères, tandis que Vénus et Flore s'accommodent davantage du mode corinthien. Fénelon a-t-il voulu signifier qu'à Chypre, où Vénus était particulièrement honorée, sa fonction revêtait une importance telle qu'elle justifiât de faire figurer sur son temple certaines marques de gravité et de sévérité en témoignage de respect ? Si les motifs de cette description nous échappent, il est difficile toutefois de l'imputer à un mode d'écriture stéréotypé qui, comme on a pu l'affirmer[3], accumulerait les clichés. Car Fénelon est bien attentif, dans le *Phocion*, au temple dont le « portail [est] orné de quatre grandes colonnes de l'ordre corinthien, avec un fronton et des statues »[4], et même si la gravité du tableau évoque le mode dorique, il n'en est pas moins vrai que les funérailles se déroulent un jour de fête, ce qui justifie que l'allégresse du peuple soit signifiée par le caractère gracieux et plus léger de l'ordre corinthien qui contribue à donner à l'arrière-plan son atmosphère. On se souvient, en outre, selon Félibien, que Poussin « ne donnait pas un coup de pinceau inutile »[5] ; aussi le « bâtiment carré [...] d'un bon goût d'architecture simple et noble »[6] évoque-t-il nécessairement un tombeau, et Fénelon, qui

1. Éd. cit., page 190.
2. *Av. T.*, IV, p. 86.
3. *Cf.* J. Alter, « "Télémaque" : le voyage au bout de l'ennui », Actes de Bâton Rouge, *Papers on French Seventeenth Century Literature*, Biblio 17, n° 25, 1986.
4. *DM*, LII, « Parrhasius et Poussin », p. 430.
5. *Vie de Poussin*, *loc. cit.*, p. 261.
6. *DM*, LII, p. 429.

entend avant tout souligner les aspects sémantiques du tableau, montre que le style révèle des valeurs morales en même temps qu'un certain mode de vie, et qu'il apparaît, par conséquent, comme l'indice d'un programme politique. La maîtrise du langage des détails architecturaux, si elle doit permettre de chasser de la composition artistique les traces d'un éventuel arbitraire, le doit *a fortiori* des édifices de la cité. L'édifice contribuerait ainsi à la leçon d'esthétique en même temps qu'à celle de l'art politique.

de l'indice politique à la valeur esthétique

Si la réflexion sur la notion de dessein à laquelle conduit l'architecture est, comme on vient de le voir, politique, elle détermine également une esthétique de l'œuvre d'art fondée sur l'idée d'une représentation symbolique idéale, où s'exprimerait l'accord parfait du signifiant sensible et du signifié de l'intention. Or c'est cette parfaite transparence qui produit, pour Fénelon, une satisfaction esthétique, laquelle ne doit jamais se confondre avec la délectation sensible, où le plaisir, fonction de la complexion sensible et affective de l'individu, demeure énigmatique. Il faut donc que la raison, faculté de l'universel, prenne part à l'appréciation pour que la délectation soit proprement esthétique et non plus conditionnée par un déterminisme psycho-physiologique. D'où l'importance que prend la dimension mathématique dans la compréhension et l'appréciation des arts du dessin chez Fénelon comme chez tous ceux – Alberti[1], Léonard de Vinci, Poussin, Le Brun –, qui entendent défendre la manière des anciens au nom du caractère intemporel, et par là même absolu, des fondements de l'art issus de la géométrie – même si d'autres les complètent : le dessin ne s'identifiant pas, comme on l'a vu pour la peinture, au schéma que produit le géomètre. Savoir construire une œuvre, c'est par conséquent s'en remettre à ce qui tout d'abord ne provient pas de soi; et de même savoir la juger, c'est renoncer à suivre la piste que propose indûment le goût personnel. Dans ce dernier type d'appréciation la chose est en effet rapportée à un soi aveugle et pathétique; dans l'appréciation esthétique, au contraire, la chose est rapportée non à l'ordre d'un sujet singulier, mais à cet ordre extérieur et impersonnel

1. Voir les premières lignes du traité *De la peinture* d'Alberti : « Pour écrire ces brefs commentaires sur la peinture [...] nous emprunterons tout d'abord aux mathématiciens les éléments qui nous semblent concerner notre sujet », éd. cit., p. 73. *Cf.* Fréart de Chambray, *Idée de la perfection de la peinture*, éd. cit., p. 3-4.

que montre la raison redressée par la foi, autrement dit à l'ordre universel de la nature.

L'édifice est donc jugé beau dès qu'il reproduit un dispositif intentionnel comparable à celui de la nature, où les êtres, animés ou inanimés, incarnent cet accord parfait[1] de l'apparence et de la fonction, tel qu'on l'observe à travers les descriptions de *L'Art de la nature*. En s'offrant comme le cadre primitif où se déroule l'expérience d'une délectation désintéressée face à des êtres dont la finalité, la rationalité et la bonté ne laissent pas d'être visibles[2], la nature permet ainsi de construire cet ordre humain qui, tout en étant artificiel, ne lui en reste pas moins fidèle. Dans cette mesure, l'architecture doit être le paradigme à partir duquel les autres modèles esthétiques – poétiques, picturaux ou musicaux –, n'apparaîtront que comme des variations, ce que résume le précepte du *Discours à l'Académie*, et que suggèrent encore les critiques des *Dialogues sur l'éloquence* ou des *Dialogues des morts* qui font de l'architecture la figure, par métonymie, de tous les arts. La dénonciation des styles gothique[3], arabe, ou chinois, qui ressemble à une croisade philosophique, politique, morale et esthétique, n'est donc pas à rapporter au seul domaine de l'architecture, même si celui-ci en est le point de départ.

contre le style gothique

Ce principe de transparence et d'intelligibilité, associé au *docere*, et commun aux membres du Petit Concile – le *Discours sur l'histoire universelle* de Bossuet et les *Mœurs des Israélites* de Fleury le défendent –, implique d'emblée un rejet du style gothique, ainsi que de la philosophie et de la rhétorique scolastiques qui lui sont consubstantielles, au profit d'une théologie et d'une spiritualité valorisant la simplicité d'un rapport plus direct à Dieu, par la lecture de la Bible et des premiers Pères et par l'oraison comprise comme une ouverture spontanée du cœur à Dieu[4]. *A contrario*, le style gothique, comme illustration, chez Fénelon, des retours sans fin de la raison, devient l'emblème de l'orgueil, du caprice, d'une décadence de

1. *Cf.* R. Fréart de Chambray, *Parallèle de l'architecture antique avec la moderne*, éd. cit., p. 3.

2. On ne confondra pas, pour autant, l'expérience esthétique et la réflexion esthétique qui sert à celle-ci de cadre préalable : car, de même que l'abandon mystique est moins synonyme d'un renoncement que d'un dépassement de la raison, l'expérience esthétique, tout en feignant d'ignorer la dimension d'intelligibilité à l'intérieur de laquelle elle s'accomplit, ne la présuppose pas moins.

3. Contre le style gothique, voir *DSÉ*, II, p. 55. Cf. *LA*, p. 1196-1197.

4. Voir en particulier *EES*, V, p. 922-923.

l'Église et de la foi – décadence néanmoins relative dans une vision eschatologique de l'histoire où les faux-pas sont toujours l'occasion de progrès ultérieurs. On lui préférera donc un style proche du goût des anciens[1], où dominent la simplicité, la ligne droite, l'absence d'ornements. Au demeurant, tout chez les anciens était simple[2], parce que directement inspiré de la nature, tandis que les courbes et les entrelacs[3], comme le montre Fénelon à propos des habitants de l'île inconnue, témoignent d'un détour par le caprice.

Dans cette perspective, le style gothique est suspecté de traduire l'assujettissement de la raison à un principe dépourvu de sens, et plus gravement, comme l'évoque l'articulation du style gothique à la théologie scolastique[4], les compromis infligés à l'Écriture pour adapter celle-ci à l'esprit et aux mœurs des infidèles. Ainsi, c'est toute la période comprise entre les conquêtes menées par les Arabes et la Réforme conduite par les peuples germains, autrement dit le Moyen Âge, qui se trouve stigmatisée – et qui rappelle la critique par Fleury du merveilleux dans la fable. On ne s'étonnera guère, dans cette mesure, de l'indice dépréciatif systématiquement accolé aux peuples germains ou arabes – coupables l'un et l'autre de la même faute.

Dans la quatrième partie des *Mœurs des chrétiens*, consacrée au « relâchement » des fidèles, Fleury propose une explication historique permettant de dégager les principales causes responsables de cette décadence de l'Église, dont l'autorité ne subsiste plus que dans des « formalités extérieures ». Dans cette intention, il établit une correspondance entre le progrès de « l'ignorance » et de la « barbarie », les conquêtes des musulmans et les pillages des Normands. Les Croisades, quant à elles, sont certes nécessaires pour freiner l'avancée des Arabes, mais elles ne sont

1. Sur les bâtiments des Égyptiens, voir Bossuet, *Discours sur l'histoire universelle*, IIIe partie, chap. III, in *Œuvres*, éd. abbé Velat et Y. Champailler, « Bibliothèque de la Pléiade », Paris, Gallimard, 1961, p. 964-965. Sur ceux des Israélites, voir Fleury, *Mœurs des Israélites*, *loc. cit.*, p. 38.

2. Sur la simplicité de la langue, voir Fleury, *Les Mœurs des Israélites*, *loc. cit.*, p. 52. *Cf.* Fénelon, *LA* : « Changez seulement les noms ; mettez les poètes et les orateurs en la place des architectes », p. 1197.

3. *FOP*, XXXIX, « Voyage de l'île inconnue », p. 264.

4. Sur la scolastique, voir *DM*, « Aristote et Descartes » p. 502 *sq.* ; *Corresp.*, t. XIV, Lettre de Fénelon à son petit-neveu, l'abbé de Salignac du 18 mai 1712, p. 50. *Cf.* H. Gouhier qui dans son *Fénelon philosophe* souligne bien le caractère nuancé de la critique de la scolastique par Fénelon, en montrant que celle-ci reste un instrument utile, pourvu qu'on n'en fasse pas une fin en soi, et qu'on ne s'y perde (voir p. 19 *sq.*).

malheureusement pas dépourvues d'effet pervers, car le mode de recrutement, imposant l'« indulgence plénière » afin d'attirer les recrues, affaiblit la foi et introduit des germes de désordres à l'intérieur de la discipline chrétienne. En outre, ce sont les Arabes, avec le rôle déterminant qu'ils jouèrent dans la diffusion de la philosophie et particulièrement de l'aristotélisme en Occident[1], qui imprégnèrent de leurs partis pris – tant dans les traductions que dans les commentaires – la réflexion des savants, philosophes et théologiens, en conduisant celle-ci aux difficultés redoutables à l'origine de la scolastique, laquelle « fit grand cas des subtilités de la dialectique et de la métaphysique [...] empruntées aux Arabes »[2], afin d'accorder la raison et la foi.

Cette appréciation, propre au Petit Concile, est également partagée par nombre d'écrivains, de Molière à Boileau[3]. On la retrouve aussi dans le discours de théoriciens ou d'historiens de l'art français, comme Blondel, Fréart de Chambray – lequel, dans la mouvance de Vasari, soumet la peinture à une décadence comparable à celle de l'architecture en accusant « l'ignorance et la barbarie des règnes du bas Empire »[4] –, ou encore Félibien[5], même si l'intention y est quelque peu différente. Plus politiques, en ce qu'ils se greffent sur l'expression d'un orgueil national – si les découvertes archéologiques établies en Italie semblent confirmer celle-ci comme terre des beaux-arts, du côté français Poussin apparaît aussi comme l'emblème d'une nouvelle Renaissance de l'art[6] –, les motifs qui gouvernent

1. Nous suivrons sur ce point A. de Libera, *La Philosophie médiévale* : « Le premier auteur ayant exercé une influence notable sur le Moyen Âge latin est al-Farabi (870-950), "le second maître" après Aristote selon la tradition arabe. [...]. L'œuvre philosophique d'Ibn Sina ou Avicenne (980-1037), sans doute l'une des plus grandes sources de la pensée médiévale latine, a pénétré en Occident avant même que l'œuvre d'Aristote n'y soit connue en totalité; c'est donc elle qui, la première, a initié l'Occident à la philosophie [...]. Ibn Rushd ou Averroès (1126-1198) reste, quant à lui, le grand interprète médiéval d'Aristote, celui que les Latins ont, par antonomase, appelé le "Commentateur" », Paris, P.U.F., 1989, p. 16-20.

2. Fleury, *Mœurs des Chrétiens*, in *Opuscules* ..., t. I, éd. cit., p. 279. Cf. *Traité du choix et de la méthode des études*, chap. XIV, in *Opuscules* ..., t. IV, éd. cit., p. 57. Sur cette correspondance entre style gothique et pensée scolastique, voir l'étude, désormais classique, d'E. Panofsky, *Architecture gothique et pensée scolastique*, trad. et postface P. Bourdieu, Paris, Minuit, 2e éd., 1967.

3. *Cf.* N. Edelman, *Attitudes of seventeenth-century France toward the Middle ages*, New York, 1946, p. 11.

4. *Idée de la perfection de la peinture*, éd. cit., p. 1.

5. Cf. *Entretiens sur les vies et les ouvrages* ..., Second entretien, éd. cit., p. 100-101.

6. Sur l'éloge que Vasari fait de son temps et de sa patrie, sous le couvert d'une construction historique, voir J. von Schlosser, *La Littérature artistique*, éd. cit., p. 332. *Cf.* S. Gremer, « Poussin et la fiction biographique », introduction à *Vies de Poussin*, éd. cit., p. 8-9.

le rejet du gothique chez un Vasari ou un Blondel n'en rejoignent pas moins ceux des littérateurs, parce s'ils s'articulent en même temps à une conception téléologique de l'histoire. Si Blondel se montre particulièrement virulent[1] à l'égard du gothique, c'est surtout Vasari – que Fénelon cite et que suivent les « Anciens » de l'Académie royale, particulièrement Le Brun dans son plaidoyer en faveur du dessin[2] – qui s'emporte jusqu'à l'injure contre ce style, qu'il interprète comme l'un des signes les plus patents de cette folie morbide des peuples germains acharnés à semer la mort jusque dans la mémoire des hommes en effaçant les chefs-d'œuvre de l'Antiquité. Aussi « gothique » devient-il pour lui synonyme de « barbare » et de « monstrueux »[3].

Il est donc difficile dans cette mesure d'attribuer à Fénelon et aux membres du Petit Concile la primauté d'une critique de ce style, même si elle s'accompagne chez eux d'un horizon idéologique particulier où les anciens sont loués en raison de leur proximité historique avec le temps de la Révélation.

Sans nous attarder plus avant sur les enjeux théologiques, politiques ou épistémologiques de ce rejet, il importe de souligner qu'il se fonde sur une croyance qui fait de ce style une anomalie esthétique. D'après Panofsky, cela est particulièrement flagrant dans le schéma historique qu'élabore Vasari, lequel reprend à sa façon le mythe des âges de l'humanité en excluant la période de la vieillesse, et donc de la décrépitude. Vasari, constate Panofsky, « ne pousse son parallèle entre évolution historique et âges de l'homme que jusqu'à la "perfection" de la maturité », de même que « Tertullien et saint Augustin [...] s'interdisent de pousser le parallèle biologique au-delà du stade de maturité »[4]. Même si Vasari, d'après Panofsky, suit moins en cela le dogme théologique que « son inébranlable conviction d'humaniste »[5], il n'en demeure pas moins que dans un cas, celui qu'incarne le point de vue de

1. Voir le *Cours d'architecture* ..., Ire partie, livre I, chap. I, éd. cit., p. 4.

2. Voir le « Sentiments sur le discours du mérite et de la couleur [...] », *Les Conférences* ..., éd. cit., p. 222.

3. *Les Vies* ..., I, Introduction aux trois arts du dessin, Architecture, sculpture et peinture, L'Architecture, chap. 1, éd. cit., p. 101.

4. « Le feuillet initial du "Libro" de Vasari ou le style gothique vu de la Renaissance italienne », *L'œuvre d'art et ses significations* ..., éd. cit., p. 180 et 181.

5. *Ibid.*, p. 181.

Fleury ou de Fénelon, comme dans l'autre, celui de Vasari[1], le sens de la condamnation du gothique demeure le même : admettre que le style gothique refléterait l'âge du déclin naturel de l'humanité serait lui reconnaître un droit, une raison d'être ; en revanche, en excluant cette étape, il devient aisé d'exclure ce style, afin de faire tout naturellement de celui des anciens la seule norme. En ce sens, l'architecture qui sert de miroir à la politique, à la morale, au goût, témoignerait aussi de la puissance éternelle de l'Église.

contre l'architecture chinoise

Si la condamnation de l'architecture chinoise, formulée par le personnage de Socrate dans le dialogue avec Confucius[2], peut sembler gratuite, elle ne serait cependant pas dénuée de fondement, au dire de J.-L. Goré[3], laquelle rappelle l'importance des témoignages des missionnaires partis pour l'Extrême-Orient, ceux des voyageurs et des ambassadeurs du roi de France – comme le *Journal du voyage du Siam* par l'abbé de Choisy (1686), l'*Encyclopédie de la pensée chinoise* sous la direction du jésuite Philippe Couplet (1687), ou encore *La Description du Royaume du Siam* par La Loubère (1691) que Fleury connaissait et qu'il mentionne dans le *Lettre à Monseigneur l'évêque de Métellopolis*[4]. On trouve également dans la *Lettre sur la morale de Confucius, philosophe de la Chine* (1688) de Sébastien Foucher une comparaison entre Socrate et Confucius ; enfin, en 1628, paraissaient *Les Voyages adventureux de Fernand Mendez Pinto, fidèlement traduits de portugais en français par le sieur Bernard Figuier [...]* cités dans le dialogue de Fénelon.

Le tableau de la civilisation chinoise que Fénelon brosse de manière détaillée témoigne, certes, de la contemporanéité de ces publications, mais il révèle surtout un intérêt réel pour ce peuple qui s'apparente dans ses origines non pas à ces « nations violentes et farouches qui ont été nourries dans les pays sauvages du Nord »[5], mais probablement aux anciens peuples

1. Voir « Le feuillet initial du "Libro" de Vasari ou le style gothique vu de la Renaissance italienne », *L'œuvre d'art et ses significations* ..., éd. cit., p. 181.
2. *DM*, VII, p. 302 et 305.
3. *L'Itinéraire de Fénelon* ..., Ire partie, chap. III, éd. cit., p. 71-80. *Cf.* la notice de J. Le Brun qui correspond au dialogue, *OF*, I, p. 1347.
4. *Traité du choix et de la méthode des études [...] avec un supplément contenant une lettre à M. l'évêque de Métellopolis* ..., Nismes, P. Beaume, 1784.
5. *DM*, VII, p. 304.

de Ninive ou de Babylone comparables aux Égyptiens par leur ancienneté. À l'opposé de Bossuet, qui ignore la Chine dans son *Discours sur l'histoire universelle*, Fénelon est loin de dédaigner ce peuple qui a su se doter « de bonnes lois et [d']une exacte police », ce qui le rend « fort supérieur aux autres peuples moins bien policés »[1].

Par conséquent, bien que les Chinois rejoignent les peuples d'avant la Révélation, ils s'inscrivent toutefois, parmi ces païens, dans le sillage de ceux qui font figure d'exception : les Égyptiens, les Assyriens, les Babyloniens[2]. Au *Discours sur l'histoire universelle* de Bossuet[3], font donc écho les mentions laudatives du dialogue de Fénelon destinées à cette civilisation qui mérite, avec d'autres, d'être distinguée au nom de sa « grande » « antiquité »[4].

De son côté, Sébastien Foucher insiste, en retraçant la généalogie des Chinois, sur la filiation de ce peuple qui le rattacherait à Sem, fils de Noé, ce qui accréditerait la sublimité de la sagesse de Confucius, qui la tenait d'une inspiration divine dont la source n'aurait pas été souillée par des rites étrangers[5]. Plus radicalement, sa *Lettre sur la morale de Confucius philosophe de la Chine*, rapproche le sage chinois de l'idéal chrétien, introduisant par là même un clivage parmi les païens[6]. Cependant, dans d'autres passages, Foucher reconnaît que l'histoire de la Chine est parsemée de « fables » « grossières »[7], et il a beau affirmer que les Chinois n'y adhèrent pas, cela n'en affaiblit pas moins leur crédit – ce que croit aussi Fénelon[8], en jugeant que le témoignage des païens, s'il mérite d'être considéré, ne doit pas conduire à mettre sur le même plan la Chine et la Grèce, dans la mesure où cela reviendrait à confondre le mythe et la vérité. La Chine a certes le pouvoir de nous instruire par certaines de ses pratiques et par la sagesse de

1. *Ibid.*, p. 297.
2. *Cf.* Huet qui dans l'*Histoire du commerce et de la navigation des Anciens*, accorde aux Chinois une place d'exception (chapitre X, Paris, Antoine-Urbain Coustelier, 2e éd., 1716, p. 40-41).
3. Sur Babylone, voir *Discours sur l'histoire universelle*, IIe partie, chap. V, éd. cit., p. 810-811 et IIIe partie, chap. IV, p. 974; sur l'Égypte, IIIe partie, chap. III, éd. cit., p. 966.
4. *DM*, p. 305.
5. Voir S. Foucher, *La Morale de Confucius, philosophe de Chine*, Avertissement, À Amsterdam, chez P. Savouret, 1688, s. p.
6. À Amsterdam, chez P. Savouret, 1688, p. 4-5 (orth. mod.).
7. *La Morale de Confucius* ..., Ire partie, éd. cit., p. 3.
8. *DM*, VII, « Confucius et Socrate », p. 299. *Cf.* Étiemble, *Confucius*, Paris, Club français du livre, 1956, p. 229-230.

ses lois, lesquelles ressemblent à celles des anciennes cités grecques, mais elle ne le fait que superficiellement, étant donné que les fondements de ces règles, en apparence raisonnables, ne relèvent que « de la coutume et des préjugés »[1], tandis qu'ils découlent, pour les Grecs, de l'usage de la raison. Ce serait donc cette contradiction que traduiraient les beaux-arts – en l'occurrence l'architecture. Alors qu'en Grèce les œuvres d'art, notamment architecturales, atteignent un apogée du fait de leur origine rationnelle, elles demeurent médiocres en Chine : c'est donc bien de « loin » que ce peuple mérite d'être admiré. L'architecture donne ainsi, en ce qu'elle sert de pierre de touche à la pensée réfléchie, une vision précise de la valeur de cette civilisation où tout est grand par la taille et néanmoins petit par le dessein.

Nous avons vu dans ce chapitre de quelle manière, à partir de l'examen des œuvres liées aux arts du dessin, il était possible d'aborder, directement ou indirectement, l'ensemble d'un corpus de connaissances. L'histoire, la théologie, l'ecclésiologie, la science politique, l'économie politique et domestique, la morale, la psychologie, la philosophie pratique (par l'idée de dessein ou d'intention réfléchie), la sémiotique des styles ou l'iconographie : toutes ces disciplines peuvent être étudiées par l'intermédiaire de l'œuvre d'art qui en est le schème. Dès lors, les arts du dessin ne forment plus un champ disciplinaire à part, pas plus qu'ils ne sont relégués dans la catégorie des arts mécaniques, où l'activité de la pensée n'aurait pas sa place. Au contraire, en se présentant comme une école de vertu par la valorisation des modèles privilégiant la mesure, les arts du dessin servent à l'enfant de miroir, lui offrant l'image, par contraste, de sa propre démesure ; mais ils se définissent aussi comme une école de pensée, dont le dessin serait l'emblème, en apprenant à suspecter les représentations d'une imagination livrée à elle-même. Si l'œuvre d'art peut être comparée à un schème, articulant la donnée sensible à l'idée vraie, elle contribue ainsi à ce réajustement de l'ordre des facultés, préalable nécessaire au savoir.
Dans ces conditions, le tableau, la statue et l'édifice paraissent compléter sinon, à terme, remplacer le discours et satisfaire en même temps à ce principe de plaisir auquel l'homme pécheur ne saurait se soustraire.

1. *Ibid.*, p. 298.

Mais plus encore, en familiarisant avec ce langage muet, les arts du dessin préfigurent l'image que le futur roi devra donner de lui-même, en faisant en sorte que ses « vertus » et ses « bonnes actions » lui tiennent lieu de discours, et soient ainsi à la fois les « ornements » de sa « personne » et de son « palais »[1].

1. *Av. T.*, XVIII, p. 410.

Nicolas Poussin, *Paysage aux deux nymphes*, 1659, h/t 118 x 179, Chantilly, Musée Condé

chapitre 4
le cabinet de peinture de Fénelon

Après avoir défini, dans le cadre de la poétique et de la pédagogie féneloniennes, la fonction didactique des images produites par les arts plastiques, ainsi que le rôle régulateur de la métaphore de l'image picturale, il convient d'approfondir plus avant la signification que Fénelon attribue à la peinture.

Le rôle si manifeste qu'elle est appelée à jouer invite à y voir non pas un divertissement mais, ni plus ni moins, un équivalent, plus accessible, du savoir métaphysique. Ceci expliquerait la prédilection de Fénelon pour le paysage poussinien, qui peut être vu comme une allégorie du monde créé par Dieu. L'interprétation que nous proposerons du *Paysage avec un homme tué par un serpent* permettra de vérifier la pertinence de ce qui n'est, certes, qu'une hypothèse – Fénelon ne s'étant pas expliqué sur ce point.

Néanmoins, cette hypothèse peut être étayée à partir de la hiérarchie qu'il établit entre les peintres, et surtout – parce que le propos y est plus abondant – à partir des remarques sur les tableaux de Poussin, y compris sur celui du château de Chantilly. En outre, en plaçant ces commentaires en regard de la métaphysique fénelonienne, elle-même prélude à l'expérience spirituelle du pur amour, il devient possible de prendre au sérieux un discours que d'aucuns prétendent le reflet d'une simple préférence, ou alors un poncif. Il est vrai que Fénelon avoue « préférer » le second paysage de Poussin qu'il commente dans les *Dialogues des morts*, de même qu'il s'enthousiasme à Chantilly devant l'œuvre de celui qu'il estime le meilleur peintre de paysage. Mais en ordonnant ces considérations, il est possible de découvrir un ordre secret des styles picturaux – du tableau « gracieux », appelé « caprice »[1], véhicule d'une délectation facile, en passant par celui, noble mais sévère, en qui s'incarne le « sublime terrible », pour aboutir au chef-d'œuvre qui parvient à mêler ces deux caractères, en apparence contradictoires, que sont la douleur et la douceur, et que Fénelon associera dans la *Lettre à l'Académie* à la notion de « sublime doux ». Nous montrerons également de quelle manière cette hiérarchie correspond approximativement à celle des degrés d'amour pour Dieu, ce qui permettra de voir dans l'expérience picturale l'*analogon* de ce qui est proprement la finalité de l'existence humaine, son *terminus ad quem*, le pur amour pour le Créateur. Enfin, nous tâcherons de confirmer l'idée que la peinture est non seulement un paradigme en qui s'incarnent des valeurs épistémiques et morales – ce qui explique son importance dans l'éducation – mais également une propédeutique qui conditionne la pratique de cette ascèse existentielle au terme de laquelle l'amour dont est capable la créature s'oriente radicalement vers Dieu, comme vers son lieu naturel. Dans cette mesure l'idéal didactique qu'incarne la peinture prendra un tout autre relief : au lieu d'y voir l'expression d'une fidélité compassée à l'égard de la norme scolaire, et parfois figée, défendue à l'Académie[2], il conviendra d'y voir la preuve de la cohérence du discours fénelonien qui articule systématiquement la connaissance à la délectation. Or, ce qui est vrai du rapport à Dieu, qu'on ne peut aimer sans connaître, est aussi vrai des choses : la délectation qui est, pour Poussin comme pour Fénelon, la fin dernière de la peinture, suppose bien, pour l'un comme pour l'autre, la connaissance.

Par ailleurs, s'il est vrai que les métaphores du tableau et de la peinture sont banales dans une tradition littéraire se réclamant de l'*Ut pictura poesis*[3] – tradition qu'encouragent, comme on l'a vu, la Contre-Réforme et l'usage politique des devises, emblèmes et allégories[4], la référence explicite à un

1. Voir *infra.*, p. 218 *sq.*
2. Ce que remet en question au demeurant l'édition récente (par J. Lichtenstein, Chr. Michel, *et alii*) des *Conférences à l'Académie* ..., en montrant que cette approche tient plus du mythe que de la réalité.
3. *Cf.* G. de Scudéry, *Le Cabinet de Monsieur de Scudéry*.
4. *Cf.* J.-P. Néraudau, *L'Olympe du Roi-Soleil*, éd. cit., p. 90-91.

style pictural précis demeure plus rare. Cependant, en citant nommément des peintres, Fénelon démontre que la notion d'image picturale comprise en général ne parvient plus à organiser la stratégie d'un discours pragmatique, ni à servir de métaphore précise à l'idée de représentation de la réalité sensible. Cette affirmation pourrait toutefois surprendre au regard de la ténuité d'un propos qui se contente bien souvent d'indiquer des œuvres sans réellement les commenter : « j'avoue que ces paysages me plaisent beaucoup »[1], devant un Poussin à Chantilly, ou encore « on prend [...] [du] plaisir à voir dans un paysage du Titien des chèvres, qui grimpent sur une colline [...], ou dans un tableau de Taisnière des festins de village »[2]. Cependant, Fénelon n'est pas un critique d'art et, dans un champ des savoirs balisé par les différentes Académies qui établissent sur le plan institutionnel des territoires épistémologiques distincts, il ne peut prétendre l'être[3] ; des hommes de lettres peuvent certes vanter un peintre, Le Brun pour Perrault[4], et Mignard pour Molière[5], mais dans une forme canonique, qui relève de leur domaine de compétence. L'originalité de Fénelon tient donc plutôt à l'extrême stabilité d'une tendance esthétique qui permet de dégager, par l'entremise de modèles plastiques expressément désignés, l'essentiel de sa position éthique, politique, philosophique et spirituelle. L'esthétique de Fénelon n'est donc pas l'expression d'un goût mais celle d'une vision du monde ; elle ne forme pas un discours à part, sans lien avec les autres domaines du savoir, et n'est donc pas celle d'un simple dilettante. Dans ces conditions, parler par métaphore du cabinet de peinture de Fénelon n'est pas le confondre avec celui d'un curieux ou d'un collectionneur. Contrairement à ceux-ci, il n'y a rien dans celui-là qui en rappelle l'éclectisme ou la quête de divertissement ; il laisse paraître, au contraire, une organisation systématique qui met en valeur la portée intelligible de l'image, naturellement préférée à sa valeur érotique. Mais ce primat accordé à la vérité, qui valorise l'activité méditative, doit en même temps servir à repousser l'idée d'un Fénelon illuminé, ennemi de la raison, et favorable à des formes de contemplation esthétique déréglées dès lors

1. *FOP*, XLI, « Sentiment sur différents tableaux », p. 267-268.
2. *LA*, chap. V, p. 1163.
3. *Cf.* A. Viala, *Naissance de l'écrivain* ..., éd. cit., p. 28.
4. *La Peinture*, éd. J.-L. Gautier-Gentès, Genève, Droz, 1992.
5. *La Gloire du Val-de-Grâce*, *in* Molière, *Œuvres complètes*, II, éd. G. Couton, « Bibliothèque de la Pléiade », Paris, Gallimard, 1971.

que la contrainte pédagogique serait levée. Au contraire, les écrits spirituels ne montrent aucun infléchissement par rapport à l'enquête philosophique, comme en témoigne l'*Explication des maximes des saints* qui s'apparente à un traité de philosophie où les opinions sont départagées en « vraies » et « fausses », et où c'est la ratiocination, et non la raison, qui est critiquée. Cependant, bien qu'elle conditionne l'appréciation esthétique, la présence de la vérité, comprise en un sens profane, dans l'image picturale, ne suffit pas à faire de celle-ci l'*analogon* de ce qui doit être la fin de l'existence humaine. Mais il y faut une vérité plus achevée qui, seule, peut susciter la délectation que Fénelon place au-dessus des autres – et qu'il semble reconnaître au second des deux *Paysages* poussiniens, plus suggestif que le premier. Comme pour rappeler ce principe commun à la spiritualité, à la rhétorique et à l'esthétique, d'une nécessaire articulation de la connaissance à l'amour, ou encore du *docere* au *delectare*, le plaisir ne peut être complet s'il repose sur une erreur. C'est pourquoi, on ne doit pas se méprendre sur le sens de l'exaltation dont Fénelon témoigne parfois – devant le Poussin de Chantilly notamment. Car à l'instar de la grâce divine qui s'articule à des raisons cachées, l'expression d'un *je ne sais quoi* fait fond sur un jugement

réfléchi. Aucune rupture ne s'instaure par conséquent vis-à-vis du champ du savoir – qui englobe nécessairement la théologie et la spiritualité.

Dans cette mesure, Fénelon, en ne se départant jamais de cet idéal didactique, n'est ni l'inventeur du paysage moderne[1], qu'il aurait préféré à l'histoire, ni le héraut encore timide d'une réception des œuvres picturales plus sensuelle et plus méfiante à l'égard de la tyrannie morale et théorique. Car le choix du paysage ne relève pas d'une intention polémique de brouiller les genres, en accordant une légitimité aux *caprices*, ces tableaux au sujet flottant, même si la lecture fénelonienne de certains tableaux s'apparente à une élévation exaltant un sentiment d'amour comparable à celui qu'éprouve le fidèle dans la confiance qu'il accorde à Dieu. Le sentiment pour Fénelon, ne l'oublions pas, s'articule précisément à la connaissance, suivant une gradation qui n'est pas sans évoquer celle de l'« Exposition des divers amours dont on peut aimer Dieu »[2]. La contemplation apparemment

1. Comme l'affirme J. Adhémar qui voudrait voir « en Fénelon un amateur de peinture et un des ancêtres du paysage moderne », « Fénelon paysagiste », *Chefs-d'œuvre perdus et retrouvés*, Bulletin de la Société Poussin, 3e Cahier, mai 1950, p. 74. Comme semble le soutenir aussi O. Dussud (« Les secrets du sourire d'un faune … », *loc. cit.*).
2. *EMS*, p. 1008 *sq.*

passive de l'image n'exclut donc pas le préalable d'une démarche spéculative ; davantage, elle la suppose et la conserve, tout comme la délectation prise à l'écoute d'un discours présuppose la vérité de celui-ci, et tout comme l'amour pour Dieu, enfin, s'élève à mesure que s'approfondit la connaissance de son idée. En outre, le paysage, comme nous l'avons vu, n'est pas systématiquement opposé au grand genre : comme théâtre d'une scène édifiante, il détient une noblesse qui n'a rien à envier aux tableaux plus ouvertement historiques ; au contraire, par sa composition, l'organisation interne de ses symboles, il se prête à une lecture allégorique, dont l'interprétation religieuse et spirituelle, au-delà de la lecture poétique ou mythologique, n'est pas le moindre de ses avantages. D'autres tableaux auraient pu, en effet, être choisis par Fénelon, étant donné les ressources picturales des demeures royales ; aucun cependant ne pouvait être plus suggestif que ces trois paysages de Poussin, qui suppléent, chacun à sa façon, la vision métaphysique et spirituelle du monde. Il n'y aurait donc pas de place, dans le discours fénelonien sur la peinture, pour cette spontanéité de légende qui voudrait faire de la contemplation artistique l'occasion d'un plaisir gratuit. Si celle-ci n'est peut-être, absolument parlant, qu'un mythe, *a fortiori* ne résume-t-elle pas l'expérience esthétique de Fénelon. C'est ce que nous allons tâcher, à présent, de démontrer plus complètement.

la peinture comme mise en scène de l'idée

l'idéal d'imitation

À la question de savoir quel est le peintre qui a la préférence de Fénelon, il faudrait tout d'abord désigner Parrhasius, car c'est lui qui, par antonomase, se charge de représenter la peinture dans sa forme idéale, et qui, pour cette raison, a le droit de juger les peintres, y compris les modernes. C'est pourquoi dans le dialogue qui confronte Léonard de Vinci à Poussin, ce dernier exprime un refus catégorique d'être jugé par quelque peintre que ce soit, sinon par Parrhasius lui-même[1].

Les raisons de ce choix peuvent, en partie, être éclairées par l'argument de la belle nature, proche encore de l'âge d'or, dont les peintres et sculpteurs

1. *DM*, LIII, « Léonard de Vinci et Poussin », p. 437.

de l'Antiquité ont donné les représentations les plus parfaites, et que les modernes doivent chercher à imiter. Mais cet argument, qui justifie l'obligation imposée aux peintres par l'Académie royale d'imiter les bas-reliefs antiques, dont Poussin lui-même s'était fait un devoir que Fénelon rappelle dans ce dialogue, doit être complété par celui qui accorde à la peinture des anciens d'avoir produit des imitations capables de tromper les peintres eux-mêmes[1].

L'anecdote, célèbre depuis Pline, pourrait faire figure de lieu commun dans un dialogue à vocation pédagogique, si elle n'était associée, d'une part, au modèle que représente Parrhasius, et d'autre part, à des notations qui tendent à confirmer l'idée selon laquelle la peinture n'est estimable qu'à la condition d'imiter à la perfection la nature.

Or cet idéal d'imitation est encore formulé à l'endroit des deux tableaux d'Antonio Moro : le portrait présent dans le cabinet du prince de Condé à Chantilly[2], et le *Christ avec deux apôtres*, que Fénelon juge « mauvais » mais « bien peint » en ce qu'il donne l'illusion de la « vraie chair »[3]. Le *Discours à l'Académie*, prétend, lui, qu'il faut « peindre d'après nature »[4], tandis que les *Dialogues sur l'éloquence* disent que « pour bien peindre il faut imiter la

nature, et voir ce qu'elle fait quand on la laisse faire »[5]; enfin la *Lettre à l'Académie* célèbre la *Transfiguration*, parce qu'en faisant ce tableau Raphaël « voudrait pouvoir tromper le spectateur, et lui faire prendre son tableau pour Jésus-Christ même transfiguré sur le Thabor » montrant par là sa fidélité au principe selon lequel l'art « doit viser à la ressemblance »[6]. La comparaison avec l'imitation du « détail de la vie humaine » dans l'*Odyssée*, qui donne l'illusion d'« être dans les lieux »[7], achève de persuader que le trompe-l'œil pourrait servir d'emblème à cette « peinture [qui] n'est bonne qu'autant qu'on y trouve de vérité »[8].

Mais cette exigence d'imiter la nature telle qu'elle s'offre immédiatement à la vue, si elle était vraiment celle de Fénelon, obligerait à s'interroger sur la valeur à accorder à l'étrange description du « Voyage de l'île inconnue » :

1. *DM*, LII, « Parrhasius et Poussin », p. 427.
2. *FOP*, XLI, « Sentiment sur différents tableaux », p. 268.
3. *Ibid.*
4. *DSÉ*, p. 536.
5. *DSÉ*, II, p. 39-40.
6. Chap. V, p. 1163.
7. *Ibid.*
8. *Ibid.*

> Il n'y avait aucun peintre dans tout le pays; mais quand on voulait avoir un portrait d'un ami, un beau paysage, ou un tableau qui représentât quelque autre objet, on mettait de l'eau dans de grands bassins d'or ou d'argent; puis on opposait cette eau à l'objet qu'on voulait peindre. Bientôt l'eau, se congelant, devenait comme une glace de miroir, où l'image de cet objet demeurait ineffaçable. On l'emportait où l'on voulait, et c'était un tableau aussi fidèle que les plus polies glaces de miroir[1].

Le thème du reflet dans l'eau, où les choses se réfléchissent et troublent l'observateur par leur ressemblance, outre qu'il évoque un lieu commun de la poésie baroque[2] renvoie également à l'une des différentes catégories d'images répertoriées par Bossuet dans les *Élévations à Dieu*... de 1695, afin d'identifier celles qui conviennent à la définition du Fils et de l'homme, étant tous deux des images de Dieu.

En commentant les différentes figures bibliques qui suggèrent l'idée de ressemblance entre Dieu et son image, Bossuet relève tout d'abord celle qu'avance saint Paul dans l'Épître aux Hébreux, à savoir « que le Fils de Dieu est le caractère et l'empreinte de la substance de son Père »[3]. Or la notion d'« empreinte » est utilisée tout d'abord dans son acception première, avant que Bossuet ne précise, puisque c'est en fait une métaphore, que celle-ci n'est pas « l'expression [...] de sa figure, car Dieu n'en a point; mais [...] de sa substance »[4]. Au livre de la Sagesse, il trouve encore la figure du reflet, ou du « miroir sans tache », plus justement adaptée à l'idée d'une ressemblance immatérielle[5]. Cependant, ces images sont fausses absolument parlant, car elles évoquent ce qui est « mort » : « le soleil, son rayon, sa chaleur; un cachet, son expression; une image ou taillée ou peinte; un miroir et les ressemblances que les objets y produisent, sont des choses mortes »[6]. Autrement dit, l'acte par lequel une image parfaite est produite ne suffit pas à définir l'image du Fils engendrée par Dieu; par conséquent, l'idée d'une perfection de l'image synonyme de copie se retourne en son contraire, s'il s'avère que celle-ci est produite

1. *FOP*, XXXIX, p. 263.
2. Voir J. Rousset, *La Littérature de l'âge baroque en France. Circé et le paon*, Paris, José Corti, 14e réimpr., 1995, p. 148 *sq*.
3. Cité par Bossuet dans les *Élévations à Dieu sur tous les mystères de la religion chrétienne*, Deuxième semaine, IIIe Élévation, éd. cit., p. 40.
4. *Ibid.*, p. 40-41.
5. *Ibid.*, p. 41-42.
6. *Ibid.*, IVe Élévation, p. 42.

mécaniquement, de façon involontaire et passive. C'est donc l'intention, plus essentielle que l'imitation elle-même, qui fournit le critère contribuant à rehausser la valeur de l'image, ce pourquoi Bossuet dit de Dieu qu'il « fait une image plus vive »[1], car c'est le Verbe, dans lequel s'exprime l'esprit de Dieu, qui lui donne vie. Le lien établissant une ressemblance entre le modèle et l'imitation n'est intrinsèque que s'il se déduit d'une intention, tandis qu'il demeure extrinsèque dans le processus mécanique de reproduction. Or s'agissant de l'action divine, c'est bien l'intention qui conditionne la ressemblance : « en elle [la nature divine], écrit Bossuet, la conception ne peut être séparée de l'enfantement »[2]. Par conséquent, la notion d'imitation ne saurait être définie comme simple copie sans que paraisse la référence à la représentation, et mieux encore à la conceptualisation.

Cette précision, qui trouve à s'appliquer à une question théologique, et que Fénelon ne pouvait ignorer, s'avère, rapportée au champ de la peinture, d'une importance décisive – *a fortiori* s'il s'agit de reconnaître une dignité à la peinture, en faisant de celle-ci un art libéral, et du peintre un créateur dont l'activité se compare à celle d'un *deus pictor*. C'est pourquoi les

indications du « Voyage dans l'île inconnue », concernant cette manière de peindre prétendument idéale, tiennent en fait de l'antiphrase. Dans une fable qui dénonce la paresse, la recherche du plaisir sensible, l'absence de réflexion qui déshumanise des hommes décrits comme lâches, cette conception de la peinture ne peut évidemment pas se targuer d'une valeur positive[3] : car l'imitation n'a rien d'un idéal si elle cherche à reproduire l'apparence sensible des choses sans réfléchir à ce qu'il faut imiter – d'où le rejet des peintres copistes qui ne laissent paraître aucun discernement dans le choix et dans le traitement de leurs sujets[4]. Si cette défense de l'imitation raisonnée concerne également la poétique – comme le rappelle Horace –, ou la philosophie, avec la condamnation par Platon des poètes bouffons de la cité décadente, et naturellement la rhétorique, celle-ci renvoie surtout à une longue tradition picturale, dont Zeuxis aurait été l'initiateur en composant

1. *Ibid.*
2. *Ibid.*, p. 43.
3. *Cf.* R. Démoris, « Peinture, sens et violence au Siècle des Lumières : Fénelon, du Bos, Rousseau », *in* G. Mathieu-Castellani (dir.), *La Pensée de l'image. Signification et figuration dans le texte et dans la peinture*, Presses universitaires de Vincennes, 1994.
4. Déjà chez Quintilien, voir *Inst. Orat.*, X, II, 7 : « [...] il serait honteux [...] de se contenter de reproduire le modèle qu'on imite ! » éd. cit., p. 108.

son Hélène à partir des proportions de cinq jeunes filles choisies parmi les plus belles de la cité[1]. Pline, après Cicéron, en rapporte l'anecdote en mentionnant aussi qu'il « fit une Pénélope [...] où il paraît [...] avoir représenté un type de caractère »[2]. Ces éléments se retrouvent enfin dans les débats modernes[3], susceptibles d'avoir nourri les considérations de Fénelon sur l'imitation en peinture[4], et notamment dans les *Entretiens*... de Félibien. C'est aux portraits de cire que Félibien associe l'imitation parfaite ; or ceux-ci, précisément, n'évoquent plus la vie mais la mort :

> [...] j'ai remarqué [...] qu'encore que ces images de cire aient les mêmes traits de la personne sur laquelle on les a formés ; que le mélange des couleurs y soit observé avec un soin particulier, et une exactitude si grande que l'on voit toutes les teintes de la chair [...] et même jusqu'aux pores [...]. J'ai remarqué, dis-je, que cette ressemblance surprend plutôt la vue qu'elle ne persuade l'esprit, et que de la personne qu'on prétend représenter, elle n'en fait point une image véritable. La raison que j'en trouve, est que ceux de qui on moule le visage demeurent tranquille pendant qu'on y travaille, la matière qu'on emploie [...] chasse et repousse [...] les esprits et les mouvements intérieurs[5].

Si la cire paraît accomplir l'idéal de convenance, elle y échoue en réalité, car celui-ci engage avant tout l'accord du physique au moral, et non du physique au physique qui relève, lui, de la tautologie. C'est ce que met en évidence la problématique de la représentation et de l'expression picturales, telle que la synthétise Vasari – dont la dernière édition des *Vies*... date de 1568, et à laquelle font allusion les analyses féneloniennes. Par conséquent, nous privilégierons les références proches de cette perspective qui accorde une place prépondérante au dess(e)in et à la tradition florentine – comme étant les plus à même de satisfaire cet impératif – en nous référant aux deux plus

1. L'anecdote figure dans Cicéron, *De l'invention*, livre II, II, 4, trad. G. Achard, Paris, Les Belles Lettres, 1994, p. 144.

2. Pline, *Histoire naturelle*, XXXV, § XXXVI, éd. cit., p. 59. Pour la composition de l'Hélène voir les p. 59-61.

3. Pour une synthèse de ces débats, nous renvoyons à R. Zuber, « La critique classique et l'idée d'imitation », *Revue d'histoire littéraire de la France*, 71e année, LXXI, 1971.

4. Par la probabilité selon laquelle le contenu de certains de ces textes, en particulier ceux d'Alberti ou de Léonard de Vinci, a pu lui être connu de première ou de seconde main. Voir notre chapitre III sur la publication des traités d'Alberti et de Léonard de Vinci en 1651.

5. *Entretiens* ..., Ire partie, 1er entretien, éd. cit., p. 39-40 (orth. mod.). *Cf.* l'analyse que donne É. Pommier de la critique du vérisme des portraits de cire, in *Théories du portrait* ..., éd. cit., p. 254 *sq*.

importants traités qui en fournissent le substrat : ceux d'Alberti et de Léonard de Vinci, lesquels avaient bénéficié, en outre, avec leur publication en 1651 par Trichet du Fresne, d'un regain d'actualité.

la notion de double convenance dans les traités d'Alberti et de Léonard de Vinci : l'esthétique et la morale

On remarquera que les premiers traités de la Renaissance consacrés à la critique picturale, c'est-à-dire à l'établissement d'une norme encadrant la pratique de la peinture[1], accordent la plus grande importance au principe de « double convenance ». Mais ce principe, qui implique, d'une part, l'accord dans la représentation picturale de la réalité empirique et de l'idée conçue par le peintre, et d'autre part, l'accord de cette idée avec une vérité supérieure, permettant ainsi de corriger son éventuelle fantaisie, offre, malgré le cadre rigide qu'il entend imposer, une certaine latitude d'interprétation. Car la vérité érigée en norme, par laquelle le peintre corrige son idée, peut encore, *a priori*, s'accorder à des valeurs distinctes, selon que l'on considère la notion de norme au sens moral, arithmétique – comme moyenne –, ou

esthétique : un sujet peut être écarté soit parce qu'il choque le sens moral en offrant un spectacle déplaisant, soit parce qu'il blesse la vue par une apparence disgracieuse, soit parce qu'il n'est pas crédible eu égard à ce qui est communément observé.

C'est tout d'abord le *De Pictura* d'Alberti qui, en rapportant le principe de double convenance à la peinture[2], en précise les modalités par la référence à la notion de vraisemblance[3]. Comprise tout d'abord en un sens empirique, cette dernière sera complétée ensuite par l'idée de conformité normative – sans qu'on sache d'emblée quelle valeur accorder à celle-ci :

> Qu'il y ait chez les jeunes filles une attitude et des mouvements gracieux [...]. Chez les adolescents, que les mouvements soient plus légers, joyeux, laissant deviner leur vigueur [...]. Que chez un homme les mouvements soient plus fermes [...]. Que chez les vieillards tous les mouvements soient lents[4].

1. Voir Alberti, *De la peinture* : « nous ne faisons pas comme Pline une histoire de la peinture mais, de façon extrêmement nouvelle, un examen critique de cet art », livre II, § 26, éd. cit., p. 135.
2. Voir la IIe partie du *De la peinture*, et R.W. Lee, *Ut Pictura Poesis* ..., éd. cit., chap. I et V.
3. *De la peinture*, livre III, § 55, éd. cit., p. 217-219.
4. *Ibid.*, livre II, § 44, p. 185-187.

Sur le premier point le traité d'Alberti suit rigoureusement l'*Art poétique* d'Horace, pour qui il importe que le poème soit « le langage même de la vie »[1]. Mais les « jeunes filles » ne sont pas toujours gracieuses dans la vie, et c'est pourquoi Alberti accorde par la suite plus d'importance à la deuxième acception, qui renvoie à un idéal normatif. On évitera donc, dans le choix d'un sujet pictural, les personnages vulgaires, les anecdotes triviales, la complaisance vis-à-vis de la nudité[2], et surtout la laideur[3]. La correction qu'il est parfois nécessaire d'imposer à la nature se justifie parce qu'elle permet d'atteindre à une réalisation plus parfaite de l'idéal de la beauté esthétique[4], défini en termes d'unité, d'équilibre et de justes proportions. La norme à laquelle s'articule la notion de convenance est donc esthétique, plus que morale, et c'est en ce sens qu'Alberti analyse la notion de pudeur – la nudité ou la trivialité n'étant choquantes que parce qu'elles sont laides, autrement dit susceptibles de détonner en rompant l'équilibre plastique[5]. En revanche, on voit que les considérations morales, qui associent d'ordinaire la nudité à la concupiscence, restent étrangères à son argumentation – la religion n'ayant pas autorité sur la peinture, elle ne détient pas le privilège de la vérité[6] en matière de représentation. Aussi, sans pour autant contredire strictement le motif chrétien, la défense de la pudeur s'appuie-t-elle sur un argument bien différent qu'Alberti prétend, pour ce qui est de l'esthétique, trouver dans l'Antiquité – ce qui paraît constituer, dans un premier temps, sa principale source d'inspiration tandis que la référence à la modernité, par la figure de Giotto n'apparaît, elle, qu'une seule fois dans le traité[7]. Ce sont en effet les notions plastiques de proportions et de symétrie, que complètent les réflexions sur le contraste des couleurs, le jeu des surfaces et le refus des « angles prononcés »[8], qui servent de critères à l'évaluation. Quant à la perspective morale, une nette

1. Horace, *Art poétique*, in *Œuvres*, trad. F. Richard, Paris, Flammarion, 1967, p. 263-267.
2. *De la peinture*, livre II, § 40, éd. cit., p. 173.
3. *De la peinture*, livre III, § 55, p. 217-219; voir également les p. 173-175 où Alberti montre que les peintres anciens eux-mêmes suivaient ce précepte.
4. *Ibid.*, livre III, § 55, p. 219.
5. *Cf.* la position de Lomazzo – à laquelle nous faisons référence plus bas – rapportée par J. von Schlosser : « Lomazzo [...] enseigne que la dame doit toujours être belle sur un tableau [...] même si en réalité il s'agit d'une putain », *La Littérature artistique* ..., éd. cit., p. 448.
6. On se reportera sur ce point aux analyses d'A. Blunt, in *La Théorie des arts en Italie. 1450-1600*, éd. cit., p. 18.
7. *De la peinture*, livre II, § 42, éd. cit., p. 179; voir sur ce point l'introduction de S. Deswarte-Rosa, p. 51.
8. *Ibid.*, livre II, § 35, p. 159.

préférence revient à l'éthique humaniste, qu'Alberti relie à des questions plus politiques que proprement religieuses.

Cette approche esthétique de la notion de convenance passe ensuite dans le traité de Léonard de Vinci, qui poursuit l'entreprise albertienne visant à désamorcer, dans l'intention de prouver la dignité de la peinture, le penchant à l'arbitraire et à l'ignorance des peintres amateurs. Le plaidoyer en faveur de la peinture permet de comprendre[1] la suspicion de Fénelon à l'endroit de cette doctrine, en même temps que l'admiration éprouvée par certains théoriciens pour le maître italien – dont la doctrine fénelonienne a peut-être, à son insu, hérité.

L'une des caractéristiques de ce traité est qu'il fonde sa défense de la peinture sur une critique sans appel de la poésie. « Il y a entre peinture et poésie, note Léonard, la même différence qu'entre un corps et l'ombre dérivée, ou même plus grande car l'ombre de ce corps passe au moins par la vue pour accéder au sens commun »[2]. Et si la peinture est « muette », selon la définition de Simonide rapportée par Plutarque, la poésie, elle, est « aveugle » – défaut beaucoup plus grave si l'on convient que l'œil est de tous les organes des sens le plus précieux. « Perdre la vue, c'est être privé,

note-t-il encore, de la beauté de l'univers et ressembler à un homme enfermé vivant dans une sépulture »[3]. Cela revient à dire que la peinture est seule authentiquement belle puisqu'elle produit une image de ce qui est beau : le visible. Par conséquent, la beauté des autres arts est imparfaite en ce qu'elle imite le reliquat de la beauté – ce qui est encore vrai de la sculpture à qui manque le coloris. Parce qu'elle ne s'adresse qu'à l'imagination, faculté du détour et de l'expédient, la parole est, elle, frappée d'impuissance. Recourir à l'imagination n'est donc qu'un pis-aller au regard de la vue qui apporte immédiatement ce que la parole restitue péniblement. En outre, à mesure que les paroles s'énoncent, elles s'effacent et laissent ainsi inachevée l'image de l'objet que le poème voulait produire. Enfin, les moyens mêmes qu'emploie la poésie sont défectueux, car le mot, étant un signe arbitraire, n'adhère jamais à la chose qu'il veut représenter et

1. Indépendamment de la remarque de Poussin selon laquelle les principes essentiels du *Traité de la peinture* tiendraient sur une seule page, et qui pourrait justifier le mépris dans lequel est tenu le jugement de Léonard dans les *Dialogues des morts*.

2. *Traité de la peinture*, « Le Paragone ou parallèle des arts », textes traduits et présentés par A. Chastel, Paris, Berger-Levrault, 1987, p. 92.

3. *Ibid.*, p. 89.

contraint ainsi l'imagination à un effort continuel de transposition[1]. En définitive, cette démonstration, qui se nourrit initialement du précepte horacien, finit par détourner celui-ci en affirmant que la poésie, si elle gagne à s'inspirer de la manière du peintre, n'y parvient jamais pleinement. Après avoir démontré l'idée de la supériorité de la peinture, d'un point de vue que Léonard estime scientifique parce que fondé sur le témoignage des sens et non sur d'hypothétiques spéculations, le traité se consacre à l'établissement des règles que doit suivre le peintre. La règle albertienne de la double convenance est ainsi reprise par Léonard qui l'appelle le « décorum », et qui l'articule, ici aussi, à une conception résolument réaliste de l'art – laquelle semble caractériser la réflexion théorique de la Renaissance[2], où la beauté est tout d'abord un phénomène qui s'accompagne de certaines proportions et d'une harmonie de coloris, avant d'être une entité transcendante, théologique ou métaphysique. Or cette « nouveauté » renoue, d'après Panofsky[3], avec la tradition empiriste de l'Antiquité grecque et latine – celle précisément que Platon stigmatise, pour la période qui le concerne, en se réclamant du modèle égyptien[4].

C'est donc l'exactitude de la représentation, du point de vue de la fidélité à la nature et au contexte historique, qui apparaît comme le critère principal permettant de juger de la qualité de l'œuvre. D'où l'attention accrue aux détails de la scène à reproduire : vêtement, lieu, attitude des personnages, saison, époque historique, tous ces éléments devant s'accorder afin de produire un effet de vraisemblance[5]. Et cette règle, qui s'adapte aux différentes parties de la peinture, s'avère finalement la seule à laquelle le peintre doive se soumettre[6].

1. Lessing, comme chacun le sait, n'oubliera pas cette démonstration quand il invitera, dans son *Laocoon*, à dépasser le principe qui commande l'esthétique classique – à savoir la conformité de la poésie et de la peinture, impliquant que le poète doit imiter, à l'instar du peintre, une action –, en montrant que l'écart de nature entre la simultanéité et la succession figurant celui de la peinture et de la poésie – l'une étant de l'espace et l'autre du temps – la comparaison de l'une à l'autre ne présente pas la moindre pertinence. Voir le chap. XIII, trad. Coutin (1866), Paris, Hermann, 1990.

2. Voir E. Panofsky, *Idea* ..., éd. cit., p. 67; *La Renaissance et ses avant-courriers dans l'art de l'Occident*, éd. cit.; Gombrich, *Histoire de l'art*, trad. J. Combe et C. Lauriol, Paris, Gallimard, 1998 [1950].

3. Dans *Idea* ..., voir le chapitre sur « La Renaissance », éd. cit., p. 63-89.

4. Voir *Idea* ..., p. 70-73.

5. *Traité de la peinture*, « Les problèmes du peintre », éd. cit., p. 247.

6. Voir le *Traité de la peinture*, « Les problèmes du peintre », éd. cit., p. 245.

Or il est notable que la particularité de cette règle réside essentiellement dans son caractère factuel, qui revendique l'accord immanent de l'image des choses avec les choses elles-mêmes, et qui n'implique d'interrogation ni sur le statut ontologique de cette image, ni même, d'un point de vue moral, sur le caractère pragmatique, c'est-à-dire édifiant de celle-ci. La réflexion philosophique, métaphysique, ou morale ne guide pas ici la main du peintre ; et si celui-ci peut être conduit à modifier l'aspect immédiat des choses, afin d'accentuer l'effet d'harmonie, le principe transcendant auquel il se soumet demeure toujours indépendant des notions de moralité ou de vérité, et ne s'articule qu'à des préoccupations strictement hédonistes. La seule question que le peintre doive poser porte sur l'artifice auquel recourir pour que la jouissance esthétique soit accentuée, le reste n'étant que vaine spéculation[1].

En définitive, la « noblesse » de la peinture repose, d'une part, sur l'organe auquel elle s'adresse, qui lui-même ne possède de valeur qu'à titre d'instrument nécessaire à l'acquisition d'un savoir pratique avant d'être spéculatif – les « sciences [...] qui ne naissent pas de l'expérience » « semblent vaines et pleines d'erreurs »[2] –, puis à la production d'une jouissance esthétique. Cette noblesse dépend, d'autre part, de sa capacité à restituer l'harmonie qui réside habituellement entre les choses, laquelle produit seule ce ravissement qui, indépendamment de tout critère moral, atteste l'excellence de l'œil.

Il est vrai que Fénelon ne tient pas le traité de Léonard en haute estime[3], et qu'il semble se rallier indirectement au groupe de ceux qui, à l'Académie, l'avaient critiqué, à l'instar d'Abraham Bosse qui prétendait fonder son jugement sur les appréciations que Poussin lui avait fait parvenir dans sa lettre[4]. Cependant, les critiques académiques adressées au *Traité de la*

1. *Ibid.*, p. 244.
2. *Traité de la peinture*, « Le paragone ou parallèle des arts », éd. cit., p. 85.
3. « [...] sachez que ce n'est ni dans vos livres ni dans les tableaux du siècle passé que je me suis instruit, c'est dans les bas-reliefs antiques », *DM*, LIII, « Léonard de Vinci et Poussin », p. 437.
4. « Pour ce qui concerne le livre de Léonard de Vinci, il est vrai que j'ai dessiné les figures humaines qui sont en celui que tient monsieur le chevalier du Puis [...]. Tout ce qu'il y a de bon en ce livre se peut écrire sur une feuille de papier en grosses lettres ; et ceux qui croient que j'approuve tout ce qui y est ne me connaissent pas, moi qui professe de ne donner jamais le lieu de franchise aux choses de ma profession que je connais être mal faites et mal dites », À Abraham Bosse, 1653 (?), *in* Nicolas Poussin, *Lettres et propos sur l'art*, éd. cit., p. 161.

peinture concernent l'ordre d'exposition[1] plutôt que le contenu[2], tandis que l'hostilité de Bosse et de ses alliés se fonde sur le motif très précis que Léonard aurait ignoré les lois de la perspective géométrique. Quant à Le Brun, il en est, lui, l'un des plus ardents défenseurs[3].

Or Le Brun, s'il ne persuade guère Fénelon par sa peinture[4], le convainc, en revanche, plus facilement comme théoricien : aussi, Fénelon, sans pourtant le laisser paraître, ne s'écarterait-il pas tant des principes de l'Italien Vinci, même s'il modifie toutefois la portée de ceux-ci en les rattachant notamment, comme on le fait aussi à l'Académie, à des considérations moins esthétiques que morales. Le désaccord avec Vinci aurait donc une valeur plus symbolique que réelle, et servirait plutôt de faire-valoir aux anciens à qui Fénelon renouvelle son attachement, en refusant de se soumettre à l'autorité que certains modernes souhaitaient conquérir à toute force. On aurait même de bonnes raisons de croire que c'est par antiphrase qu'est critiqué le traité de Vinci, car il est en tout cas cité, ce qui lui accorde au moins une importance relative, comparativement à celui de Junius[5], pourtant gagné à la cause des anciens, et qui est simplement ignoré. Nous savons, par ailleurs, que cette fameuse lettre, que Bosse aurait brandie pour sa défense, n'offre pas toutes les garanties d'authenticité[6], et que Poussin lui-même se serait sans hésiter inspiré du traité de Léonard pour son *Paysage avec Pyrame et Thisbé*[7], tandis que Félibien[8] reconnaît, lui ouvertement, les mérites de cet ouvrage quant au traitement de l'expression des passions, du clair-obscur, ou encore du *costume* – principes repris de nouveau par Fénelon, qui suit donc Vinci davantage qu'il ne le prétend, ou

1. *Cf.* H. Testelin, « Sur les sentiments des plus habiles peintres ... (1675-1679) », *Les Conférences* ..., éd. cit., p. 301.

2. A. Mérot note dans son introduction aux *Conférences* ... : « À défaut du livre que le vieux Nicolas Poussin n'écrivit jamais, celui de Léonard de Vinci demeure une référence majeure », éd. cit., p. 18.

3. En particulier sur la question du traitement des passions, voir J. Montagu, *The Expression of the Passions. The origin and influence of Charles Le Brun's Conférence sur l'expression générale et particulière*, Yale University Press, 1994, p. 62 *sq*.

4. À propos des tableaux de Chantilly, voir *FOP*, « Sentiment sur différents tableaux », p. 268.

5. Sur Junius, voir C. Nativel, « Quelques apports de *De pictura ueterum libri tres* de Franciscus Junius à la théorie de l'art en France », *in* Chr. Michel, M. Saison (dir.), *La Naissance de la théorie de l'art en France* ..., *Révue d'esthétique*, n°31-32, 1997.

6. Voir la note d'A. Blunt dans N. Poussin, *Lettres et propos sur l'art*, éd. cit., p. 162, ainsi que l'article de J. Bialostocki, « Poussin et le *Traité de la peinture* de Léonard de Vinci », *in* A. Chastel (dir.), *Nicolas Poussin*, éd. cit.

7. Voir O. Bätschmann, *Poussin, dialectiques de la peinture*, éd. cit., p. 104 *sq*.

8. Voir sa *Vie de Poussin*, in *Vies de Poussin*, éd. cit. p. 166-167.

même ne le soupçonne. Quant au traité d'Alberti, on le voit régulièrement cité en exemple : Félibien rappelle que Poussin en admirait les règles[1], tandis qu'à l'Académie, il est l'une des sources principales de l'enseignement qui y est professé, avec Lomazzo et surtout Zuccaro[2] – à qui revient la formulation de la notion de *disegno interno*[3], et qui présida l'Académie romaine de Saint-Luc, modèle et rivale de l'Académie parisienne. On assiste donc à une adaptation[4] des traités de la Renaissance italienne, desquels on prélève ce qui est susceptible d'être articulé à la conception didactique de la peinture qui prévaut alors en France. Car ces traités, comme Panofsky l'a bien montré, reposent sur des fondements métaphysiques distincts : la veine empiriste d'un Alberti ou d'un Vinci, et même encore d'un Lomazzo[5], ne pouvait être confondue avec la « conception de Zuccari [qui] est dans son ensemble entièrement aristotélico-scolastique »[6], et qui se caractérise par un questionnement philosophique[7] portant sur le processus de représen-

1. « Il avait [...] beaucoup d'estime pour les livres d'Albert Dürer et pour le *Traité de la peinture* de Léon Baptiste Albert », in *Vies de Poussin*, éd. cit., p. 162.

2. Le *Trattato dell'arte della Pittura* de Lomazzo paraît en 1584 ; en 1590 est publié son *Idea del Tempio della Pittura ; l'Idea de' pittori, scultori ed architetti* de Zuccaro voit le jour en 1607.

3. D'après Zuccaro : « [...] par Dessin interne, j'entends le concept formé dans notre esprit pour pouvoir connaître toute chose, et œuvrer extérieurement suivant la chose même comprise ; c'est ainsi que nous autres, les peintres, quand nous voulons dessiner ou peindre quelque noble histoire [...] nous formons d'abord dans notre esprit un concept [...]. Or si, dans ce Traité, je recours à ce concept interne [...] sous le nom particulier de Dessin, et si je n'utilise pas le nom d'intention, comme le font les théologiens, c'est parce que je parle en tant que peintre et que je m'adresse principalement à des peintres, à des sculpteurs, à des architectes », cité par E. Panofsky, *Idea* ..., éd. cit., p. 236.

4. Voir le jugement sévère, sinon haineux, qui accompagne l'exposé que donne J. von Schlosser de cette reprise par les académiciens français des théories de la Renaissance italienne : « Au XVIIe siècle encore, on s'approprie Lomazzo, considéré comme maître infaillible, grâce au peintre-poète toulousain Hilaire Pader. Tout cela favorise chez ces barbares celtes l'illusion d'être une nation "latine" parce qu'ils avaient imité le langage des camps de légionnaires en en faisant un jargon inintelligible qui suscitait encore les sarcasmes et la rage du *Misogallo* d'Alfieri », *La Littérature artistique* ..., éd. cit., p. 620.

5. Bien que ce dernier intègre déjà à sa théorie les commentaires formulés par Marsile Ficin en marge de sa traduction du *Banquet* de Platon. Rappelons aussi que Lomazzo est vanté par Vasari, l'une des autres autorités théoriques de l'Académie royale ; et que Poussin se serait inspiré de l'*Idea del tempio della pittura* pour la définition de la beauté énoncée dans ses *Remarques sur la peinture*, voir la note d'A. Blunt dans l'éd. de N. Poussin, *Lettres et propos sur l'art*, éd. cit., p. 184.

6. *Idea* ..., note 219, éd. cit., p. 243.

7. Mais l'analyse de Panofsky déborde en réalité cette affirmation puisqu'il introduit un clivage entre les premiers traités encore dominés par des questions liées à la pratique, et ceux de Lomazzo et Zuccaro qui s'orientent vers la théorisation proprement dite. En ce qui nous concerne, nous suivrons, quant à l'interrogation sur la pertinence de ce clivage, les conclusions formulées par J. Lichtenstein dans son article « De l'idée de la peinture à l'analyse du tableau. Une mutation essentielle de la théorie de l'art », *in* Chr. Michel et M. Saison (dir.), *La Naissance de la théorie de l'art en France*, éd. cit.

tation mentale de l'idée, afin d'écarter tout arbitraire[1] dans la représentation. Cette hétérogénéité ne semble cependant pas déconcerter la critique française du milieu du XVIIe siècle, laquelle cherche simplement à se constituer un ensemble d'outils lui permettant de mener à bien sa pratique. On ne s'étonnera donc pas de retrouver des reflets de ces différentes théories dans le miroir que constitue l'Académie royale de peinture.

de l'idée à la chose : la dialectique de la raison et du sensible dans la conception académique de l'imitation

Dans la préface aux premières conférences de l'Académie, Félibien précise le sens de la notion d'imitation dans une perspective qui rappelle d'emblée certaines des théories picturales de la Renaissance. Il y explique que le rendu du tableau, bien qu'appartenant au versant « pratique » de la peinture puisque c'est l'œil qui juge – tandis que le versant théorique se définit essentiellement par l'invention du sujet, c'est-à-dire par le traitement réservé à l'épisode historique ou à la fable –, tient pourtant en quelque chose de la théorie[2], étant donné qu'on ne peut dissocier la chose vue de l'idée de son « vrai lieu ». Or cette intellectualisation de l'aspect sensible du tableau reflète la définition qu'il donne de la beauté dans ses *Entretiens...*, dans une paraphrase de Cicéron, en montrant tout d'abord que des valeurs morales[3] se mêlent toujours aux valeurs esthétiques, puis en précisant le sens de l'imitation conçue par Poussin[4], avant d'en venir à l'éloge de

1. « J'affirme donc, écrit Zuccaro, que [...] Dieu, cause suprême, maximale et meilleure de toutes choses, pour œuvrer extérieurement, regarde et contemple nécessairement le Dessin intérieur [...]. Mais l'homme, quand il forme ce Dessin interne, est très différent de Dieu, parce que là où Dieu n'a qu'un seul Dessin, très complet quant à sa substance [...] l'homme, lui, forme en soi-même différents dessins suivant que sont différentes les choses qu'il comprend, et de plus son dessin est accident; sans compter que l'origine de celui-ci est vulgaire, car il naît à partir des sens », cité par E. Panofsky, *Idea* ..., note 205, éd. cit., p. 239-240.

2. « Préface aux Conférences de l'Académie royale de peinture et de sculpture pendant l'année 1667 (1668) », *Les Conférences* ..., éd. cit., p. 55-56. *Cf.* la position de Zuccaro résumée par E. Panofsky : « Même le terme de portrait qui, sur un plan simplement linguistique, signifie déjà une relation immédiate d'imitation [...] se trouve quelquefois dérivé d'une "Idée ou d'une forme", elles-mêmes dotées d'intellectualité et d'universalité », *Idea* ..., éd. cit., p. 103. Le Brun, dans ses « Sentiments sur le discours du mérite de la couleur par M. Blanchard (9 janvier 1672) », reprend cette distinction entre dessin interne et dessin externe, *Les Conférences* ..., éd. cit., p. 219.

3. Voir les *Entretiens* ..., IIe partie, 3e entretien, éd. cit., p. 8.

4. Voir *Vie de Poussin*, in *Vies de Poussin*, éd. cit., p. 206-207.

Raphaël qui savait montrer les choses « dans un beau naturel »[1]. Il est vrai que cette notion de beauté, en soi ambiguë, paraissait de prime abord découler d'une lecture plus esthétisante, comme l'indiquaient la référence à Alberti[2], la concession faite à l'œil[3], et l'usage récurrent d'un lexique – « grâce », « exquis », « élégant »[4] – détaché du champ de la rationalité. Cependant ces indices sont trompeurs et doivent être tempérés par l'objectif que résume l'idéal d'instruction que Félibien assigne à la peinture. Cette beauté spéculative qui doit guider la composition du peintre permet également à Pierre Mignard de prendre le parti de Raphaël contre Titien sous le motif que le premier « a eu des idées beaucoup plus nobles, plus relevées et plus conformes à la raison », tandis que l'autre a cherché « seulement à satisfaire les yeux et à représenter des objets agréables »[5]. On la retrouve pareillement, pour nous tenir à ces quelques exemples, dans la querelle dite des chameaux, suscitée par le tableau de Poussin, *Éliézer et Rébecca*, où Le Brun justifie l'absence de l'animal en invoquant non la difformité plastique de celui-ci, qui pourrait blesser l'œil, mais le caractère « bizarre » de cet « objet » capable de « débaucher l'œil du spectateur et l'amuser à des minuties »[6] en lui faisant perdre le fil de l'histoire : autrement dit, le critère de délectation esthétique, s'il doit précéder celui du réalisme de la chose, succède en revanche à celui de la délectation spéculative liée à la reconnaissance de l'idée de la chose, en l'occurrence de l'histoire.

La même critique de l'esthétisme figure chez Fréart de Chambray qui se montre plus virulent encore à l'égard des modernes que ne l'est Le Brun[7], en accusant les nouveaux peintres de servir une « peinture libertine », « qui ne leur demande que du fard et des couleurs »[8], alors qu'ils se trouveraient bien inspirés, pour remédier à leurs erreurs, de consulter le traité de

1. *Entretiens* ..., Ire partie, 2e entretien, éd. cit., p. 253.
2. « Un de ceux [Leon Baptiste Albert] qui ont le mieux écrit de la peinture, parlant des mouvements et de la pondération des corps », *Entretiens* ..., IIe partie, 4e entretien, éd. cit., p. 356 (orth. mod.).
3. « [...] il faut que le peintre tâche, autant qu'il peut, d'accorder ensemble la vue et la raison, afin qu'il ne fasse rien qui ne soit au gré de toutes deux », *Entretiens* ..., IIe partie, 4e entretien, p. 393 (orth. mod.).
4. Sur Raphaël, voir *Entretiens* ..., Ire partie, 2e entretien, éd. cit., p. 249, 252, 253.
5. « Sur La Sainte Famille de Raphaël (3 septembre 1667) », *Les Conférences* ..., éd. cit., p. 88.
6. Ph. de Champaigne, « Sur Éliézer et Rébecca de Poussin (7 janvier 1668) », *Les Conférences* ..., p. 136.
7. Et c'est le même Le Brun, fêté par ceux-là mêmes qui n'entendent plus recevoir les leçons des modernes, qui devient, par un curieux paradoxe, l'emblème des Modernes ...
8. *Idée de la perfection de la peinture* ..., préface, s. p., éd. cit. (orth. mod.).

Léonard, dont il vient de donner la traduction, ainsi que celui de Junius, dans lesquels ils découvriraient que le premier principe devant gouverner la main du peintre, est, conformément à celui qu'ont énoncé Cicéron et Quintilien, l'invention[1], autrement dit la représentation d'une « belle Idée »[2]. À ces analyses, il faudrait ajouter celles qui touchent à la première querelle du dessin et du coloris – dont nous avons indiqué les principaux linéaments –, accordant au premier la valeur d'une « chose mentale » à laquelle le second ne saurait prétendre, querelle qui englobe celle du « moelleux » et du « musclé »[3], visant à départager Titien et Michel-Ange, et dont la figure de Raphaël serait le milieu. Quand bien même il importe de marquer des nuances entre les positions que nous venons de résumer, elles ont en commun une préoccupation didactique[4] en même temps qu'elles privilégient des catégories qui permettront à Fénelon de formuler sa propre conception de la peinture.

le tableau au miroir de la raison

l'idée du peintre parfait selon Fénelon

la reprise du principe de double convenance

Profitant à son tour de la souplesse des notions de beauté et de double convenance, Fénelon en infléchit le sens vers une acception plus morale. Dans cette perspective, il peut affirmer que la tête de Moro est bien réussie et digne d'admiration, non parce qu'elle convient au goût délicat, que la vue de cette physionomie « fantasque »[5] pourrait blesser, mais à l'idée qu'on se fait d'un peintre en qui le talent se joint à la modestie – comme nous le verrons avec Poussin, ce « peintre moderne [...] si modeste »[6]. Il en est de même de l'apparence des personnages de Teniers – dont Louis XIV aurait été offusqué[7], fidèle sans le savoir à l'interprétation esthétique du principe albertien –, apparence qui mérite pour Fénelon d'être louée pour son parfait

1. *Cf.* Ph. de Champaigne, « Contre les copistes de manières (11 juin 1672) », *Les Conférences* ..., p. 227.
2. *Idée de la perfection de la peinture*, éd. cit., p. 11.
3. Voir N. Mignard, « Sur La Sainte Famille de Raphaël (3 septembre 1667) », *Les Conférences* ..., p 84.
4. Voir la synthèse d'A. Mérot : « En soulignant la fonction didactique de l'art, l'Académie prenait le risque d'un certain dessèchement », Introduction aux *Conférences* ..., éd. cit., p. 25-26.
5. *FOP*, « Sentiments ... », p. 268.
6. *DM*, LII, « Parrhasius et Poussin », p. 427.
7. Voir R. Peyre, *David Teniers*, Paris, Henri Laurens, 1911, p. 93.

accord avec l'idée véritable de la vie quotidienne hors des villes[1], où la grossièreté dans la mise s'accorde à la vertu d'une existence sociale dominée par les valeurs de partage, de solidarité, d'honnêteté[2].

Or c'est bien ainsi que Fénelon juge ces personnages, qui énoncent par la seule économie de leurs gestes les vertus de l'univers rural. De même, le sens de l'appréciation portée sur cette « Vénus qui n'est point assez Vénus »[3] du tableau de Le Brun ne peut être saisi qu'à la condition de le rapporter à cette idée de Vénus – idée tirée non de l'imagination du peintre mais déduite de la raison, laquelle autorise à rejeter certains des tableaux du peintre Mignard[4], au motif qu'ils ne respectent pas la vérité[5]. L'impératif didactique de la peinture, et par conséquent le refus de considérer celle-ci comme un pur divertissement, expliquerait de même la suspicion à l'égard du *caprice*, sorte de degré zéro de la peinture où la délectation sensible, mais précisément fugace et superficielle, s'offre comme le seul objectif du tableau. À ce titre, il est significatif que le *Paysage avec un homme tué par un serpent* tienne sa légitimité d'être non un caprice, mais un « caprice réglé », ce qui *ipso facto* le fait basculer d'un genre subalterne, le « gracieux », à un genre élevé, voire même, dans la hiérarchie fénelonienne, au genre le plus élevé.

Panofsky rapporte cette notion de caprice[6] à Zuccaro qui, dans une approche aristotélicienne de l'idée d'imitation, aurait accordé à l'artiste le devoir, et pas seulement le droit, d'imiter non les productions naturelles mais la manière même dont la nature produit de nouvelles formes, afin de mettre en avant son génie d'invention, lui seul capable d'accorder à la peinture un

1. R. Peyre montre encore que « Teniers [...] ne conserve pas ces structures ramassées lorsqu'il a à peindre un monde plus relevé », *Ibid.*, p. 93. La sobriété de Teniers peut encore être comparée à celle qu'on trouve dans la peinture de Poussin, si l'on en croit le témoignage de R. de Piles lorsque, parlant de la couleur des tableaux de celui-ci, il affirme qu'« il y régnoit un certain Gris », *L'Idée du peintre parfait*, éd. X. Carrère, Paris, Gallimard, 1993, p. 112.

2. Sur le succès que connaît la peinture nordique au milieu du XVIIe siècle, voir A. Schnapper, *Curieux du Grand Siècle* ..., éd. cit., p. 22 *sq.*

3. *FOP*, « Sentiment sur différents tableaux », p. 268.

4. Voir A. Blunt qui souligne une double tendance dans la peinture de Mignard, *Art et architecture* ..., éd. cit., p. 295 *sq.*

5. Correspondance littéraire de Fénelon avec Houdar de La Motte, Lettre du 22 novembre 1714, in *OC*, VI, p. 655.

6. Voir *Idea* ..., éd. cit., p. 114. A.-M. Lecoq indique d'autres références permettant d'éclairer cette notion de caprice, voir *La Leçon de peinture* ..., éd. cit., p. 119-122. *Cf.* J. Le Brun, *OF*, I, p. 1384.

caractère libéral[1]. Or la conséquence de cette conception de l'imitation comme invention de « *capricci e cose varie e fantastiche* »[2], représentative de l'idéal maniériste, devait nécessairement rebuter Fénelon, défenseur comme Poussin d'une vérité de la peinture. Dans ses *Remarques sur la peinture*, celui-ci précise, en effet, que :

> Si le peintre veut éveiller dans les âmes l'émerveillement, encore qu'il n'ait pas en mains un sujet habile à le faire naître, qu'il n'y introduise point de choses nouvelles, et étranges, et hors de raison, mais qu'il contraigne son esprit à rendre merveilleuse son œuvre par l'excellence de la manière[3].

En réalité, Zuccaro lui-même aurait pris soin de préciser dans son *Idea*... que les caprices doivent aussi avoir leurs règles[4] : c'est bien ainsi, en l'occurrence, que l'entend Fénelon, faisant passer le caprice du rang de fantaisie, ou de bambochade, à celui d'allégorie morale[5].

La référence au caprice, incluse dans l'éloge du tableau de Poussin, ne constitue donc pas pour Fénelon une entorse à la raison, pas plus que la bizarrerie ponctuelle d'un Raphaël, pourvu qu'elle se justifie absolument, par la poursuite d'un thème « grotesque »[6] notamment. De ce fait, elle est moins un témoignage de fidélité à l'égard de l'idéal poussinien, ou à celui de la doctrine académique – qui fait de Zuccaro, comme nous l'avons vu, une autorité essentielle par l'emprunt du concept de *disegno interno* –, qu'une marque de cohérence vis-à-vis de sa propre conception de la raison, faculté dont il fait l'éloge.

Car refuser d'accorder la priorité à la raison reviendrait, d'une part, à préférer, à la vérité, l'illusion, l'erreur, et le mal ; d'autre part, à rabaisser l'homme au rang de créature inanimée, en écartant cette faculté qui, avec la

1. Sur l'articulation de la notion d'imitation de la nature, comprise comme imitation de la créativité et non du produit de la nature, avec la question de l'attribution du statut d'art libéral à la peinture, voir J. von Schlosser, *La Littérature artistique* ..., éd. cit., p. 438 *sq*.

2. Cité par E. Panofsky, *Idea* ..., éd. cit., p. 114. Sur la notion de « caprice », voir également M. Stanic, *Poussin. Beauté de l'énigme* : « Caprice est un terme de l'art défini par Baldinucci comme "pensée et invention propre [...] [Ouvrage] fait à caprice ou de fantaisie, c'est-à-dire selon sa propre pensée et invention. Caprice se dit encore de la chose faite, peinture ou sculpture, ou autre telle [...]" », *Revue d'esthétique*, n° hors série, Paris, Jean-Michel Place, 1994, p. 49. *Cf.* A.-M. Lecoq, *La Leçon de peinture* ..., éd. cit., p. 120-121.

3. N. Poussin, *Lettres et propos sur l'art* ..., éd. cit., p. 184-185.

4. Voir Panofsky, *Idea* ..., éd. cit., p. 242.

5. *DM*, LIII, « Léonard de Vinci et Poussin », p. 434-435.

6. « Raphaël [...] se garde bien de faire des figures bizarres, à moins qu'il ne travaille dans le grotesque », *LA*, p. 1162.

liberté, lui appartient en propre. Certes, la sensibilité doit aussi être définie comme une faculté de l'âme[1]; cependant, elle peut entraver l'exercice du libre arbitre, à cause de l'intervention des processus mécaniques du corps, tandis que la raison permet, au contraire, par la claire représentation des choses, de le restaurer[2]. C'est pourquoi Fénelon affirme que le vrai est identique au bien : en montrant les choses telles qu'elles sont, il évite à l'homme d'être la victime d'une illusion et de perdre ainsi son pouvoir d'agir.

Il est vrai que la datation des textes philosophiques féneloniens pose un problème, puisque les analyses qui exposent cette conception de la raison peuvent correspondre à la fin des années 1680, et se placer dans l'orbite de la rédaction de la *Réfutation du système du P. Malebranche*..., ou bien renvoyer à la période postérieure à 1700, féconde sur le plan de la réflexion métaphysique, à laquelle correspondent les *Lettres sur divers sujets concernant la religion et la métaphysique* et, dans une moindre mesure, l'échange épistolaire avec François Lamy. Ainsi des textes importants, comme la deuxième partie de la *Démonstration de l'existence de Dieu*, ou *La Nature de l'homme expliquée par les simples notions de l'être en général* peuvent-ils renvoyer à

l'une ou à l'autre période[3], ce qui oblige à ne pouvoir placer strictement les uns en regard des autres les textes consacrés à la peinture et ceux qui définissent précisément la raison. Cependant, la confrontation de ces textes reste possible si l'on admet le principe d'une stabilité de la position esthétique de Fénelon, visible notamment à travers l'impératif du *docere* auquel l'œuvre d'art est soumise, ou encore à travers l'affirmation d'une équivalence du beau, du vrai et du bien. En outre, l'analyse didactique et morale de la peinture suppose certains principes anthropologiques – et qu'ils soient pleinement formulés ou encore à l'état d'ébauche ne change rien quant à leur fond.

En défendant l'impératif du *docere*, Fénelon présuppose que l'homme se définit par sa liberté[4]. Car le principal obstacle à l'exercice du libre arbitre, c'est l'erreur et ses corrélats que sont le mensonge et l'illusion : obstacle que

1. Voir *La Nature de l'homme* ..., *OF*, II, p. 861.

2. Voir *La Nature de l'homme* ..., *OF*, II, p. 858.

3. Sur la question de la datation de ces textes, voir les notices de J. Le Brun, in *OF*, II, pour la *Démonstration* ..., p. 1529 *sq.*, et *La Nature de l'homme* ..., p. 1633 *sq.*

4. Là où les bêtes agissent par instinct, comme l'a notamment établi *L'Art de la nature*, l'homme agit, lui, par un libre arbitre, *OF*, II, *Lettres sur divers sujets concernant la religion et la métaphysique*, II, 3e chapitre, p. 738.

seule la raison peut surmonter, soit par la formulation d'un jugement visant à rétablir le vrai, soit en suspendant tout jugement dans l'hypothèse où les éléments permettant de trancher manqueraient[1]. Défendre la raison, c'est donc en même temps défendre le libre arbitre ; sans elle, en effet, celui-ci est condamné à n'opérer qu'un choix par défaut, ce qui revient à déranger l'ordre voulu par Dieu : premièrement, en réintroduisant le fatalisme ; deuxièmement, en confondant la raison humaine, l'instinct de l'animal, et le mécanisme de la chose ; troisièmement, en rendant inintelligible l'action humaine. Or dans l'économie du monde, l'homme occupe, au contraire, une place singulière ; c'est pourquoi Fénelon affirme indistinctement que la liberté et la raison[2] sont le propre de l'homme.

Il reste à démontrer comment cette analyse s'articule à la problématique de la représentation artistique, et en quoi elle engage la responsabilité de l'artiste. À première vue, il semblerait que l'artiste puisse légitimement donner libre cours à sa fantaisie, sans se soucier de l'erreur, dans la mesure où chacun dispose d'un antidote naturel en l'espèce de ce « maître intérieur »[3] qu'est la raison. La réalité du péché[4] rend cependant les hommes sensibles aux appas de l'illusion et, les incitant à négliger le recours à la raison, fragilise le pouvoir de celle-ci. Dès lors, l'artiste, si du moins il entend se prévaloir d'une certaine respectabilité, se voit imposer une déontologie par laquelle il s'agit de veiller au bon usage de cette faculté. Dans cette mesure – comme l'expose, entre autres, le discours sur la mode[5] –, il est permis de railler les ridicules du mauvais goût en proposant un autre modèle de beauté[6].

Articulée à une réflexion sur le vrai – lui-même rapporté de part et d'autre à la raison et au bien, c'est-à-dire à l'amour de l'ordre voulu par Dieu –, l'œuvre d'art doit se ressentir de cette double orientation.

1. *Lettres sur divers sujets* ..., II, 3e chapitre, p. 738-739. Cf. *L'Art de la nature*, chap. II, p. 559.

2. « [...] cette raison est le fond de notre nature même », *DED*, II, Tirée des preuves purement intellectuelles et de l'idée de l'infini même, chapitre premier, p. 603.

3. *DED*, I, *L'Art de la nature*, chap. II, p. 560.

4. Voir *LOS*, XLVII, « Sur la raison », p. 764.

5. Voir en particulier, *ÉF*, X, p. 149.

6. Voir *LA* au sujet de l'art de parler, et par extension au sujet de tous les arts – leur but étant le même : *docere, delectare, movere* –, p. 1149.

Inversement, la réalité sensible n'étant pas le tout de la réalité[1], un peintre comme le Caravage, toujours critiqué par les académiciens, et avant eux par Poussin, n'est pas même cité par Fénelon. Accusé tout à la fois d'accorder une trop grande importance à la réalité sensible au détriment des réalités intelligible et spirituelle, de sacrifier à une sorte de tropisme dans l'art de peindre – à l'opposé de la théorie poussinienne des modes –, et enfin de s'adonner à une manie personnelle, un phantasme plutôt qu'une idée, qui lui faisait toujours préférer le sombre au clair[2], il se voit constamment opposer le contre-modèle qu'offrent la peinture d'Annibal Carrache[3], et surtout celle de Raphaël et de l'École de Rome[4] dont celui-ci est représentatif, dans laquelle la réalité se donne comme épurée, décantée par l'intelligibilité d'une idée claire, elle-même révélée par la correction du dessin. Dans la réalité, telle qu'elle est vue par le commun des hommes, tout paraît en effet confus, et ce à plusieurs titres : la marque du divin n'y est plus vue, d'où la nécessité d'une apologétique, soumise comme nous l'avons montré à l'école de la peinture ; l'appétit sensible, de son côté, contribue à exagérer certaines qualités au détriment des autres, donnant une vision toujours partiale du réel ; enfin sont confondus la règle et l'usage, la nature et l'habitude. Or à toutes ces erreurs il appartient à la peinture de remédier, afin, pour reprendre la formule de Ph.-J. Salazar, de « casser la corruption du siècle »[5]. C'est pourquoi, si la peinture s'offre d'abord comme une

1. *Cf.* Y. Bonnefoy, *Rome, 1630. L'Horizon du premier baroque*, suivi de *Un des siècles du culte des images*, Paris, Flammarion, 3e éd., 2000, p. 125.

2. *Cf.* S. Bourdon, « Sur la lumière (9 février 1669) », *Les Conférences* ..., éd. cit., p. 172 ; A. Coypel, « Discours sur la peinture (1708-1721) ... », *Ibid.*, p. 412. É. Mâle rappelle de son côté le jugement de l'Église qui « se montra extrêmement sévère pour [...] le Caravage ; par trois fois elle lui refusa ses œuvres, parce qu'elle les jugeait vulgaires, peu propres à élever l'âme [...]. Elle obligea [...] l'artiste à refaire son saint Mathieu de Saint-Louis-des-Français. On reprochait à ce saint Mathieu, assis, qui ressemblait à un homme du peuple aux jambes nues, "de montrer grossièrement ses pieds" », *L'Art religieux de la fin du XVIe siècle* ..., éd. cit., chap. I, p. 6. L'analyse que propose Y. Bonnefoy met, elle, l'accent sur les lacunes narratives de cette peinture qui occulte l'articulation des péripéties du récit, voir *Rome, 1630* ..., éd. cit., p. 257-258.

3. Sur Carrache et la dimension intelligible de la peinture, voir Y. Bonnefoy : « Là où [...] nous serions tentés de nous laisser prendre à une "image", tentés de lire l'œuvre comme la suggestion d'un dehors, serait-il fictif, de la toile, il n'y a à ses yeux que cette structure d'idées », *Rome, 1630* ..., éd. cit., p. 226.

4. Pour la classification de la peinture italienne selon trois écoles : romaine, florentine, lombarde, voir Félibien, Préface aux *Conférences* ..., p. 57 ; Fénelon suit cette classification, voir *DM*, LII, « Parrhasius et Poussin », p. 426.

5. « De Poussin à Fénelon : la corruption classique », *French Studies in Southern Africa*, n° 18, 1989, p. 31.

réplique de cette vision immédiate des choses, c'est pour mieux la combattre ensuite grâce à l'effet cathartique qu'elle produit :

> Ainsi, conclut le Poussin en parlant de son *Phocion*, il y a une confusion apparente, et un ordre véritable[1].

Dans cette mesure, il n'est guère étonnant de voir Raphaël cité en exemple par Fénelon. Mais la référence est aussi un lieu commun, dans un contexte où la figure du peintre emporte l'assentiment universel : c'est Vasari[2] qui en célèbre d'abord le génie, puis Lomazzo[3], Zuccaro[4], et plus tard Bellori[5]; en France la relève est assurée en 1651 avec la traduction du livret de Vasari par P. Daret[6], que prolongent Fréart de Chambray, dans son *Idée de la perfection de la peinture...*[7], Félibien dans ses *Entretiens...*[8], puis les conférences de l'Académie, où l'autorité du maître romain se révèle à travers les commentaires de certains de ses tableaux, mais aussi en filigrane, quand ceux-ci servent alors, avec ceux de Poussin, à illustrer par leurs qualités les parties essentielles de la peinture[9]. Même de Piles, qui cherche pourtant à mettre en avant le génie d'une autre catégorie de peintres, comme Rubens, moins attachés à la transparence du trait, ne laisse pas d'admirer le génie du peintre italien[10]. Aussi, prétendre déceler un goût propre à Fénelon dans

1. LII, « Parrhasius et Poussin », p. 430.
2. Voir Vasari, « Vie de Raphaël d'Urbin, peintre et architecte », in *Les Vies des meilleurs peintres, sculpteurs et architectes*, t. 5, éd.cit.
3. Voir *Idea del tempio della pittura*, Rome, 1947, entre autres chap. IX.
4. Voir *Il lamento della pittura* ..., *in* D. Heikamp (éd.), *Scritti d'arte di Federico Zuccaro*, Firenze, Leo Olschki Editore, 1961, p. 123.
5. Voir par exemple *L'Idée du peintre* ... : « Raphaël d'Urbino, le grand maître de ceux qui savent », *loc. cit.*, p. 170.
6. Vasari, *Abrégé de la vie de Raphaël Sanzio* ..., trad. Pierre Daret, Paris, 1651.
7. « Raphaël d'Urbin, le plus parfait des peintres modernes », éd. cit., préface.
8. Voir *Entretiens* ..., 2e entretien : « Avant Raphaël on ne parlait que de l'École de Florence, mais il mit celle de Rome à un si haut degré de perfection, que depuis elle a toujours été considérée comme la première de toutes. » éd. cit., p. 298 (orth. mod.). Voir également, *Vie de Poussin*, où Poussin est défini comme le Raphaël des Français, *loc. cit.*, p. 259 *sq*.
9. Voir par exemple, H. Testelin, « Sur l'usage du trait et du dessin (16 février 1675) », *Les Conférences* ..., éd. cit., p. 306 *sq*.
10. « Le Poussin au contraire, aussi bien qu'Annibal Carrache, quittèrent ce qu'ils avaient de ce caractère de la nature à mesure qu'ils s'attachèrent plus fortement à l'antique. Ils pouvaient tenir la même conduite que Raphaël, faire l'un, et ne pas omettre l'autre; car cet excellent homme n'a pas seulement retenu de l'antique le bon goût, la noblesse et la beauté, mais il y a vu une chose, que ni le Poussin, ni le Carrache n'y ont pu apercevoir. C'est la grâce », *Abrégé de la vie des peintres* ..., éd. cit., p. 180 (orth. mod.).

l'hommage qu'il rend à Raphaël relève-t-il d'une gageure, *a fortiori* parce que la *Transfiguration*, qu'il cite dans la *Lettre à l'Académie*, tableau presque mythique qui fut la dernière œuvre du peintre, est qualifiée par Vasari de « plus accomplie, et [...] plus divine »[1], et Félibien, quant à lui, rapportant la mort du peintre, précise que « [s]on corps ayant été dans la salle où il travaillait pendant sa vie, l'on mit tout proche, ce beau tableau de la Transfiguration qu'il avait achevé nouvellement »[2]. En 1708, c'est encore A. Coypel qui, dans son poème sur la peinture, fait l'éloge de Raphaël[3], lequel surpasserait même Annibal Carrache.

Néanmoins dans un écrit théorique et programmatique, comme l'est la *Lettre à l'Académie*, la référence ne saurait être seulement de connivence avec un certain milieu ou, pire, de simple convenance à l'égard du bon goût. Plus que de l'image véhiculée par le peintre, c'est du peintre lui-même, et des valeurs exprimées dans ses œuvres – l'accord parfait de la vue et de la pensée, celui du *docere* et du *delectare* –, que se réclame Fénelon.

Un autre motif, à l'intérieur de l'argumentaire consacré au *docere*, contribue, toutefois, à justifier la préférence accordée au peintre. Ce motif, qui intervient également dans l'éloge de Poussin, vise l'attitude et l'expression des personnages dans le tableau. Ces exigences relèvent, certes, de la partie pratique de la peinture[4], mais elles n'en présupposent pas moins, comme on va le voir, une théorie, ce qui exclut d'en faire les signes d'une préférence personnelle.

les expressions ou le discours muet des « airs de tête »

Que ce soit dans les commentaires pédagogiques des tableaux de Poussin, ou dans le compte rendu informel de la visite à Chantilly, l'attention portée aux « airs de têtes » est constante. On découvre, en effet, qu'à ce critère s'attache une fonction discriminante contribuant à déterminer la valeur intrinsèque d'un tableau.

Reliées à la notion de convenance, elle-même rattachée par Fénelon non à l'idée de beauté plastique mais à celle de vérité anthropologique, les expres-

1. « Vie de Raphaël », *loc. cit.*, p. 219.
2. *Entretiens* ..., Ire partie, 2e entretien, éd. cit., p. 288 (orth. mod.).
3. « Du grand majestueux, puisé dans Michel-Ange, / Et du vrai Corrège il [Carrache] fit un doux mélange ; / Mais, malgré les talents si justement vantés, / Il n'atteignit jamais les sublimes beautés / Dont le grand Raphaël, dès ses premières veilles, / Sut étaler aux yeux les savantes merveilles », « Sur l'esthétique du peintre. Épître à mon fils », *Les Conférences* ..., éd. cit., p. 399.
4. Voir Préface aux *Conférences* ..., éd. cit., p. 51 *sq*.

sions instruisent tout d'abord de la vie affective, en s'offrant comme un catalogue des « passions de l'âme »[1]; elles ont donc en ce sens une valeur symbolique. Mais elles contribuent également, et tout aussi essentiellement, à construire le message, narration ou allégorie, dont le tableau est l'image, en en marquant les péripéties ou les niveaux principaux ; le *Discours à l'Académie*, en affirmant que « la passion est l'âme de la parole »[2] ne dit pas autre chose. La *Lettre à l'Académie* poursuit cette analyse de l'expression des passions, en montrant toutefois que ces dernières, si elles satisfont au *docere*, de par leur rôle d'élaboration de la dimension sémantique du tableau, contribuent en outre au *delectare* en suscitant, par empathie, l'intérêt du spectateur : elles sont donc à la fois le synonyme et le supplément de la vérité – comme en témoigne la formule résumant le génie des anciens qui « ont joint la passion à la vérité »[3].

Il importe de souligner que l'émotion suscitée par ces « airs de têtes », sur lesquels se lisent les passions, n'a tout d'abord plus rien de cette émotion désordonnée quotidiennement expérimentée : comparable à celle qu'éprouve le spectateur d'une tragédie, épurée par le fil d'un récit où les épisodes s'articulent suivant une trame déductive, et rapportée à une cause identifiable, elle peut enfin être comprise, et dominée. Nous reprendrons, dans la conclusion de cette section, la question d'une possible affinité entre le poème tragique et le tableau, mais signalons d'ores et déjà l'intérêt didactique que présentent ces deux formes d'expression artistiques – dont la comédie, nous y reviendrons, ne peut se prévaloir, étant par essence fondée sur une vision fausse de l'homme et des rapports que celui-ci entretient avec ses semblables.

Cette double fonction des passions justifie donc que les commentaires des tableaux de Poussin y consacrent une part non négligeable[4], tandis que le « Sentiment... » s'y montre plus attentif encore, s'empressant de vérifier, dans les tableaux observés, ces « airs de tête ». Aussi du saint Jean-Baptiste de Titien, Fénelon dira-t-il que « l'air de tête est noble », l'« expression [...] heureuse », bien que « cette tête » ne soit peut-être pas « assez morte » ; du *Christ avec deux apôtres* de Moro, il notera plus sévèrement que « les airs de tête n'ont rien de noble et sont sans expression » ; enfin de

1. *DM*, LII, « Parrhasius et Poussin », p. 429.
2. *DA*, p. 536.
3. *LA*, p. 1163.
4. Voir notre chap. III.

l'*Andromède* de Palma – le Vieux ou le Jeune[1] –, qu'elle « est effrayée » et que « son visage montre tout ce qu'elle doit ressentir à la vue du monstre »[2]; mais c'est le *Paysage avec l'homme au serpent* qui donne l'illustration la plus complète de cet accord du sentiment et de l'apparence, en ce que les passions suivent une gradation, à partir du « visage affreux » de l'homme mort, en passant par ceux du premier témoin et de la femme, qui marquent pour le premier « la surprise et l'horreur », et pour l'autre, toutefois « moindre », parce qu'indirecte, « une peur de femme, qui ne peut rien retenir, qui exprime toute son alarme, qui se laisse aller à ce qu'elle sent »[3].

Du point de vue de la théorie picturale, le devoir de représenter les passions, en faisant correspondre à celles-ci des signes physionomiques, ne présente rien de véritablement original relativement à un cadre qui conçoit la peinture dans une relation d'interdépendance vis-à-vis de la poésie, et plus généralement de l'éloquence ou de l'expression verbale. Présent chez Alberti, lequel emprunte à la rhétorique de Quintilien certains de ses concepts, l'idéal narratif domine la composition picturale : « L'œuvre majeure du peintre, écrit-il, c'est l'histoire, les parties de l'histoire sont les

corps »[4]. Dans cette mesure, poursuit-il :

> L'histoire touchera les âmes des spectateurs lorsque les hommes qui y sont peints manifesteront très visiblement le mouvement de leur âme. [...] Mais ces mouvements de l'âme sont révélés par les mouvements du corps. Nous voyons ainsi que quand certains sont tristes [...] leurs forces sont engourdies, leur allure languissante, leurs membres pâles et chancelants [...]. On fait l'éloge d'Euphranor parce qu'il a donné à Pâris Alexandre un visage et des traits permettant de reconnaître et le juge des déesses et l'amant d'Hélène et le meurtrier d'Achille[5].

1. L'inventaire après le décès d'Henri-Jules de Bourbon, prince de Condé (reproduit dans M. Rambaud, *Document du minutier central concernant l'histoire de l'art (1700-1750)*, Paris, S.E.V.P.E.N., 1964-1971, t. I, p. 527) indique seulement « Jacopo Palma », sans qu'on sache s'il s'agit du Vieux ou du Jeune. Sur ces questions d'attribution, souvent irrésolues, voir Philip Rylands, *Palma Vecchio*, Cambridge University Press, 1992.
2. *FOP*, XLI, « Sentiment sur différents tableaux », p. 267-268.
3. *DM*, LIII, « Léonard de Vinci et Poussin », p. 434.
4. *De la peinture*, livre II, éd.cit., p. 153.
5. *Ibid.*, p. 175-176.

Reprise par Léonard de Vinci[1], cette règle, essentielle du point de vue de la construction narrative du tableau, ne pouvait être ignorée de l'Académie. Poussin lui-même s'y est soumis, comme il l'explique dans sa lettre à Chantelou[2], où il exprime sa satisfaction d'avoir réalisé un tableau dont les visages participent à l'élaboration plastique de l'histoire, et contribuent ainsi à sa fidélité. Félibien également en affirme le caractère impératif dans sa préface aux premières conférences[3] ; mais c'est Le Brun qui lui accorde une importance décisive, à travers une codification érigée en théorie, et élaborée à partir d'une reprise simplifiée des principes et conclusions psycho-physiologiques de l'approche philosophique du traité des *Passions de l'âme* de Descartes, et de celui de Cureau de La Chambre, *Les Charactères des passions*[4]. Dès lors, exprimer les passions en peignant les visages, relèverait tout à la fois d'un art et d'une science.

Cette conférence de Le Brun, qui ne fut pas publiée avant 1698, ne pouvait certes pas être connue de Fénelon au moment de la rédaction des *Dialogues des morts*. Mais le contenu s'en trouve résumé dans celle d'Henri Testelin qui paraît en 1696 – et dont différentes versions avaient été, à plusieurs reprises, prononcées. Bien que Fénelon n'eût sans doute pas approuvé les opinions dont Testelin fait état, présupposant la thèse d'une bipartition de l'âme en sensitive et intellective[5] – que Descartes, pour sa part, rejette[6] –, il

1. Voir le *Traité de la peinture*, IIIe partie, « Que le bon peintre a deux choses à représenter : le personnage et son esprit » ; « Comment représenter un personnage en colère », éd. cit., p. 246.

2. Il lui écrit au sujet de La Manne : « [...] vous vous souviendrez de la première lettre que je vous écrivis, touchant les mouvements des figures que je vous promettais d'y faire, et que, tout ensemble, vous considériez le tableau, je crois que facilement vous reconnaîtrez quelles sont celles qui languissent, qui admirent, celles qui ont pitié, qui font action de charité, de grande nécessité, de désir de se repaître, de consolation et autres [...] ; lisez l'histoire et le tableau, afin de connaître si chaque chose est appropriée au sujet », À Chantelou, 28 avril 1639, in *N. Poussin, Lettres et propos sur l'art*, éd.cit., p. 45. Voir le commentaire de Félibien dans sa *Vie de Poussin*, in *Vies de Poussin*, éd. cit., p. 244 *sq.*; également dans *Les Conférences* ..., Le Brun, « Sur les Israélites recueillant la manne dans le désert de Poussin (5 novembre 1667) », éd.cit., p. 99 *sq.*

3. « Ce qui est le plus important à la perfection de la fable ou de l'histoire sont les diverses expressions de joie ou de douleur et toutes les autres passions convenables aux personnes qu'on figure [...]. À quoi l'on peut encore ajouter la variété des airs de têtes et des attitudes. Car ce sont toutes ces belles parties qui touchent davantage ceux qui considèrent un tableau, et qui en les portant avec plaisir dans une parfaite connaissance du sujet que l'on traite, les font entrer dans les mêmes sentiments [...] que souffrent les personnes qui sont représentées », Préface aux *Conférences* ..., éd.cit., p. 53.

4. *Les Charactères des Passions par le Sieur (M. Cureau) de La Chambre*, Paris, J. d'Allin, 1662, 5 tomes en 2 vol.

5. Voir *DM*, LXXVIII, « Aristote et Descartes », p. 502-504.

6. Voir *Passions de l'âme*, Ire partie, art. 47.

ne pouvait, en revanche, refuser l'axiome cartésien selon lequel « les actions du corps [...] expriment les passions de l'âme »[1], afin de conserver à l'image peinte un caractère d'intelligibilité. Mais l'argument de l'expression figure encore dans la conférence de Nicolas Mignard, qui s'en sert pour appuyer l'éloge de Raphaël en justifiant l'élévation de son génie par la représentation claire de passions délicates, et en tant que telles quasiment imperceptibles[2].

Il reste possible, cependant, d'évaluer l'importance accordée à la représentation des passions dans le tableau, ainsi qu'aux effets que celle-ci produit sur le spectateur, en se référant aux remarques sur le poème dramatique, lequel est plus familier à Fénelon. Ce dernier aurait dès lors tout naturellement transposé au domaine de l'expression plastique les catégories de la composition poétique.

Le parallèle entre les représentations picturale et théâtrale, qu'établit notamment d'Aubignac[3], participe plus largement de la tentative de concevoir un système des arts, dont la tradition remonte au moins à Vitruve – sinon à Platon, pour qui les genres poétiques correspondent aux genres musicaux –, et aboutit à la formulation de la théorie poussinienne des modes que nous avons examinée. Une discussion avait eu lieu à l'Académie de Saint-Luc à Rome, opposant Pierre de Cortone et Andrea Sacchi sur la question de savoir si la peinture devait suivre les règles du poème épique ou celles du poème tragique[4]. L'idéal de retenue et de modération[5] l'emporta

1. « Sur l'expression générale et particulière (6 juin 1675) », *Les Conférences* ..., éd.cit., p. 319.

2. « Lorsqu'il n'est question que de peindre de fortes passions [...] il n'est pas malaisé au peintre de donner à ses figures une expression assez significative de ce qu'il veut représenter. Mais quand il est besoin de montrer [...] de ces affections cachées [...], c'est alors qu'un ouvrier a lieu de donner des marques de sa grande capacité, puisqu'il doit savoir la nature de ces émotions, comment elles sont engendrées dans l'âme, et de quelle sorte elles paraissent au dehors, afin de former sur le corps de ses figures des signes qui les fassent connaître, mais des signes véritables et naturels », « Sur La Sainte Famille de Raphaël (3 septembre 1667) », *Les Conférences* ..., éd.cit., p. 88.

3. « Je prends ici la comparaison d'un Tableau, dont j'ai résolu de me servir souvent en ce Traité », *La Pratique du théâtre*, livre premier, chap. VI, éd. cit., p. 77.

4. Voir A. Arikha, *Réflexion sur Poussin*, in *N. Poussin, Lettres et propos sur l'art*, éd.cit., p. 222-223.

5. Idéal d'abord formulé par Aristote : « [La tragédie] l'emporte [...] [sur l'épopée] du fait que la fin de l'imitation y est réalisée en une moindre étendue (une œuvre plus dense procure en effet plus de plaisir qu'une œuvre dispersée sur une longue durée [...]). En outre, l'imitation des auteurs épiques a moins d'unité (en voici la preuve : de n'importe laquelle de leurs imitations, on peut tirer plusieurs tragédies) [...]. Si donc la tragédie se distingue sur tous ces points, et également par l'effet que produit cet art [...], il est manifeste, puisqu'elle parvient mieux que l'épopée à la fin, qu'elle lui est supérieure », *Poétique*, XXVI, 1462 a-b, éd.cit., p. 156-157.

toutefois, conformément au principe albertien qui préconisait une « variété, pondérée et modérée par de la dignité et de la retenue » conduisant à « maintenir une certaine solitude »[1]. C'est ce principe que Poussin aurait fait sien à son tour, car, de l'aveu de Félibien, « ce savant homme [...] n'était pas ignorant de l'art poétique, ayant composé son ouvrage [*La Manne*] dans les règles qu'on doit observer aux pièces de théâtre »[2]. Les *Dialogues sur l'éloquence* en s'appuyant sur la correspondance entre « peintre et poète », « l'un pei[gnant] pour les yeux, l'autre pour les oreilles »[3], poursuivent à leur tour ce parallèle, et invitent à comparer les effets produits par le poème – tragique notamment –, à ceux du tableau. Bien que résumée plus tardivement dans la *Lettre à l'Académie*, la conception du poème tragique n'a pas attendu les années 1710 pour se constituer, comme l'atteste, pour ne citer qu'un exemple, la figure d'Idoménée dans le *Télémaque*.

le poème tragique en regard de la peinture

Si nous rattachons la peinture au poème tragique, et non au poème comique, ou épique, c'est tout d'abord en raison de la dignité que Fénelon accorde à la première, où l'essence plus que l'apparence se trouve exprimée ; mais c'est également en raison de ses effets cathartiques : la représentation des passions permet de se libérer de celles-ci, et contribue à restaurer en l'homme ce que l'ignorance lui avait fait perdre. Les vertus didactiques et curatives que Fénelon attache au tableau suffisent donc à le rapprocher du poème tragique.

Quant à la vérité que doivent montrer le poème et le tableau, elle ne saurait correspondre à l'image uniment victorieuse d'un héros bravant tous les obstacles et retirant de cela une satisfaction d'amour-propre. C'est pourquoi le poème épique, pour mériter l'éloge, doit s'apparenter dans une certaine mesure au poème tragique[4] : le héros, pour se montrer dans sa vérité d'homme, devant faire l'épreuve d'une perte, en exposant ce qui le

1. *De la peinture*, II, § 40, éd.cit., p. 171.
2. *Vie de Poussin*, *loc. cit.*, p. 251.
3. *DSÉ*, II, p. 35.
4. Voir Aristote, *Poétique* : « L'épopée est conforme à la tragédie jusque dans le fait qu'elle est l'imitation d'hommes nobles dans un récit versifié ; mais le fait qu'elle emploie un mètre uniforme et qu'elle est une narration, les rend différentes. Elles le sont aussi par leur étenduc [...]. Et pour ce qui est des parties, certaines sont communes aux deux, d'autres sont propres à la tragédie. [...] ; car les éléments que contient la tragédie ne se retrouvent pas tous dans l'épopée », V, 1449 b, éd.cit., , p. 109-110.

rattache à lui-même, et en accomplissant en cela « une action noble ». En ce sens le tableau du *Phocion*, généralement défini comme un paysage mythologique, tendrait à se spécifier en paysage tragique[1].

Parce que la vocation des beaux-arts est conçue par Fénelon comme une recherche de la vérité et comme un remède aux désordres moraux, elle implique une hiérarchisation des genres poétiques, qui accorde la première place à la poésie dramatique, et plus exactement à la tragédie. En valorisant une certaine image de la condition de l'homme, dont elle concentre les traits essentiels, elle servirait bien mieux la vérité que ne le fait la comédie. Celle-ci, qui « représente les mœurs des hommes dans une condition privée »[2], reflète, certes, les vices de ces derniers en les promettant à une sanction, tout comme la tragédie qui met en scène l'orgueil d'un personnage et la démesure de ses décisions. Cependant, si cette punition atteint bien les personnages les plus vils, elle ne les meurtrit jamais au point de les conduire à une conversion radicale capable de guérir, au moins en partie, de cet amour égoïste qui les anime : aussi la comédie, y compris celle de Molière dont Fénelon fait l'éloge, ne corrige-t-elle pas les mœurs. En invitant à une forme de moquerie garantissant, par la distance qu'introduit le rire, du ridicule qui touche certains personnages, il n'est pas certain qu'elle n'apprenne pas en même temps à se corriger autrement qu'en acquérant la prudence de déguiser ses vices au lieu de les combattre. Car la moquerie est elle-même un vice – même si Fénelon reconnaît que Molière lui donne « un tour gracieux »[3] –, et achèverait donc d'encourager en chacun cette tendance à se complaire dans une prétendue supériorité qu'accentue l'humiliation infligée aux autres. Le héros comique attire la préférence du spectateur parce qu'il lui ressemble, en offensant et en abaissant les méchants tout en faisant valoir sa propre supériorité, elle-même nullement corrigée[4]. Loin de

1. Voir P. Francastel, « Les paysages composés chez Poussin : académisme et classicisme », *in* A. Chastel (dir.), *Nicolas Poussin*, éd. cit., p. 205.

2. Fénelon, *LA*, VII, « Projet d'un traité sur la comédie », p. 1175.

3. *Ibid.*, p. 1177.

4. Molière serait ainsi définitivement détesté par les contempteurs du vice, toutes générations confondues, si l'on s'autorise à voir dans cette critique de la comédie une possible résurgence de la cabale menée par la Compagnie du Saint-Sacrement contre le Tartuffe, et l'annonce de la condamnation de Rousseau dans la *Lettre à d'Alembert* sur les spectacles.

proposer un modèle de vertu, la comédie, hypocritement, encouragerait ainsi à persévérer dans le vice[1].

C'est donc du côté de la tragédie, et particulièrement du type de tragédie composé par les Grecs, qu'il est possible de trouver une imitation véridique, quoique incomplète, de l'ordre éthique.

Les quelques pages que Fénelon consacre à l'exposé de ce que doit être une tragédie paraissent à première vue compléter le réquisitoire contre la poésie dramatique dressé par Senault, Varet, Conti ou Nicole[2], lesquels condamnaient tout d'abord l'intrusion dans les tragédies modernes de sentiments profanes, servant le plus souvent une intrigue amoureuse, et enfin la représentation théâtrale elle-même – avec le paradoxe énoncé par Senault – comme divertissement incompatible avec les devoirs de la vie chrétienne. À cette conclusion toutefois, Fénelon, favorable aux vertus de l'eutrapélie, ne souscrit pas, et admet, au contraire, que l'on « pourrait donner aux tragédies une merveilleuse force, suivant les idées très philosophiques de l'Antiquité, sans y mêler cet amour volage et déréglé qui fait tant de ravages ». Une fois débarrassée du « bel esprit », des « pointes », du « désespoir si ampoulé et si fleuri », du « langage si pompeux et si affecté », il incombe à la tragédie de ne montrer, par l'expression modeste d'un langage dépouillé, que la « douleur vive et simple »[3].

La tragédie contribuerait ainsi, en mettant en scène les circonstances capables de faire naître une véritable douleur à l'occasion de la rupture d'un lien naturel – par la perte d'un père, d'un fils, d'un frère, et finalement par sa propre perte –, à instruire de cette double vérité, anthropologique et théologique, que l'homme, simple créature, ne méritant pas de s'aimer soi-même, doit sacrifier cet amour à l'universel, autrement dit à Dieu. Dès lors, du sermon au poème – ainsi défini – et du poème au tableau, n'y

1. Sur la comédie comme mise en scène erronée des choses, de la condition de l'homme et des relations intersubjectives, voir les analyses du cours d'esthétique de Hegel, en particulier les remarques suivantes : « [...] la situation est [...] plus comique, lorsque des buts mesquins et insignifiants sont poursuivis avec beaucoup de sérieux apparent » ; « cette assurance du sujet [comique] n'est possible que parce que les buts et les caractères sont dépourvus de toute substantialité ; ou bien, tout en possédant une certaine essentialité, ces buts sont transformés et poursuivis sous une forme tout à fait contraire à leur vérité », *Esthétique*, trad. S. Jankélévitch, 4e vol., « La poésie », Paris, Flammarion, 1979, p. 269 et 288.

2. Pour une lecture et un commentaire de ces différentes positions, on se reportera à l'édition établie par L. Thirouin du *Traité de la Comédie* de Nicole. Du même commentateur, voir également *L'Aveuglement salutaire. Le réquisitoire contre le théâtre dans la France classique*.

3. *LA*, VI, « Projet d'un traité sur la tragédie », p. 1169-1172.

aurait-il aucune solution de continuité. Cette conception de la tragédie doit venir compléter les raisons de l'intérêt de Fénelon pour la peinture – si tant est que les arts forment comme un système, où chacun se présente comme l'*analogon* des autres en vertu d'un schème commun. La tragédie et la grande peinture mettent toutes deux sur la voie de la vérité morale en ce qu'elles permettent de donner une représentation, certes profane, du pur amour, lequel demeure le terme absolu de toute existence authentiquement chrétienne.

Dans cette mesure, le tableau de Poussin, le *Paysage avec les funérailles de Phocion*, pourrait être l'illustration de la supériorité de la justice, non certes de celle que prétendent défendre les hommes ignorants, mais de celle qui conduit Phocion à se soumettre à son sort[1], au prix d'un sacrifice de soi, d'une dénégation de ce moi comme un possible objet d'amour, à l'instar de l'épisode tragique où Idoménée sacrifie son propre fils et meurt symboliquement de la mort de celui-ci[2]. Ce moment spéculatif, qui correspond à une découverte anthropologique majeure, se donnerait comme une préfiguration de l'ordre véritable où, dans le pur amour, la créature se subordonne tout entière à Dieu. Cependant, la vérité exposée dans le *Phocion*, et révélée par la froideur des valeurs plastiques de la composition, empêche de la rendre aimable; partiellement vrai le tableau n'en laisse pas moins d'être triste. Pour cette raison même, il pourrait correspondre à ce moment de l'arrachement à soi, à cette nuit de la foi, ce « total martyre »[3], qui précède celui de la « sainte indifférence », laquelle n'est pas synonyme de « résignation »[4], mais d'abandon confiant en Dieu, en voulant de ce qu'Il veut, quelle que soit cette volonté. Mais cette impression de paix que procurent la réconciliation et les retrouvailles n'est pas ce qui se dégage, au

1. Voir le récit de la mort de Phocion et de ses camarades dans Plutarque, *Vies parallèles* : « Quand tous les autres eurent bu, le poison manqua, et le bourreau dit qu'il n'en broierait pas d'autre, s'il ne recevait douze drachmes, prix de la dose. Il s'écoula du temps, et l'on fut en suspens jusqu'au moment où Phocion, appelant un de ses amis, lui demanda de donner la petite somme, puisqu'on ne pouvait même pas mourir gratuitement dans Athènes », « Phocion et Caton le Jeune », t. III, trad. B. Latzarus, Paris, Garnier, s. d., p. 34.

2. Nous renvoyons à l'excellent article de J. Le Brun, « Idoménée et le meurtre du fils. Le trompe-l'œil de l'utopie », in *Fénelon. Philosophie et spiritualité*, éd. cit.

3. *LOS*, XXV, p. 675.

4. *EMS*, art. V, « vrai », p. 1023. Voir, dans le même article, l'opposition entre « résignation » et « indifférence ». Dans la première, l'âme « soumet et subordonne ses désirs intéressés à la volonté de Dieu », dans la seconde « l'âme [...] ne veut plus rien pour soi par le motif de son propre intérêt : elle n'a plus de désirs intéressés à soumettre, parce qu'elle n'a plus aucun désir intéressé ».

prime abord, de ce tableau, à cause du caractère froid que produisent la mort et la consternation des personnages. En provoquant chez le spectateur ce dessillement consécutif à la découverte d'un ordre du monde qui ne ménage pas les héros, en les promettant eux aussi à une mort misérable, il satisfait bien à l'exigence de savoir, ce qui donne au tableau son caractère d'*analogon* métaphysique. Cependant cette tristesse spéculative, qu'évoque aussi le style dorique des volumes, manque encore à la vérité comprise dans sa totalité ; car l'ordre du monde, s'il est bien celui d'un Dieu, doit demeurer pourtant toujours bon en dépit des apparences : aussi la mort misérable du héros ne devrait-elle pas être l'objet d'une affliction. Mais ici, c'est le point de vue humain qui prime ; livré à lui-même dans ce cadre où la nature est comme prisonnière de la ville – œuvre humaine qui marque bien les limites de la vision qui s'incarne dans le tableau –, condamné à ne voir que ce qui l'afflige, l'homme peine à s'élever à ce qui pourrait le consoler. Cette quête de consolation, quoique trop humaine, est pourtant haute, déjà loin de la première croyance naïve d'un monde fait pour soi.

Toutefois, Fénelon le souligne dans son commentaire, des indices de félicité, quoique discrets, sont présents. Loin de la civière qui porte le corps de Phocion, le peuple se réjouit :

> Pendant qu'on emporte Phocion hors de la ville vers le bûcher, tout le peuple en joie et en pompe fait une grande solennité autour du temple dont je vous parle. Quoique ce peuple paraisse assez loin, on ne laisse pas de remarquer sans peine une action de joie pour honorer les dieux[1].

Et quoique cette liesse soit intramondaine, prise dans les rets d'une ville, Athènes, celle-ci ne porte pas la marque de la corruption. Son ordre, la disposition de ses édifices et bâtiments, ainsi que l'exacte concordance de leurs formes et de leurs fonctions, signalent la présence d'un ordre éthique orienté vers la justice. Ce n'est donc plus tout à fait une ville, mais un symbole, celui d'une paix possible entre les hommes, loin de toute rivalité ; et cette harmonie a pour mission de rappeler, dans une inspiration salésienne, qu'ici-bas advient déjà le royaume de Dieu – ce pourquoi Fénelon s'en est peut-être inspiré pour la description de Salente[2]. Enfin, cette ville idéale, sorte de Jérusalem céleste, pourrait à son tour préfigurer l'ordre des choses, tel qu'on le voit plus pleinement dans le *Paysage au*

1. *DM*, LII, p. 430.
2. Voir la note de J. Le Brun, in *OF*, I, p. 1383.

serpent. Au-delà du premier coup d'œil qui se porte à l'apparence des choses, et qui suscite la tristesse et la désolation, il y a le « lointain », la « verdure partout », les arbres au bord de l'eau, l'ordre voulu par Dieu :

> Vous remarquerez que la ville, qui va toujours en baissant vers le côté gauche, s'éloigne insensiblement, et se perd entre un bocage fort sombre [...], et un petit bouquet d'autres arbres d'un vert brun et enfoncé, qui est sur le bord de l'eau[1].

Bien que le dieu qu'on honore ici soit un faux dieu – ce qui affecte la vérité du tableau –, l'ordre moral qu'il suscite fait écho à la promesse que figure le deuil d'Idoménée : après avoir fui la Crète et souffert du deuil de son fils, il devient « le plus généreux de tous les rois »[2] en fondant Salente[3], la ville rédemptrice où prospère la communauté fraternelle des hommes. La leçon du *Télémaque* prolongerait ici celle du *Phocion*, en montrant que les hommes, et même les rois, ne sont rien au regard de la justice[4] et, plus encore, qu'ils n'ont pas à prétendre vouloir l'établir. Ne sachant ce qu'elle est, ils n'en peuvent donner qu'une interprétation plus ou moins relative à leurs propres intérêts. Cette leçon, valable en toute circonstance, l'est encore plus du point de vue de ses conséquences immédiates quand elle se rapporte à la mission du prince : le dévouement à la cause publique excluant la quête d'une jouissance égoïste et l'inquiétude à l'égard de ses propres biens, c'est bien l'humilité qui découvre la bonne volonté de celui qui gouverne.

Métaphysique, morale et politique, la leçon est aussi spirituelle. On pourrait y reconnaître, sous une forme déguisée, le dispositif de la « supposition impossible », emprunté à François de Sales – et que Fénelon estime pour sa

1. *DM*, LII, p. 431-432.
2. Voir *Av. T.*, VIII, p. 170.
3. *Ibid.*, p. 168-169.
4. « Il peut tout sur les peuples, écrit Fénelon dans la description qu'il donne de la Crète de Minos, mais les lois peuvent tout sur lui. Il a une puissance absolue pour faire le bien, et les mains liées dès qu'il veut faire le mal. Les lois lui confient les peuples comme le plus précieux de tous les dépôts, à condition qu'il sera le père de ses sujets. Elles veulent qu'un seul homme serve, par sa sagesse et par sa modération, à la félicité de tant d'hommes; et non pas que tant d'hommes servent, par leur misère et par leur servitude lâche, à flatter l'orgueil et la mollesse d'un seul homme. [...] Ce n'est point pour lui-même que les dieux l'ont fait roi. Il ne l'est que pour être l'homme des peuples. C'est aux peuples qu'il doit tout son temps, tous ses soins, toute son affection, et il n'est digne de la royauté qu'autant qu'il s'oublie lui-même pour se sacrifier au bien public », *Ibid.*, V, p. 97-98. Sur les liens entre l'amour mystique et l'amour politique que le roi voue à ses sujets, on consultera Fr.-X. Cuche, *Télémaque entre père et mer*, éd. cit., chap. V; et J. Le Brun, « Idoménée et le meurtre du fils. Le trompe-l'œil de l'utopie », *loc. cit.*

part « très possible »[1] –, par lequel on départage l'« amour de charité [...] encore mélangé de quelque reste d'intérêt propre », quoique « le motif désintéressé y domine », de celui « qui est une charité pure », « sans aucun mélange du motif de l'intérêt propre »[2], et s'accompagnant de l'abandon sans reste de toute espérance rapportée à soi-même[3]. L'impression de deuil si puissante présente dans ce tableau autorise sans doute qu'on le rapproche de cette nuit mystique, dont Fénelon dit qu'elle n'est pas destinée à durer; de là viendrait son imperfection au regard de la vérité morale. Nous verrons, en revanche, que le *Paysage avec un homme tué par un serpent*, celui que Fénelon « préfère », incarne mieux ce moment postérieur. En représentant les deux étapes : celle de la connaissance, du dessillement symbolisé par l'accident mortel, et celle de l'amour, à travers l'atmosphère paisible d'un lointain qui résorbe le deuil, il incarne la réconciliation ultime dans la charité. De cette manière, il s'apparente aussi aux bonnes tragédies qui, en suscitant la crainte et la pitié, causent « un certain plaisir »[4].

En définitive, la tragédie d'une part, et la belle peinture d'autre part, par leur vocation didactique et pathétique, conduisent, à travers une mise en scène édifiante, la créature à la connaissance de ses devoirs, préparent à l'épreuve suprême de la désappropriation de soi, et rappellent que la concupiscence ne peut jamais être un guide pour la vertu puisque c'est la douleur et le déplaisir qui corrigent les effets du péché. Présentées toutes deux comme une histoire des passions humaines, d'abord entièrement rapportées au moi, puis conduites progressivement vers leur lieu propre – la justice séculière, et enfin Dieu –, elles invitent les hommes à une prise de conscience du cheminement des affects et des pièges dans lesquels ils pourraient tomber. Mais elles y parviennent toutes deux précisément par l'artifice ou l'ordre qu'elles instaurent. Dans cette mesure, si le tableau

1. *LOS*, XXIII, « Sur le pur amour », p 661. Plus loin Fénelon écrit : « je suppose que Dieu, qui rend toutes les autres âmes immortelles, finira la durée de la mienne au moment de ma mort; je suppose encore que Dieu m'a révélé son dessein. [...] Ces suppositions très possibles étant admises, il n'y a plus de promesse, ni de récompense, ni de béatitude, ni d'espérance de la vie future pour moi. [...] N'est-il pas évident que dans cette supposition très possible je dois aimer Dieu uniquement pour lui-même [...] ? », p. 661-662.

2. Fénelon, *EMS*, p. 1009 *sq*.

3. Ce qui n'empêche nullement que je veuille, comme étant ce que Dieu veut, l'espérance que Dieu aura lui-même placée en moi. Inversement, si Dieu voulait me damner, il me faudrait, avec la même ferveur, vouloir ma propre damnation pour l'unique raison que Dieu la veut.

4. *DM*, LIII, « Léonard de Vinci et Poussin », p. 434.

se donne comme la transposition d'une tragédie dont il s'efforce de suivre les règles dans la composition[1], la tragédie, à son tour, tient en quelque chose, par son unité et la clarté avec laquelle se montre son intrigue, du dessin de ce dernier. Elle est en effet, comme le montre Aristote, une « image »[2], et non un concept; elle relève en outre du dessin, étant l'« esquisse » d'une action, et non un amas de « belles couleurs » appliquées « sans ordre »[3], ce qui la rend belle[4] et pragmatiquement efficace sur le plan de la persuasion; elle montre également une action noble, comme la peinture qui doit représenter non la réalité brute mais l'idée de ce que celle-ci doit être : aussi le poète est-il comme les « bons portraitistes » qui, « tout en composant des portraits ressemblants, peignent en plus beau »[5]. Du point de vue du style, la tragédie, en produisant sous une forme concise, réduite à ses contours essentiels, l'image rectifiée du réel à partir d'un épisode révélateur de la condition de l'homme, mimerait, là encore, par sa retenue, le silence du tableau. Pour finir, parce qu'elle permet, grâce à une représentation qui en dévoile les causes, la saisie spéculative de sa propre affectivité, elle se rapprocherait du tableau, qui se donne lui aussi comme un miroir des passions se prévalant d'un effet cathartique. En nommant *Les Effets de la terreur* le tableau du *Paysage au serpent*, Félibien[6] accréditerait cette thèse, en soulignant sa

1. Sur ce point, voir *Poétique*, VII : « [...] les histoires bien agencées ne doivent ni commencer au hasard ni finir au hasard », 1450 b, éd. cit., p. 114.
2. Voir *Poétique*, IV, 1448 b *sq*.
3. *Poétique*, VI, 1450 a, éd. cit., p. 112-113.
4. « la beauté réside [...] dans l'étendue et dans l'ordre; aussi un bel être vivant ne saurait-il être ni très petit – car la vision est confuse lorsqu'elle s'exerce durant un temps imperceptible –, ni très grand – car il n'y a pas de vision d'ensemble [...], il s'ensuit que, de même que les corps et les êtres vivants doivent avoir une certaine étendue, mais que le regard puisse aisément embrasser, de même les histoires doivent avoir une certaine longueur, mais que la mémoire puisse aisément retenir », Aristote, *Poétique*, VII, 1450 b-1451 a, éd. cit., p. 114-115.
5. *Ibid.*, XV, 1454 a, p. 128.
6. Voir le commentaire qui l'accompagne : « On y voit un homme, qui voulant s'approcher d'une fontaine, demeure tout effrayé en apercevant un corps mort environné d'un serpent : Et plus loin une femme assise et tout épouvantée, voyant avec quelle frayeur cet homme s'enfuit. On découvre dans la contenance de cet homme, et sur les traits de son visage non seulement l'horreur qu'il a de voir ce corps mort étendu sur le bord de la fontaine, mais aussi la crainte qui l'a saisi à la rencontre de cet affreux serpent dont il appréhende un semblable traitement. Or quand la crainte du mal se joint à l'aversion qu'on a pour un objet désagréable, il est certain que l'expression en est bien plus forte. Car les sourcils s'élèvent, les yeux et la bouche s'ouvrent plus grands, comme pour chercher un asile, et demander du secours. Les cheveux se dressent à la tête, le sang se retire du visage, le laisse pâle et défait, et tous les

proximité avec le poème tragique, où le plaisir, épuré, c'est-à-dire esthétique, naît précisément d'une représentation et donc d'une compréhension des sentiments de crainte et de pitié. Or c'est bien là l'objectif du tableau qu'énonce le Léonard des *Dialogues des morts* :

> Ce second objet [le personnage qui découvre l'homme tué par le serpent] quoique triste, ne laisse pas d'animer le tableau, et de faire un certain plaisir semblable à ceux que goûtaient les spectateurs de ces anciennes tragédies où tout inspirait la terreur et la pitié[1].

Si le détour par le dispositif du poème tragique permet de comprendre, en partie, et indépendamment des conceptions académiques, les raisons pour lesquelles Fénelon accorde une importance particulière à l'expression des passions, il n'exclut pas, toutefois, d'être complété par certains développements issus de la critique picturale. Il est vrai, comme nous avions commencé par le montrer, que rien n'atteste que Fénelon ait connu le contenu des différentes conférences de l'Académie abordant la question de l'expression, bien que le vocabulaire qu'il emploie, avec notamment la formule « air de tête », propre à Félibien[2] et aux académiciens[3], inviterait à penser que celles-ci ne lui étaient pas tout à fait inconnues : on retrouve, en particulier, une allusion dans le « Sentiment... » à Van Dyck portraitiste qui reprend l'image que les critiques, Félibien[4], Bellori, et plus tard de Piles[5], donnent habituellement du peintre; en revanche, le commentaire que donne Félibien dans ses *Entretiens...* du tableau de Moro représentant le

membres deviennent si impuissants qu'on a peine à parler et à courir : Ce que l'on voit parfaitement bien représenter dans ce tableau », *Entretiens* ..., IVe partie, 6e entretien, éd. cit., p. 215 (orth. mod.).

1. *DM*, LIII, « Léonard de Vinci et Poussin », p. 434.

2. Sur Raphaël, voir *Entretiens* ..., Ire partie, 2e entretien : « [...] personne n'a peint comme lui cette modestie et cette retenue si bienséante aux femmes, les ayant toujours représentées dans des attitudes, et avec des airs de tête et des mouvements qui n'inspirent que du respect et de la vénération à ceux qui les regardent », éd. cit., p. 297 (orth. mod.).

3. Voir en particulier H. Testelin, « Sur les Sentiments des plus habiles peintres ... (1675-1679) », *Les Conférences* ..., éd. cit., p. 302.

4. « Antoine Vandeik, qui s'est rendu célèbre par l'excellence et la quantité des portraits qu'il a faits » ; « On peut dire que hors le Titien, on n'a point vu de peintres qui aient été plus loin dans ce genre de peindre. Sa manière est noble, naturelle et facile. On dit qu'il faisait toujours un portrait au premier coup », *Entretiens* ..., IVe partie, 7e entretien, éd. cit., p. 128-129 et 139 (orth. mod.).

5. « Il a fait les portraits d'un genre sublime; il les a disposés d'une manière qui leur donne une vie surprenante, et une grâce infinie [...] il savait choisir les attitudes convenables aux personnes, et les moments les plus avantageux des visages », R. de Piles, *Abrégé de la vie des peintres* ..., éd. cit., p. 417 (orth. mod.).

Christ avec deux apôtres[1] qu'il voit à Chantilly, semble être ignoré à moins, tout simplement, que la référence soit jugée inutile et hors de propos dans ce contexte. De même, il avoue, parlant des paysages de Poussin, qu'ils lui « plaisent beaucoup plus que ceux du Titien », tandis que Félibien se contente de reconnaître « que hors le Titien on ne voit pas de peintre qui en ait fait de comparables aux siens »[2]. Mais Félibien admet aussi bien que ce dernier a cherché « seulement à satisfaire les yeux et à représenter des objets agréables »[3] – ce qui justifierait la préférence de Fénelon – qui suit Félibien autant qu'il y trouve de proximité avec sa pensée.

On note, en revanche, que Fréart de Chambray se livre à une mise en scène semblable à celle que monte Fénelon dans les *Dialogues des morts* – ce dernier pourrait donc en être un pastiche – mais où c'est Michel-Ange qui se trouve contraint de passer sous les fourches caudines du juge Timanthe[4], et qui sort déshonoré de l'épreuve, tandis que Poussin se voit décerné l'éloge, étant « entre les peintres modernes [...] comme un Timanthe »[5]. Or Timanthe, d'après Pline, est précisément celui qui représenta, dans son Iphigénie, toute la gamme des expressions de la douleur, allant jusqu'à suggérer l'irreprésentable[6], tandis que Fréart de Chambray lui-même souligne l'importance de l'expression dans le tableau, en affirmant de celle-ci qu'elle « est la plus excellente de la peinture [...] puisque c'est par elle qu'on connaît l'esprit du peintre »[7]. Fénelon aura peut-être aussi trouvé là une source supplémentaire d'inspiration pour son dialogue.

1. « On ne voit pas de grandes compositions d'ouvrages de sa façon. Je n'ai vu qu'un tableau de lui que l'on estimait son chef-d'œuvre, et que l'on montrait à Paris il y a quelques années. Il était composé de cinq figures, la principale était un Christ ressuscité, à côté de lui S. Pierre et S. Paul, et deux anges au-dessus. Vous voyez bien qu'il n'y a rien dans l'invention qui puisse faire juger avantageusement du génie de ce peintre. L'ordonnance était de même; quant au dessein il était assez correct, et les carnations assez bien peintes; mais pourtant d'une manière sèche et peu tranchée. Il y a apparence que ce qui rend ses ouvrages aussi estimés qu'ils sont en Flandre, c'est qu'il s'en trouve peu », *Entretiens* ..., IIIe partie, 5e entretien, éd. cit., p. 140-141 (orth. mod.).

2. *Vie de Poussin*, *loc. cit.*, p. 263.

3. « Sur La Sainte Famille de Raphaël (3 septembre 1667) », *Les Conférences* ..., , éd. cit., p. 88.

4. Voir l'*Idée de la perfection de la peinture*, éd. cit., p. 70-75 (orth. mod.).

5. *Ibid.*, p. 126 (orth. mod.).

6. « Pour en revenir à Timanthe, sa qualité principale fut sans doute l'ingéniosité : en effet on a de lui une Iphigénie [...] qu'il peignit debout, attendant la mort, près de l'autel; puis, après avoir représenté toute l'assistance affligée [...] et épuisé tous les modes d'expression de la douleur, il voila le visage du père lui-même, dont il était incapable de rendre convenablement les traits », *Histoire naturelle*, XXXV, § XXXVI, éd. cit., p. 67.

7. *Idée de la perfection de la peinture*, éd. cit., p. 14 (orth. mod.).

Mais sans qu'il soit nécessaire de convoquer les critiques modernes, il y a bien assez d'éléments dans le texte de Pline qui peuvent rendre raison de l'attention portée à l'expression et de la préférence accordée à Parrhasius, dont nous avons vu, au début de ce chapitre, qu'elle était, pour Fénelon, emblématique de la perfection susceptible d'être atteinte par la peinture. Pline insiste en effet sur le talent qu'avait ce dernier d'exceller dans la représentation visuelle des passions de l'âme :

> Parrhasius [...], écrit-il, contribua beaucoup [...] aux progrès de la peinture. Le premier il sut la doter des proportions, il fut le premier à rendre les détails de l'expression du visage, à donner de l'élégance à la chevelure, de la grâce à la bouche et les artistes s'accordent à lui attribuer la palme pour l'exécution des contours[1].

Encore une fois, si rien ne prouve que Fénelon ait lu directement ces lignes, il est certain, en revanche, qu'il pouvait avoir puisé ces informations dans les *Mémorables* de Xénophon où figure un entretien fictif entre le peintre et Socrate[2]. Mais la figure de Parrhasius, en raison de sa présence dans les *Dialogues des morts*, n'a peut-être qu'une fonction mnémotechnique, et à ce titre pédagogique, destinée à rappeler le propos d'un texte que le jeune duc devait traduire. Elle pourrait aussi, comme le suggère A.-M. Lecoq[3], représenter le ralliement de Fénelon au clan des Anciens contre les Modernes – et contre Perrault surtout qui ridiculisa les peintres anciens dans son poème *Le Siècle de Louis le Grand*[4]. Mais, outre que la question de la position de Fénelon dans la Querelle est source d'innombrables débats, il resterait à montrer pourquoi c'est Parrhasius qui est choisi, et non Zeuxis ou Apelle[5], que l'Académie, pourtant, préfère. Les remarques du

1. *Histoire naturelle*, XXXV, § XXXVI, éd. cit., p. 63.
2. Voir *Mémorables*, III, 10 cité par A. Reinach, *La Peinture ancienne* ... : « Mais quoi ! ce qu'il y a de plus attrayant, de plus séduisant, de plus aimable, de plus désirable, de plus adorable, l'expression morale de l'âme, vous ne l'imitez point ? Ou bien est-elle inimitable ? – Mais le moyen, Socrate, de l'imiter ? Elle n'a ni proportion, ni couleur, ni aucune des qualités dont tu viens de parler ; en un mot elle n'est pas visible. – Eh ! ne voit-on pas chez l'homme les regards exprimer tantôt l'affection, tantôt la haine ? [...] Dans le bonheur, c'est la joie, dans le malheur la tristesse qui est peinte sur les visages [...]. Il en est de même de la magnanimité comme de la franchise, de l'humilité comme de la bassesse, de la tempérance comme de la raison, de l'insolence comme de la grossièreté ; c'est par la physionomie et par l'attitude des hommes [...] que ces sentiments s'extériorisent », éd. cit., p. 223.
3. Voir *La Leçon de peinture* ..., éd. cit., p. 43 *sq*.
4. *Œuvres*, préface M. Soriano, s.l., Le Club français du livre, 1958, p. 129 *sq*.
5. Voir en particulier L.-G. Blanchard, « Sur le mérite de la couleur ... » ; H. Testelin, « Sur les Sentiments ... », *loc. cit.*, respectivement p. 207 *sq*., p. 305 *sq*.

« Sentiment... », qui insistent presque toutes sur l'expression des affects, laisseraient penser que la raison de ce choix n'est ni seulement pédagogique, ni seulement symbolique – Parrhasius comme emblème des Anciens –, mais proprement esthétique : si Parrhasius est un grand peintre, sinon le plus grand, c'est parce qu'il aurait su mieux que tout autre représenter deux des parties les plus essentielles de la peinture[1] : les contours qui rendent compte de l'idée que le peintre veut représenter, et l'expression, autrement dit ce par quoi s'opère l'alchimie par laquelle fusionnent le *delectare*, le *docere*, et le *movere*, tandis que Zeuxis, de l'aveu d'Aristote, « ne laisse aucune place aux caractères »[2]. Or Fénelon qui, depuis les *Dialogues sur l'éloquence*, n'a eu de cesse d'exiger la clarté et la vérité du discours, tout en condamnant la possible sécheresse de celui-ci, en insistant au contraire sur la nécessité d'émouvoir, ne pouvait être indifférent à ce qui dans la peinture en était la transposition.

En définitive, la quête de l'idée claire et de la vérité conduit Fénelon, comme nous l'avons vu, à accorder tout d'abord une préférence aux peintres-dessinateurs. De Poussin, nous savons que ses contemporains ont vanté avant tout l'excellence du trait, tandis que le coloris, que le peintre n'a pas pour autant négligé, serait demeuré pour lui une partie subalterne et subordonnée à la première. De même Annibal Carrache, selon le jugement des critiques, se serait distingué avant tout par le soin qu'il aurait apporté au dessin[3], affirmant ainsi son propre style contre celui de ses prédécesseurs. Citer Annibal Carrache en exemple, c'est donc implicitement définir la peinture comme une œuvre issue de la raison et destinée à la raison, ce que montre notamment le témoignage de Félibien :

> [...] comme en arrivant à Rome, il fut touché de l'excellence et de la beauté des statues antiques qu'il y vit, il employa d'abord une partie de son temps à

1. *Cf.* la remarque de R. de Piles, certes postérieure à la date de composition des *DM*, mais néanmoins instructive parce qu'elle témoigne d'un jugement bien ancré dans la littérature critique : « Les auteurs s'accordent à donner à Parrhasius la gloire d'avoir dessiné très correctement et très élégamment, et d'avoir représenté les corps, non comme la nature les avait produits, mais comme elle pouvait les produire ; c'est, selon cette grande idée qu'il a écrit de la Symétrie des corps. Il excellait entre autres choses dans l'expression des passions de l'âme, qualité qu'on ne peut assez louer », *Abrégé de la vie des peintres* ..., éd. cit., p. 115 (orth. mod.).

2. *Poétique*, VI, 1450 a, éd. cit., p. 112.

3. Qualité qui sous la plume d'un R. de Piles devient un défaut : « la plus grande partie de ses tableaux, note-t-il, donnent dans le gris et nous paraissent sans force et sans effet », *Abrégé de la vie des peintres* ..., éd. cit., p. 479 (orth. mod.).

> visiter les lieux où sont les plus fameuses. Ce fut alors qu'il jugea bien que la véritable base, et le principal fondement de la peinture est le dessein, que ceux de l'école de Raphaël préféraient avec raison à la couleur, dont les peintres de Lombardie avaient fait choix[1].

Le clivage entre le coloris, comme versant sensible du tableau – en dehors de l'interprétation qui accorde une signification symbolique aux couleurs[2], ou du rôle adjuvant à celui du dessin que celles-ci peuvent accidentellement tenir dans la répartition des grandes masses du tableau, où elles ajoutent à la lisibilité –, et le dessin, comme versant spéculatif et à ce titre valorisé, a donc ici aussi une portée métaphorique destinée à rappeler le primat de la raison sur la sensation, comme le suggère Fénelon dans ses opuscules spirituels :

> De l'attachement aux goûts sensibles naissent toutes les illusions. Les âmes sont grossières en ce point, qu'elles cherchent le sensible pour trouver la sûreté. C'est tout le contraire, c'est le sensible qui donne le change, c'est un appât flatteur pour l'amour-propre[3].

On ne saurait donc s'abandonner impunément à une contemplation guidée par le seul plaisir de l'œil : en invitant à rechercher l'idée qui anime le tableau et la signification des objets qui y sont montrés, on privilégie nécessairement un type de représentation picturale qui recouvre l'ensemble de cette première série de tableaux composant le cabinet idéal de Fénelon.

1. *Entretiens* ..., IIIe partie, 5e entretien, éd. cit., p. 265-266 (orth. mod.).
2. Cette fonction demeurant cependant très marginale, comme l'explique J. Thuillier qui s'appuie sur une conférence de 1693 donnée à l'Académie royale de peinture, au sujet de la signification des couleurs dans le Martyre de saint Étienne de Carrache. Dans une conférence de 1668 portant sur ce tableau, S. Bourdon avait donné un sens mystique aux couleurs des vêtements portés par les personnages représentés; or en 1683, en comparant cette version du tableau avec une autre également présente dans les collections royales, on constata que les couleurs étaient toutes différentes et conduisaient donc à une interprétation contraire à la première : c'est pourquoi il fut conclu que « si ce fameux peintre les [couleurs] eût affectées pour marquer la pureté, la barbarie ou quelque autre chose de semblable, il s'en seroit toujours fait une loi en traitant semblables sujets et l'auroit fait observer dans l'autre tableau. Ainsi il ne faut pas faire passer le Carrache pour plus spéculatif qu'il n'étoit, ni trouver du mystère ou il n'y en a pas », *in* « L'image au XVIIe siècle : de l'allégorie à la rhétorique des passions », *Word and Image, A journal of verbal/ visual enquiry*, vol. 4, number 1, january-march, 1988, Actes du 1er congrès international de Texte et Image, J. D. Hunt, S. A. Varga, Th. D'Haen (éd.), Londres, New York, Philadelphie, Taylor and Francis, p. 93.
3. *LOS*, XXV, « Que la voie de la foi nue et de la pure charité est la meilleure et la plus sûre que celle des lumières et des goûts », p. 675.

Mais cette méfiance à l'égard de la sensation pure, si elle est fondée en théorie, comme nous avons tâché de le montrer, trouve également à s'illustrer dans l'expression d'un style d'écriture romanesque[1]. Nous n'ajouterons, sur ce point, rien de plus aux différentes analyses qui se sont attachées à relever les marques de cette préférence dans le lexique fénelonien, et qui, presque unanimement, ont conclu soit à un désintérêt à l'égard des caractéristiques liées à la couleur[2], reflété par une certaine pauvreté du vocabulaire, soit à une volonté de privilégier une palette très restreinte – comme pouvait l'être celle de Poussin[3], censée faire valoir un idéal de transparence lié à l'expression mystique d'un détachement vis-à-vis du monde sensible. Dans un cas comme dans l'autre, le caractère irréductible de la sensation pure, celui de la couleur par exemple, est jugé stérile, et pire, dangereux – comme l'écrivait déjà Poussin, « les couleurs dans la peinture sont semblables à des leurres qui persuadent les yeux »[4] –, par conséquent, elle ne peut suffire à définir l'image idéale. Loin de s'identifier à la sensation, l'image picturale, comme on l'a déjà vu avec Platon, doit être attachée à une forme, elle est donc en même temps, et peut-être avant tout, objet de pensée qui se précise, pour Fénelon, à l'horizon de l'idée « purement intellectuelle et abstraite »[5] qu'accompagne la « contemplation pure et directe »[6] de Dieu, et que préfigure, de façon certes détournée, l'« écriture blanche » d'un style volontairement neutre[7].

1. Voir Th. Pavel : « *Les Aventures de Télémaque* [...]. Équivalent littéraire des paysages de Poussin », à quoi il ajoute cependant, et à quoi nous ne souscrivons pas, « et du château solaire du roi », *L'Art de l'éloignement. Essai sur l'imagination classique*, Paris, Gallimard, 1996, p. 359.

2. À l'exception notable de Stendhal : « Qui m'eût dit that the Confessions of J.-J. Rousseau me déplairaient et que je chercherais la couleur dans Fénelon? Le dessin de *Télémaque* est, à la vérité, pitoyable, mais c'est le coloris qui me semble approcher le plus of Allegri » [Corrège], *Journal*, 5 mars 1812, in *Œuvres intimes*, « Bibliothèque de la Pléiade », Paris, Gallimard, t. I, 1981, p. 821.

3. Critique nulle et non avenue aux yeux de Félibien : « [...] où voit-on que le Poussin ait fait des hommes et des femmes de bronze ou de marbre, au lieu de les représenter de chair? », *Vie de Poussin*, *loc. cit.*, p. 219. Voir sur ce point A. Arikha, *Réflexion sur Poussin*, *loc. cit.*, p. 208.

4. *Remarques de Poussin sur la peinture*, *loc. cit.*, p. 186.

5. *EMS*, article XXVII, « vrai », p. 1067.

6. *Ibid.*

7. Voir par exemple, au sujet des deux dialogues sur la peinture, l'appréciation de J. Thuillier : « Ces deux compositions d'une prose limpide jusqu'à la fadeur ne sont pas d'un grand poids dans la critique d'art du siècle et ne cherchaient point à l'être. La description dialoguée de deux chefs-d'œuvre de Poussin n'est qu'un prétexte didactique destiné à faire passer dans l'esprit de l'élève quelques-uns des principes les plus simples sur la composition d'un tableau. L'accord de Poussin avec l'esprit des artistes de l'Antiquité, la jalousie avouée des peintres italiens, ici représentés par Vinci, sont des motifs de mise en scène qui, à cette date, ont fort perdu de leur actualité », « Pour un "*corpus poussinianum*" », *in*

la peinture comme mise en scène de l'amour

Parvenue à ce point de notre réflexion, une nouvelle difficulté se fait jour à partir du constat selon lequel cette contemplation « pure et directe », précisément parce qu'elle se double dans les écrits spirituels d'un épanchement du sentiment d'amour pour Dieu, pourrait laisser croire, tout d'abord, à un renoncement à la raison, ou encore à l'expression d'une forme de mépris vis-à-vis de celle-ci – croyance que viendrait renforcer une interprétation abusive de la critique de la versification formulée dans la *Lettre à l'Académie*, autorisant à voir en Fénelon le partisan d'un sentimentalisme dépourvu d'ordre et d'énergie. Il est vrai que celui-ci critique la tyrannie des règles qui règne sur la rhétorique et la poésie ; cependant cette critique, qui vise avant tout l'arbitraire, se fonde sur la défense d'une règle supérieure, indiquée par la nature, et elle-même conçue comme alliant la variété à la rigueur d'un ordre. Il paraît donc difficile d'interpréter la position fénelonienne comme le signe avant-coureur d'une rupture franche vis-à-vis de l'idéal didactique et des outils conceptuels repris par l'Académie.

À l'égard de cette interprétation qui semble confondre le refus de la tyrannie des règles et celui de la raison, nous commencerons par approuver l'argument qui s'y attache d'habitude, à savoir qu'il y a, en effet, dans le discours fénelonien, un intérêt porté aux aspects non narratifs de la peinture. Il est vrai que les appréciations affectives ne sont pas absentes du jugement de Fénelon : un tableau qui ne toucherait pas pourrait, certes, être estimé, mais serait comme inachevé. Il reste à démontrer, cependant, que les matériaux non narratifs, présents dans la critique fénelonienne, ne sont pas nécessairement dépourvus de logique.

L'interprétation narrative au sens large n'exclut pas, en effet, la lecture allégorique du tableau, prolongeant ainsi le lien de dépendance vis-à-vis de la sphère discursive, et empêchant de faire de l'image représentée un pur objet esthétique dépourvu de finalité apparente. En outre, les remarques de Fénelon faisant état d'une délectation apparemment gratuite demeurent non seulement l'exception – en toute rigueur, elles ne concernent que le

A. Chastel (dir.), *Nicolas Poussin II*, éd. cit., p. 225. Sur l'« écriture blanche », voir Fr. Berlan, « Du lexique au style : Fénelon », *loc. cit.*

paysage de Chantilly – mais, comme nous le montrerons, elles supposent bien davantage la reconnaissance implicite de symboles préalablement définis : l'objet qui suscite l'émotion, en l'occurrence un paysage, prenant tout son sens à l'intérieur d'un champ discursif.

On saura gré à M. Riffaterre d'avoir mis en évidence la manière dont Fénelon détourne le genre de l'ecphrasis au profit d'un procédé qu'il nomme l'« illusion d'ekphrasis » : sous le couvert d'une description du *Paysage avec un homme tué par un serpent* se glisseraient subrepticement de nombreuses assertions ne renvoyant à aucun objet clairement identifiable, mais à des « habitudes du sociolecte »[1]. Cependant, la conclusion qu'il tire, à savoir que ces notations seraient dépourvues de contenu explicite, doit, semble-t-il, être nuancée; car ce témoignage immédiat d'un plaisir, que rien ne paraît justifier, met au jour, au contraire, un univers esthétique parfaitement défini, dont on peut sans peine reconstituer la genèse.

le commentaire du *Paysage au serpent* : leçon ou simple divertissement ?

le sujet du tableau

L'hypothèse selon laquelle le discours de Fénelon sur la peinture montrerait l'exemple d'une délectation détachée de la préoccupation didactique pourrait être illustrée par le commentaire du *Paysage au serpent*, qui fait suite aux remarques savantes de celui du *Phocion*. On y apprend, non sans surprise, que ce « caprice » est préféré par le Poussin du dialogue à l'autre tableau – au sujet pourtant clairement reconnaissable, en raison des « grâces » et de la « tendresse » qui s'en dégagent, tandis que la « confusion de maisons », « les montagnes, de figure bizarre », ou encore l'« ombre très forte »[2], en rappelant la manière réaliste d'un Caravage ou la fantaisie d'un Bassan, achèvent d'éveiller chez le lecteur moderne une

1. Nous citons pour plus de clarté l'ensemble de l'analyse de M. Riffaterre : « C'est ainsi, que dans le commentaire du *Paysage avec un homme tué par un serpent*, que Fénelon met dans la bouche de Poussin, deux séries de marques positives se déroulent. L'une est faite d'assertions invérifiables et qui en tout cas ne prêtent pas à une visualisation quelconque [...]. L'autre série accumule des signes positifs encore, mais qui reflètent déjà des stéréotypes esthétiques explicites, des fragments de mimésis. [...] C'est donc à des habitudes du sociolecte que nous avons affaire. Familières et rassurantes, ces formules sont incontestablement efficaces, mais elles ne sont pas descriptives pour autant », « L'illusion d'ekphrasis », *in* G. Mathieu-Castellani (dir.), *La Pensée de l'image. Signification et figuration dans le texte et dans la peinture*, Presses universitaires de Vincennes, 1994, p. 216.
2. LIII, « Léonard de Vinci et Poussin », p. 436.

certaine perplexité. Comment qualifier le discours ? Et faut-il, tout simplement, négliger ces remarques de détail au profit de l'intention d'ensemble, didactique et pédagogique, justifiant le choix de ces deux tableaux ?
Opter pour cette solution, à première vue la plus simple, reviendrait à ranger d'emblée – par le *costume*, et le récit emprunté à la mythologie – ce second paysage dans la série de tableaux didactiques, choisis au nom de leur apparente structure logique. En désignant sous le titre *Cadmus ou le Paysage au serpent*[1] ce paysage des *Dialogues des morts*, on inviterait spontanément à relier le tableau au récit d'Ovide, le grevant ainsi d'une signification manifeste, en effaçant la gratuité apparente du caprice – dont le contenu, ici particulier, écarte d'ores et déjà le soupçon d'une intention fantaisiste ; enfin, on justifierait cette première clarification par l'intention pédagogique de montrer au jeune duc de Bourgogne l'image visuelle du mythe que ce dernier s'était exercé à traduire. Le titre, et lui seul, écarterait ainsi l'hypothèse d'une tentative d'interprétation moderne, c'est-à-dire proche de celle des coloristes, partisans, comme de Piles[2], d'une rupture entre le récit et l'image picturale.
Cependant, l'attribution de ce titre n'est pas sans soulever certaines difficultés. À commencer par l'absence, dans le propos même de Fénelon, de toute référence au mythe ovidien – alors que le sujet du précédent paysage, la mort de Phocion, est évoqué comme tel. En outre, le fait que le tableau relève du genre du « caprice » tendrait également à montrer qu'il ne se réfère à aucun récit en particulier, ce que suggère par ailleurs le commentaire qui accompagne la gravure qu'en donne Baudet, où la référence à l'anecdote liée au séjour de Poussin dans une région infestée de serpents est mentionnée – et qui, d'après A. Blunt, serait le véritable motif du tableau. Enfin, quoique l'histoire manque – « est-ce une histoire ? »[3] demande Léonard – et que le tableau, en cela, soit un « caprice », il n'en présente pas moins un intérêt précisément notifié par le personnage de Poussin : l'absence d'histoire n'ôterait rien à la valeur didactique du tableau, puisqu'il

1. C'est le titre que propose J. Le Brun, voir *OF*, I, p. 1383-1384.
2. Cela est vrai, par exemple, du paysage champêtre : « Le style champêtre est une représentation des pays qui paraissent bien moins cultivés qu'abandonnés à la bizarrerie de la seule nature. Elle s'y fait voir toute simple, sans fard et sans artifice », R. de Piles, *Cours de peinture par principes*, préface J. Thuillier, Paris, Gallimard, 1989 [1708], « Du paysage », p. 100. Voir *infra* où la position de De Piles est complétée.
3. LIII, « Léonard de Vinci et Poussin », p. 434.

s'agirait d'enseigner la « science d'exprimer les passions »[1]. En indiquant que ce n'est ni le mythe, ni même un quelconque récit, mais la matière d'une leçon de physiologie et de morale qui fournit son sujet au tableau, Fénelon ferait donc implicitement référence au titre donné par Félibien, et que paraphrase Baudet, *Les Effets de la terreur*.

Il est vrai, cependant, comme le rappelle Milovan Stanic, que l'interprétation tendant à rapprocher le mythe d'Ovide du tableau de Poussin est loin d'être arbitraire, étant donné les détails communs à l'histoire et au tableau. On se demandera, toutefois, pourquoi Poussin, d'habitude si soucieux de demeurer fidèle au récit lorsque le tableau s'en prétend l'illustration – pour *La Manne* et *Phocion*, où la procession des personnages à l'arrière-plan rappelle que les funérailles du héros avaient eu lieu, comme le dit Plutarque, ce jour du 19 Munychon où Zeus était célébré –, aurait trahi précisément celui d'Ovide en ajoutant à la fable, ou au contraire en retranchant de celle-ci, certains détails essentiels du récit, en particulier celui de la double métamorphose de Cadmus et de sa femme[2]. Poussin aurait-il seulement représenté l'instant précédant la chute de la fable, en se contentant de suggérer l'épisode suivant, où le drame se résout dans la paix, grâce à la figure des personnages secondaires à l'arrière-plan du tableau, abandonnés dans l'herbe et s'adonnant à quelque divertissement? Mais précisément, cette scène où l'on voit des personnages jouer à la mourre[3] ne

1. *Ibid.*, p. 436.
2. « Tous les témoins de cette scène [...] sont terrifiés; mais elle [la femme de Cadmus], caresse le col glissant du serpent [...]. Et soudain, ce sont deux serpents qui rampent, confondant leurs enroulements, jusqu'à ce qu'ils se fussent glissés pour s'y cacher dans la forêt voisine », Ovide, *Les Métamorphoses*, IV, « Cadmus et Harmonie », trad., intro., et notes J. Chamonard, Paris, Flammarion, 1966, p. 127.
3. Au sujet de l'interprétation du tableau de Poussin qui ferait de celui-ci une transcription de la fable d'Ovide, voir M. Stanic : « Guy de Tervarent, qui fait de son étude sur le sujet, l'*experimentum crucis* de la méthode iconologique, s'appuie sur le passage d'Ovide [...] où apparaissent en effet le serpent géant, les hommes qui fuient, la cruche que tient entre ses mains la victime du tableau de Poussin. Cependant trop d'éléments de la composition peinte ne se trouvent pas dans l'épisode ovidien. Que faire de la femme au milieu, des personnages insouciants en arrière-plan, de ce que l'air de ces personnages n'est pas du tout celui des guerriers en mission et qu'il est difficile de les imaginer tous victimes du serpent, comme le veulent les *Métamorphoses* ? », *Poussin. Beauté de l'énigme*, éd. cit., p. 50-51. Nous estimons, quant à nous, très éclairante la piste d'une lecture de Virgile, et non d'Ovide, que suggère, sans pour autant l'imposer comme étant exclusive, J. Pigeaud. La référence à Virgile permet en outre l'accord avec ce principe suprême du génie pictural – où plutôt cet anti-principe – que Poussin désigne sous le nom du « Rameau d'or de Virgile » dans ses *Remarques sur la peinture*. J. Pigeaud note ainsi : « Je crois qu'il ne faut pas chercher, dans le tableau de Poussin, tant une référence littéraire précise qu'une méditation sur la poésie antique, sans doute avec une préférence pour Virgile. C'est l'esprit qu'il faut retrouver. Même dans les *Géorgiques* qui règlent l'imaginaire et organisent un monde vivable, il faut craindre le serpent.

paraît évoquer ni la lettre ni même l'esprit de la fable, où le sentiment de douceur suscité par la réconciliation évoque un temps de pureté, et où la dimension érotique, certes bien présente dans la fusion des deux corps, reste toutefois sublimée. Or le jeu de la mourre, déjà cité par Cicéron[1], était, au contraire, perçu comme un « jeu du bas peuple »[2], comme un symbole d'oisiveté et de vice, une pratique indécente où les doigts levés des joueurs n'étaient pas toujours dépourvus d'ambiguïté : aussi de la débauche, et non de l'érotisme diffus et transfiguré, que mettent en scène les joueurs – et que la gravure de Baudet rend très précisément, montrant le troisième personnage vautré dans l'herbe, dans une pose à la fois provocatrice et paresseuse –, au drame de l'homme dévoré par un serpent géant, le rapport serait-il de cause à effet, et le tableau, construit comme l'allégorie d'un puissant avertissement moral[3], délivrerait un message sans pourtant se

On l'oublie. On vit, on s'amuse ; on s'occupe ; et surgit le drame et l'épouvante. Tout a changé. Et l'admirable tableau de Poussin organise la tragédie et nous propose l'occasion d'une *katharsis* », « La peur en ce tableau », *La Part de l'œil*, n° 15-16, 1999-2000, p. 111. *Cf.* également E. Panofsky qui montre que Poussin a modifié, par rapport à celle du Guerchin, sa version de l'Arcadie à partir d'une reprise de Virgile, « "*Et in Arcadia ego*". Poussin et la tradition élégiaque », *L'œuvre d'art et ses significations*, éd. cit., p. 296.

1. J. Le Brun renvoie au *De Officiis*, III, XIX, 77.

2. M. Stanic, *Poussin. Beauté de l'énigme*, éd. cit., p. 53.

3. Nous indiquons ici deux interprétations possibles du sens moral du tableau de Poussin, celle de M. Stanic tout d'abord : « [...] pour expliquer l'intention de l'artiste, les divers commentateurs ont très tôt renvoyé à l'expression des passions comme le trait dominant de l'*Homme au serpent* [...]. Avant Diderot, Félibien avait déjà insisté longuement sur les effets des passions dans l'*Homme au serpent*, et il a laissé aussi deviner que le paysage appelé communément *Paysage avec trois moines* pouvait en être le pendant. Dans le VIIIe Entretien, Félibien parle de "deux grands paysages (pour Pointel) : dans l'un il y a un homme mort entouré d'un serpent" [...]. Possible donc que l'*Homme au serpent* et les *Trois moines* aient constitué ensemble un contraste moral dans le cabinet de Pointel, alors que les deux autres paysages [l'*Orage* et le *Temps calme*] représentaient le contraste naturel », *Poussin. Beauté de l'énigme*, éd. cit., p. 50-51. A.-M. Lecoq donne, quant à elle, le commentaire suivant : « Dans l'aimable campagne où l'on voudrait être, un serpent monstrueux a surgi on ne sait d'où et accompli son œuvre de mort. Les habitants de l'une et de l'autre [la campagne des *Funérailles* ... et celle du *Paysage* ...] se livrent à leurs paisibles activités ou à leurs agréables loisirs, apparemment ignorants de ce qui vient de se passer ou indifférents à la tragédie que le spectateur-voyageur, lui, est en train de rencontrer. Et cette rencontre va l'empêcher de fouler le "gazon frais et tendre" pour se mêler avec insouciance à la petite foule qui peuple les alentours d'Athènes, un jour de fête, et de pénétrer dans le bois sacré [...] et de prendre sa part des plaisirs innocents du bord du lac. [...] Pour Fénelon, dans les années 1690, il y a d'un côté, au premier plan, le monde détestable dans lequel il vit, et de l'autre, un arrière-monde auquel il ne cesse de rêver », *La Leçon de peinture* ..., éd. cit., p. 136. On le voit, le tableau, selon qu'il est « lu » en partant du premier plan, ou du dernier, peut donner lieu à deux interprétations distinctes, de même que le jeu de la mourre peut être vu comme un divertissement anodin ou potentiellement dangereux, ce qui modifie encore la portée morale du tableau. Nous reviendrons un peu plus loin sur cette interprétation.

rapporter à la fable d'Ovide. Et dans ces conditions, il ne se définirait pas, strictement, comme un tableau-narratif.

Pour G. de Tervarent, au contraire, si le tableau n'est autre qu'une illustration de la fable d'Ovide, c'est parce que Poussin, noble peintre, ne se serait pas abaissé à représenter des passions vulgaires[1], sans prendre par là même le risque de ce réalisme qui n'a précisément cessé de servir de repoussoir à sa conception de la peinture. Argument auquel il est permis de répondre que les passions mises en scène par le tableau, ou le poème tragique, ne sont plus celles, réelles et prosaïques, qu'éprouve l'individu particulier, et à ce titre ne sont plus véritablement des passions mais, davantage, l'archétype de celles-ci. En cela la scène représenterait non les passions, mais « la » passion dans l'universalité de son essence[2] : ce pourquoi, d'après Aristote, le poème tragique est plus philosophique[3] que l'histoire qui, elle, s'en tient à la particularité du fait. Poussin ne se serait donc pas abaissé en peignant ces types de passions ; au contraire il se serait élevé davantage. Dès lors, la conclusion de G. de Tervarent qui entend déprécier l'analyse de Fénelon, au motif que celui-ci n'aurait pas vu le véritable sujet du tableau, se retourne-t-elle en son contraire. En réalité, non seulement Fénelon aurait compris que le tableau ne pouvait être rapproché de la fable d'Ovide, mais il aurait surtout compris, compte tenu de ce qu'il sait du poème tragique et de l'allégorie, que l'indice narratif, s'il est absent du tableau, ne supprime pas nécessairement tout indice discursif, ce qui autorise le tableau à se prétendre encore didactique[4].

1. Voir « Le véritable sujet du *Paysage au serpent* de Poussin à la National Gallery de Londres » : « On n'a pas d'exemple que Poussin se soit jamais attaché à peindre l'apparence extérieure d'un sentiment. Sans doute, fils de son temps, a-t-il matérialisé des abstractions. Mais les effets de la terreur ne constituent pas une abstraction ; tout au contraire, ils proclament une réalité, et de celles qu'assurément [...] n'aurait pas songé à peindre celui qui écrivait ; "La matière doit être prise noble" », *Gazette des Beaux-Arts*, t. 40, juil-août 1952, p. 348. *Cf.* J. Montagu qui affirme au contraire : « Expression was also regarded as a particularity suitable sphere for displays and virtuosity », *The Expression of the passions* ..., éd. cit., p. 62. Tout récemment, un autre rapprochement avec les fables d'Ovide a été proposé par Hélène Bouchilloux, « L'énigme du tableau de Nicolas Poussin, *Paysage avec un homme tué par un serpent*, ou *Les Effets de la terreur* (159) », *L'enseignement philosophique*, 60e année, n° 4, 2010. Le temps nous a manqué pour examiner son hypothèse ; nous y renvoyons le lecteur.

2. *Cf.* Hegel pour la distinction entre « pathos subjectif » et « pathos objectif », *Esthétique*, 4e vol., éd. cit., p. 240.

3. Voir *Poétique* : « [...] la poésie est une chose plus philosophique et plus noble que l'histoire : la poésie dit plutôt le général, l'histoire le particulier », IX, 1451 b, éd. cit., p. 117.

4. « Pour Fénelon donc aucune source littéraire ne doit être recherchée. Il s'agit purement et simplement de la peinture d'un sentiment », p. 347 ; « L'interprétation de Fénelon, qui voit dans le

Il est vrai que ce thème ovidien, lié dans les *Métamorphoses* à l'épisode de la naissance de Python, serpent né du limon sous l'effet de la chaleur, a donné lieu également à un opéra lyrique de Quinault, *Cadmus et Hermione*, représenté en 1673. Mais, là encore, la période est à la fois éloignée de la date de composition du tableau, 1648 ou 1650, et du commentaire de Fénelon, entre 1692 et 1695. Au demeurant si Fénelon ne semble guère avoir témoigné d'intérêt vis-à-vis de l'idéal esthétique de l'opéra à machines, du brillant, de l'artifice, de la profusion d'un luxe qu'il n'a cessé de dénoncer, à plus forte raison Poussin lui-même – et indépendamment de la considération chronologique –, qui a fui Paris et son titre de peintre du roi pour se réfugier à la via Paolina où il menait une existence des plus modestes, assumant lui-même les corvées domestiques et restituant à ses clients ce qu'il estimait avoir trop perçu de la vente de ses tableaux, ne pouvait qu'être hostile à ce traitement artificiel et artificieux de la fable, détournée de sa vérité première à des fins de flatterie et de célébration de la puissance royale[1].

Sheila Mac Tighe insiste elle aussi sur le caractère allégorique du *Paysage au serpent*, en rattachant celui-ci non au récit de Cadmus, mais précisément à l'épisode de la naissance de Python au livre premier des fables d'Ovide que Poussin aurait interprété non dans l'esprit de la symbolique chrétienne, mais dans celui des libertins proches du cercle des Barberini – Naudé, Gassendi et Liceti – qui définissent certains mythes et symboles à partir des textes anciens de Macrobe, Pline ou Plutarque, et font du serpent l'emblème de la génération spontanée en raison de la ressemblance entre la moelle épinière et la forme souple de l'animal. En remettant à l'honneur ces mythes païens, les libertins auraient ainsi valorisé l'idée de la génération naturelle opposée à l'idée de création divine. Mais des jésuites, comme le Père

Paysage au serpent une peinture des effets de la terreur, n'est guère plus satisfaisante », « Le véritable sujet ... », *loc. cit.*, p. 348.

1. Voir le prologue du livret : « Le sujet de ce Prologue est pris du premier Livre et de la huitième Fable des *Métamorphoses*, où Ovide décrit la naissance et la mort du monstrueux Serpent Python, que le Soleil fit naître par sa chaleur du limon bourbeux qui était resté sur la Terre après le déluge, et qui devint un monstre si terrible, qu'Apollon lui-même fut obligé de le détruire. Le sens allégorique de ce sujet est si clair, qu'il est inutile de l'expliquer. Il suffit de dire que le Roi s'est mis au-dessus des louanges ordinaires, et que, pour former quelque idée de la grandeur et de l'éclat de sa gloire, il a fallu s'élever jusqu'à la Divinité même de la lumière, qui est le corps de sa devise [...] », Ph. Quinault, *Cadmus et Hermione*, in *Livrets d'Opéra*, présentés et annotés par B. Norman, t. I, Toulouse, Société de Littératures classiques, 1999, p. 7.

Kircher, entreprennent également, dans une intention syncrétique, de relier la signification des hiéroglyphes à celle des symboles chrétiens : en interprétant l'image du serpent se mordant la queue comme un symbole d'éternité, et en reliant cette image à la croyance selon laquelle les serpents naissent des corps en putréfaction, il conclut plus généralement que la régénération provient bien la corruption. Pour compléter cette strate, strictement théorique, qui forme un premier niveau dans l'analyse du tableau de Poussin, il faudrait encore mentionner certains dessins et gravures présents dans le cabinet des antiques de Cassiano dal Pozzo, qui ont pu, sur le plan plastique aussi bien que symbolique, inspirer le peintre[1]. Enfin, on sait l'intérêt personnel que ce dernier témoigna aux hiéroglyphes pour s'en être confié dans une lettre de 1643[2]. De ces éléments considérés conjointement, S. Mac Tighe avance l'hypothèse selon laquelle il faudrait regarder différemment cet « homme au serpent » : « In which case, it may be that Poussin's dead man was not killed by the snake, but rather that the serpent has been born from the rotting corpse in its watery grave »[3].

Contre le tropisme de la critique iconographique moderne, tentée de chercher un sens littéraire là où il n'existe pas[4], A. Blunt propose, lui, de voir dans ce paysage de Poussin, l'exemple d'un tableau « sans sujet » ; loin de raconter une histoire, le tableau ferait référence à un fait anecdotique issu de la vie du peintre : la visite de cette région napolitaine infestée de serpents qui avait été le théâtre d'un épisode dramatique. Dans la veine de cette interprétation, on songera à celle que propose René Démoris, qui estime la toile « remarquable en ceci qu'elle ne recourt à aucun récit

1. Voir S. McTighe, *Nicolas Poussin's landscape allegories*, Cambridge University Press, 1996, p. 126-135. Sur la méthode iconologique qu'il convient d'adopter pour l'interprétation de ce tableau, elle conclut ainsi : « Finally, the difficulty in interpreting Poussin's *Landscape with a Man Killed by a Snake* may not, then, be due to the obscurity of a classical source that has resisted discovery. If the painting has thwarted the efforts of modern iconographers, it is perhaps because its subject was derived from his contemporaries readings of pictorial signs : the source for Poussin's landscape simply may not lie in the realm of the narrative or poetic texts that form the realm of twentieth-century iconography. The landscape was not primarily a representation of a narrative, but was the "hieroglyphic" representation of a concept, a pictographic allegory ». Sur le milieu romain dans lequel Poussin était immergé, voir M. Fumaroli, « Poussin, peintre philosophe, peintre religieux ? », *Connaissance des arts*, n° hors-série, 1994.

2. À Chantelou l'aîné, le 5 novembre 1643, *in* N. Poussin, *Lettres et propos sur l'art*, éd. cit., p. 92. Pour une analyse du langage muet des passions comparable à celui des hiéroglyphes, voir S. McTighe, « Poussin and the written word », in *Nicolas Poussin's landscape allegories*, éd. cit., p. 152 *sq*.

3. *Nicolas Poussin's landscape allegories*, éd. cit., p. 130.

4. Voir *The Paintings of Nicolas Poussin. A critical catalogue*, London, Phaidon, 1966, p. 143-144.

historique ou mythologique connu »[1], et concluant, dans un autre article que : « Le résultat de cette présentation de l'*Homme au serpent* est qu'à la question possible sur la signification du sujet choisi, Fénelon parvient à répondre, mais en quelque sorte à côté : l'événement de ce tableau, semble-t-il dire, ce n'est pas qu'il y ait un homme tué par un serpent, mais bien le fait que ce sujet *ne* figure *pas* dans la fable. Un événement *esthétique*, qui prend place, déjà, dans une histoire de la peinture, et par lequel le peintre devient pleinement père de son tableau »[2].

Si l'on s'en tient à ces deux lectures, il est tentant de voir, dans l'intérêt que Fénelon porte à ce tableau, les prémisses d'un renouvellement du regard esthétique, libéré à la fois des conventions du récit et de celles de la morale, ne cherchant plus dans l'art une voie pour l'édification, mais découvrant qu'un tableau n'a au fond rien à représenter sinon lui-même.

À accorder cela, cependant, on prendrait le risque de ne plus comprendre les intentions de Fénelon, et surtout de réduire à néant la partie critique de son discours sur la peinture : pourquoi, en effet, prendre la peine d'une approche technique du tableau si seul compte le plaisir immédiat? S'abandonner à la jouissance de l'image n'implique donc pas *de facto* une démission de la raison, autrement dit le renoncement à une approche picturale toujours en même temps codifiée.

1. Dans « Le paysage, théorie et fantasme : Diderot et la tradition classique dans le *Salon de 1767* », *Le Paysage en Europe du XVIe au XVIIIe siècle*, Actes du colloque organisé au Musée du Louvre du 25 au 27 janvier 1990, RMN, 1994. Ce constat de l'absence de récit dans la toile de Poussin lui permet ensuite de montrer l'incompatibilité des canons esthétiques défendus par l'Académie et par Fénelon, pour conclure enfin sur l'image d'un Poussin moins philosophe et plus sensuel, que Fénelon aura contribué à promouvoir – interprétation à laquelle, comme nous le montrerons, nous ne saurions souscrire : « C'est évoquer un autre Poussin que celui dont Le Brun a fait le père symbolique de la peinture française et le maître de l'histoire et de l'expression des passions : un Poussin philosophe méditant sur les rapports de l'homme et de l'univers [...], mais aussi un Poussin sensuel, spectateur de la vie quotidienne, et capable d'en faire une moderne Arcadie », p. 194-196. Dans le même article, R. Démoris propose, à défaut de désigner un récit qui serait le support de ce tableau, une lecture symbolique, à l'orientation psychanalytique. Il relève dans cette perspective le motif du jeu de la mourre au sujet duquel il note : « Or le nom de ce jeu [la mourre] provoque lui-même à un jeu de mots. Il est improbable que Poussin ait ignoré le sort fait à l'anagramme Roma/Amor. Il l'est tout autant qu'il ait pu ignorer, en français, l'équivalence phonétique : l'amour/la mourre », p. 212.

2. « L'étrange affaire de l'homme au serpent : Poussin et le paysage de 1648 à 1651 », *Cahiers de littérature du XVIIe siècle*, n° 8, 1986, p. 206.

En prenant pour point de départ l'affirmation de P. Francastel qui écarte l'hypothèse d'un paysage défini comme non-sujet[1], mais sans aller jusqu'à admettre celle, radicale, de S. Mac Tighe qui réduit le tableau à l'expression du libertinage du peintre exclusif de tout autre apport idéologique, un compromis, en partie guidé par le regard que les contemporains du peintre ont porté sur cette œuvre, paraît possible – ce qui permettrait d'atténuer l'image d'un Fénelon trop moderne. Si le contenu explicite du message que semble receler le tableau demeure caché – suggère-t-il la promesse d'un autre monde, étranger au danger, au vice et à la souffrance, ou bien les différentes étapes de la chute, de la clarté paisible au désastre du châtiment qu'annonce le jeu interdit? –, il est difficile toutefois de dénier à celui-ci toute dimension symbolique, ne serait-ce que par l'expression des passions peintes sur les visages et dans les gestes des personnages qui écarte l'hypothèse d'une neutralisation du sens, et partant celle du pur exercice de style, peu compatible avec l'idéal de Poussin – ce peintre qui, selon le mot du Bernin, « *lavora di là* ». Le jeu de correspondance entre les signes corporels et les affects réinstalle au contraire l'image à l'intérieur d'un dispositif sémantique qui définit celle-ci par sa fin : on ne peut éviter, en effet, de s'interroger sur les intentions des personnages et sur les causes qui éveillent le tourment affectif dont ils sont sujets[2]. Est-il permis, en outre, de se départir de ce cadre d'analyse si l'on entend respecter les principes par lesquels la lecture iconographique était pratiquée au XVIIe siècle – au moins

1. « Pas question [...], écrit-il, de faire de Poussin le précurseur des réalistes. Il n'a jamais peint sur nature. Ce n'est pas la vue d'un site qui remplace celle d'une histoire. Renonçant à la légende [...] Poussin ne renonce aucunement à l'imaginaire », « Les paysages composés chez Poussin : académisme et classicisme », *loc. cit.*, p. 209.

2. Nous renvoyons sur ce point à la lecture que propose A. Mérot de ce tableau, qui établit un équilibre entre des interprétations parfois excessives, et qui propose également d'interpréter, d'une manière qui nous semble très pertinente, le commentaire des *Dialogues des morts* ... : « Commandé par Pointel, le *Paysage avec un homme tué par un serpent* [...] met en scène, de façon violemment dramatique, l'une de ces mauvaises rencontres. S'inspire-t-il, comme on l'a dit, d'une calamité qui dépeupla en 1641 la région de Fondi – ville que Poussin aurait pu visiter en compagnie de Pointel, lors d'un hypothétique voyage à Naples ? Mais cette histoire de serpents n'est que le prétexte à une étude des réactions devant un accident, comme l'indique le titre donné par Félibien : *Les Effets de la terreur*. Fénelon [...] en a fait l'analyse. L'œil va de l'homme étouffé par le serpent au premier plan au passant qui s'enfuit épouvanté, puis à la femme simplement étonnée (car elle ne voit pas la cause de cette frayeur), jusqu'aux petites figures, parfaitement indifférentes, du fond. Les diagonales du chemin en zigzag et l'alternance des zones sombres et plus claires accompagnent le ricochet des regards, soulignent les gestes qui se répondent », *Poussin*, Paris, Hazan, 1990, p. 153.

jusqu'à la fin du règne de Le Brun – et que J. Thuillier a si précisément rappelés[1] ?

En cela, même la volonté apparente de s'émanciper de la contrainte qu'impose le récit, telle qu'elle se manifeste chez un de Piles[2], et qui pourrait, d'une certaine manière, être rapprochée de cette revendication d'un droit au plaisir gratuit qu'on décèlerait dans l'aveu de Fénelon, doit être interprétée avec nuance. En admettant, premièrement, que l'absence de récit dans l'argumentaire de De Piles n'équivaut pas à l'absence de signification, car celui-ci fait encore référence à l'allégorie ; en reconnaissant, deuxièmement, que cette position, si elle marque bien un infléchissement à l'égard des contraintes imposées par l'Académie de Le Brun, reste encore prudente en ne mettant nullement en cause la dépendance de principe de la peinture vis-à-vis de l'écriture – qu'elle soit allégorique ou dramatique, et partant n'autorise pas à y voir les prémisses d'une conception purement esthétique de l'art, comme de Piles le rappelle : « Les expressions sont la pierre de touche de l'esprit du peintre. Il montre par la justesse dont il les distribue, sa pénétration et son discernement ». Et plus loin : « On doit considérer un tableau comme une scène, où chaque figure joue son rôle »[3].

C'est pourquoi rattacher Fénelon au courant moderne représenté par de Piles n'aurait de sens qu'au prix d'une déformation de la position défendue par ce dernier. Partisan incontestable de la couleur, qu'il reproche à Poussin d'avoir négligée, de Piles n'hésite pas, toutefois, à lui rendre un hommage appuyé[4], en même temps qu'il traduit l'ouvrage de Du Fresnoy,

1. Voir « L'image au XVIIe siècle : de l'allégorie à la rhétorique des passions » : « [...] il existe, écrit-il, des zones entières [...] ou le commentaire de l'image nous paraît presque toujours relever d'idées sur la création qui remontent au romantisme [...]. Mais n'en va-t-il pas de même pour le XVIIe siècle ? », *loc. cit.*, p. 88, avant de rappeler que la peinture, même si elle pouvait se décliner en des genres distincts, demeurait essentiellement, et au sens large, attachée au signe en faisant correspondre à l'image sensible un signifié – ce qui ne veut pas dire pour autant, comme nous l'avons vu avec l'exemple des couleurs, que chaque élément du tableau soit lui-même nécessairement un signe.

2. « [...] si la fidélité de l'histoire était essentielle à la peinture, il n'y aurait point de tableau où elle ne dût se rencontrer : or il y a une infinité de beaux tableaux qui ne représentent aucune histoire ; comme sont les tableaux allégoriques, les paysages, les animaux, les marines, les fruits, les fleurs, et plusieurs autres qui ne sont qu'un effet de l'imagination du peintre », *Abrégé de la vie des peintres* ..., chap. VIII, éd. cit., p. 28 (orth. mod.).

3. *Ibid.*, chap. XIV, p. 43 (orth. mod.).

4. « Ses paysages sont admirables par les sites, par la nouveauté des objets qui le composent, par la vérité des terrasses, par la variété des arbres et la légèreté de leurs touches et enfin par la singularité des sujets qu'il y fait entrer », *Ibid.*, p. 478 (orth. mod.).

De arte graphica, que les personnalités incontournables de l'Académie placeront sur l'autel des œuvres théoriques dignes d'admiration. Aussi la pensée de De Piles, pour être traditionnellement perçue comme emblématique d'une ère nouvelle en matière de critique picturale, ne mérite-t-elle pas d'être caricaturée au point de faire de celui-ci le héraut d'une autre époque vouée à la légèreté, à l'amour exclusif du fard et de la dimension érotique de la peinture, pas plus qu'il serait juste de voir en Fénelon, sous le motif qu'il se montre sensible à la tonalité affective[1] du tableau – qu'il convient plutôt de rapprocher de la *catharsis* tragique –, l'avant-courrier de ce « baroque mineur », synonyme « du mol et du faux »[2], puisque pour lui, comme on le sait depuis les *Dialogues sur l'éloquence*, rien n'est pire que le genre « fardé et amolli »[3] : et cette règle, valable pour l'éloquence, l'est aussi pour la pein-

1. Voir sur ce point l'analyse d'A. Chastel à propos du *Phocion* commenté par Fénelon – analyse que nous ne suivons pas : « L'admirable "espace" du *Phocion*, ses jeux de lignes infaillibles, sa géométrie cachée ne sont pas évoqués : seulement les contrastes des valeurs », « Fénelon et l'art classique », *Tricentenaire de Fénelon, Bulletin de la Société historique et archéologique du Périgord*, Périgueux, juil.-sept. 1951, p. 245. Il est vrai que les outils conceptuels dont dispose Fénelon ne sauraient avoir la précision et la rigueur de ceux d'un Bosse, mais il est certainement exagéré de prétendre qu'il est insensible à ces aspects : nous avons tâché, dans notre précédent chapitre, de montrer que la ligne des arbres et les édifices architecturaux, comme éléments contribuant à révéler la géométrie du tableau, étaient au contraire parfaitement repérés par Fénelon.

2. Nous citons à ce titre la conclusion de l'article d'A. Chastel, qui emploie ces expressions pour présenter l'idée de l'art indirectement promue par Fénelon, lequel, malgré lui, « s'établissait dans l'ambiguïté » : « L'intérêt de Fénelon pour une forme d'art si libre [il s'agit du *Paysage au serpent*] et si dense se comprend sans peine; il n'en est que plus surprenant qu'il n'ait pas trouvé l'occasion de mentionner le nom de Claude Lorrain. Malgré la délicatesse de l'analyse, Fénelon est sans complaisance pour l'art : il [...] reste fidèle à la doctrine austère de Mentor et de Philoclès. C'est pourtant là qu'il s'abuse lui-même. L'influence que l'auteur de *Télémaque* a pu exercer sur l'art, a contribué à l'éloigner de la "grande manière" et du style soutenu, a précipité l'avènement du mol et du faux, au nom de la tendresse et de la simplicité. Fénelon a recueilli et enfermé dans les phrases trop rapides et légères de ses fables et de son roman, tout ce qui allait s'imposer à l'art du XVIIIe siècle; la draperie des nymphes et son fade "négligé", l'idéal de la beauté "modeste" [...]; sous le vêtement d'emprunt d'une antiquité de bergerie [...] *Télémaque* sera le manuel de l'art pseudo-classique », « Fénelon et l'art classique », *loc. cit.*, p. 248. *Cf.* A. Becq : « La simplicité fénelonienne n'est certainement pas la simplicité logique ou intellectuelle [...]. Le beau de Fénelon n'est pas celui de Boileau. Significative en est cette description d'un tableau [...] Fénelon est essentiellement sensible [...] au bizarre et au grandiose [...]. Rien ne répond ici à un souci affirmé de régularité ou d'exactitude raisonnable », *Genèse de l'esthétique française moderne* ..., éd. cit., p. 61. Voir B. Teyssèdre : « À l'image traditionnelle du partisan des Anciens et du Poussin, faut-il opposer un Fénelon coloriste? Éclectique plutôt, dont la raison reste classique, quand la sensibilité ne l'est déjà plus », *Roger de Piles et les débats sur le coloris au siècle de Louis XIV*, Paris, La Bibliothèque des Arts, 1957, p. 408.

3. *DSÉ*, II, p. 54.

ture qui doit se garder du « coloris éblouissant »[1]. Pour les mêmes raisons, la référence à De Troy n'a rien d'un symptôme, attestant une évolution du goût chez Fénelon et rendant celui-ci plus perméable à la mode ou au discours ambiant; Mignard, lui-même, est congédié dès qu'il s'écarte de la ligne que Fénelon aimerait lui voir suivre avec constance. Bien que l'image de ces peintres évoque le style de la nouvelle Académie, et bien que la peinture de Mignard soit finalement contrastée[2], il est significatif que Fénelon ne relève en eux rien de ce qui pourrait évoquer l'idéal mis en avant par les coloristes, mais il fonde au contraire son jugement sur les critères qui sont les siens depuis toujours, quoiqu'ils semblent, au moment de la composition de la *Lettre à l'Académie*, partiellement dépassés du point de vue de l'évolution du goût.

Enfin, les observations de Denis Mahon, en attirant l'attention sur les aspects plastiques des paysages de Poussin, permettent d'écarter un peu plus encore l'idée d'un tableau sans sujet qui apporterait la preuve de l'émergence d'une tendance pré-romantique chez Fénelon. Pour D. Mahon, les paysages de Poussin peuvent être partagés en deux grands groupes, selon la dichotomie établie par de Piles et reprise par A. Blunt, à savoir le paysage héroïque et le paysage idéal[3] :

> [...] le premier groupe offre des contrastes plus forts, l'éclairage vient souvent de biais, et des ombres puissantes traversent le premier plan; dans le second groupe, au contraire, la lumière est diffuse, elle semble affluer des lointains vers le spectateur, tandis que des zones de clarté occupent le premier plan [...].
>
> Le premier groupe commence avec trois tableaux achevés en 1648 : le *Paysage au Serpent* et les deux *Phocion* [...]. La première œuvre datée qui se rattache clairement au second groupe est un sujet [...] de 1657 : *Bacchus enfant confié aux nymphes* [...]. Pour des raisons de style, un très beau tableau de Chantilly, le *Paysage aux deux Nymphes*, est ordinairement [...] rattaché à ce groupe[4].

1. *LA*, chap. V, p. 1162-1163.

2. Voir É. Pommier, « L'image de Mignard aux XVIIe et XVIIIe siècles », *in* J.-Cl. Boyer (dir.), *Pierre Mignard « le Romain »*, Actes du colloque organisé au musée du Louvre par le Service culturel le 29 septembre 1995, Paris, La Documentation française, 1997.

3. Voir A. Blunt, « The heroic and the ideal landscape in the work of Nicolas Poussin », *loc. cit.*

4. « Réflexion sur les paysages de Poussin », *Art de France. Revue annuelle de l'art ancien et moderne*, Paris, n° 1, 1961, p. 122 et 125.

En associant le *Paysage au Serpent* à la série spéculative du *Phocion*, il s'agirait donc de souligner le caractère sémantique et didactique du tableau : les contrastes fortement marqués suggèrent non seulement un ordre dans la composition – ordre qui, au demeurant, est intrinsèquement lié à la peinture de Poussin –, mais ils indiquent un parcours analytique que l'œil est invité à suivre et dont il peut difficilement s'écarter, ce qui s'oppose précisément à la vision synthétique que conditionne la lumière diffuse des paysages idéaux. Aussi, par la seule considération des moyens plastiques utilisés par le peintre, et en dehors de toute polémique liée à l'interprétation à donner de l'image, est-il possible d'écarter l'hypothèse d'un Fénelon amateur de pastorales légères, autrement dit de mièvreries.
En outre, même si Fénelon ne pouvait strictement interpréter les paysages de Poussin selon la classification rappelée par D. Mahon, et ce d'autant moins qu'il semble considérer que le *Phocion* et le *Paysage au Serpent* n'appartiennent pas strictement au même registre – puisqu'il les départage en récit et « caprice réglé » –, il est clair que le *Paysage au serpent* ne relève pas, s'il est permis d'appliquer à la peinture une grille d'abord réservée à l'éloquence, de la « façon abaissée et familière »[1] – façon qui pourrait

correspondre à une forme de vérisme anecdotique, indifférent à toute recherche idéale. Si le *Phocion* s'apparente bien, par la dignité de son sujet, au sublime héroïque, et relève ainsi de cette « façon grande et véhémente » susceptible « d'entraîner les hommes, et de les arracher à leurs passions », le *Paysage au Serpent*, pourrait bien, lui, s'accorder à la « façon douce, gracieuse », « *temperate* », qui fait sentir aux hommes la vérité, pour la leur faire « aimer »[2]. Mais dans cette mesure, et pour suivre la gradation qu'indique Fénelon entre le tableau du *Phocion*, qui émeut, et celui-ci, qui émeut bien davantage, il est possible de rapporter le second à une forme d'amour plus épurée, en raison de la présence de l'arrière-plan qui illustre davantage ce sublime, non pas terrible, à l'instar du *Phocion*, mais doux et familier, tel que le définit la *Lettre à l'Académie*.
Quoi qu'il en soit, le *Paysage au Serpent* ne relève pas, pour Fénelon, du style bas, et *a fortiori* ne dénote de rejet ni de la codification, ni de l'idéal esthétique de rigueur et de géométrie dans le but de faire valoir la conception plus sentimentale d'une beauté gracieuse que la raison ne saurait entendre.

1. *LA*, chap. IV, p. 1144.
2. *Ibid.*, pour toutes les citations.

« Instruire », « faire aimer la vérité », « arracher aux passions », rien n'indique dans ce programme que le plaisir gratuit puisse jamais être la fin de l'éloquence ; et il doit en être de même de la peinture, selon la parenté qui les unit l'une à l'autre.

La découverte d'une attirance à l'égard de ce qui dans le tableau pourrait être susceptible de déborder le cadre d'une saisie conceptuelle – le bizarre, le gracieux, le tendre – ne permet donc pas de conclure à une préfiguration de cette beauté que de Piles appellera la grâce, et dont il dira qu'elle « plaît sans les règles »[1] ; au contraire, la grâce est ici davantage le supplément ou la conséquence d'une mise en scène entièrement réglée : s'« il y a une confusion apparente », comme l'énonce le Poussin des *Dialogues des morts*, il y a d'abord « un ordre véritable »[2]. En outre, pour déroutante que paraisse la notion de grâce, elle ne s'accompagne pas moins d'une analyse préalable de la beauté accordée à l'idée de vérité : en ce sens, s'il est légitime de chercher à sentir la beauté d'un tableau, cela n'exclut pas que celle-ci puisse avant tout être pensée. Quant à la notion de grâce, qu'on aurait tort d'interpréter seulement comme l'emblème de l'esthétique d'un « je ne sais quoi » hostile à la raison[3], elle figure déjà chez Alberti[4] – qui impose pourtant au peintre d'être d'abord géomètre, également chez Félibien qui reconduit, à sa façon, la dichotomie *docere / delectare* dans celle qu'il établit entre la beauté géométrique, comme symétrie et proportion, soumise au jugement, et la grâce que produisent certains contrastes, et qu'appréhende le sentiment[5], les deux se combinant par la suite pour former un tableau parfait. Enfin, Pline, déjà, fait référence à la *charis* en la rapportant au peintre Apelle – lequel défia précisément le talent de Protogène dans l'exécution de la ligne la plus fine, devenant par là le modèle de référence des défenseurs du dessin.

1. *L'Idée du peintre parfait*, éd. cit., p. 22.
2. LII, « Parrhasius et Poussin », p. 430. Voir également ce qu'en dit A.-M. Lecoq qui nous semble restituer le plus justement la conception fénelonienne de la grâce : « La grâce n'est [...] pas pour lui le *nec plus ultra* de la peinture », et plus loin : « Le *Paysage avec un homme tué par un serpent* possède donc à la fois la science [...] et la grâce [...]. C'est par cette alliance qu'il l'emporte », *La Leçon de peinture* ..., éd. cit., p. 130-131.
3. Voir A. Soreil, *Introduction à l'histoire de l'esthétique française*, Bruxelles, 1955, p. 76 *sq*.
4. La grâce n'est pas contraire à la beauté construite, mais c'est « de la composition des surfaces [que] naît cette élégante harmonie et cette grâce qu'on appelle beauté », *De la peinture*, II, § 35, éd. cit., p. 159.
5. Voir *Entretiens* ..., Ire partie, 1er entretien : « [...] la beauté naît de la proportion et de la symétrie qui se rencontrent dans les parties corporelles et matérielles. Et la grâce s'engendre de l'uniformité des mouvements intérieurs de l'âme », éd. cit., p. 36 (orth. mod.).

> [...] celui qui [...] surpassa tous les peintres précédents ou à venir, écrit Pline, fut Apelle de Cos [...]. Le point sur lequel cet art [la peinture] manifestait sa supériorité était la grâce, bien qu'il y eût à la même époque de très grands peintres ; mais tout en admirant leurs œuvres [...] il disait qu'il leur manquait ce fameux charme qui lui était propre et que les Grecs appellent Charis [...][1].

La grâce n'exclut donc pas le savoir, pas plus que la raison ne cède le pas à la délectation gratuite – ce que sait, au demeurant, le véritable amateur de peinture, tel que Félibien le définit, et tel que, assurément, Fénelon devait être :

> Pour ceux qui n'ont pas d'inclinations particulières ni de prévention pour aucune manière, qui ont une idée de la beauté et de la perfection non sur des exemples de choses modernes que le temps n'a point encore approuvés, mais sur ce que la force de l'esprit peut imaginer, ce que la raison en juge [...] ceux-là, dis-je, considèrent les tableaux d'une autre sorte[2].

« dans ce fond tout est paisible » métaphysique et peinture

Après avoir exposé les difficultés liées à la détermination d'un sujet pour le *Paysage au serpent*, nous voudrions approfondir non pas les motifs de Poussin, en revenant à la genèse de ses sources d'inspiration, mais bien les motifs de la préférence de Fénelon, qui ne recoupent pas nécessairement ceux du peintre, mais se greffent à un ensemble de thèmes présents dans le tableau, dont le caractère intemporel[3] n'est pas le moindre de leurs atouts.

Nous avons vu que le savoir artistique, avec la maîtrise des concepts issus de la critique d'art et la connaissance de la poésie et de l'histoire, devait conditionner la délectation picturale. Mais la peinture n'est pas seulement l'affaire de l'érudit et de l'amateur, elle est aussi et surtout l'affaire du chrétien, lequel doit user du savoir et des plaisirs qu'elle apporte pour s'élever à l'amour de Dieu. Or, la peinture de paysage, et particulièrement celle de Poussin, se prête adéquatement à cette mission supérieure.

En tenant compte des conditions que Fénelon impose à la peinture, A.-M. Lecoq a proposé, dans son récent ouvrage, *La Leçon de peinture du duc de Bourgogne*, une interprétation du *Paysage au serpent.* Sceptique quant à

1. *Histoire naturelle*, XXXV, § XXXVI, éd. cit., p. 71-73.
2. *Vie de Poussin*, éd. cit., p. 221.
3. Ce que soutient également A. Mérot, in *Du paysage en peinture* ..., éd. cit., p. 240.

l'affirmation d'un Fénelon sensitif, qui considérerait la peinture comme un divertissement, elle met en évidence l'intérêt didactique dont sa lecture, avant tout celle du précepteur d'un futur roi, témoigne. En partant du principe que la peinture, en s'inscrivant dans un programme d'étude, s'associe par là même à un savoir poétique, mythologique, moral, et politique, A.-M. Lecoq entend montrer que le discours fénelonien se distingue de l'apologétique ordinaire, et que la figure du paysage ne se réduit pas à une métaphore stéréotypée du divin. Car Fénelon y verrait surtout – et notamment dans ceux de Poussin, ce pourquoi il les choisit – une hypotypose du pouvoir politique, de ses abus, et des dangers qui le menacent. L'avertissement prendrait ainsi un relief particulier au regard du milieu social de la Cour, du désordre qui y règne à cause de l'incurie du roi, et du remède que promet le cercle que forment, autour du jeune duc, les Michelins. Cette petite congrégation informelle, placée sous le patronage de saint Michel, et dont Madame Guyon était la gardienne, voulait défendre un idéal de « puérilité » spirituelle avec la notion de simplicité – qui est si centrale dans l'œuvre de Fénelon. Dans les leçons de peinture, c'est toutefois la dimension politique de cette valeur plurivoque qui prédomine. L'espoir que Fénelon avait placé dans son élève, encore un enfant, la croyance que celui-ci pût faire revivre l'âge d'or[1], afin d'effacer la corruption d'un siècle dont la désolation est décrite avec force dans la *Lettre à Louis XIV*, rendrait compte de sa lecture. Et ce d'autant plus que ces paysages de Poussin, qui éveillent tout à la fois l'idée de la corruption du monde et celle de sa possible rédemption par le truchement de l'enfant-roi, doivent être rapprochés de la gravure illustrant un verset d'Isaïe que Fénelon avait commandée à S. Le Clerc[2], maître de dessin du futur monarque. Ce verset dit, dans la traduction de Louis-Isaac Lemaître de Sacy, que « le loup habitera avec l'agneau; le léopard se couchera auprès du chevreau, le veau, le lion et la brebis demeureront ensemble, et un petit enfant les conduira tous (*puer*

1. « Lorsque vous régnerez, dit Minerve à Télémaque, mettez toute votre gloire à renouveler l'âge d'or », *Av. T.*, XVIII, p. 410.

2. « [...] On y voit tous les points de cette Prophétie marqués fort agréablement, jusqu'au petit enfant couché sur terre près d'un trou, ou un aspic est à moitié entré et qu'il en tire hardiment. Le fond est un riche paysage, où la nature semble avoir étalé toutes ses beautés, et qui est gravé avec une délicatesse insurmontable. Le fleuve qui serpente dans la prairie couronnée de fleurs, en fait un bel ornement », Abbé de Vallemont, cité par É. Meaume, *Sébastien Le Clerc et son œuvre*, Paris, 1877, p. 225.

parvulus minabit eos) »[1] – ce que la gravure représente exactement. L'abbé Phélippeaux, un proche de Bossuet, avance dans sa relation sur le quiétisme[2] qu'il s'agirait là d'un portrait codé représentant le duc de Bourgogne en habit de berger, la houlette à la main, avec ses frères les ducs d'Anjou et de Berry, ce dernier entre les bras d'une nourrice qui ne serait autre que Madame Guyon. La portée mythologique et biblique de ce thème – qui revêt dans ce contexte précis une dimension messianique – est telle qu'on en retrouve l'exact pendant dans la description du bouclier de Télémaque, parade contre les vices et par là symbole de sagesse : « Tout représentait la paix, l'abondance, les délices. Tout paraissait riant et heureux. On voyait même dans les pâturages les loups se jouer au milieu des moutons. Le lion et le tigre ayant quitté leur férocité paissaient avec les tendres agneaux ; un petit berger les menait ensemble sous sa houlette, et cette aimable peinture rappelait tous les charmes de l'âge d'or »[3].

L'importance du contraste sémantique qui se dégage des éléments de la composition picturale du *Paysage au serpent* prendrait alors tout son sens : « À l'arrière-plan, l'"horizon" qu'il ne faut pas perdre de vue : la beauté éloquente de la nature, la "simplicité" des premiers âges du monde. Au premier plan, l'obstacle qui fait écran [...] et d'une façon générale, le mal, représenté [...] par le serpent »[4].

Sans vouloir remettre en cause, du moins dans ses grandes lignes, cette interprétation éminemment pertinente, il nous semble qu'elle doit pouvoir être complétée, en l'associant à une lecture métaphysique et spirituelle qui en serait comme l'eschatologie, et permettrait de saisir l'ultime motif de la désignation de Poussin comme le plus grand des peintres de paysages, supérieur même à Titien. Car, s'il est certes possible de déceler une proximité sémantique entre les tableaux de Poussin et la gravure de Le Clerc, il convient tout d'abord d'être attentif à l'insistance de Fénelon sur le jeu des passions. C'est, en effet, parce que le tableau pose les conditions d'une expérience éthique, à l'instar de la tragédie, qu'il se donne comme un remède aux excès de l'amour-propre. Le drame du premier plan, que reflète l'effroi des autres personnages, rappelle à lui seul l'erreur de l'attachement

1. La Bible, Ancien Testament, Isaïe, chap. XI, 6, préface et textes d'introduction Ph. Sellier, Paris, Robert Laffont, 1990, p. 900.

2. *Relation de l'origine du progrès et de la condamnation du quiétisme répandu en France*..., s. l., 1732, p. 198.

3. *Av. T.*, XIII, p. 289-290.

4. A.-M. Lecoq, *La Leçon de peinture du duc de Bourgogne*, éd. cit., p. 176.

narcissique. Mais la perte de cet amour, dont il faut finalement se réjouir, invite la créature à se donner un plus digne objet d'amour : c'est donc le paysage, signe de la présence divine, signe de cet amour détaché de toute forme d'intérêt, qui en assumerait le rôle.

> On voit [...] quelques grands arbres qui paraissent vieux, et tels que ces anciens chênes qui ont passé autrefois pour les divinités d'un pays. Leurs tiges vénérables ont une écorce rude et âpre, qui fait fuir un bocage tendre et naissant, placé derrière. On voudrait y être. On s'imagine un été brûlant, qui respecte ce bois sacré. Il est planté le long d'une eau claire et semble se mirer dedans. On voit d'un côté un vert enfoncé; de l'autre une eau pure, où l'on découvre le sombre azur d'un ciel serein. [...] Sur le devant du tableau, les figures sont toutes tragiques. Mais dans le fond tout est paisible, doux et riant[1].

Que Fénelon ait été sensible dans ce paysage à ce qui pouvait apparaître comme une transposition de la théologie du pur amour, cela semble d'autant plus manifeste au regard du commentaire qu'il donne du *Paysage* de Chantilly où ce sont les mêmes motifs iconographiques, toujours liés au sentiment de l'intemporalité, qui sont désignés comme formant l'essentiel du tableau. Peut-être ne s'agit-il que d'un *topos*, d'un simple effet de discours attentif à des clichés; nous croyons, cependant, qu'il est représentatif des plus fermes convictions du prélat, et que l'attention qu'il porte à la composition du paysage ne saurait être fortuite, dans la mesure où celle-ci s'articule, comme nous l'avons précédemment montré, à l'apologétique d'un « critique d'art »[2]. En outre, en défendant l'idée d'un Dieu libre, Fénelon n'entend jamais que cette liberté soit absence de règles : si Dieu agissait sans dessein ou, ce qui revient au même, s'il était contraint dans son dessein, son ouvrage ne pourrait jamais être aimable; c'est donc l'inverse qui est vrai – ce que les paysages poussiniens restituent fidèlement.

L'argument figure dans la *Réfutation du système du P. Malebranche* et s'articule à l'idée – que Fénelon défend jusque dans les écrits spirituels plus tardifs –, qu'il est impossible d'aimer Dieu sans le connaître. Or dès que l'on connaît l'idée de Dieu, il est impossible de ne pas admirer la nature, et de ne pas voir que tout est y bon. En ce sens l'affirmation d'un désordre présent au sein de la Création, et que Malebranche impute à la simplicité

1. *DM*, LIII, p. 435.
2. *Cf.* pour cette formule, J. Le Brun, notice introductive à la *DED*, p. 1534.

des voies suivies par Dieu, repose sur une erreur de jugement qui inhibe le sentiment de la beauté.

> Le monde présent est un ouvrage négligé. C'est la demeure des pécheurs, il fallait que le désordre s'y rencontrât. L'homme n'est point tel que Dieu l'a fait : il fallait donc qu'il habitât des ruines, et que la terre qu'il cultive ne fût que les débris d'un monde plus parfait. Ces pointes de rochers au milieu des mers, et ces côtes escarpées qui les environnent marquent assez que maintenant l'Océan inonde des terres écroulées.[...] Ainsi le monde présent considéré en lui-même, n'est point un ouvrage où la sagesse de Dieu paraisse telle qu'elle est. Mais le monde présent considéré par rapport à la simplicité des voies par lesquelles Dieu le conserve, considéré par rapport au monde futur, dont il est la figure expresse par les événements les plus considérables; en un mot le monde présent considéré par rapport à toutes ses circonstances, est tel qu'il n'y a qu'une sagesse infinie qui en puisse comprendre toutes les beautés[1].

Cette appréciation demeure toutefois légitime jusqu'à un certain point, en ce qu'elle témoigne d'une attitude d'indignation à l'égard des maux soufferts par nos semblables. Elle est donc déjà tributaire de l'amour;

mais d'un amour toutefois impur parce qu'orienté vers la créature, et par là même mal dissocié de l'orgueil et de l'amour de soi qui en sont la véritable fin et, de même, mal dissocié d'une forme de ressentiment à l'égard de Dieu, Créateur de cet ordre des choses incompréhensible. C'est ce sentiment d'injustice, témoignant d'une vivacité du sentiment moral, qui émane notamment du *Phocion*, dont les valeurs plastiques, dénotant le deuil et l'austérité, figurent la première étape d'un détachement à l'égard des choses et des créatures. Cependant, absolument parlant, ce tableau ne peut encore incarner la valeur suprême de la vie éthique qui n'est autre que la charité, et que le second paysage, *L'homme au serpent*, évoque en revanche plus franchement, en faisant coexister ces deux degrés d'amour : l'un destiné à la créature, l'autre destiné à l'ordre voulu par Dieu.

En commentant ce dernier paysage, le personnage de Poussin tient en effet à distinguer deux niveaux de lecture qui correspondent aux deux plans du tableau. Le premier plan, qui se caractérise, comme on l'a vu, par une mise en scène des passions humaines, implique la découverte d'une vérité

1. Malebranche, *Méditations chrétiennes et métaphysiques*, VIIe Méditation, article XII, in *Œuvres*, t. II, éd. G. Rodis-Lewis, « Bibliothèque de la Pléiade », Paris, Gallimard, p. 256-257.

éthique et d'un ordre du monde qui se montre à l'occasion de la perte d'une illusion, celle de la possibilité d'un bonheur obtenu par la jouissance de soi-même. Ce qui s'exprime ici est l'idée que ce monde n'est pas pour l'homme ; que Dieu, en le créant, a poursuivi de tout autres fins que celles que croit deviner l'intelligence humaine, autrement dit, que l'homme, simple créature, ne peut atteindre la félicité en faisant fond sur lui-même : misérable, caduc, il ne peut que décevoir, et se décevoir lui-même. Pour autant, comme le peintre le précise, le tableau est loin d'être uniment sombre puisque que le drame du premier plan tend à se fondre dans l'environnement paisible qui le déborde de toute part, dans un paysage où l'emportent les « grâces » et les « tendresses »[1]. Il faut donc poursuivre l'interprétation, jusqu'à son terme implicite. N'oublions pas que la seule préoccupation sérieuse de Fénelon est celle de l'acheminement vers le pur amour – la valeur des autres formes d'amour résidant dans leur capacité à y converger. Depuis la *Réfutation du système du Père Malebranche*, on sait que ce qu'on appelle mal, en se fiant aux apparences des choses et en prenant pour guide une raison insuffisamment instruite de la vérité de Dieu, n'est en réalité qu'un bien, mais décelable à partir d'une échelle supérieure, étant donné que seul le néant, l'absolue privation d'être, peut être appelé « mal » au sens strict. Par conséquent, au désespoir de Malebranche, qui rend compte de son aveuglement à la beauté du monde, en même temps qu'il témoigne, selon Fénelon, d'un effort avorté de la raison, il faut tout d'abord opposer l'idée claire de Dieu, préalable à la correction de la perception. Il est vrai que l'hypothèse d'un monde fait pour l'homme doit être rejetée, mais cela n'implique pas *ipso facto* qu'il faille dénoncer les défauts de la Création, ce qui reviendrait à maintenir ce point de vue anthropocentriste. Or, en refusant, comme le fait Malebranche, l'idée naïve d'un Dieu prompt à satisfaire les désirs de chacun en se laissant infléchir par des prières et des promesses, il évite certes le premier écueil, mais pas nécessairement le second – ce que lui reproche Fénelon. Ce serait donc l'inachèvement de la méditation qui interdirait de percevoir la beauté du monde ; inversement, l'idée claire de Dieu conduirait à cette distanciation du regard qui fait, comme en se plaçant à une distance raisonnable d'un tableau, d'un amas de formes confuses un paysage. Il est vrai que Malebranche n'impute pas directement à Dieu ces défauts réels, mais il les impute plutôt aux moyens

1. *DM*, LIII, p. 436.

dont Il disposait eu égard à l'exigence de la simplicité des lois[1]. Cependant, affirmer cela, c'est encore faire preuve d'une relative ignorance, en n'estimant pas convenablement le rapport entre pouvoir et vouloir. Pour Malebranche, Dieu voulait faire mieux, mais ne le pouvait pas – thèse qui introduit dans la toute-puissance divine un germe d'impuissance; pour Fénelon, Dieu ne veut jamais que ce qu'Il peut, mais étant donné qu'Il peut tout, ce n'est pas la puissance qui règle son action; en outre, il serait absurde d'évaluer l'œuvre divine en des termes superlatifs, car il ne saurait y avoir pour Dieu de plus grande perfection possible, celle-ci n'étant valable que pour un être borné : en conséquence, conclut Fénelon, Dieu ne fait jamais d'« efforts inutiles », et la présence de nombreux « ressorts » dans son ouvrage, si elle témoigne, rapportée à un ouvrage humain, d'une nécessité de remédier à des défaillances, atteste au contraire, s'agissant de celui de Dieu, l'unité du dessein, car « c'est le concours de toutes les parties qui rend le tout un »[2].

Par conséquent, ce n'est qu'à travers la méditation philosophique, à condition que celle-ci soit menée à son terme, que peut apparaître non seulement la beauté mais la bonté du monde. En outre, cette méditation doit

« parler comme l'Écriture », ainsi que l'exige Fénelon[3] lorsqu'il oppose sa philosophie à celle de l'oratorien. C'est l'Écriture et elle seule qui révèle les bornes de notre être et conditionne en ce sens la perception raisonnable des choses. Dès lors, même la laideur devient belle, une fois replacée dans sa juste perspective; et de même l'idée de notre propre damnation devient délectable si nous la savons voulue par Dieu, étant Lui-même tout entier bonté. Il faut donc que le regard de Dieu (si tant est qu'on puisse se le représenter) se superpose à celui de la créature, ce qui, transposé dans l'univers esthétique, revient à l'élaboration de cette étrange catégorie formulée dans la *Lettre à l'Académie*, celle de « sublime doux », lequel déchire et tout ensemble console. Par conséquent, si Rachel, pleurant ses fils, ne voulut pas, rappelle Malebranche, être consolée, le *Paysage au serpent*, aussi terrible que soit la scène du premier plan, ne laisse pourtant pas, pour Fénelon, d'être consolant.

1. Sur ces questions, nous renvoyons à notre article « Les enjeux esthétiques de la *Réfutation du système du Père Malebranche sur la nature et la grâce* de Fénelon », *Archives de philosophie*, n° 67, 2004. Également au recueil d'articles dirigé par B. Pinchard, *La Légèreté de l'être. Études sur Malebranche*, Paris, Vrin, 1998.
2. *RSPM*, chap. XVI, p. 400-401.
3. « Ma philosophie parle d'abord naturellement comme l'Écriture », *Ibid.*, XIX, p. 415.

Mais cela n'est possible qu'à la condition de rectifier l'idée fausse que les hommes se font de Dieu, qu'ils imaginent à tort comme un Dieu de colère, en lui préférant, par là même, n'importe quelle créature – à l'instar de Malebranche qui se prend de pitié pour les monstres[1]. Ainsi note Fénelon :

> Ce qui manque le plus aux hommes, c'est la connaissance de Dieu. Ils savent, quand ils ont beaucoup lu, une certaine suite de miracles et de marques de providence par les faits de l'histoire ; ils ont fait des réflexions sérieuses sur la corruption et sur la fragilité du monde ; ils se sont même convaincus de certaines maximes utiles pour la réformation de leurs mœurs par rapport au salut : mais tout cet édifice manque de fondements ; ce corps de piété et de christianisme est sans âme. Ce qui doit animer le véritable fidèle, c'est l'idée de Dieu, qui est tout, qui fait tout, et à qui tout est dû[2].

Par conséquent, loin de renoncer à raisonner, en se dispensant d'acquérir les connaissances utiles – théologiques, métaphysiques, morales, et même cette science des païens qui peut éclairer à condition de savoir quelle place lui attribuer –, il faut plutôt s'y engager, à condition de savoir mettre un terme à l'enquête spéculative, avant que celle-ci ne se tourne en « inquiétude », manie, passion. Certains, en effet, de crainte de ne pouvoir interrompre à temps leur raisonnement, préfèrent tout simplement ne jamais commencer, tandis que d'autres commencent bien mais n'achèvent jamais, incapables de fixer des bornes à leur pensée. Dans un cas comme dans l'autre, cela conduit à l'opinion selon laquelle la raison doit être suspectée comme étant impuissante et inutile :

> La raison est une fausse lumière. Il faut agir sans la consulter, fouler aux pieds les bienséances, suivre sans hésitation tous ses premiers mouvements et les supposer divins. Il faut retrancher non seulement les réflexions inquiètes, mais encore toutes les réflexions [...].

Ce que Fénelon rejette aussitôt :

> Parler ainsi, c'est croire que la raison qui est le premier des dons de Dieu dans l'ordre de la nature est un mal, et par conséquent renouveler l'erreur folle et impie des manichéens[3].

1. *Traité de la nature et de la grâce*, Ire partie, XVIII, éd. cit., p. 187.
2. *LOS*, XXXI, « Dieu », p. 695.
3. *EMS*, article XXXI, « faux », p. 1077.

Tandis que l'entretien « Pour le jour de Noël » départage, afin d'en prévenir la confusion, les deux usages opposés de la raison :

> Quoi donc ! faut-il cesser d'être raisonnable ? faut-il devenir comme les fous qu'on est contraint de renfermer ? Dieu n'est-il pas la sagesse même ? La nôtre ne vient-elle pas de la sienne, et par conséquent ne faut-il pas que nous la suivions ? Mais il y a une extrême différence entre être raisonnant et être raisonnable. Nous ne serons jamais si raisonnables que quand nous cesserons d'être raisonnants. En nous livrant à la pure raison de Dieu [...] nous serons délivrés de nos erreurs, de nos indiscrétions, de nos entêtements[1].

C'est là que la soumission à l'Écriture s'avère salutaire en redressant une méditation qui, livrée à elle-même, ne peut qu'aboutir à un constat d'amertume.

Il convient donc, comme les Israélites l'ont montré, d'accorder sa confiance en Dieu, au lieu de penser, comme y invite le système de Malebranche qu'interprète Fénelon, que Dieu, n'agissant qu'en vertu des causes secondes – auxquelles il délègue une part de son pouvoir en en réglant l'économie par des lois invincibles –, et n'entendant pas les prières des hommes, ne mérite

plus qu'on place en lui la moindre espérance :

> Si les Israëlites avaient pu savoir que Dieu était ainsi lié par une espèce de contrat avec les anges, et que c'était la pure volonté des anges qui déterminait Dieu à entr'ouvrir la mer Rouge pour leur délivrance, au lieu de chanter à Dieu un cantique sur le rivage, ils auraient eu raison de dire : Dieu n'a fait que ce qu'il n'a pu s'empêcher de faire. Il ne l'a point fait pour l'amour de nous. Il ne l'aurait pas fait s'il eût dû lui en coûter une seule volonté en notre faveur.

À quoi Fénelon conclut :

> Il est constant que l'établissement de ces causes, bien loin de sauver la providence, nous ôte le recours immédiat de Dieu[2].

Si la faculté de juger s'avère nécessaire, afin de découvrir la réalité des causes qui agissent dans le monde indépendamment de nos désirs et de nos volontés, il importe aussi de connaître ses limites afin d'identifier le point de passage où l'orgueil reprend ses droits lorsque le jugement ne s'appuie

1. *EES*, III, p. 933-934.
2. *RSPM*, chap. XVIII, p. 414.

pas sur de solides fondements. Car la découverte du malheur, ou si l'on veut du principe de réalité, vérité dans un premier temps, devient erreur si elle ne s'accorde précisément à un arrière-monde qui lui confère un sens. Or celui-ci ne peut se découvrir qu'à travers la méditation que guide l'Écriture, afin d'orienter la raison de l'orbite du moi, où elle sert encore à flatter les passions, en l'occurrence la tristesse liée à sa condition, à celle de la connaissance de Dieu – « notre sagesse n'[étant] vraie qu'autant qu'elle est une participation de la souveraine raison et de l'éternelle sagesse qui est Dieu »[1].

Il se fait donc une dialectique entre la connaissance et l'amour, lequel induit en retour la reconsidération des événements du monde. C'est cette connaissance de Dieu qui, le révélant comme amour, permet ensuite de relativiser la signification du malheur. Si chaque chose est estimée à l'aune de cet amour archétypal, qui seul a le droit de régler le rapport affectif aux créatures, alors la perte, le deuil, la mort, la damnation même, n'ont plus la même portée. Terribles comme peuvent l'être ces épreuves dans le monde, elles deviennent l'occasion d'une joie paisible par le détachement de soi et de ce qui advient :

> Ce qu'il y a de meilleur à faire, c'est de recevoir également et avec la même soumission toutes les différentes choses que Dieu nous donne dans la journée, et au-dehors et au-dedans de nous[2].

C'est la raison pour laquelle la scène de *L'homme au serpent*, en vertu du paysage dans lequel elle s'inscrit, n'a plus rien de tragique – même si l'enthousiasme de Fénelon ne correspond probablement pas à ce qui était l'intention de Poussin. Dans son étude sur le peintre, Oskar Bätschmann remarque, dans les tableaux de la fin des années 1640, que le thème de la Fortune y est présent de façon récurrente : c'est le cas, notamment, du *Paysage avec Pyrame et Thisbé*, mais aussi du *Paysage au serpent*. Le contexte politique de la France, avec les prémisses de la Fronde, celui de l'Europe avec les insurrections en Pologne ou en Angleterre, n'y est sans doute pas indifférent puisque la correspondance de Poussin en fait état. L'intérêt que Poussin porte à la pensée stoïcienne, qui lui vient probablement du milieu libertin qu'il côtoie à Rome, accréditerait également la présence de ce thème profane dans les tableaux de cette période. Cela aurait pour conséquence

1. *Ibid.*
2. *LOS*, XXVII, p. 687.

que la nature, en l'occurrence le paysage des tableaux, ne porterait plus la marque du divin mais incarnerait la fatalité dans ce qu'elle a de plus aveugle ; dès lors l'animal sauvage ou sournois – le lion de *Pyrame et Thisbé* ou le serpent de notre tableau –, symboliserait-il non seulement un mal, circonscrit ou localisé, mais l'absurde en soi, immanent aux choses :

> La bienheureuse correspondance de la nature se trouve brisée par une bête sauvage attaquant un homme sans défense et la nouvelle de cette catastrophe se propage comme un coup d'éclair dans ce paysage calme. Aussi peut-on qualifier de tragique ce paysage dans lequel la chance s'inverse en adversité[1].

Mais dans le commentaire de Fénelon, cette première interprétation, attestée par l'atmosphère de tristesse qu'il reconnaît au tableau, s'efface, comme s'efface le destin aveugle, remplacé par un Dieu d'amour – et comme s'efface le monde profane de la fable[2]. Car pour celui qui a placé sa volonté dans celle de Dieu plus rien n'apparaît triste ou menaçant, pas même la mort ou la damnation :

> Ô que nos vues sont courtes et trompeuses ! On est consterné de voir une personne mourir en la fleur de son âge. Quelle horrible perte ! dit-on. Mais pour qui est la perte ? Que perd celui qui meurt ? Quelques années de vanité, d'illusion et de danger pour la mort éternelle. [...] Ô qu'il est donc vrai que Dieu est bon, qu'il est tendre, qu'il est compatissant à nos vrais maux lors même qu'il paraît nous foudroyer, et que nous sommes tentés de nous plaindre de sa rigueur ![3]

Le tableau de Poussin, vu par Fénelon, se donnerait non pas comme l'allégorie profane d'un printemps dont il faut toujours et trop tôt faire le deuil, mais comme celle, à laquelle invite la spiritualité du pur amour, de ce printemps spirituel qui fait du cœur de l'homme le lieu d'une inaltérable félicité :

> [...] attendez que l'hiver soit passé, et que Dieu ait fait mourir tout ce qui doit mourir ; alors le printemps ranime tout[4].

1. O. Bätschmann, *Poussin, dialectiques de la peinture*, éd. cit., p. 119.
2. Tel, par exemple, que le donne à voir la 3e Bucolique de Virgile : « Vous qui cherchez des fleurs et les premières fraises, / Fuyez, enfants : dans l'herbe un froid serpent se cache », éd. cit., p. 75.
3. *LOS*, XXI, « Discours sur les croix », p. 652.
4. *LOS*, XI, « Nécessité de la purification de l'âme par rapport aux dons de Dieu, et spécialement aux amitiés », p. 607.

La jouissance picturale aurait ainsi une ultime signification. Et sans qu'on puisse la désigner comme l'équivalent strict de cette délectation insensible qui est proprement celle que donne Dieu, il n'en demeure pas moins qu'elle doit, comme toute pratique humaine, prédisposer à cette fin.

la charité à l'horizon du paysage

L'intention que nous avons cru déceler dans la description du *Paysage au serpent*, et qui nous paraissait rendre raison de l'intérêt que Fénelon porte à ce genre de peinture, suscite toutefois l'interrogation lorsqu'on cherche à l'y retrouver dans le commentaire de cet autre *Paysage* de Poussin, celui de Chantilly.

> C'est un paysage d'une fraîcheur délicieuse sur le devant, et les lointains s'enfuient avec une variété très agréable. On voit par là combien un horizon de montagnes bizarres est plus beau que les coteaux les plus riches quand ils sont unis. [...] Personne, ce me semble, ne fait des arbres comme le Poussin [...]. Je parle en ignorant, et j'avoue que ces paysages me plaisent beaucoup plus que ceux du Titien[1].

On a vu précédemment que le caractère stéréotypé du discours, qui souligne les beautés de la nature à travers une certaine perception des choses, renvoyait à l'idée métaphysique d'un dieu juste et bon. Cette beauté, en outre, n'a rien d'uniforme – on note l'instance sur le caractère « varié » du paysage, même si cette notion ne recoupe pas exactement celle de *varietas* –, étant donné la richesse et la complexité de la Création. Mais cette variété, à son tour, renvoie à l'idée de providence, tandis qu'elle implique le rejet de la vision d'un monde où tout y adviendrait selon des lois générales auxquelles Dieu n'aurait plus de part. Au contraire, il faut voir en chaque événement, mais aussi en chaque action, la marque d'une main invisible qui, loin d'empêcher les manifestations du libre arbitre – comme étant les plus à même d'introduire cette variété dans le monde –, parvient toujours à les orienter vers la fin dont elle a seule le secret. Transposée au paysage, cette lecture ne peut que souligner l'harmonie qui s'en dégage, autrement dit l'unité dans la diversité.

En défendant cette thèse, Fénelon ne prétend surtout pas à l'originalité, mais se réclame simplement de la Tradition de l'Église, dont saint Augustin

1. *FOP*, « Sentiment ... », p. 267-268.

est l'une des voix les plus fidèles, dont Bossuet, à son tout se fait l'écho[1]. Mais Fénelon ne se contente pas de se soumettre à l'autorité de son aîné, puisqu'il reconduit cette position, en apparence paradoxale, qui maintient ensemble l'intentionnalité de l'homme et celle de Dieu : « On est content d'être assujetti, on est content d'être libre »[2], note-t-il dans ses écrits spirituels.

Dès lors, le paysage, figure de la Création par l'entremise d'une nature variée, donnerait à voir cette dialectique entre les deux plans, humain et divin. Ce qui, en outre, ne trahirait pas l'intention du peintre, comme A. Mérot l'a montré dans sa monographie de Poussin, et comme il le rappelle encore dans son ouvrage consacré au paysage[3]. Chez Poussin en effet, poursuit A. Mérot, si les rapports entre les personnages et le paysage changent selon les périodes, dans ceux de la dernière période, « une touche divisée, presque pointilliste, fond entre eux les différents objets en les intégrant à la trame du tableau »[4]. Ce jeu dialectique varie, certes, selon les tableaux : mais c'est toujours à celui-ci que Fénelon est le plus attentif.

Reste qu'il est regrettable qu'on ne puisse déterminer l'identité de ce *Paysage* qui, à Chantilly, suscite de la part du prélat un tel élan. Plusieurs tableaux pourraient en effet correspondre à sa description. Dans l'inventaire du catalogue de l'exposition du Louvre de 1960, on trouve la mention

1. Voir sur ce point l'article de G. Ferreyrolles, « Histoire et causalité chez Bossuet », *in* G. Ferreyrolles (dir.), *Bossuet. Le Verbe et l'histoire (1704-2004)*, Paris, Champion, 2006.

2. *LOS*, p. 560. Pour plus de détails sur cette question, nous renvoyons à notre article : « L'histoire face à elle-même. L'historiographie dans la *Lettre à l'Académie* », *L'Écriture de l'histoire chez Bossuet*, *Les Amis de Bossuet*, n° 33, 2006, p. 94 *sq*.

3. « [...] dans le modèle idéal classique les parts respectives de la nature et du sujet sont en général bien délimitées. L'espace du paysage se construit à partir des acteurs de l'histoire qui le peuplent de leur activité. La difficulté est de saisir la ligne de démarcation entre un *paysage-scène* où les figures sont disposées selon des rapports géométriques précis, en proportion du cadre où elles évoluent, et un *paysage-décor*, où ce sont les figures qui prédominent », A. Mérot, *Du paysage en peinture dans l'Occident moderne*, éd. cit., p. 135.

4. *Ibid.*, p. 138. Cf. *Poussin*, éd. cit., p. 227-230 à propos du *Paysage aux deux nymphes* qui illustre ce traitement du paysage. Il note encore, à propos du même tableau : « La touche divisée et vibrante, l'accent mis sur les surfaces, au détriment de la profondeur, renforcent cette impression d'unité et de profusion. [...] La tension héroïque des œuvres de la maturité s'apaise : les nymphes du beau paysage de Chantilly (1659 ?), divinité tutélaire d'un lieu auquel elles communiquent leur calme majesté ne s'effraient pas de la présence du serpent à côté duquel elles sont assises », « Des patries à la terre : pour un portrait / paysage de Nicolas Poussin », *Et in Arcadia ego*, Actes du XXVIIe congrès annuel de la North American Society for Seventeenth-Century French Literature, Université Mac Gill, Montréal (20-22 avril 1995), Biblio 17, *Papers on French Seventeenth Century Literature*, Paris, Seattle, Tübingen, 1997, p. 34.

d'un paysage de Poussin ayant appartenu à la collection Condé, qui pourrait être celui-là; exécuté pour Le Brun en 1659, il serait aujourd'hui perdu[1]. Un autre tableau anonyme de cette collection correspond encore à cette description; cependant, dans son catalogue raisonné de 1966, A. Blunt qui mentionne l'existence à Chantilly d'un tableau non identifié, pouvant être attribué à Poussin, le considère, lui, « clairement » de la main de Dughet[2]. En 1961, D. Mahon[3] propose, comme le rappelle J. Thuillier[4] dans le catalogue qu'il établit en 1974, de reconnaître dans le *Paysage aux deux nymphes* le tableau prétendument perdu de 1659, hypothèse également approuvée par A. Blunt. Or, mis à part ce paysage et l'autre, anonyme, mais attribué semble-t-il à Dughet, on ne trouve guère dans cette collection d'autre tableau susceptible de correspondre à la description donnée par Fénelon. Toutefois, ce *Paysage aux deux nymphes*, s'il appartient bien à la catégorie des paysages idéaux qui selon D. Mahon, correspondent aux compositions de la fin des années 1650, et si l'on y retrouve certains détails du paysage, qui s'accordent avec la description de Fénelon – comme les « tours et retours » de l'eau, « l'horizon de montagnes bizarres », les « prairies » et les « bocages », le caractère « aimable » du lieu, il présente un motif si particulier qu'il serait étonnant que Fénelon y fût resté indifférent. En outre, plusieurs tableaux ayant été perdus ou bien détruits au gré des péripéties qu'a connues cette collection[5], il est probable que nous ne

1. Voir *Exposition Nicolas Poussin*, préface, G. Bazin, catalogue, A. Blunt, biographie, Ch. Sterling, documents de laboratoire, M. Hours, Paris, Éditions des Musées nationaux, 1960 : « Œuvre disparue : Paysage. Exécuté pour le peintre Charles Le Brun (Félibien qui ne précise pas le sujet). Le dernier catalogue du Louvre supposait qu'il pouvait s'agir du *Paysage avec Orphée et Eurydice*. Mais ainsi que l'indique A. Blunt (voir Catalogue, notice du n° 93), le style du tableau est nettement antérieur à 1659. D'autre part, J. Thuillier (*in* Actes, 1960, II, p. 233, note 4), ajoute un argument péremptoire contre cette identification : il cite la description par Florent le Comte (Cabinet des Singularitez, etc., t. III [1700]), du Paysage peint pour Le Brun, où il est question du lointain qui "est si bien représenté qu'il (Poussin) y a fait paraître plus de lieues de chemin qu'on ne pourrait en parcourir en un jour". Le tableau reste donc à retrouver », p. 274.

2. Dans la catégorie « Unidentified landscapes », A. Blunt décrit ainsi le paysage de Chantilly : « Grautoff (II, n° 142) is the only writer on Poussin to ascribe to him this picture, which is clearly a work of Gaspard Dughet », *The Paintings of Nicolas Poussin. A critical catalogue*, éd. cit., p. 179.

3. « Félibien nous dit qu'en 1659 Poussin peignit pour Le Brun un paysage, sans en mentionner le sujet. Brienne estime le paysage de Le Brun très beau », « Réflexion sur les paysages de Poussin », *loc. cit.*, p. 126-127.

4. Voir *Tout l'œuvre peint de Poussin*, Paris, Flammarion, 1974, p. 110.

5. Voir P. Rosenberg, L.-A. Prat, V. Damian, *Nicolas Poussin. La collection du musée Condé à Chantilly*, Paris, RMN, 1994.

sachions jamais à quel tableau Fénelon se réfère – en espérant qu'il s'agisse même d'un authentique tableau de Poussin, et non de Dughet, son beau-frère.

Nous devrons donc nous contenter d'un discours, mais qui permet néanmoins de rendre compte rétrospectivement de l'intérêt qu'a porté Fénelon à l'ensemble des paysages de Poussin, pour des motifs semblables à ceux qui l'ont conduit à privilégier un certain type de paysages dans ses écrits poétiques. Par conséquent, le *Télémaque* mis à part, ce sont les ouvrages de spiritualité ainsi que les quelques textes d'inspiration poétique composés par Fénelon – le poème à Bossuet sur Germigny, la lettre à François de Fénelon, évêque de Sarlat, et surtout l'Ode à Langeron – qui nous éclaireront davantage ici sur le sens à donner à cet enthousiasme esthétique.

En considérant ces quelques textes, on constate que le dernier s'apparente moins à une effusion sentimentale qu'à des retrouvailles avec l'espace d'un décor familier. Dans le prolongement de nos précédentes remarques sur le *locus amoenus*, où l'importance symbolique de l'arbre a été mise en évidence, il importe de souligner tout d'abord, à la suite de certains commentateurs, la force du lien qui unit l'imaginaire de Fénelon à celui de la poésie pastorale et épique de l'Antiquité, ainsi qu'aux images du paysage biblique – particulièrement à travers les thématiques de l'eau et de la verticalité du relief que constituent le rocher et la montagne[1] –, qui conduit à une véritable écriture du paysage.

Fr.-X. Cuche, dans l'étude récente qu'il a consacrée au *Télémaque*, détaille cette écriture qui s'attache, par une relation mimétique, à toutes les espèces, traditionnellement répertoriées dans la pratique picturale comme appartenant au genre du paysage : du nocturne à la marine, en passant par la tempête, et les saisons[2]. En relevant l'existence d'une possible dette de Fénelon à l'égard des paysages de Poussin, Fr.-X. Cuche montre que la préférence du prélat va le plus souvent à la douceur procurée par la vision d'une nature apaisée[3]. Mais le périple méditerranéen de Télémaque invite

1. Voir notamment la présentation de l'édition de M. Haillant des *Aventures de Télémaque*, éd. cit.; J.-L. Goré, *L'Itinéraire de Fénelon* ..., éd. cit.; N. Hepp, *Homère en France au XVIIe siècle*, Paris, Klincksieck, 1968; J. Marmier, *Horace en France au XVIIe siècle*, Paris, P.U.F., 1962.

2. Fr.-X. Cuche parle d'une « poétique des saisons », et fait précisément allusion à un « admirable nocturne », *Télémaque entre père et mer*, chap. VI et VII, éd. cit., p. 198 et 224.

3. *Télémaque entre père et mer*, éd. cit., p. 222.

aussi à intégrer dans l'intérêt fénelonien pour le paysage les particularités d'une végétation typique de ces climats[1], qui rappellent celles du jardin romain, lui-même inspiré – comme portion d'une nature artificiellement reconstruite[2] – des récits de la poésie épique hellénique. Ces descriptions fournissent peut-être l'occasion, sinon le prétexte, de s'attarder à la contemplation des images de ces paysages antiques et bibliques qui évoquent pour Fénelon tant de lectures familières ; le jardin[3], le bois sacré, les rochers, et l'eau[4] : c'est là une chaîne poétique continue[1], qui permet

1. « Les tilleuls, les peupliers, le figuier, l'olivier et les arbres méditerranéens, le grenadier, couvrent la campagne dans l'île enchantée de Calypso », *Ibid.*, p. 224.
2. Voir P. Grimal, *Les Jardins romains* : « La plupart des légendes grecques sont des légendes de montagnes [...] sans même parler de l'Olympe, de l'Ida phrygien ni des légendes siciliennes. Le Pays des Dieux est situé, tout naturellement, dans la montagne. Les rochers se sont donc imposés naturellement à la peinture, à la sculpture et aux jardins [...] À peu près tous les tableaux de nature des *Métamorphoses* d'Ovide comportent un rocher et des escarpements ; ce sont les nymphes assises sur des sièges de roches vives, une falaise abrupte dans la forêt de Tempé ; ailleurs, une arche naturelle. Et Callimaque a décrit des paysages semblables », IIIe partie, chap. X, Paris, Fayard, 3e éd., 1984, p. 343-344. Également : « Le jardin romain a donné un corps à un rêve grec. Ce qui, dans l'Attique et les Iles, n'était qu'un mirage : fraîcheur d'une eau courante, épaisseur de l'ombre, mollesse du gazon, éclat des fleurs [...] devenait réalité sur les collines du Latium. [...] Pour l'imagination d'un Romain, la continuité n'était pas rompue avec le monde héroïque de l'épopée. [...] À leur façon, les jardins traduisaient ce sentiment – le même qui donnait à l'épopée de Virgile sa grandeur et sa signification », p. 442-443.
3. Sur la connotation édénique du jardin, on se reportera en particulier à M. Haillant : « [...] Nombre de passages consacrés à la vie champêtre sont codés, ce sont des allégories qui relèvent de la mystique. [...] Signalés comme des jardins, ils peuvent renvoyer au paradis terrestre, c'est le cas de la "fertile terre d'Égypte, semblable à un jardin délicieux". Mais celui-là, Télémaque ne l'a pas vu, ses yeux n'en ont pas "été charmés". En revanche, le "grand jardin" de l'île d'Ogygie a charmé tous ses sens, il est l'Éden, le jardin de la tentation et, en même temps, le jardin de la souffrance, il rappelle donc celui des Oliviers. Or Télémaque le décrit après sa visite au Liban ou il a vu un premier jardin, – celui peint dans le Cantique des Cantiques, poème d'amour qui symbolise l'union mystique de l'âme avec Dieu – là il a vu les "agneaux qui bondissent sur l'herbe fraîche", mille divers ruisseaux d'une eau claire [...]. Mais il a vu également les vignes et les grenadiers en fleurs, les figuiers et les pommiers avec leurs fruits, les cèdres dont il a respiré les parfums, tout ce qui fait le charme du poème biblique, notamment l'heureux hymen du printemps et de l'automne ; et cela se retrouve bien dans la description de l'île de Calypso », *Les Aventures de Télémaque*, éd. de M. Haillant, éd. cit., p. 195-196.
4. Sur la symbolique de ces éléments dans la Bible, rappelons, d'après Ch. Labre, que l'arbre représente la vitalité, la longévité, la puissance, qu'il renvoie aussi à celui de la vie et à celui de la connaissance du jardin d'Éden (Gn 3, 22-24) le lieu où se manifeste la parole de Dieu (Gn 21, 33) ; que la vie spirituelle est arbre de vie (Ez 31, 12) ; l'arbre évoque aussi l'image de l'éphémère grandeur des puissants, abattue comme l'arbre ; le jardin, quant à lui, est aussi symbole de terre promise, symbole de réconciliation (Am, 9, 14) ; l'eau, de son côté, surgit du rocher frappé par le bâton de Moïse (Ex, 17), elle est salvatrice de Moïse enfant ; c'est aussi l'eau qui attendrit le « cœur de pierre » des hommes (Ez 36, 25-26), tout en étant un symbole de punition : eau du déluge, eaux de la mer Rouge qui se referme sur les Égyptiens (Ex 14, 21-30) ; enfin la montagne est un lieu d'intimité, de rencontre avec Dieu (entre autres, Luc 6, 12 ;

d'orienter, grâce à une réinvention permanente de ces lieux littéraires et culturels, le regard posé sur la nature.

Émaillé de références, le *Télémaque* ferait à la fois figure de pastiche et de palimpseste, s'il n'était, avant d'être un jeu littéraire, l'illustration de cette mnémotechnique qui entend fabriquer une mémoire artificielle à partir de lieux et de catégories empruntés, parfois involontairement, à l'art poétique ou pictural. Car c'est ainsi que les rhéteurs ont appris à leurs disciples, grâce aux peintres[2], à observer la nature, à en retenir les traits les plus saillants, de même qu'ils ont su attirer l'attention aux choses du quotidien, dès lors que la peinture, celle de Studius[3] tout d'abord, les ont représentées[4].

La manière de composer le paysage montre en effet des constantes : les « arbres [qui] paraiss[ent] émus » dans le chant de Termosiris[5] rappellent Virgile qui « anime et passionne tout », où « [d]ans ses vers [...] tout a du sentiment [...] [l]es arbres mêmes vous touchent »[6] ; ils rappellent encore les « sombres bocages »[7] de l'Ode à Langeron, les « forêts »[1] de la lettre à

9, 28), in *Dictionnaire biblique et culturel littéraire*, Paris, Armand Colin, 2002. *Cf.* l'ambiguïté du thème de l'eau dans le *Télémaque* qu'étudie tout particulièrement Fr.-X. Cuche, *Télémaque entre père et mer*, chap. VI, éd. cit., p. 196 *sq*. Pour le motif du rocher dans la peinture italienne du Quattrocento, voir P. Francastel, *La Figure et le Lieu. L'ordre visuel du Quattocento*, Paris, Gallimard, 1967, p. 302 *sq*.

1. Voir J.-L. Goré : « Homère, Virgile, Ovide, Horace ont aidé Fénelon à préciser quelles essences se mêlent dans ces taillis, quelles cascades apaisent de leur fraîcheur l'anxiété du jeune héros », *L'Itinéraire de Fénelon* ..., éd. cit., p. 568.

2. C'est l'hypothèse que développe A. Rouveret : « L'hypothèse qui m'a incitée, écrit-elle, à reprendre l'analyse des composantes de l'art de la mémoire est la suivante : par leur nature même de *loci* et d'*imagines*, les instruments de la mémoire artificielle servent à construire des tableaux imaginaires qui sont nécessairement en rapport avec le monde figuratif de l'époque qui les a vu naître. Or cette période coïncide, de façon non fortuite, avec celle qui voit le développement de la grande peinture classique et hellénistique. L'inventeur de la mémoire artificielle, Simonide, est un des poètes qui ont le mieux exprimé [...] une conception nouvelle de l'image », *Histoire et Imaginaire de la peinture ancienne (Ve siècle av. J.-C. - Ier siècle ap. J.-C.)*, École française de Rome, Palais Farnèse, 1989, p. 304-305.

3. Pline note : « Studius [...] fut le premier à imaginer une façon tout à fait charmante de peindre les parois, y figurant des maisons de campagne et des ports ainsi que des thèmes paysagistes, bosquets sacrés, bois, collines, étangs poissonneux, euripes, rivières, rivages [...] et y introduisit diverses effigies de personnages se promenant à pied ou en barque, se rendant, sur la terre ferme, à leur maison rustique à dos d'âne ou en voiture, voire en train de pêcher, d'attraper des oiseaux, de chasser et même de vendanger », *Histoire naturelle*, XXXV, § XXXVII, éd. cit., p. 101-103.

4. Voir A. Rouveret : « [...] lorsque Cicéron évoque des paysages réels, qu'ils soient champêtres ou urbains, il les perçoit souvent dans un rapport de réminiscence avec une œuvre littéraire ou philosophique », *Histoire et Imaginaire* ..., éd. cit., p. 324.

5. *Av. T.*, II, p. 53.

6. *LA*, chap. V, p. 1166.

7. *OC*, VI, p. 657.

Bossuet sur Germigny. Le mont Ida de la Crète de Minos évoque, lui, les « Montagnes [...] séjour des dieux », elles-mêmes comparées « aux monts de Thrace »[2], mentionnées de nouveau dans l'Ode. Mais c'est aussi la célébration du printemps, que l'on imagine éternel à Germigny, qui rejoint celle de l'île de Calypso. Quant aux « collines », « bocages », « ondes claires » de la Loire, rêverie d'un ciel qui « ram[ène] le printemps sans passer par l'hiver », ou encore « climat [...] doux »[3] qu'on voudrait presque méridional », si ces images servent au récit des étapes d'un voyage que Fénelon adresse à son oncle, elles pourraient, détachées du contexte, servir aussi à la description d'un paysage imaginaire, ou encore à l'élaboration d'un lieu idéal.

« Petit rocher », « colline », « cascade », « petit canal », « petit bocage », et « lointain de paysage »[4] : sans doute l'espace manquerait dans le tableau du portrait du duc de Bourgogne – que J. Van Schuppen s'apprête à réaliser pour le collectionneur Roger de Gaignières[5], ami de Fénelon, et « conseiller artistique » du jeune duc –, pour permettre un traitement plus ample de ces motifs, qui de ce fait, resteront « petits » : mais ils occuperont la place du « perron », nullement nécessaire, comme étant les pièces maîtresses d'une nature sacrée ou encore les premières traces de l'amour de Dieu qui mit dans ce jardin des délices « une fontaine », et des « arbres beaux à la vue »[6].

1. *Ibid.*, p. 661.

2. *Ibid.*, p. 657.

3. À Fr. de Fénelon, évêque de Sarlat, Fénelon, *Corresp.*, II, p. 68-69. Mais ce sont aussi les scènes champêtres avec « le peuple doux, naïf, semblable à la terre qu'il habite et à l'air qu'il respire », les paysans qui « portent à pleins paniers dans les villes voisines les fruits de l'automne », qui rappellent encore les tableaux de Teniers.

4. À R. de Gaignières [21 janvier 1695], Fénelon, *Corresp.*, t. II, p. 317. On remarquera l'insistance de Fénelon sur le choix de l'ordre corinthien pour le bâtiment figurant dans l'arrière-plan, comme une autre manifestation du respect de la règle de convenance : l'âge du jeune prince qui n'a pas eu l'occasion de révéler ses vertus politiques et guerrières lui interdisant l'ordre dorique ...

5. Sur R. de Gaignières, voir J. Adhémar, « Fénelon paysagiste », *loc. cit.*. Pour un aperçu de la collection de Gaignières, exceptionnellement vaste en tout point, et privilégiant l'intérêt pour le Moyen Âge et la modernité, voir A. Schnapper, *Le Géant, la licorne, la tulipe. Collections et collectionneurs dans la France du XVIIe siècle*, Paris, Flammarion, 1988, en particulier les p. 291 *sq.* On retiendra en priorité qu'il joua un rôle certain dans l'éducation du duc de Bourgogne, et que Moreau entretient avec lui des contacts très réguliers. A. Schnapper écrit à ce sujet : « Presque tout le Ms. français 24989 de la Bibliothèque nationale est consacré aux lettres de Moreau, premier valet de chambre du duc de Bourgogne, qui fait copier des portraits chez son ami Gaignières », *Ibid.*, p. 294.

6. Genèse, II, 6, 9, La Bible, trad. L.-I. Lemaître de Sacy, éd. cit., p. 8.

La vision de la nature par Fénelon, parce qu'elle est non seulement entièrement idéalisée[1], s'écartant ainsi de toute tentation de naturalisme, mais parce qu'elle se nourrit aux mêmes sources littéraires, fusionne avec celle de Poussin, dont la contemplation procure un plaisir de réminiscence et de connivence dans la célébration commune d'un monde dépouillé des scories de l'artifice et du décor pompeux d'une mise en scène de l'amour-propre.

1. Sur l'imitation codifiée et artificielle de la nature chez Poussin, voir l'analyse de J. Thuillier : « Qu'est-ce qu'un tableau de Poussin ? On se tromperait en louant la vérité de la représentation. L'univers de Poussin est systématiquement artificiel. [...] Une sorte de distance est volontairement prise avec les apparences, distance qui évoque directement la stylisation des genres dramatiques », « La notion d'imitation dans la pensée artistique du XVIIe siècle », *Critique et création littéraires en France au XVIIe siècle*, Colloques internationaux du CNRS, n° 557, Paris, Éditions du CNRS, 1977, p. 368. *Cf.* Fr.-X. Cuche : « Fénelon ne croit pas décerner un plus bel éloge à ses paysages "naturels" qu'en les qualifiant de "jardins" : son œil regarde, informé de toute une culture. Sa mémoire livresque, plus que ses expériences de voyageur, inspire les paysages qu'il chante. La nature de Fénelon est moins une réalité observable qu'une norme esthétique », *Télémaque entre père et mer*, chap. VII, éd. cit., p. 221.

conclusion

Nous avons tâché dans cette étude de mettre en évidence les éléments d'une théorisation de la notion d'image visuelle, elle-même articulée au concept de dessin. Que ce soit dans le cadre de l'éloquence, profane ou sacrée, de la poétique, de la pédagogie, de l'apologétique, ou de l'écriture fictionnelle que pratique Fénelon, l'appel à l'imaginaire visuel est si récurrent qu'il ne pouvait passer inaperçu. Celui-ci présente cependant une particularité : parce qu'il s'accompagne d'une justification et d'une spécification en « dessin », il ne pouvait se donner pour une exigence simplement formelle ou pire comme un lieu commun propre à un siècle qui en a fait l'une de ses spécialités – qu'on pense à la prégnance du modèle optique dans la métaphysique et les sciences expérimentales, à l'idéal pastoral de la Contre-Réforme, ou à l'iconographie, véritable politique mise en images, dont s'accompagne le règne de Louis XIV.

Il est vrai que dans l'œuvre de Fénelon, si théorisation de l'image visuelle il y a, celle-ci s'impose tout d'abord à travers les exigences d'une pratique qui relève généralement de l'instruction – déclinée en mission pastorale, pédagogie et apologétique, qui a pour fin la vie bonne. Quant aux considérations poétiques, et plus largement esthétiques, on doit les y rapporter également, puisqu'elles ne forment pas un domaine isolé de la vie éthique : le beau étant toujours en même temps le bien, il contribue à la formation de cet idéal humaniste et chrétien. Tout le problème réside donc dans le bien-fondé de ce que nous appelons « théorisation ». Pourquoi, en effet, recourir à un concept alors qu'il suffisait de désigner la présence, certes récurrente, et peut-être plus fréquente que de coutume, d'une figure métaphorique ? S'en tenir à cette dernière position, à première vue de bon sens, présentait toutefois l'inconvénient de réduire le discours fénelonien à un ensemble de lieux communs, ce que la lecture des textes exclut tout à fait. On observe, au contraire, que le statut accordé au dess(e)in acquiert une valeur paradigmatique, étant donné l'importance que Fénelon lui reconnaît dans la constitution du savoir et de l'action. La systématicité de son argumentation dans la défense d'un idéal à la fois éthique et esthétique, qu'il exemplifie dans son œuvre de fiction, rend donc évidente, même au prix d'un inévitable effet de grossissement, la nécessité de devoir renoncer à ne voir qu'une métaphore, fût-elle aussi amplement filée. La métaphore, en outre, demeure quant à son sens, toujours implicite : elle suggère, alors que Fénelon ne cesse de vouloir justifier, en empruntant à d'autres champs disciplinaires – la philosophie, la poétique, ou la critique d'art – les catégories susceptibles d'enrichir ce qui, au départ, n'est certes qu'un lieu commun, mais devient finalement un concept. Parler de métaphore témoignerait donc d'une cécité, et conduirait à une sous-évaluation de son discours. Parce que ce concept de dess(e)in, en se spécifiant, prend l'aspect d'un schème à l'efficace pragmatique, permettant de relier l'intention à l'action – ce que révèle, en peinture, le concept de *disegno*, Fénelon ne peut s'en passer pour élaborer ce qui constitue précisément son *credo*, aussi bien politique, que moral et esthétique : à savoir que le défaut dans la réalisation d'une action n'est jamais que la conséquence d'un défaut d'ordre, ou d'ordonnance, dans la conception.

Il n'empêche que pour admettre l'idée d'une théorisation, il faut se fonder sur l'existence d'un corpus qui laisserait voir, de façon explicite, les marques d'une telle intention, et en l'absence duquel celle-ci ne serait que conjecturale. Il est vrai qu'une telle base manque, au-delà de l'élaboration analytique de catégories. Fénelon n'a malheureusement pas rassemblé en un « discours sur le dessin » ses considérations sur les beaux-arts, l'éloquence, la morale, la politique, ou l'apologétique. Toutefois, cette lacune n'autorise pas à renvoyer son propos à une position incertaine, où impersonnel et fortuit, il relèverait davantage du sociolecte. L'intention théorique, même si elle demeure indirecte, existe. On la voit à l'œuvre à travers l'effort analytique dont témoignent les écrits poétiques, pédagogiques ou apologétiques, lesquels ne peuvent se réduire à l'énoncé de règles doxiques. Car il s'agit pour Fénelon de formuler non pas de simples règles, dans une perspective formaliste qui lui serait étrangère, mais un paradigme axiologique fondé en raison – puisque même le pur amour n'y échappe.

Pour autant, une lecture si volontariste qui entend extraire d'une œuvre un noyau théorique, auquel l'auteur n'a porté qu'une attention indirecte, est sujette à la critique. En effet, en établissant l'idéal fénelonien de la peinture sur la maîtrise du dessin, nous avons assigné à celle-ci le rôle de médiateur métaphysique et spirituel, mettant sur la voie d'une connaissance et d'un amour vrais de Dieu; aussi l'hypothèse, formulée au départ par J. Le Brun, d'une apologétique qui se serait construite autour de catégories empruntées à la « critique d'art », pouvait-elle se prolonger : l'expérience esthétique, à son tour, ouvrant à l'expérience spirituelle. C'est dans cette perspective que la préférence de Fénelon pour Poussin, et particulièrement pour ses paysages, nous paraissait devoir s'inscrire. Mais cette lecture, entièrement déduite du premier postulat, celui d'une théorisation de l'image autour du concept de dess(e)in, pourra, à son tour, être critiquée : elle présuppose, en effet, l'existence d'une clé en rapportant la peinture à une finalité spirituelle, au nom de l'exigence du pur amour, laquelle nous paraît la seule vraie préoccupation de Fénelon. Mais lui qui avançait masqué à la Cour, pouvait-il révéler cette clé? Dans ces conditions, ne fallait-il pas, nécessairement, se contenter d'une conjecture – que rendait néanmoins plus ferme la confrontation des textes?

En dépit de ces motifs, l'attitude de prudence s'imposait sans doute. On sait, en effet, l'enthousiasme qu'a suscité *Les Aventures de Télémaque*, alors même que Fénelon ne souhaitait pas publier une œuvre qu'il estimait, comme toutes les choses du monde, mineure et sans importance. S'il est vrai qu'on doit lire les auteurs comme eux-mêmes l'auraient désiré, une lecture simplement enthousiaste serait regrettable. Mais nous assumons ce risque; de même que nous assumons de devoir revenir ultérieurement à nos affirmations pour les enrichir, les préciser, ou les amender.

S. Le Clerc, *Puer parvulus minabit eos*, 1695, Estampe allégorique © BnF

bibliographie sélective

instruments de travail

ADAM, A., *Histoire de la littérature française au XVIIe siècle*, t. II, « L'époque de Pascal. L'apogée du siècle (Boileau-Molière) », Bibliothèque de « L'Évolution de l'humanité », Paris, Albin Michel, rééd. 1997 [1951-1952].

ARON, P., Saint-Jacques, D., Viala, A., *Le Dictionnaire du littéraire*, avec la coll. de M.-A. Beaudet, J.-P. Bertrand, J. Cerquiglini-Toulet, « Quadrige », Paris, P.U.F., 2e éd., 2004.

BARTHES, R., « L'ancienne rhétorique. Aide-mémoire », *L'Aventure sémiologique*, « Points-Essais », Paris, Seuil, 1985.

CALVET, J., *Histoire de la littérature française*, t. V, Paris, 1938.

CIORANESCU, A., *Bibliographie de la littérature française du XVIIe siècle*, t. II, Genève, Slatkine Reprints, 1994 [réimp. éd. Paris 1965-1966].

Dictionnaire de spiritualité ascétique et mystique. Doctrine et histoire, t. V, 1re partie ; VI, 2e partie ; VII, 2e partie ; XII, Paris, Beauchesne, 1967-1971-1986.

DUCHET-SUCHAUX, G., Pastoureau, M., *La Bible et les saints. Guide iconographique*, Paris, Flammarion, 2e éd., 1994.

DUPRIEZ, B., *Gradus. Les procédés littéraires. Dictionnaire*, Paris, UGE, 10/18, 1984.

EISSEN, A., *Les Mythes grecs*, Paris, Belin, 1993.

FOISNEAU, L., (dir.), *Dictionary of Seventeenth-century French Philosophers*, London, Thommes Press, 2008.

FONTANIER, P., *Les Figures du discours*, intro. G. Genette, Paris, Flammarion, 1977.

FORESTIER, G., *Introduction à l'analyse des textes classiques. Éléments de rhétorique et de poétique du XVIIe siècle*, « Collection 128 », Paris, Nathan, 2003 [1993].

FROMILHAGUE, C., *Les Figures de style*, « Collection 128 », Paris, Nathan, 1995.
FUMAROLI, M., (dir.), *Histoire de la rhétorique dans l'Europe moderne. 1450-1950*, Paris, P.U.F., 1999.
– et ZUBER, R. (dir.), *Dictionnaire de littérature française du XVII*e *siècle*, « Quadrige », Paris, P.U.F., 2001 [-1994].
GRENTE, G., (dir.) *Dictionnaire des Lettres françaises. Le XVII*e *siècle*, ouvrage préparé par A. Pauphilet, L. Pichard, R. Barroux, éd. entièrement révisée par E. Bury, J.-P. Chauveau, D. Descotes, Ph. Hourcade, J. Serroy, sous la dir. de P. Dandrey, Paris, Fayard et Librairie Générale Française, 1996 [1951].
HILLENAAR, H. (dir.), *Nouvel état présent des travaux sur Fénelon*, Amsterdam-Atlanta, Crin, 36, 2000.
HALL, J., *Dictionnaire des mythes et des symboles*, trad. A. Girod, préface K. Clark, Paris, Gérard Monfort, 1994 [1974].
LABRE, Ch., *Dictionnaire biblique et culturel littéraire*, Paris, Armand Colin, 2002.
LACOSTE, J.-Y., *Dictionnaire critique de théologie*, « Quadrige », Paris, P.U.F., 2002 [1998].
LÉON-DUFOUR, X., (dir.), *Vocabulaire de théologie biblique*, avec la coll. de J. Duplacy, A. George, P. Grelot, J. Guillet, M.-Fr. Lacan, Paris, Éditions du Cerf, 1995.
MESNARD, J., (dir.), *Précis de littérature française du XVII*e *siècle*, Paris, P.U.F., 1990.
MOLINIÉ, G., *Dictionnaire de rhétorique*, Paris, Le Livre de Poche, 1992.

PERNOT, L., *La Rhétorique dans l'Antiquité*, Paris, Le Livre de Poche, 2000.
RÉAU, L., *Iconographie de l'art chrétien*, New York, Kraus Reprint, 1988, 3 vol.

sources imprimées

œuvres de Fénelon (citées ou utilisées)

Œuvres complètes de Fénelon, publiées d'après l'édition de J. E. A. Gosselin et A. P. P. Caron, Paris, Gauthier Frères, 1830, 27 vol., in-8°.
Œuvres complètes de Fénelon, précédées de son histoire littéraire, J. E. A. Gosselin, Paris-Lille-Besançon, 1850-1852, 10 vol.
Œuvres, éd. J. Le Brun, « Bibiothèque de la Pléiade », Paris, Gallimard, 1983-1997, 2 vol.
[Plans de sermons], *in* Haillant, M., *Fénelon et la prédication*, Paris, Klincksieck, 1969.
Fénelon's Dialogues on eloquence. A Translation with an introduction and notes by W. S. Howell, Princeton New Jersey, Princeton university press, 1951.
De l'éducation des filles, intro. et notes par A. Chérel, Paris, Hachette, 1920.
Fénelon on education. A translation of the « Traité de l'éducation des filles » and other documents illustrating Fénelon's educational theories and practice, together with an introduction and notes by H. C. Barnard, Cambridge, 1966.

Choix de dialogues des morts, introduction A. Chérel, Paris, Hatier, 1946.

Les Aventures de Télémaque, nouvelle édition publiée avec une recension sérieuse des manuscrits authentiques, introduction et notes A. Cahen, Paris, Hachette, 1920, 2 vol. in-8°.

Les Aventures de Télémaque, éd., M. Haillant, Paris, Nizet, 1983.

Les Aventures de Télémaque, éd. présentée, établie et annotée, J. Le Brun, Paris, Folio-Gallimard, 1995.

Le Gnostique de saint Clément d'Alexandrie. Opuscule inédit de Fénelon, publié avec une introduction par le P. P. Dudon, Paris, Beauchesne, 1930.

La Tradition secrète des mystiques ou Le Gnostique de saint Clément d'Alexandrie, éd. D. et M. Tronc, Paris, Arfuyen, 2006.

Lettre à l'Académie [suivi des Lettres de Houdar de La Motte et de Fénelon sur Homère et sur les Anciens], publiée conformément au texte de l'édition de 1716, éd. A. Cahen, Genève, Slatkine, 1970 [réimpr. éd. de Paris, 1899], 2 t. en 1 vol.

correspondance

Correspondance de Fénelon, éd. et commentaire J. Orcibal,

Tome I-III [1670-1695], Paris, Klincksieck, 1972.

Tome IV-V [1695-1697], Paris, Klincksieck, 1976.

Tome VI-VII-VIII-IX [1697-1699], avec la coll. de J. Le Brun et I. Noye, Genève-Paris, Droz, 1987.

Tome X-XI [1699-1702], avec la coll. de J. Le Brun et I. Noye, Genève-Paris, Droz, 1989.

Tome XII-XIII [1703-1707], avec la coll. de J. Le Brun et I. Noye, Genève-Paris, Droz, 1990.

Tome XIV-XV [1708-1711], avec la coll. de J. Le Brun et I. Noye, Genève-Paris, Droz, 1992.

Tome XVI-XVII [1712-1715], avec la coll. de J. Le Brun et I. Noye, Genève-Paris, Droz, 1999.

Tome XVIII, suppléments et corrections, J. Le Brun, B. Neveu, et I. Noye, Genève-Paris, Droz-H. Champion, 2007.

autres œuvres

Alberti, L. B., *De la peinture (De pictura)*, préface, trad., notes, J. L. Schefer, introduction S. Deswarte-Rosa, « Dédale », Paris, Macula, 1992.

– *L'Art d'édifier*, trad., présentation et notes P. Caye et Fr. Choay, Paris, Seuil, 2004.

Aristote, *La Poétique*, texte, trad., notes, R. Dupont-Roc et J. Lallot, « Poétique », Paris, Seuil, 1980.

– *Poétique*, intro., trad., notes M. Magnien, Paris, Le Livre de Poche, 1990.

– *La Rhétorique*, texte établi par M. Dufour et A. Wartelle, Paris, Tel-Gallimard, s.d. [Société d'édition Les Belles Lettres, 1980, pour le livre III].

– *De l'âme*, trad. J. Tricot, Paris, Vrin, 1990.
– *Petits traités d'histoire naturelle*, trad. P.-M. Morel, Paris, GF-Flammarion, 2000.
ARNAULD, A. *Réflexions sur l'éloquence des prédicateurs*, et *Avertissement en tête de sa traduction des « Sermons » de saint Augustin*, de Ph. Goibaut Du Bois, textes éd. et présentés par Th. Carr Jr, Genève, Droz, 1992.
– et LANCELOT, Cl., *Grammaire générale et raisonnée de Port-Royal*, présentation J.-M. Mandosio, Paris, Allia, 1997.
– et NICOLE, P., *La Logique ou l'Art de penser*, Paris, Champs-Flammarion, introduction L. Marin, 1970.
AUBIGNAC, Fr. Hédelin, abbé d', *La Pratique du théâtre*, éd. H. Baby, Paris, H. Champion, 2001.
AUDRAN, G., *Les Proportions du corps humain, mesurées sur les plus belles figures de l'Antiquité*, Paris, Joubert, 1801.
AUGUSTIN, saint, *La Cité de Dieu*, t. I, trad. L. Moreau revue par J.-Cl. Eslin, « Points-Sagesses », Paris, Seuil, 1994.
– *L'ordre*; *La Musique*, in *Œuvres*, I, éd. publiée sous la dir. de L. Jerphagnon, avec la collaboration de S. Astic, J.-Y. Boriaud, P. Cambronne, J.-L. Dumas, S. Dupuy-Trudelle, H.-P. Tardif de Lagneau, « Bibliothèque de la Pléiade », Paris, Gallimard, 1998.
– *Œuvres de saint Augustin, La Première catéchèse (De catechizandis rudibus)*, intro. trad. et notes, G. Madec, Paris, Études Augustiniennes, 11/1, 1991.
– *Œuvres de saint Augustin, La doctrine chrétienne (De doctrina christiana)*, intro. et trad. M. Moreau, annotation et notes complémentaires I. Brochet et G. Madec, Paris, Institut d'Études Augustiniennes, Bibliothèque augustinienne, 11/2,1997.
– *Les Confessions*, trad. J. Trabucco, Paris, GF-Flammarion, 1964.
BATTEUX, Ch., *Les Beaux-Arts réduits à un même principe*, éd. J.-R. Mantion, Paris, Aux amateurs de livres, 1989.
BAUDOIN, I., *Iconologie ou, Explication nouvelle de plusieurs images, emblemes, et autres figures..., tirée des Recherches et des Figures de Cesar Ripa*, À Paris, chez Mathieu Guillemot, 1644.
BAYLE, P., *Dictionnaire historique et critique*, Rotterdam, R. Leers, 1697.
BELLORI, G. P., *Vie de Poussin*, *in* Bellori, Félibien, Passeri, Sandrart, *Vies de Poussin*, éd. présentée et annotée par S. Germer, trad. [Bellori et Passeri] N. Blamoutier, et O. Schefer [pour l'intro. de S. Germer], Paris, Macula, 1994.
BINET, É., *Essay des merveilles de la nature, et des plus nobles artifices*, Paris, M. Bobin, 13e éd., 1657.
BLONDEL, Fr., *Cours d'architecture enseigné dans l'Académie royale d'Architecture...*, 5 parties en 1 vol., Paris, P. Aubouin et F. Clouzier, 1675-1683.
BOILEAU, N., *Œuvres complètes*, éd. A. Adam et Fr. Escal, « Bibliothèque de la Pléiade », Paris, Gallimard, 1979.

– *Satires, Épîtres, Art poétique*, éd. J.-P. Collinet, « Poésie», Paris, Gallimard, 1985, p. 230.

BOSSE, A., *Le Peintre converty aux précises et universelles règles de son art*, textes réunis par R.-A. Weigert, Paris, Hermann, 1964.

BOSSUET, J.-B. *Élévations à Dieu sur tous les mystères de la religion chrétienne*, Paris, Garnier, s. d.

– *Correspondance*, II (1677-1683), Les Grands Écrivains de France, Paris, Librairie Hachette et Cie, 1909.

– *Exposition de la doctrine catholique sur les questions de controverse*, *in* Fr. Gaquère, *Les Suprêmes appels de Bossuet à l'unité chrétienne (1668-1691)*, Paris, Beauchesne, 1969.

– *Œuvres oratoires*, éd. critique de l'abbé Lebarq, revue et augmentée par Ch. Urbain et E. Levesque, t. VI (1670-1702), Lille, Desclée de Brouwer, 1923.

– *Œuvres choisies*, avec introduction, bibliographie, notes, grammaire, lexique, et illustrations documentaires, J. Calvet, Paris, Librairie Hatier, 6e éd. 1921.

– *Les Maximes et Réflexions sur la Comédie*, in *L'Église et le théâtre. Bossuet, Maximes et Réflexions sur la Comédie précédées d'une introduction historique et accompagnées de documents contemporains et de notes critiques*, par Ch. Urbain et E. Levesque, Paris, Bernard Grasset, 1930.

– *Discours sur l'histoire universelle*, in *Œuvres*, éd. abbé Velat et Y. Champailler, « Bibliothèque de la Pléiade », Paris, Gallimard, 1961.

– *De la connaissance de Dieu, et de soi-même*, texte revu par Chr. Frémont, Paris, Fayard, Corpus des œuvres philosophiques en langue française, 1990.

– *Sermons et Oraisons funèbres*, préface M. Crépu, « Points-Sagesses », Paris, Seuil, 1997.

– *Sermons. Le Carême du Louvre*, éd. C. Cagnat-Debœuf, Paris, Folio-Gallimard, 2001.

BOUHOURS, D., *Entretiens d'Ariste et d'Eugène*, éd. établie et commentée par B. Beugnot et G. Declercq, Paris, H. Champion, 2003.

CAMUS, J.-P., *La Caritée, ou le Pourtraict de la vraye charité, histoire dévote tirée de la vie de S. Louys*, par Mre Jean-Pierre Camus..., Paris, R. Berthault, 1641.

CICÉRON, *De l'invention*, trad. G. Achard, Paris, Les Belles Lettres, 1994.

– *De l'orateur*, livre premier, texte établi et traduit par E. Courbaud, Paris, Société d'édition « Les Belles-Lettres », 1985.

– *De l'orateur*, II, texte établi et traduit par E. Courbaud, Paris, Les Belles-Lettres, 4e éd. 1966.

– *De l'orateur*, livre III, texte établi par H. Bornecque, trad. E. Courbaud et H. Bornecque, Paris, Les Belles Lettres, 2002.

– *De la nature des dieux*, in *Les Stoïciens*, trad. É. Bréhier, éd. P.-M. Schuhl, « Bibliothèque de la Pléiade », Paris, Gallimard, 1962.

COLONNA, F., *Le Songe de Poliphile*, adaptation par J. Martin (1546), Paris, Imprimerie nationale, 2004.

Conférences de l'Académie royale de peinture et de sculpture, éd. critique intégrale, J. Lichtenstein et Chr. Michel, texte établi par B. Gady *et alii*, avec l'aide de Fr. de La Moureyre, Paris, Beaux-arts de Paris, DL, 5 t., 2006-2011.

CORDEMOY, *Œuvres de feu M. de Cordemoy publiées par son fils*, Paris, C. Rémy, 1704.

– *Discours physique de la parole* (1668), Genève, Slatkine, Reprints, 1973.

– *Œuvres philosophiques de Cordemoy*, éd. P. Clair et Fr. Girbal, Paris, P.U.F., 1968.

CORDEMOY (fils), *Nouveau traité de toute l'architecture, ou l'art de bâtir utile aux entrepreneurs et aux ouvriers*, Paris, J.-B. Coignard, 1714.

CORNEILLE, P., *Trois discours sur le poème dramatique*, présentation B. Louvat et M. Escola, Paris, GF-Flammarion, 1999.

CUREAU DE LA CHAMBRE, M., *Les Charactères des Passions par le Sieur (M. Cureau) de La Chambre*, Paris, J. d'Allin, 1662, 5 tomes en 2 volumes.

DESCARTES, R., *Œuvres philosophiques*, 3 vol., éd. F. Alquié, Paris, Classiques Garnier, 1988-1992 ; *Œuvres complètes*, publiées par Ch. Adam et P. Tannery. Édition du Jubilé (1996), 11 volumes, format poche, Paris, Vrin, 1996.

Dictionnaire de l'Académie française, Paris, J. B. Coignard, 1694, 2 t. en 1 vol.

DUBOS, J.-B., *Réflexions critique sur la poésie et sur la peinture*, préf. D. Désirat, Paris, École nationale supérieure des Beaux-Arts, 1993.

ÉRASME, *Il faut donner très tôt aux enfants une éducation libérale* [*De pueris statim ac liberaliter instituendis*], trad. J.-Cl. Margolin, in *Érasme*, éd. Cl. Blum, A. Godin, J.-Cl. Margolin et D. Ménager, « Bouquins », Paris, Robert Laffont, 1992.

FÉLIBIEN, A., *Vie de Poussin*, *in* Bellori, Félibien, Passeri, Sandrart, *Vies de Poussin*, éd. présentée et annotée par S. Germer, trad. [Bellori et Passeri] N. Blamoutier, et O. Schefer [pour l'intro. de S. Germer], Paris, Macula, 1994.

– *Entretiens sur les vies et les ouvrages des plus excellents peintres anciens et modernes*, Genève, Minkoff, 1972 [réimpr. éd. de Paris, 1666 et 1672].

– *Des principes de l'architecture, de la sculpture et de la peinture, et des autres arts qui en dépendent. Avec un dictionnaire des termes propres à chacun de ces arts*, Paris, Vve et J.-B. Coignard, 3e éd. 1697 [1re éd. 1676].

FLEURY, Cl., *Opuscules de M. l'abbé Fleury*, 5 vol., éd. L.-É. Rondet, Nîmes, 1780-1783.

– *Traité du choix et de la méthode des études [...] avec un supplément contenant une lettre à M. l'évêque de Métellopolis*..., Nismes, P. Beaume, 1784.

– *Le Traité des Études de l'abbé Fleury (1686). Examen historique et critique*, par G. Dartigues, Paris, 1921.

– *Écrits de jeunesse. Tradition humaniste et liberté de l'esprit*, éd. critique établie et présentée par N. Hepp et V. Kapp, « Sources classiques », Paris, H. Champion, 2003.

FONTENELLE, B. Le Bouyer de, *Nouveaux dialogues des morts*, éd. crit., intro. J. Dagen, Paris, Librairie Marcel Didier, 1971.

FOUCHER, S., *La Morale de Confucius, philosophe de Chine*, À Amsterdam, chez P. Savouret, 1688.

FRANÇOIS DE SALES, saint, *Œuvres*, éd. A. Ravier avec la collaboration de R. Devos, « Bibliothèque de la Pléiade », Paris, Gallimard, 1969.

– *Correspondance : les lettres d'amitié spirituelle*, éd. A. Ravier, Paris, Desclée de Brouwer, 1980.

FRÉART DE CHAMBRAY, R., *Parallèle de l'architecture antique avec la moderne avec un recueil des dix principaux autheurs qui ont écrit des cinq Ordres ; sçavoir Palladio et Scamozzi, Serlio et Vignola, D. Barbaro et Cataeno, L. B. Alberti et Viola, Bullant et de Lorme comparez entre eux. [...]*, Genève, Minkoff, Reprint, 1973 [réimpr. éd. de Paris, 1650].

– *Idée de la perfection de la peinture*, Genève, Minkoff, Reprint, 1973 [réimpr. éd. du Mans, 1662].

FRESNOY, C. A. du, *L'Art de peinture*, traduit en français, enrichi de *Remarques*, et augmenté d'un *Dialogue sur le coloris* [par R. de Piles], Genève, Minkoff, Reprint, 1973 [réimpr. éd. de Paris, 1673].

FURETIÈRE, A., *Dictionnaire universel...*, Genève, Slatkine reprints, 1970 [réimpr. éd. La Haye, Rotterdam, 1690], 3 vol.

GALIEN, *Les Facultés de l'âme suivent les tempéraments du corps* in *L'Âme et ses passions*, intro., trad., et notes par V. Barras, T. Birchler, A.-Fr. Morand, préface J. Strarobinski, Paris, Les Belles Lettres, 1995.

GUYON, J.-M., *Correspondance*, éd. D. Tronc, Paris, H. Champion, 3 vol., 2003-2005.

HÉSIODE, *Les Travaux et les Jours*, trad. Cl. Terreaux, Paris, Arléa, 1995.

HOMÈRE, *Œuvres complètes*, trad. R. Flacelière et V. Bérard, intro. R. Flacelière et J. Bérard, index R. Langumier, « Bibliothèque de la Pléiade », Paris, Gallimard, 1993.

HORACE, *Œuvres*, trad., introduction et notes, Fr. Richard, Paris, GF-Flammarion, 1967.

HUET, P.-D., *Mémoires*, éd. Ph.-J. Salazar, « Collection des rééditions de textes du XVIIe siècle », Toulouse, Société de Littératures Classiques, 1993.

– *Histoire du commerce et de la navigation des Anciens*, Paris, A.-U. Coustelier, 2e éd., 1716.

IGNACE DE LOYOLA, saint, *Exercices spirituels. Texte définitif (1548)* traduction et commentaire par J.-Cl. Guy, « Points Sagesses », Paris, Seuil, 1982.

LA BRUYÈRE, J. de, *Les Caractères ou les mœurs de ce siècle*, éd. E. Bury, Paris, Le Livre de Poche, 1995.

LA CHÉTARDIE, Trotti de, *Instruction pour une jeune princesse, ou l'idée d'une honneste femme*, Paris, Théodore Girard, 1684.

LAMY, B., *Entretiens sur les sciences dans lesquels on apprend comment l'on doit étudier les Sciences, & s'en servir pour se faire l'esprit juste, & le cœur droit*, éd. crit. présentée par Fr. Girbal et P. Clair, Paris, P.U.F., 1966.

– *Nouvelles réflexions sur l'art poétique*, éd. critique T. Gheeraert, Paris, H. Champion, 1998.

– *La Rhétorique ou l'Art de parler*, éd. critique avec intro. et notes, Chr. Noille-Clauzade, Paris, H. Champion, 1998.

– *Traité de perspective, où sont contenus les fondements de la peinture*, Paris, Anisson, 1701.

LAMY, Fr., *Le Nouvel Athéisme renversé ou réfutation du système de Spinoza tirée pour la plupart de la connaissance de la nature de l'homme*, Paris, 1696.

LA ROCHEFOUCAULD, Fr. de, *Réflexions ou Sentences et Maximes morales*, suivi de *Réflexions diverses* et des *Maximes de Madame de Sablé*, éd. J. Lafond, Folio-Paris, Gallimard, 2e éd., 1976.

LEIBNIZ, G. W., *Essais de Théodicée. Sur la bonté de Dieu, la liberté de l'homme et l'origine du mal*, Paris, GF-Flammarion, 1969.

– *Discours de métaphysique et correspondance avec Arnauld*, intro., texte et commentaires, G. Le Roy, Paris, Vrin, 5e éd., 1988.

LEMAÎTRE DE SACY, L.-I., (trad.), La Bible, préface et intro., Ph. Sellier, « Bouquins », Paris, Robert Laffont, 1990.

LE MOYNE, P., *Les Peintures morales où les passions sont représentées par tableaux, par caractères, et par questions nouvelles et curieuses*, Paris, S. Cramoisy, 1640-1643, 2 vol. in-4°.

– *Les Peintures morales ou les passions sont représentées par Tableaux, par caractères, & par questions nouvelles & curieuses*, Paris, Jacques Cottin, 1679, 4 t.

Les Conférences de l'Académie royale de peinture et de sculpture au XVIIe siècle, éd. A. Mérot, Paris, École nationale supérieure des beaux-arts, 1996.

LOMAZZO, G. P., *Idea del tempio della pittura*, Rome, 1947.

LONGIN (Pseudo-), *Traité du sublime*, trad. Boileau, intro. et notes, Fr. Goyet, Paris, Le Livre de Poche, 1995.

– *Du sublime*, trad., présentation et notes, J. Pigeaud, Paris, Petite Bibliothèque Payot, 1991.

LOUIS, dauphin de France, *Dessins de Monseigneur le duc de Bourgogne*, 1690-1694.

MALEBRANCHE, N., *Traité de la nature et de la grâce*, intro., notes et commentaires, G. Dreyfus, Paris, Vrin, 1958.

– *Œuvres*, I, éd. G. Rodis-Lewis, avec la collaboration de G. Malbreil, « Bibliothèque de la Pléiade », Paris, Gallimard, 1979.

– *Œuvres*, II, éd. G. Rodis-Lewis, « Bibliothèque de la Pléiade », Paris, Gallimard, 1992.

MASSILLON, Fr., *Oraison funèbre de Louis XIV*, Paris, Jérôme Millon, 2004.

MÉNESTRIER, Cl.-F., *Histoire du Roy Louis-Le-Grand, par les médailles, emblèmes, devises, jetons, inscriptions, armoiries, et autres monuments publics, recueillis et expliqués par le Père…*, Paris, chez J.-B. Nolin, 1689.

MOLIÈRE, *La Gloire du Val-de-Grâce*, in *Œuvres complètes*, II, éd. G. Couton, « Bibliothèque de la Pléiade », Paris, Gallimard, 1971.

MONTAIGNE, *Les Essais*, livre I, éd. P. Villey, « Quadrige », Paris, P.U.F., 2e éd., 1992.

MORELET, abbé, *Traité de morale pour l'Éducation des Princes, tiré des Peintures de la gallerie de Saint Clou. À son Altesse Royale Monsieur*, Paris, chez Jean B. Nego, 1686.

NICOLE, P., *Traité de la Comédie. Et autres pièces d'un procès du théâtre*, éd. crit., L. Thirouin, « Sources classiques », Paris, H. Champion, 1998.

– *La Vraie Beauté et son fantôme et autres textes d'esthétique*, édition critique et traduction de B. Guion, Paris, H. Champion, 1996.

– *De la manière d'étudier chrétiennement* [1670]; *Traité de l'éducation d'un prince* [1670] in *Essais de morale*, choix d'essais introduits, édités et annotés par L. Thirouin, Paris, P.U.F., 1999.

– « Discours contenant en abrégé les preuves naturelles de l'existence de Dieu, et de l'immortalité de l'âme », *Essais de morale, contenus en divers traités sur plusieurs devoirs importants*, vol. second, Paris, G. Desprez, 4e éd. revue et corrigée, 1682.

– *Réfutation des principales erreurs des quiétistes contenues dans les livres censurés par l'Ordonnance de Mgr l'archevêque de Paris, du 16 octobre 1694*, Paris, Élie Josset, 1695.

ORLÉANS, duchesse d', *Lettres de Madame la duchesse d'Orléans, née princesse Palatine. 1672-1722*, éd. et notes par O. Amiel, préface de P. Gascar, Paris, Mercure de France, 1985.

OVIDE, *Les Métamorphoses*, trad., intro. et notes, J. Chamonard, Paris, GF-Flammarion, 1966.

PASCAL, B., *Œuvres complètes*, « L'Intégrale », Paris, Seuil, 1963.

PERRAULT, Ch., *La Peinture*, éd. présentée, établie et annotée par J.-L. Gautier-Gentès, Genève, Droz, 1992 [-1668].

– *Œuvres*, préface M. Soriano, s.l., Le Club français du livre, 1958.

PERROT D'ABLANCOURT, N., *Lucien, de la traduction de N. Perrot, sieur d'Ablancourt*, nouvelle édition revue et corrigée, Paris, P. Trabouillet, 1687.

PHÉLIPPEAUX, abbé J., *Relation de l'origine du progrès et de la condamnation du quiétisme répandu en France...*, 1732.

PHILOSTRATE, *La Galerie de tableaux*, trad. A. Bougot, révisé et annoté par Fr. Lissarague, préface P. Hadot, Paris, Les Belles Lettres, 1991.

– *Apollonius de Tyane, sa vie, ses voyages, ses prodiges*, trad. A. Chassang, présentation et notes G. Rachet, Paris, Édition Sand, 1995.

PILES, R. de, *Abrégé de la vie des peintres, avec des réflexions sur leurs ouvrages, et un traité du peintre parfait, de la connaissance des desseins, et de l'utilité des estampes*, à Paris, chez François Muguet, 1699.

– *Cours de peinture par principes*, préface J. Thuillier, Paris, Tel-Gallimard, 1989 [1708].

– *L'Idée du peintre parfait*, préface et notes par X. Carrère, Paris, Gallimard, Le Promeneur, 1993 [éd. de 1715].

PLATON, *Phèdre; Le Sophiste; Les Lois*, in *Œuvres complètes*, II, trad. L. Robin avec la collaboration de M.-J. Moreau, « Bibliothèque de la Pléiade », Paris, Gallimard, 1950.

– *Phèdre*, intro. et notes L. Brisson, Paris, GF-Flammarion, 1989.

– *Timée*, trad. L. Brisson, avec la collaboration de M. Patillon, Paris, GF-Flammarion, 1992.

– *La République. Du régime politique*, trad. P. Pachet, Paris, Folio-Gallimard, 1993.

– *Le Banquet*, trad. L. Brisson, Paris, GF-Flammarion, 1998.

– *Cratyle*, trad. C. Dalimier, Paris, GF- Flammarion, 1998.

PLINE L'ANCIEN, *Histoire naturelle*, XXXV, La Peinture, trad. J.-M. Croisille, intro. et notes P.-E. Dauzat, Paris, Les Belles Lettres, 1997.

– *Histoire naturelle*, XXXVI [sur la sculpture], texte établi par J. André, trad. R. Bloch, commentaire A. Rouveret, Paris, Les Belles Lettres, 1981.

PLUTARQUE, *Vies parallèles. Phocion et Caton le Jeune. Dion et Brutus. Timoléon et Paul-Émile. Sertorius et Eumène*, III, trad., intro. et notes, B. Latzarus, Paris, Classiques Garnier, s. d.

– *Comment écouter (De Audiendo)*, *Œuvres morales*, t. I, 2e partie, texte établi et traduit par A. Philippon, Paris, Les Belles Lettres, 1989.

– *Dialogue sur l'amour*, in *Œuvres morales*, t. X, texte établi et traduit par R. Flacelière, Paris, Les Belles Lettres, 1980.

POLYBE, *De la nature de l'homme*, *in* Hippocrate de Cos, *De l'art médical*, trad. É. Littré, textes présentés, commentés et annotés par D. Gourevitch, intro. par D. Gourevitch, M. Grmek, P. Pellegrin, Paris, Le Livre de Poche, 1994.

POULLAIN DE LA BARRE, Fr., *De l'égalité des deux sexes*, Paris, Fayard, Corpus des œuvres de philosophie en langue française, 1984 [-1673].

– *De L'égalité des deux sexes. De l'éducation des dames. De l'excellence des hommes*, édition, présentation et notes par M.-F. Pellegrin, Paris, Vrin, 2011.

POUSSIN, N., *Lettres et propos sur l'art*, textes réunis et présentés par A. Blunt, avant-propos J. Thuillier, suivi de *Réflexion sur Poussin*, A. Arikha, Paris, Hermann, 1989.

QUINAULT, Ph., *Cadmus et Hermione*, in *Livrets d'Opéra*, présentés et annotés par B. Norman, t. I, Toulouse, Société de Littératures classiques, 1999.

QUINTILIEN, *Institution Oratoire*, texte établi et traduit par J. Cousin, Paris, Les Belles Lettres, 1975-2003.

RAPIN, R., *Réponse aux Remarques sur les Réflexions touchant la poétique*, Paris, 1674.

– *Réflexions sur la philosophie*, in *Les Réflexions sur l'éloquence, la poétique, l'histoire, et la philosophie ...*, t. II, Paris, Fr. Muguet, 1684.

– *Les Comparaisons des grands hommes de l'antiquité qui ont le plus excellé dans les belles Lettres*, in *Œuvres diverses du R. P. R. Rapin, concernant les Belles-Lettres*, Amsterdam, t. I, Abraham Wolfgang, 1686.

– *Les Réflexions sur la poétique de ce temps et sur les ouvrages des poètes anciens et modernes*, éd. crit. par E. T. Dubois, Genève, Droz, 1970.

Règle, l'esprit de l'Institut, constitutions de règlements de la maison de Saint-Louis à Saint-Cyr, Paris, Anisson, Collombat, 1699-1711.

REINACH, A., *Textes grecs et latins relatifs à l'histoire de la peinture ancienne. Recueil Milliet*, publiés, trad., commentés sous le patronage de l'Association des études grecques, avant-propos S. Reinach, intro. et notes A. Rouveret, Paris, Macula, 1985 [-1921].

RICHELET, P., *Dictionaire françois augmenté*, Nîmes, C. Lacour, 1995 [Fac-sim. de l'éd. de Genève, D. Ritter, 1693].

RICHEOME, L., *Tableaux sacrez des figures mystiques du tres-auguste sacrement et sacrifice de l'Eucharistie*, Paris, Sonnius, 1601.

– *Trois discours pour la religion catholique : des Miracles : des Saints et des Images*, « Les Images. Troisiesme discours pour la religion catholique », Rouen, Jean Osmont, 1604.

RIPA, C., *Iconologie ou Explication nouvelle de plusieurs images, emblèmes, et autres figures hyérogliphiques des vertus, des vices, des arts, des sciences, des causes naturelles, des humeurs differentes, & des passions humaines*, Paris, 1644.

SAINT-SIMON, L. de, *Mémoires*, I, textes choisis et établis par Y. Coirault, Paris, Folio-Gallimard, 1990.

– *Mémoires (1707-1710). Additions au Journal de Dangeau*, III, éd. Y. Coirault, « Bibliothèque de la Pléiade », Paris, Gallimard, 1984.

– *Mémoires*, VIII, éd. Y. Coirault, « Bibliothèque de la Pléiade », Paris, Gallimard, 1988.

SAVOT, L., *L'Architecture francoise des bastimens particuliers*, Paris, 1624.

Scritti d'arte del Cinquecento, éd. P. Barrochi, Milano, Napoli, R. Ricciardi, 1971-1977, 3 vol.

SCUDÉRY, G. de, *Le Cabinet de Monsieur de Scudéry*, éd. Chr. Biet et D. Moncond'huy, Paris, Klincksieck, 1991.

TERTULLIEN, *La Toilette des femmes (De cultu feminarum)*, texte critique, trad. et commentaire, M. Turcan, Éditions du Cerf, 1971.

– *Les Spectacles (De Spectaculis)*, intro., texte critique, trad. et commentaire, M. Turcan, Paris, Éditions du Cerf, 1986.

VASARI, G., *Les Vies des meilleurs peintres, sculpteurs et architectes* trad. et éd. sous la dir. d'A. Chastel, Berger-Levrault :

– « Introduction générale », t. I, 1981.

– « Vie de Raphaël d'Urbin, peintre et architecte », t. 5, 2e éd., 1989.

VIGENÈRE, B. de, *Philostrate, Les Images ou tableaux de platte-peinture*, traduction et commentaire de B. de Vigenère (1578), 2 t., présenté et annoté par Fr. Graziani, Paris, H. Champion, 1995.

VINCENT DE PAUL, saint, *Entretiens spirituels aux missionnaires*, textes réunis et présentés par A. Dodin, Paris, Seuil, 1960.

VINCI, L. de, *Traité de la peinture*, textes trad. et présentés par A. Chastel, Paris, Berger-Levrault, 1987.

VIRGILE, *Bucoliques. Géorgiques*, trad. P. Valéry, J. Delille, éd. bilingue présentée et annotée par Fl. Dupont, Paris, Folio-Gallimard, 1997.

– *Énéide*, trad. A. Bellessort, préface P. Grimal, Paris, Poésie-Gallimard, 1974 [-1966].

VITRUVE (Marius Vitruvii Pollionis), *Les Dix Livres d'architecture (De Architectura)*, trad. Cl. Perrault revue par M. Nisard, Paris, Éditions Errance, 1999.

XÉNOPHON, *Cyropédie*, in *Œuvres complètes*, t. I, trad., notices et notes par P. Chambry, Paris, Garnier-Flammarion, 1967.

ZUCCARO, F., *Scritti d'arte di Federico Zuccaro*, éd. D. Heikamp, Firenze, Leo Olschki Editore, 1961.

articles, études, monographies

ADHÉMAR, J., « Fénelon paysagiste », *Chefs-d'œuvre perdus et retrouvés, Bulletin de la Société Poussin*, 3e cahier, mai 1950.

ALFASSA, P., « L'origine de la lettre de Poussin sur les modes d'après un travail récent », *Bulletin de la Société de l'histoire de l'art français*, Paris, A. Colin, 1933.

ALPERS, S., *L'Art de dépeindre. La peinture hollandaise au XVIIe siècle*, trad. J. Chavy, Paris, Gallimard, 1990 [-1983].

ALTER J., « "Télémaque" : le voyage au bout de l'ennui », Actes de Bâton Rouge, *Papers on French Seventeenth Century Literature*, Biblio 17, n° 25, 1986.

ARIKHA, A., *Réflexion sur Poussin*, *in* Nicolas Poussin, *Lettres et propos sur l'art*, textes réunis et présentés par A. Blunt, avant-propos J. Thuillier, suivi de *Réflexion sur Poussin*, A. Arikha, Paris, Hermann, 1989

ARMOGATHE, J.-R. (dir.), *Le Grand Siècle et la Bible*, Paris, Beauchesne, 1986.

AUSTIN, J. L., *Quand dire, c'est faire*, intro., trad. et commentaire G. Laine, préface Fr. Récanati, « Points-Essais », Paris, Seuil, 1970 [-1962].

BARDOUT, J.-Chr., « Le malebranchisme de Fénelon. Occasionnalisme et vision en Dieu », *Revue philosophique*, Paris, P.U.F., n°2, 2003.

BARTHES, R., *Sade, Fourier, Loyola*, « Loyola », Paris, Seuil, 1971.

BASTIER, P., *Fénelon critique d'art*, Paris, Larose, 1903.

BAUDELAIRE, Ch., *Écrits sur l'art*, Salon de 1846, « De la couleur », éd. Fr. Moulinat, Paris, Le Livre de Poche, 1999.

BAUSSET, L.-Fr. de, *Histoire de Fénelon composées sur les manuscrits originaux...*, Lyon-Paris, Périsse frères, 7e éd., 1844 et 9e éd., 1862.

BAXANDALL, M. *Les Humanistes à la découverte de la composition en peinture. 1340-1450*, trad. M. Brock, Paris, Seuil, 1989 [éd. originale, 1971]

BECQ, A., *Genèse de l'esthétique française moderne, 1680-1814. De la Raison classique à l'Imagination créatrice*, Paris, Albin Michel, 1994 [1984].

BERLAN, Fr., « Du lexique au style : Fénelon », *XVIIe siècle*, n° 152, juil.-sept. 1986, 38e année, n° 3.

– « Fénelon et la naïveté : constantes et évolutions des *Dialogues sur l'Éloquence* (vers 1687) à la *Lettre à l'Académie* (1714) en passant par le *Télémaque* (1699) », *L'Information grammaticale*, n° 65, mars 1995.

BERTRAND, D., « L'Éducation selon Fénelon, ou l'enfant et le pédagogue à l'épreuve du rire et de la gaieté », *Littératures classiques*, « Enfance et littérature au XVIIe siècle », n° 14, janvier 1991.

BIALOSTOCKI, J., « Poussin et le "Traité de la peinture" de Léonard. Notes sur l'état de la question », *in* A. Chastel (dir.), *Nicolas Poussin*, actes du colloque des 19-20-21 septembre 1958, Institut d'art et d'archéologie de l'université de Paris, 1960.

BLANC, A., « Le corps dans le Télémaque » *in* Fr.-X. Cuche et J. Le Brun (dir.), *Fénelon. Mystique et politique (1699-1999)*, Paris, H. Champion, 2004.

– « Au dernier livre du Télémaque. Rencontre du père ou passage du divin? », *in* A. Lanavère (dir.), *Je ne sais quoi de pur et de sublime..., Télémaque*, préface A. Viala, Orléans, Paradigme, 1994.

BLUCHE, Fr., *Louis XIV*, Paris, Hachette-Littératures, 1986.

BLUMENBERG, H., *Naufrage avec spectateur. Paradigme d'une métaphore de l'existence*, trad. L. Cassagnau, Paris, L'Arche, 1994 [-1979].

BLUNT, A., « The heroic and the ideal landscape in the work of Nicolas Poussin », *Journal of the Warburg and Courtauld Institutes*, vol. VII, 1944.

– *La Théorie des arts en Italie (1450-1600)*, trad. J. Debouzy, Paris, Gérard Monfort, 1988 [-1940].

– *Exposition Nicolas Poussin*, préface, G. Bazin, catalogue, A. Blunt, biographie, Ch. Sterling, documents de laboratoire, M. Hours, Paris, Éditions des Musées nationaux, 1960.

– *The Paintings of Nicolas Poussin. A critical catalogue*, Londres, Phaidon, 1966.

– *Art et architecture en France. 1500-1700*, trad. M. Chatenet revue par l'auteur, Paris, Macula, 1983.

BONNEFOY, Y., *Dessin, Couleur et Lumière*, Paris, Mercure de France, 1995.

– *Rome, 1630. L'horizon du premier baroque*, suivi de *Un des siècles du culte des images*, Paris, Champs-Flammarion, 2000 [1994].

BONOLAS, Ph., « Fénelon et le luxe dans le Télémaque », *Studies on Voltaire and eighteenth century*, 249, The Voltaire Foundation, Oxford, 1987.

BORDES, H., et HENNEQUIN, J. (dir.), *L'Unidivers salésien. Saint François de Sales hier et aujourd'hui.* Actes du colloque international de Metz, 17-19 septembre 1992, sous le patronage de la « Société d'Études du XVIIe siècle », Champion-Slatkine, 1994.

BOUCHILLOUX, H., *Apologétique et Raison dans les* Pensées *de Pascal*, Paris, Klincksieck, 1995.

– « La querelle de l'amour : Pascal, Malebranche, Fénelon », *in* D. Descotes, A. Mac Kenna, L. Thirouin (dir.), *Le Rayonnement de Port-Royal. Mélanges en l'honneur de Ph. Sellier*, Paris, H. Champion, 2001.

– *Pascal. La force de la raison*, Paris, Vrin, 2004.

– « L'énigme du tableau de Nicolas Poussin, *Paysage avec un homme tué par un serpent*, ou *Les Effets de la terreur* (159), *L'enseignement philosophique*, 60e année, n°4, 2010.

BRAY, R., *La Formation de la doctrine classique en France*, Paris, Nizet, 1945.

– « Le dialogue comme forme littéraire au XVIIe siècle », Cahiers de l'association internationale des études françaises, 1972, n° 24.

BREMOND, H., *Histoire littéraire du sentiment religieux en France. Depuis la fin des guerres de religion jusqu'à nos jours*, Paris, Armand Colin, rééd., 1967 [1923]. (Nouvelle édition établie sous la direction de Fr. Trémolières, 5 vol., Grenoble, J. Millon, 2006).

BRODY, J., *Lectures Classiques*, Charlottesville, Rookwood press, 1996.

BRUN, F., *Fénelon critique d'art*, Meulan, 1899.

BURKE, E., *Recherche philosophique sur l'origine de nos idées du sublime et du beau*, avant-propos, trad. et notes, B. Saint Girons, Paris, Vrin, 1990.

BUSSON, H., *La Religion des classiques (1660-1685)*, Paris, P.U.F., 1948.

BURY, E., « Fénelon pédagogue », *XVIIe siècle, Actes de la journée Fénelon (11 décembre 1998-Sorbonne), XVIIe siècle*, n° 206, janv.-mars 2000.

CALAME, Cl., « Quand dire c'est faire voir : l'évidence dans la rhétorique antique », *Études de Lettres, Revue de la faculté des Lettres*, Université de Lausanne, oct.-déc., 1991.

CALLEBAT, L., « Rhétorique et architecture dans le "De Architectura" de Vitruve », in *Le Projet de Vitruve. Objet, destinataires et réception du De Architectura*, Actes du colloque international organisé par l'École française de Rome, l'Institut de recherche sur l'architecture antique du CNRS et la Scuola normale superiore de Pise (Rome, 26-27 mars 1993), École française de Rome, Palais Farnèse, 1994.

CARCASSONNE, É., *Fénelon. L'homme et l'œuvre*, Paris, Boivin & Cie, 1946.

CASSIRER, E., « Eidos et Eidolon », *Écrits sur l'art*, *Œuvres*, t. XII, trad. Ch. Berner, éd. F. Capeillères, Paris, Le Cerf, 1995.

CAUQUELIN, A., *L'Invention du paysage*, « Quadrige », Paris, P.U.F., 2004 [-1989]

CAVILLAC, C., « Fénelon et le mythe de l'origine des arts », *Poétique*, n° 85, fév. 1991.

Cazanave, Cl., *Le Dialogue à l'âge classique : étude de la littérature dialogique en France au XVIIe siècle*, Paris, H. Champion, 2007.

Chaouche, S., *L'Art du comédien. Déclamation et jeu scénique en France à l'âge classique (1629-1680)*, « Lumière classique », Paris, H. Champion, 2001.

Chastel, A., « Fénelon et l'art classique », *Tricentenaire de Fénelon, Bulletin de la Société historique et archéologique du Périgord*, Périgueux, juil.-sept. 1951.

– (dir.), *Nicolas Poussin*. Actes du colloque des 19-20-21 septembre 1958, Institut d'art et d'archéologie de l'université de Paris, 1960.

– « Le *Dictum horatii quidlibet audendi potestas* et les artistes (XIIIe-XVIe siècle) », in *Fables, Formes, Figures*, t. I, Paris, Champs-Flammarion, 1978.

Chédozeau, B., « Le langage par l'image et le refus de l'imprimé : une tendance de l'âge baroque », *Images religieuses baroques, Figures*, Cahier n°5, 1990.

Chérel, A., « L'idée du "naturel" et le sentiment de la nature chez Fénelon », *in* A. Lanavère (dir.), *Je ne sais quoi de pur et de sublime...Télémaque*, préface A. Viala, Orléans, Paradigme, 1994.

– *Fénelon au XVIIIe siècle en France (1715-1820). Son prestige. Son influence*, Genève, Slatkine Reprints, 1970 (réimpr. de l'éd. de Paris, 1917).

Clark, K., *L'Art du paysage*, trad. A. Ferrier et Fr. Falcou, Paris, Gérard Monfort, 1994 [1949].

Clark, P. P., « Leçons du Grand Siècle : The Aesthetics of Education in *Télémaque* », *Papers on French Seveenteenth Century Literature*, n°6, 1976-1977.

Cognet, L., *Crépuscule des mystiques*, préface J.-R. Armogathe, Paris, Desclée, 1991.

Cordellier, D., « Le peintre et le poète », in *De Nicolò dell'Abate à Nicolas Poussin : aux sources du classicisme 1550-1650*, Exposition du Musée Bossuet, Meaux, 19 novembre 1988-28 février 1989.

Cornette, J., et Mérot, A. (dir.), *Le XVIIe siècle*, Paris, Seuil, 1999.

– « La querelle Bossuet-Fénelon », in *La France de la Monarchie absolue. 1610-1715*, intro. et bibliogr. commentée par J. Cornette, « Points-Histoire », Paris, Seuil, 1997.

Coulet, H., « La métaphore de l'architecture dans la critique littéraire au XVIIe siècle », *Critique et création littéraires en France au XVIIe siècle*, Éditions du CNRS, n° 557, 1977.

Couton, G., *Écritures codées. Essais sur l'allégorie au XVIIe siècle*, Paris, Aux Amateurs de Livres, 1990.

Crescenzo, R., *Peintures d'instructions. La postérité littéraire des Images de Philostrate en France, de Blaise de Vigenère à l'époque classique*, Genève, Droz, 1999.

Cuche, Fr.-X., « Le "Petit Concile" et la Ville. Essai sur la politique de la ville chez Bossuet et son entourage », *in* G. Livet et B. Vogler (dir.), *Pouvoir, ville et société en Europe. 1650-1750*, Colloque international du CNRS, Paris, Ophrys, 1983.

– *Une pensée sociale catholique. Fleury, La Bruyère, Fénelon*, Paris, Éditions du Cerf, 1991.

– *Télémaque entre père et mer*, Paris, H. Champion, 1995.

Curtius, E. R., *La Littérature européenne et le Moyen Âge latin*, trad. J. Bréjoux, préface A. Michel, Paris, Presses Pocket, 1991.

Dagen, J., « Du théologique au littéraire : Arnaldiens et Malebranchistes dans la Querelle », *in* R. Duchesne (dir.), *D'un siècle à l'autre : Anciens et Modernes*, actes réunis par L. Godard de Donville, XVIe colloque du CMR 17, janv. 1986, Marseille, 1987.

Dainville, Fr. de, *L'Éducation des jésuites (XVIe-XVIIIe siècles)*, textes réunis par M.-M. Compère, Paris, Minuit, 1978.

Daniélou, J., « Fénelon éducateur », *Tricentenaire de la naissance de Fénelon*, *XVIIe siècle*, n°12-13-14, 1951.

Davidson, H. M., *Audience, words and art. Studies in Seventeenth-Century French Rhetoric*, Ohio State University Press, 1965.

Declerq, G., « Topique de l'ineffable dans l'esthétique classique. Rhétorique et sublime », *XVIIe siècle*, n° 207, 52e année, n° 2-2000.

Dejob, Ch., *De l'influence du concile de Trente sur la littérature et les beaux-arts chez les peuples catholiques. Essai d'introduction à l'histoire littéraire du siècle de Louis XIV*, 1884.

Delft, L. van, « *Caractères* et *lieux* : la représentation de l'homme dans l'anthropologie classique », *Revue de littérature comparée*, 2 / 1983.

Démoris, R. « L'étrange affaire de l'homme au serpent : Poussin et le paysage de 1648 à 1651 », *Cahiers de littérature du XVIIe siècle*, n° 8, 1986.

– « Le paysage, théorie et fantasme : Diderot et la tradition classique dans le Salon de 1767 », *Le Paysage en Europe du XVIe au XVIIIe siècle*, Actes du colloque organisé au Musée du Louvre du 25 au 27 janvier 1990, RMN, 1994.

– « Peinture, sens et violence au Siècle des Lumières : Fénelon, Du Bos, Rousseau », *in* G. Mathieu-Castellani (dir.), *La Pensée de l'image. Signification et figuration dans le texte et dans la peinture*, Presses universitaires de Vincennes, 1994.

– « De la vérité en peinture chez Félibien et Roger de Piles. Imitation, représentation, illusion », *in* Chr. Michel et M. Saison (dir.), *La Naissance de la théorie de l'art en France*, *Revue d'esthétique*, 31/ 32, Paris, Jean-Michel Place, 1997.

Deregnaucourt, G., Guignet, Ph. (dir.), *Fénelon, évêque et pasteur en son temps. 1695-1715*, Actes du colloque de Cambrai, 15-16 septembre 1995, Centre d'histoire de la Région du Nord et de l'Europe du Nord-Ouest, Université Lille-III, Collection « Histoires et Littérature Régionales », 1996.

Devillairs, L., « Fénelon et le Dieu de la *Première Méditation* de Descartes », *Revue philosophique de la France et de l'Étranger*, Paris, P.U.F., avril 2003, n°2.

Dreyfus, G., *La Volonté selon Malebranche*, Paris, Vrin, 1958.

Dubois, E. T., *René Rapin. L'homme et l'œuvre*, Université Lille-III, service de reproduction des thèses, 1972.

DUBY, G., *Art et société au Moyen Âge*, « Points-Histoire », Paris, Seuil, 1995.

DUMORA-MABILLE, Fl., « Entre clarté et illusion : l'*enargeia* au XVIIe siècle », *Littératures classiques*, n°28, 1996.

DUPRIEZ, B., *Fénelon et la Bible. Les origines du mysticisme fénelonien*, préface H. Gouhier, Paris, Bloud et Gay, 1961.

DUSSUD, O., « Les secrets du sourire d'un faune. Fénelon et la sculpture de Versailles à travers l'analyse de quelques opuscules pédagogiques », *Bulletin of the Graduate Division of Letters, Arts and sciences of Weseda University*, n° 51, 2006, t. II.

EDELMAN, N., *Attitudes of seventeenth-century France toward the Middle ages*, New York, 1946.

EGILSRUD, J. S., *Le « Dialogue des morts » dans les littérature française, allemande et anglaise (1644-1789)*, Paris, L'Entente linotypiste, 1934.

ELIAS, N., *La Société de cour*, trad. P. Kamnitzer et J. Etoré, préface R. Chartier, Paris, Champs-Flammarion, 1985 [-1969].

ÉTIEMBLE, R., *Confucius*, Paris, Club français du livre, 1956.

FABRE, P.-A., *Ignace de Loyola. Le lieu de l'image. Le problème de la composition de lieu dans les pratiques spirituelles et artistiques jésuites de la seconde moitié du XVIe siècle*, Paris, Vrin-EHESS, 1992.

FAILLON, M., *Vie de M. Olier. Fondateur du séminaire de Saint-Sulpice*, t. III, Paris, Wattelier, 1873.

FLACHAIRE, Ch., *La Dévotion à la Vierge dans la littérature catholique au commencement du XVIIe siècle*, Paris, 1916.

FERRARI, A., « Les formes du silence dans le discours mystique, ou quand dire, c'est taire », *in* G. Ferreyrolles (dir.), *Littérature et religion*, *Littératures classiques*, n° 39, printemps 2000.

FERREYROLLES, G., (dir.), *Bossuet. Le Verbe et l'histoire (1704-2004)*, Paris, H. Champion, 2006.

FICHANT, M., « La géométrisation du regard. Réflexions sur la *Dioptrique* de Descartes », *Philosophie*, n° 34, Paris, Minuit, 1984.

FICHET, Fr., *La Théorie architecturale à l'âge classique. Essai d'anthologie critique*, Bruxelles-Liège, Mardaga, 1979.

FONTAINE, A., « L'esthétique janséniste », *La Revue de l'art ancien et moderne*, Paris, août 1908, n° 137, t. XXIV.

– *Les Doctrines d'art en France. Peintres, amateurs, critiques, de Poussin à Diderot*, Paris, H. Laurens, 1909.

FOUCAULT, M., *Les Mots et les Choses*, Paris, Tel-Gallimard, 1966.

FRANCASTEL, P., « Les paysages composés chez Poussin : académisme et classicisme », *in* A. Chastel (dir.), *Nicolas Poussin*, actes du colloque des 19-20-21 septembre 1958, Institut d'art et d'archéologie de l'université de Paris, 1960.

– *La Figure et le Lieu. L'ordre visuel du Quattocento*, Paris, Gallimard, 1967.

FUMAROLI, M., « Blaise de Vigenère et les débuts de la prose d'art française : sa doctrine d'après ses préfaces », *L'Automne de la Renaissance 1580-1630*, XXIIe colloque international d'études humanistes, Tours, 2-13 juillet 1979, études réunies par J. Lafond et A. Stegmann, Paris, Vrin, 1981.

– *L'Âge de l'éloquence. Rhétorique et « res literaria » de la Renaissance au seuil de l'époque classique*, Paris, Albin Michel, Bibliothèque de « L'Évolution de l'Humanité », 1994 [-1980].

– « Poussin, peintre philosophe, peintre religieux? », *Connaissance des arts*, n° hors-série, 1994.

– *L'École du silence. Le sentiment des images au XVIIe siècle*, Paris, Champs-Flammarion, 1998.

GABRIEL, A., « Fénelon, le peintre sourd », *Papers on French Seventeenth Century Literature*, 1980, n° 13, 1.

GAQUÈRE, Fr., *La Vie et les œuvres de Claude Fleury (1640-1723)*, J. de Gigord, 1925.

GENETTE, G., « Mots et merveilles », in *Figures*, I, « Points-Essais », Paris, Seuil, 1966.

– « Vraisemblance et motivation » ; « Langage poétique, poétique du langage » in *Figures*, II, « Points-Essais », Paris, Seuil, 1969.

GEORGEL, P., LECOQ, A.-M., *La Peinture dans la peinture*, Paris, Adam Biro, 1987.

GIBERT, B., *Jugements des savants sur les auteurs qui ont traité de la rhétorique, avec un précis de la doctrine de ces auteurs*, t. I., Paris, Jacques Estienne, 1713.

– *Jugements des savants…*, t. III, Paris, Pierre-Alexandre Marti, 1719.

GIARD, L., VAUCELLES, L. de (dir.), *Les Jésuites à l'âge baroque 1540-1640*, Paris, J. Millon, 1996.

GIRBAL, Fr., « La formation augustinienne du P. B. Lamy, de l'Oratoire (1660-1680) », *Société des amis de Port-Royal*, Paris, n° 8, 1957.

– *Bernard Lamy (1640-1715). Étude biographique et bibliographique. Textes inédits*, Paris, P.U.F., 1964.

GOMBRICH, E. H., *L'Art et l'Illusion. Psychologie de la représentation picturale*, trad. G. Durand, Paris, Gallimard, 1971 [1956].

– *Histoire de l'art*, trad. J. Combe et C. Lauriol, Paris, Gallimard, 1998 [1950].

GONZÀLÈS-PALACIOS, A., « L'œil captivé. Dessin, lumière, coloris », *in* J. Cornette et A. Mérot (dir.), *Le XVIIe siècle*, Paris, Seuil, 1999.

GOODY, J., *La Raison graphique. La domestication de la pensée sauvage*, trad. et présentation J. Bazin et A. Bensa, Paris, Minuit, 1979 [-1977].

GORÉ, J.-L., *L'Itinéraire de Fénelon. Humanisme et spiritualité*, Paris, P.U.F., 1957.

GOUHIER, H., *Fénelon philosophe*, Paris, Vrin, 1977.

– *Cartésianisme et augustinisme au XVIIe siècle*, Paris, Vrin, 1978.

GOYET, Th., « Présence de Platon dans le classicisme français », *Actes du congrès de l'Association G. Budé* (tenu les 3-9 sept. 1953 à Tours et Poitiers), Paris, Les Belles Lettres, 1954.

– *L'Humanisme de Bossuet*, Paris, Klincksieck, 1965-1968, 2 vol.

GRIMAL, P., *Les Jardins romains*, Paris, Fayard, 3e éd., 1984.

GRIVEL, M., *Le Commerce de l'estampe à Paris au XVIIe siècle*, Genève, Droz, 1986.

GROSPERRIN, J.-Ph., « Éloquence et pensée religieuse : la notion de "peinture" dans Fénelon », *L'Information littéraire*, 1995, mai-juin.

– « La grossièreté des premiers âges : un des aspects du primitivisme chrétien sous Louis XIV », *Regards sur le passé dans l'Europe des XVIe et XVIIe siècles*, textes du colloque organisé par le Groupe de Recherche « XVIe et XVIIe siècles en Europe » de l'université Nancy-II (14-16 déc. 1995), textes réunis par Fr. Wild, éd. scientifiques européennes, Berne, Berlin, Francfort, New York, Paris, Vienne, Peter Lang, 1997.

– *Le Glaive et le Voile. Économie de l'éloquence dans l'œuvre de Fénelon*, Thèse de doctorat de l'université Paris-IV, 1998.

– « "Accourrez à ce spectacle de la foi." Économie de la scène dans la prédication classique », *in* M.-Th. Mathet (dir.), *La Scène. Littérature et arts visuels*, Paris, L'Harmattan, 2001.

– « "Une autre peinture". Prédication et représentation dans Le Carême du Louvre », *Littératures classiques*, n° 46, automne 2002.

HAILLANT, M., *Fénelon et la prédication*, Paris, Klincksieck, 1969.

– *Culture et Imagination dans les œuvres de Fénelon "ad usum delphini"*, Paris, Les Belles Lettres, 1982-1983.

– « Éducation et spiritualité », *in* D. Leduc-Fayette (dir.), *Fénelon, philosophie et spiritualité*. Actes du colloque organisé par le Centre d'Études des Philosophes Français, Sorbonne, 27-28 mai 1994, Genève, Droz, 1996.

– « Fénelon, pasteur des hommes », *in* G. Deregnaucourt, Ph. Guignet (dir.), *Fénelon, évêque et pasteur en son temps. 1695-1715*, Actes du colloque de Cambrai, 15-16 septembre 1995, Centre d'histoire de la Région du Nord et de l'Europe du Nord-Ouest, Université Lille-III, Collection « Histoires et Littérature Régionales », 1996.

HALÉVI, R. (dir.), *Le Savoir du prince. Du Moyen Âge aux Lumières*, Paris, Fayard, 2002.

HAMON, Ph., *Du descriptif*, Paris, Hachette, 3e éd., 1993.

HASKELL, F., PENNY, N., *Pour l'amour de l'Antique. La statuaire gréco-romaine et le goût européen 1500-1900*, trad. Fr. Lissarague, Paris, Hachette-Littératures, 1999 [-1981].

HAZARD, P., *La Crise de la conscience européenne. 1680-1715*, Paris, Fayard, 1961.

HEGEL, G. W. F., *Esthétique*, 3e vol. [l'architecture, la sculpture, la peinture, la musique], 4e vol. [la poésie], trad. S. Jankélévitch, Paris, Champs-Flammarion, 1979.

HÉNIN, E., *Ut pictura theatrum : théâtre et peinture de la Renaissance italienne au classicisme français*, Genève, Droz, 2003.

HEPP, N., *Homère en France au XVIIe siècle*, Paris, Klincksieck, 1968.

– *Deux amis d'Homère au XVIIe siècle. Textes inédits de Paul Pellisson et de Claude Fleury*, Paris, Klincksiek, 1970.

– « Humanisme et cartésianisme : la guerre ou la paix? », *Mélanges de littérature française offerts à M. R. Pintard*, publiés par N. Hepp, R. Mauzi, Cl. Pichois, Travaux de linguistique et de littérature, Centre de Philologie et de Littérature Romanes de l'université de Strasbourg, XIII, 2, Strasbourg, 1975.

HILLENAAR, H., *Fénelon et les jésuites*, La Haye, Nijhoff, 1967.

– « Fénelon, Ancien et Moderne », in *D'un siècle à l'autre : Anciens et Modernes*, actes réunis par L. Godard de Donville, XVIe colloque du CMR 17, janv. 1986, Marseille, 1987.

– *Le Secret de Télémaque*, Paris, P.U.F., 1994.

ISHAGHPOUR, Y., *Poussin, là où le lointain.... Mythe et paysage*, Paris, L'Échoppe, 1996.

IVÁNKA, von E., *Plato Christianus. La réception critique du platonisme chez les Pères de l'Église*, trad. E. Kessler (révisée par R. Brague et J.-Y. Lacoste), Paris, P.U.F., 1990 [Verlag, 1964].

JANAWAY, C., *Images of excellence. Plato's critique of the arts*, Oxford, Clarendon press, 1995.

JOLY, H., *Le Renversement platonicien. Logos, épistémè, polis*, Paris, Vrin, 1994 [1974].

JOUBERT, F., LEFÉBURE, A., BERTRAND, P.-Fr., *Histoire de la tapisserie. En Europe, du Moyen Âge à nos jours*, Paris, Flammarion, 1995.

KANT, E., *Critique de la faculté de juger*, trad. et présentation A. Renaut, Paris, Aubier, 1995.

– *Critique de la raison pure*, trad. A. Trémesaygues et B. Pacaud, « Quadrige », Paris, P.U.F., 10e éd. 1984.

KAPP, V., « L'éloquence du barreau et l'éloquence de la chaire. La critique de la prédication mondaine par La Bruyère et l'analyse des problèmes institutionnels et stylistiques de l'éloquence religieuse par Claude Fleury et Fénelon », *Papers on French Seventeenth Century Literature*, n° 9, 1978.

– *Télémaque de Fénelon. La signification d'une œuvre littéraire à la fin du siècle classique*, Tübingen, G. Narr, Paris, Jean-Michel Place, 1982.

KIBÉDI VARGA, A., « La vraisemblance – problèmes de terminologie, problèmes de poétique », in *Critique et création littéraire en France au XVIIe siècle*, Colloques internationaux du CNRS, Éditions du CNRS, n° 557, 1977.

KIENE, M., « Bartolomeo Ammannati et l'architecture des jésuites au XVIe siècle », in *Les jésuites à l'âge baroque 1540-1640*, sous la dir. de L. Giard et L. de Vaucelles, Paris, J. Millon, 1996.

KORS, A. C., *Atheism in France, 1650-1729, vol. I : The orthodox sources of disbelief*, Princeton University Press, 1990.

LANAVÈRE, A., « L'opinion des gens de lettres sur la peinture italienne au moment de la Querelle des Anciens et des Modernes », *in* J.-Cl. Boyer (dir.), *Seicento. La peinture italienne du XVIIe siècle et la France*, Paris, La Documentation française, 1990.

– « Les îles dans *Télémaque* » ; « Les larmes dans Télémaque », *in* A. Lanavère (dir.), *Je ne sais quoi de pur et de sublime... Télémaque*, préface A. Viala, Orléans, Paradigme, 1994.

– « L'imagination de Fénelon dans ses premiers écrits de fiction », in *Actes de la journée Fénelon (11 décembre 1998-Sorbonne), XVIIe siècle*, n° 206, janv.-mars 2000.

LAVEZZI, É., « Des amours contre-nature : les arts du dessin dans *Les Aventures de Télémaque* », *in* Fr.-X. Cuche et J. Le Brun (dir.), *Fénelon. Mystique et politique (1699-1999)*, Paris, H. Champion, 2004.

LEBÈGUE, R., « Le platonisme en France au XVIIe siècle », *Actes du congrès de l'Association G. Budé* (tenu les 3-9 sept. 1953 à Tours et Poitiers), Paris, Les Belles Lettres, 1954.

LE BRUN, J., « Le Père Lalemant et les débuts de l'Académie Lamoignon », *RHLF*, 61e année, n° 2.avril-juin 1961.

– *La Spiritualité de Bossuet*, Paris, Klincksieck, 1972.

– « De la spéculation à la morale. La Bible dans le catholicisme français au XVIIe siècle », *La Bible dans tous ses états*, *Esprit*, sept. 1982.

– « L'apologétique de Fénelon. Unité ou contradiction », *in* M.-C. Pitassi (éd.), *Apologétique 1680-1740. Sauvetage ou naufrage de la théologie?* Actes du colloque tenu à Genève en juin 1990, Publications de la faculté de théologie de Genève, n° 15. 299

– « Idoménée et le meurtre du fils. Le trompe-l'œil de l'utopie », *in* D. Leduc-Fayette (dir.), *Fénelon, philosophie et spiritualité*. Actes du colloque organisé par le Centre d'Études des Philosophes Français, Sorbonne, 27-28 mai 1994, Genève, Droz, 1996.

– *Le Pur amour de Platon à Lacan*, « La librairie du XXIe siècle », Paris, Seuil, 2002.

– « La spiritualité d'un prédicateur : Le Carême du Louvre », in *Littératures classiques*, n° 46, automne 2002.

– « Du privé au public : l'éducation du prince selon Fénelon » *in* R. Halévi (dir.), *Le Savoir du prince. Du Moyen Âge aux Lumières*, Paris, Fayard, 2002.

– « De la lettre au traité. Les correspondances philosophiques de Fénelon », *Fénelon*, *Revue philosophique*, Paris, P.U.F., n° 2, avril 2003.

LECOQ, A.-M., *La Leçon de peinture du duc de Bourgogne. Fénelon, Poussin et l'enfance perdue*, Paris, Le Passage, 2003.

LEDUC-FAYETTE, D., (dir.), *Fénelon, philosophie et spiritualité*. Actes du colloque organisé par le Centre d'Études des Philosophes Français, Sorbonne, 27-28 mai 1994, Genève, Droz, 1996.

– *Fénelon et l'amour de Dieu*, « Philosophies », Paris, P.U.F., 1996.

LEE, R. W., *Ut Pictura Poesis. Humanisme et théorie de la peinture. XVe-XVIIIe siècles*, Paris, Macula, 1998 [-1967].

LEGROS, Ph., *François de Sales. Une poétique de l'imaginaire. Études des représentations visuelles dans l'*Introduction à la vie dévote *et le* Traité de l'amour de Dieu, « Bilbio 17 », Tübingen, Gunter Narr Verlag, 2004.

LE GUERN, M., « L'éthos dans la rhétorique française de l'âge classique », *Stratégies discursives.* Actes du colloque du Centre de recherches linguistiques et sémiologiques, Université Lyon-II, 1978.

– « La méthode dans *La Rhétorique ou l'Art de parler* de Bernard Lamy », *in* P. Swiggers (dir.), *Grammaire et Méthode au XVIIe siècle*, Louvain, Peeters, 1984.

LEMAIRE, H., *Études des images littéraires de François de Sales avec un florilège*, Paris, Nizet, 1969.

LEPLÂTRE, O., « L'édification du lieu. Salente et l'inscription de l'architecture dans *Les Aventures de Télémaque* de Fénelon », *in* L. Richer (dir.), *Littérature et Architecture*, Lyon, Université Jean Moulin, C.E.D.I.C., 2004.

LESSING, G. E., *Laocoon*, trad. Coutin (1866), Paris, Hermann, 1990.

LÉVY, C., et PERNOT, L. (dir.), *Dire l'évidence (philosophie et rhétorique antiques)*, *Cahiers de philosophie de l'université Paris-XII*, n° 2, Paris, L'Harmattan, 1997.

LIBERA, A. de, *La Philosophie médiévale*, « Que sais-je ? », Paris, P.U.F., 1989.

LICHTENSTEIN, J., *La Couleur éloquente. Rhétorique et peinture à l'âge classique*, Paris, Flammarion, 1999 [1989].

– « De l'idée de la peinture à l'analyse du tableau. Une mutation essentielle de la théorie de l'art », *in* Chr. Michel et M. Saison (dir.), *La Naissance de la théorie de l'art en France*, *Revue d'esthétique*, 31/ 32, Paris, Jean-Michel Place, 1997.

– *La Tache aveugle. Essai sur les relations de la peinture et de la sculpture à l'âge moderne*, Paris, Gallimard, 2003.

LITMAN, Th., *Le Sublime en France (1660-1714)*, Paris, Nizet, 1971.

MAC LEAN, I., *Women triumphant. Feminism in French literature. 1610-1652*, Oxford, 1977.

MAC TIGHE, S., *Nicolas Poussin's landscapes allegories*, Cambridge, University Press, 1996.

MAHON, D., « Réflexion sur les paysages de Poussin », *Art de France. Revue annuelle de l'art ancien et moderne*, Paris, n° 1, 1961.

MÂLE, É., *L'Art religieux de la fin du XVIe siècle, du XVIIe siècle et du XVIIIe siècle. Étude sur l'iconographie après le concile de Trente. Italie-France-Espagne-Flandres*, Paris, Armand Colin, 1972.

– *L'Art religieux de la fin du Moyen Âge ; Étude sur l'iconographie du Moyen Âge et sur ses sources d'inspiration*, Paris, Armand Colin, 7e éd., 1995.

MARIN, L., « L'efficace de l'image religieuse : de la relique à l'image », *Chimères*, n°10, 1990-1991.

– *Philippe de Champaigne ou la présence cachée*, Paris, Hazan, collection 35/ 37, 1995.

– *Sublime Poussin*, « L'Ordre philosophique », Paris, Seuil, 1995.

– *Pascal et Port-Royal*, Paris, P.U.F., 1997.

MARION, J.-L., « Fragments sur l'idole et l'icône », *Revue de métaphysique et de morale*, n° 4, 1979.

MEAUME, É., *Sébastien Le Clerc et son œuvre*, Paris, 1877.

MÉCHOULAN, H. (dir.), *L'État baroque. 1610-1652*, Paris, Vrin, 1985.

MENANT, S., *La Chute d'Icare. La crise de la poésie française. 1700-1750*, Genève, Droz, 1981.

MERLEAU-PONTY, M., *L'Œil et l'Esprit*, Paris, Folio-Gallimard, 1964.

MÉROT, A., *Poussin*, Paris, Hazan, 1990.

– (dir.), *Nicolas Poussin (1594-1665)*, Actes du colloque organisé au musée du Louvre par le service culturel du 19 au 21 octobre 1994, t. I, Paris, La Documentation française, 1996.

– « Des patries à la terre : pour un portrait / paysage de Nicolas Poussin », *Et in Arcadia ego*, Actes du XXVIIe congrès annuel de la North American Society for Seventeenth-Century French Literature, Université Mac Gill, Montréal (20-22 avril 1995), *Papers on French Seventeenth Century Literature*, « Biblio 17 », Paris, Seattle, Tübingen, 1997.

– *Du paysage en peinture dans l'Occident moderne*, Paris, Gallimard, 2009.

MEYER, J., POUSSOU, J.-P., *Études sur les villes françaises. Milieu du XVIIe siècle à la veille de la Révolution française*, Paris, SEDES, 2e éd. augmentée, 1995.

MICHEL, A., « La grandeur et l'humilité. La Bible dans l'esthétique littéraire en France », *in* J.-R. Armogathe (dir.), *Le Grand Siècle et la Bible*, Paris, Beauchesne, 1986.

MICHEL, Chr., SAISON, M., *Naissance de la théorie de l'art en France. 1640-1720*, *Revue esthétique*, Paris, Jean-Michel Place, n° 31-32, 1997.

MONDZAIN, M.-J., *Image, Icône, Économie. Les sources byzantines de l'imaginaire contemporain*, Paris, Seuil, 1996.

MONTAGU, J., *The Expression of the Passions. The origin and influence of Charles Le Brun's Conférence sur l'expression générale et particulière*, Yale, University Press, 1994.

MOREAU, D., « Malebranche. Le désordre et le mal physique. *Et noluit consolari* », *in* B. Pinchard (dir.), *La Légèreté de l'être. Études sur Malebranche*, Paris, Vrin, 1998

MOUSNIER, R., « Les idées politiques de Fénelon », *in* A. Lanavère (dir.), *Je ne sais quoi de pur et de sublime... Télémaque*, préface A. Viala, Orléans, Paradigme, 1994.

NÉRAUDAU, J.-P., *L'Olympe du Roi-Soleil. Mythologie et idéologie royale au Grand Siècle*, Paris, Les Belles Lettres, 1986.

NEVEU, B., « Archéolâtrie et modernité dans le savoir ecclésiastique au XVIIe siècle », in *Érudition et Religion aux XVIIe et XVIIIe siècles*, Paris, Albin Michel, 1994.

– « L'érudition ecclésiastique du XVIIe siècle et la nostalgie de l'Antiquité chrétienne », in *Religion and Humanism*, Papers read at the eighteenth summer meeting and the nineteenth winter meeting of the ecclesiastical history society, *Studies in Church History*, Oxford, 1981.

NOILLE-CLAUZADE, Chr., « La morale du *Télémaque* : pour une poétique platonicienne de la fable », *Revue des sciences humaines*, n° 254, avril-juin 1999.

– « Le sillon et la liaison : rémanence d'un modèle scriptural en rhétorique », *Littératures classiques*, n° 50, printemps 2004.

PANOFSKY, E., *Architecture gothique et pensée scolastique*, précédé de *L'Abbé Suger de Saint-Denis*, trad. et postface P. Bourdieu, 2e éd., 1967.

– *L'Œuvre d'art et ses significations. Essais sur les "arts visuels"*, trad. M. et B. Teyssèdre, Paris, Gallimard, 1969.

– *La Perspective comme forme symbolique et autres essais*, trad., G. Ballangé (dir.), précédé de *La Question de la perspective*, M. D. Emiliani, Paris, Minuit, 1975.

– *Idea. Contribution à l'histoire du concept de l'ancienne théorie de l'art*, trad. H. Joly, Paris, Tel-Gallimard, 1989.

PAOLI, M., *L'Idée de nature chez Leon Battista Alberti (1404-1472)*, Paris, H. Champion, 1999.

PAPADOPOULOU-BELMEHDI, I., *Le Chant de Pénélope. Poétique du tissage féminin dans l'Odyssée*, Paris, Belin, 1994.

PAPÁSOGLI, B., « Espace intérieur et vie spirituelle chez Fénelon ». Actes de la journée Fénelon (11 décembre 1998-Sorbonne), *XVIIe Siècle*, n° 206, janv.-mars 2000.

PASTOUREAU, M., *Bleu. Histoire d'une couleur*, Paris, Seuil, 2002.

PAVEL, Th., *L'Art de l'éloignement. Essai sur l'imagination classique*, Paris, Folio-Gallimard, 1996.

PEYRE, R., *David Teniers*, Paris, Henri Laurens, 1911.

PIGEAUD, J., « La peur en ce tableau », *La Part de l'œil*, n°15-16, 1999-2000.

PINCHARD, B., (dir.), *La Légèreté de l'être. Études sur Malebranche*, Paris, Vrin, 1998.

PINTARD, R., « Rencontres avec Poussin », *in* A. Chastel (dir.), *Nicolas Poussin*, I, Actes du colloque des 19-20-21 septembre 1958, Institut d'art et d'archéologie de l'université de Paris, 1960.

PITASSI, M. C. (éd.), *Apologétique 1680-1740. Sauvetage ou naufrage de la théologie?* Actes du colloque tenu à Genève en juin 1990, Publications de la faculté de théologie de Genève, n° 15.

PIZZORUSSO, A., *La Poetica di Fénelon*, Milan, Feltrinelli, 1959.

POMMIER, É., *Pierre Mignard « le Romain »*, Actes du colloque organisé au musée du Louvre par le Service culturel le 29 septembre 1995, J.-Cl. Boyer (dir.), Paris, La Documentation française, 1997.

– *Théories du portrait. De la Renaissance aux Lumières*, Paris, Gallimard, 1998.

PONGE, Fr., *La Fabrique du pré*, in *Œuvres complètes*, II, éd. B. Beugnot (dir.), « Bibliothèque de la Pléiade », Paris, Gallimard, 2002.

POULET, G., *Études sur le temps humain*, IV, *Mesure de l'instant*, « Fénelon », Paris, Plon, 1964.

Poupon, P., *Mes dégustations littéraires : l'odorat et le goût chez les écrivains*, Nuits Saint-Georges, Confrérie du tastevin, 1979, p. 34.

Poussin and Nature. Arcadian visions, catalogue de l'exposition du Metropolitan Museum of art de New York, février-mai 2008, éd. P. Rosenberg et K. Christiansen, New York, The Metropolitan Museum of art, New Haven et Londres, Yale university press.

Préaud, M., *Inventaire du fonds français*, Graveurs du xviie siècle, I, t. 8, Sébastien Leclerc, Paris, Bibliothèque nationale, 1980.

Préyat, F., *Le Petit Concile de Bossuet et la christianisation des mœurs et des pratiques littéraires sous Louis XIV*, Belin, LIT Verlag, 2007.

Ranum, O., *Les Parisiens du xviie siècle*, Paris, Armand Colin, trad. G. Dethan, 1973 [-1968].

Régent-Susini, A., « *Voix devant la parole* ». *Bossuet et la rhétorique de l'autorité*, Lille, Atelier national de reproduction des thèses, 2008.

Reinold, A., « Peinture et pouvoir au xviie siècle », *in* H. Méchoulan (dir.), *L'État baroque. 1610-1652*, Paris, Vrin, 1985.

Richardt, A., *Fénelon*, Paris, Éditions *In Fine*, 1993.

Ricœur, P., *La Métaphore vive*, « Points-Essais », Paris, Seuil, 1975.

– *Temps et Récit*, t. I, « Points-Essais », Paris, Seuil, 1983.

Riffaterre, M., « L'illusion d'ekphrasis », *in* G. Mathieu-Castellani (dir.), *La Pensée de l'image. Signification et figuration dans le texte et dans la peinture*, Presses universitaires de Vincennes, 1994.

Riley, P., *The General Will before Rousseau. The Transformation of the Divine into the Civic*, Princeton, University Press, 1986.

Rodis-Lewis, G., « Descartes et Poussin », *Regards sur l'art*, préface J.-R. Armogathe, Paris, Beauchesne, 1993.

Rosenberg, P., Prat, L.-A., Damian, V., *Nicolas Poussin. La collection du musée Condé à Chantilly*, Paris, RMN, 1994.

Rothkrug, L., *Opposition to Louis XIV. The Political and Social origine of the French Enlightement*, Princeton, University Press, 1965.

Rousset, *La Littérature de l'âge baroque en France. Circé et le Paon*, Paris, José Corti, 14e réimpr., 1995.

Rousseau, J.-J., *Essai sur l'origine des langues où il est parlé de parlé de la mélodie et de l'imitation musicale*, suivi de *Lettre sur la musique française* et *Examen des deux principes avancés par M. Rameau*, Introduction, notes, bibliographie et chronologie, par C. Kintzler, Paris, GF-Flammarion, 1993.

– *Lettre à d'Alembert sur les spectacles*, in *Discours sur les sciences et les arts*, éd. J. Varloot, Paris, Folio-Gallimard, 1987.

Rouveret, A., *Histoire et Imaginaire de la peinture ancienne (ve siècle av. J.-C.- i^{er} siècle ap. J.-C.)*, École française de Rome, Palais Farnèse, 1989.

RUBINSTEIN, R., « Poussin et la sculpture antique. Le thème du dieu-fleuve », *in* A. Mérot (dir.), *Nicolas Poussin (1594-1665)*, Actes du colloque organisé au musée du Louvre par le service culturel du 19 au 21 octobre 1994, t. I, La Documentation française, 1996.

RUTHERFORD, R.B., *The art of Plato. Ten essays in platonic interpretation*, London, Duckworth, 1995

SABATIER, G., « Charles Le Brun, peintre officiel », in *La France de la Monarchie absolue. 1610-1715*, intro. et bibliogr. commentée par J. Cornette, « Points-Histoire », Paris, Seuil, 1997.

SAINT GIRONS, B., « L'esthétique : problèmes de définition », *in* S. Trottein, *L'Esthétique naît-elle au XVIIIe siècle?*, «Débats philosophiques », Paris, P.U.F., 2000.

SALAZAR, Ph.-J., « De Poussin à Fénelon : la corruption classique », *French Studies in Southern Africa*, n° 18, 1989.

SARTRE, J.-P., *L'Imaginaire*, Paris, Idées-Gallimard, 1940.

SCHLOSSER J. von, *La Littérature artistique*, trad. J. Chavy, mise à jour O. Kurz (trad. M. Le Cannu), éd. française mise à jour par P. Di Paolo Stathopoulos, C. Jolivet, M. Le Cannu, C. Klingsöhr, S. Rosochaki, préface A. Chastel, Paris, Flammarion, 1984 [-1924].

SCHNAPPER, A., *Le Géant, la licorne, la tulipe. Collections et collectionneurs dans la France du XVIIe siècle*, I. Histoire et histoire naturelle, Paris, Flammarion, 1988.

– *Curieux du Grand Siècle. Collections et collectionneurs dans la France du XVIIe siècle*, II. Œuvres, Paris, Flammarion, 1994.

– *Le Métier de peintre au Grand Siècle*, Paris, Gallimard, 2004.

SCHUHL, P.-M., *Platon et l'art de son temps*, Paris, Librairie Félix Alcan, 1933.

SEARLE, J. R., *Les Actes de langage. Essai de philosophie du langage*, Paris, Hermann, 1972.

SELLIER, Ph., « La rêverie édénique dans *Les Aventures de Télémaque* » ; « *Télémaque* ou les aventures du cliché », *in* A. Lanavère (dir.), *Je ne sais quoi de pur et de sublime... Télémaque*, préface A. Viala, Orléans, Paradigme, 1994.

SETTIS, S., *L'Invention d'un tableau. « La Tempête » de Giorgione*, trad. O. Christin, Paris, Minuit, 1987 [-1978].

SHERRINGHAM, M., *Introduction à la philosophie esthétique*, Paris, Petite Bibliothèque Payot, 2003 [-1992].

SICARD-ARPIN, G., « François de Sales et Bourdaloue : deux spiritualités, une même visée apostolique », in *L'Unidivers salésien. Saint François de Sales hier et aujourd'hui*. Actes du colloque international de Metz, 17-19 septembre 1992. Textes réunis et publiés par Hélène Bordes et Jacques Hennequin sous le patronage de la « Société d'Études du XVIIe siècle », Paris, Champion-Slatkine, 1994.

SIGURET, Fr., *L'Œil surpris. Perception et représentation dans la première moitié du XVIIe siècle*, Paris, Klincksieck, 1993.

SIMARD, J., *Une Iconographie du clergé français au XVIIe siècle. Les dévotions de l'école française et les sources de l'imagerie religieuse en France et au Québec*, Québec, Presses universitaires de Laval, 1976.

SIMON, M., « Deux lectures de Platon au XVIIe siècle : Claude Fleury et André Dacier », *Sources et Intertextes : résurgences littéraires du Moyen Âge au XXe siècle*, Actes du colloque tenu à Neuchâtel les 6 et 7 mai 1999, éd. L. Petris et M. Bornaud, *Études de lettres*, revue de la faculté des lettres de l'université de Lausanne, n° 2, 1999.

– « Résurgences platoniciennes dans la pensée de Fénelon : *Le Gnostique de saint Clément d'Alexandrie* », *Fénelon*, *Revue philosophique de la France et de l'étranger*, Paris, P.U.F., n° 2, avril 2003.

– *Fénelon platonicien? Étude historique, philosophique et littéraire*, Münster, LIT Verlag, 2005.

SKINNER, Q., *L'Artiste en philosophe politique. Ambrogio Lorenzetti et le Bon Gouvernement*, trad. R. Christin, préface O. Christin, Paris, Éditions Raisons d'Agir, 2003.

SOREIL, A., *Introduction à l'histoire de l'esthétique française*, Bruxelles, 1955.

SPICA, A.-É., *Savoir peindre en littérature. La description dans le roman au XVIIe siècle : Georges et Madeleine de Scudéry*, Paris, H. Champion, 2002.

SPITZ, J.-F., « Comment lire les textes politiques du passé? Le programme méthodologique de Quentin Skinner », *Droits*, Paris, P.U.F., n° 10, 1989.

STANIC, M., *Poussin. Beauté de l'énigme*, *Revue d'esthétique*, n° hors série, Paris, Jean-Michel Place, 1994.

STENDHAL, *Œuvres intimes*, « Bibliothèque de la Pléiade », Paris, Gallimard, t. I, 1981.

STROWSKI, F., *Saint François de Sales. Introduction à l'histoire du sentiment religieux en France au XVIIe siècle*, Paris, Plon, 1928.

SURGERS, A., *Et que dit ce silence? La rhétorique du visible*, avant-propos G. Declercq, préface A.-É. Spica, Paris, Presses Sorbonne nouvelle, 2007.

TAPIÉ, V. L., *Baroque et Classicisme*, préface M. Fumaroli, Paris, Le Livre de poche, 1980.

TALLON, A., *La Compagnie du Saint-Sacrement : 1629-1667. Spiritualité et société*, Paris, Éditions du Cerf, 1990.

TAVENAUX, R., *Le Catholicisme dans la France classique*, II, 1610- 1715, Paris, SEDES, 1994.

TERESTCHENKO, M., *Amour et Désepoir. De François de Sales à Fénelon*, « Point-Essais », Paris, Seuil, 2000.

TERVARENT, G. de, « Le véritable sujet du *Paysage au serpent* de Poussin à la National Gallery de Londres », *Gazette des Beaux-Arts*, t. 40, juil-août 1952.

TEYSSÈDRE, B., *Roger de Piles et les débats sur le coloris au siècle de Louis XIV*, Paris, La Bibliothèque des Arts, 1957.

– *L'Art français au siècle de Louis XIV*, Paris, Le Livre de Poche, 1967.

THUILLIER, J., *Tout l'œuvre peint de Poussin*, Paris, Flammarion, 1974.

– « Le paysage dans la peinture française du XVIIe siècle : de l'imitation de la nature à la rhétorique des "belles idées" », *Paysages baroques et paysages romantiques*, Association internationale des études françaises, Paris, Les Belles Lettres, n° 29, mai 1977.

– « La notion d'imitation dans la pensée artistique du XVIIe siècle », *Critique et création littéraires en France au XVIIe siècle*, *Colloques internationaux du CNRS*, n° 557, Éditions du CNRS, 1977.

– « L'image au XVIIe siècle : de l'allégorie à la rhétorique des passions », *Word and Image*, A journal of verbal / visual enquiry, vol. 4, number 1, january-march, 1988, *Actes du 1er congrès international de Texte et Image*, J. D. Hunt, S. A. Varga, Th. D'Haen (éd.), Londres, New York, Philadelphie, Taylor and Francis, 1988.

TOCANNE, B., *L'Idée de nature en France dans la seconde moitié du XVIIe siècle. Contribution à l'histoire de la pensée classique*, Paris, Klincksieck, 1978.

– « La littérature religieuse : Bossuet et la prédication », *in* J. Mesnard (dir.), *Précis de littérature française du XVIIe siècle*, Paris, P.U.F., 1990.

TOUBOUL, P., « Les enjeux esthétiques de la *Réfutation du système du Père Malebranche sur la nature et la grâce* de Fénelon », *Archives de philosophie*, t. 67, printemps 2004.

– « Le statut des femmes : nature et condition sociale dans le traité *De l'éducation des filles* de Fénelon », *RHLF*, n° 102, avril-juin 2004.

– *La fonction des arts du dessin dans le projet d'une instruction par l'image chez Fénelon : enjeux esthétiques, philosophiques, théologiques*, Lille, Atelier national de reproduction des thèses, 2007.

TRÉMOLIÈRES, Fr., « Littérature et éducation », *in* H. Hillenaar (dir.), *Nouvel état présent des travaux sur Fénelon*, études réunies par H. Hillenaar, Amsterdam-Atlanta, Crin, 36, 2000.

– « Rhétorique profane, rhétorique sacrée : les *Dialogues sur l'éloquence* de Fénelon », *in* G. Ferreyrolles (dir.), *Littérature et religion*, *Littératures classiques*, Paris, H. Champion, n° 39, printemps 2000.

– « Le sublime dans le *Télémaque* », *in* Fr.-X. Cuche et J. Le Brun (dir.), *Fénelon. Mystique et politique (1699-1999)*, Paris, H. Champion, 2004.

– *Fénelon et le sublime. Littérature, anthropologie, spiritualité*, Paris, H. Champion, 2009.

TRUCHET, J., *Bossuet panégyriste*, Paris, Éditions du Cerf, 1962.

VANUXEM, J., « Les Jésuites et la peinture au XVIIe siècle à Paris », *La Revue des Arts*, n°2, mars-avril 1958.

– « La querelle du luxe dans les Églises après le Concile de Trente », *Revue de l'art*, n° 24, 1974.

VERLET, P., FLORISOONE, M., HOFFMEISTER, A., TABARD, Fr., préface de J. Lurçat, *La Tapisserie. Histoire et technique du XIVe au XXe siècle*, Paris, Hachette, 1977.

VEYSSIÈRE, G., « Dieu, l'homme et le paysage », *in* S. Meitinger (dir.), *Espaces et Paysages. Représentations et inventions du paysage de l'Antiquité à nos jours*, Université de La Réunion, Paris, L'Harmattan, 2006.

VIALA, A., *Naissance de l'écrivain. Sociologie de la littérature à l'âge classique*, Paris, Minuit, 1985.

VOVELLE, M., « La conversion par l'image : des vanités aux fins dernières en passant par le macabre dans l'iconographie du XVIIe siècle », *La Conversion au XVIIe siècle*, Actes du XIIe colloque de Marseille, janv. 1982, Marseille, Centre Méridional de Rencontres sur le XVIIe siècle, 1982.

WALKER, D. P., *The Ancient Theology. Studies in Christian Platonism from the Fifteenth to the Eighteenth Century*, London, Gerald Duckworth & Co., 1972.

WANNER, R. A., *Claude Fleury (1640-1723) as an educational historiographer and thinker*, The Hague, Nijhoff, 1975.

WAQUET, Fr., *Le Modèle français et l'Italie savante. Conscience de soi et perception de l'autre dans la république des lettres (1660-1750)*, École française de Rome, Palais Farnèse, 1989.

WEBB, R., « Mémoire et imagination : les limites de l'*enargeia* dans la théorie rhétorique grecque », *in* C. Lévy et L. Pernot (dir.), *Dire l'évidence (philosophie et rhétorique antiques)*, *Cahiers de philosophie de l'université Paris-XII*, n° 2, Paris, L'Harmattan, 1997.

WÖLFFLIN, H., *L'Art classique*, trad. C. De Mandach, Brionne, Paris, Gérard Monfort, 1989.

YATES, F. A., *L'Art de la mémoire*, trad. D. Arasse, Paris, Gallimard, 1975 [-1966].

ZUBER, R., « La critique classique et l'idée d'imitation », *Revue d'histoire littéraire de la France*, 71e année, LXXI, 1971.

index des noms

Sauf erreur ou omission, cet index porte sur les noms de personnes présents dans le corps du texte. Il n'inclut pas ceux des traducteurs ni ceux qui figurent dans les titres ou les citations.

table des matières

remerciements

Cet ouvrage est la version remaniée d'une thèse soutenue en 2006, à l'université Paris-III-Sorbonne-Nouvelle, devant un jury composé de Messieurs et Mesdames les professeurs et directeur d'études, Georges Molinié (président), Alain Viala (directeur), Hélène Bouchilloux, Jacques Le Brun, Jacqueline Lichtenstein.

J'ai tâché de tenir compte de l'ensemble des remarques qui m'ont été faites, et je voudrais témoigner ma reconnaissance à ceux qui m'ont permis d'avancer dans cette entreprise.

À Jacqueline Lichtenstein, qui accueille ce livre dans sa collection; Alain Viala pour la confiance qu'il m'a spontanément accordée en acceptant de reprendre la direction de cette thèse après que le sujet en eut été considérablement modifié; Hélène Bouchilloux, qui dirigea tout d'abord ce travail, pour son amitié et son indéfectible fidélité; Jacques Le Brun, François Trémolières, pour leurs avis si éclairants.

À ma famille et à mes amis;

À Fabien, sans qui ce travail n'aurait pas vu le jour.

Imprimerie de la manutention à Mayenne (France) - Septembre 2012 - N° 973716P
Dépot légal : 3e trimestre 2012